U0573082

権威・前沿・原创

皮书系列为
"十二五""十三五""十四五"国家重点图书出版规划项目

BLUE BOOK

智 库 成 果 出 版 与 传 播 平 台

中国社会科学院创新工程学术出版资助项目

新媒体蓝皮书
BLUE BOOK OF NEW MEDIA

中国新媒体发展报告 *No.13*（2022）

ANNUAL REPORT ON THE DEVELOPMENT OF NEW MEDIA IN CHINA No.13 (2022)

中国社会科学院新闻与传播研究所

主　编／胡正荣　黄楚新

副主编／吴信训

社会科学文献出版社
SOCIAL SCIENCES ACADEMIC PRESS (CHINA)

图书在版编目（CIP）数据

中国新媒体发展报告. No. 13，2022／胡正荣，黄楚
新主编. --北京：社会科学文献出版社，2022.6
　（新媒体蓝皮书）
　ISBN 978-7-5228-0146-9

　Ⅰ.①中…　Ⅱ.①胡…②黄…　Ⅲ.①传播媒介-发
展-研究报告-中国-2022　Ⅳ.①G219.2

　中国版本图书馆 CIP 数据核字（2022）第 086210 号

新媒体蓝皮书
中国新媒体发展报告 No. 13（2022）

中国社会科学院新闻与传播研究所
主　　编／胡正荣　黄楚新
副 主 编／吴信训

出 版 人／王利民
组稿编辑／邓泳红
责任编辑／吴　敏
责任印制／王京美

出　　版／社会科学文献出版社·皮书出版分社（010）59367127
　　　　　地址：北京市北三环中路甲 29 号院华龙大厦　邮编：100029
　　　　　网址：www.ssap.com.cn
发　　行／社会科学文献出版社（010）59367028
印　　装／天津千鹤文化传播有限公司

规　　格／开本：787mm×1092mm　1/16
　　　　　印　张：27.25　字　数：409 千字
版　　次／2022 年 6 月第 1 版　2022 年 6 月第 1 次印刷
书　　号／ISBN 978-7-5228-0146-9
定　　价／128.00 元

读者服务电话：4008918866

新媒体蓝皮书编委会

欲了解中国新媒体发展最新动态，请关注"新媒体蓝皮书"微信公众号，以及新媒体蓝皮书的官方微博新浪微博"@中国新媒体发展报告蓝皮书"。

主要编撰者简介

胡正荣　中国社会科学院新闻与传播研究所所长，中国社会科学院大学新闻传播学院院长、教授、博士生导师，兼任中国电视艺术家协会副主席、中华全国新闻工作者协会常务理事。历任第六届、第七届国务院学位委员会新闻传播学学科评议组召集人，教育部高等学校新闻传播学类教学指导委员会主任委员，中国传媒大学校长，中国教育电视台总编辑，中国人民外交学会第八届理事会理事，中国国际交流协会第十一届理事会理事等。人社部"新世纪百千万人才工程"国家级人选，中宣部、中组部文化名家暨"四个一批"人才国际传播人选，享受国务院政府特殊津贴。

黄楚新　中国社会科学院新媒体研究中心副主任兼秘书长，中国社会科学院新闻与传播研究所数字媒体研究室主任、研究员，中国社会科学院领军人才，中国社会科学院大学新闻传播学院副院长、教授、博士生导师，国家广电总局媒体融合专家库专家，中国记协新媒体专业委员会委员，首都互联网协会新闻评议专业委员会评议员，《新闻与写作》《青年记者》《中国报业》《中国传媒科技》等杂志学术顾问。出版学术专著4部，包括《新媒体：融合与发展》《新媒体：微传播与融媒发展》等，在《新闻与传播研究》《国际新闻界》《现代传播》等杂志上发表多篇学术论文。主持国家社科基金及中央网信办等多个科研项目。

吴信训 上海大学新闻传播学院教授、博士生导师，上海市社会科学创新研究基地（文化繁荣与新媒体发展研究方向）及上海发展战略研究所吴信训工作室首席专家，全国"十佳"广播电视理论工作者，享受国务院政府特殊津贴，中国新闻史学会传媒经济与管理研究委员会名誉理事长。

摘　要

《中国新媒体发展报告 No. 13（2022）》是由中国社会科学院新闻与传播研究所主持编撰的关于新媒体发展的最新年度报告，分为总报告、热点篇、调查篇、传播篇和产业篇等五部分，全面分析中国新媒体发展状况，解读新媒体发展趋势，总结新媒体发展问题，探析新媒体的深刻影响。

2021年，是中国共产党成立100周年，也是国家"十四五"发展的开局之年。传媒行业的政策规划逐渐完善，媒介技术应用朝着数字化、智能化持续深化，重大主题宣传带动内容传播提质增效，网络视听与传媒业态不断创新，体制机制调整、运营模式创新、跨域合作兴起，传媒行业深度融入国家治理与社会发展进程。面对百年变局和世纪疫情交织的新形势，中国媒体的国际传播能力、应急传播体系、网络治理模式等面临着新的挑战，同时也迎来了新的契机。

本书总报告全面概括了2021年以来百年变局与世纪疫情带来的深刻而宏阔的时代之变，并持续影响着中国新媒体发展。中国互联网发展呈现出较大的周期性变化，行业发展起伏加剧，各赛道演变加速，新媒体发展迈入关键变革期。当前，我国网络和新媒体发展呈现以下特点：2021年以来，网络监管重拳出击，互联网治理"强监管"达到前所未有的高度。我国不断推动构建新媒体战略传播体系，深化国际传播与微传播的深度融合。元宇宙赋能未来传播，Web3概念成为行业热词。短视频成为主流信息传播方式，直播平台专业化垂直化账号蓬勃发展，政务新媒体账号频频出圈，全景流量布局成为企业发展共识。"耳朵经济"与"她经济"等新经济形态不断扩

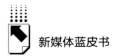

展，非接触经济与体验经济不断升温，数字经济成为推动建设数字社会的重要引导力与支撑力。网络音乐平台竞争白热化，网络安全问题严峻。社交媒体的情绪化信息传播倾向推动"情绪变现"，传统媒体的网络品牌及信任度建设的重要性凸显。新媒体成为提升北京冬奥会立体传播效果的助推器，我国积极参与全球数字治理取得实效。

本书收入了全国研究新媒体的数十位著名专家学者撰写的分报告，深入剖析了俄乌冲突的社交媒体舆论战特点与策略、元宇宙、媒体融合、互联网舆论场、公共卫生行动中的新媒体科学传播模式、互联网资讯类产品适老化、视听新媒体技术应用、社交媒体用户使用行为、乡村短视频内容生态、新媒体产业、网络视听产业等重要议题。

本书认为，2021年以来，新媒体不断发展的同时，一些问题不容忽视：媒体融合发展突破性实质创新与后劲不足，新消费产业利益链生态问题值得关注，数字版权保护仍需加强，具有传播力与影响力的新媒体智库建设亟待增强，新媒体领域的自主性国际民意调查项目亟待开展。

关键词： 新媒体　媒体融合　智能传播

目 录 ⤴

Ⅰ 总报告

Ⅱ 热点篇

皮书数据库阅读**使用指南**

总 报 告

General Report

B.1

下一代互联网：中国新媒体
发展的新变局

胡正荣　黄楚新　王　丹*

摘　要： 百年变局与世纪疫情带来了深刻而宏阔的时代之变，持续影响了中国新媒体发展。中国互联网发展呈现出较大的周期性变化，行业发展起伏加剧，各赛道演变加速，新媒体发展迈入关键变革期。当前，我国网络和新媒体发展呈现出以下特点：2021年以来，网络监管重拳出击，互联网治理"强监管"达到前所未有的高度。我国不断推动构建新媒体战略传播体系，深化国际传播与微传播的深度融合。元宇宙赋能未来传播，Web3概念成为行业热词。短视频成为主流信息传播方式，直播平台专业化垂直化

---

* 胡正荣，中国社会科学院新闻与传播研究所所长，中国社会科学院大学新闻传播学院院长，教授，博士生导师，主要研究方向为新媒体、国际传播；黄楚新，中国社会科学院新闻与传播研究所数字媒体研究室主任，研究员，中国社会科学院大学新闻传播学院副院长，教授，博士生导师，主要研究方向为新媒体、媒体融合；王丹，中国外文局当代中国与世界研究院助理研究员，主要研究方向为新媒体、对外传播。

账号蓬勃发展，政务新媒体账号频频出圈，全景流量布局成为企业发展共识。"耳朵经济"与"她经济"等新经济形态不断扩展，非接触经济与体验经济不断升温，数字经济成为推动建设数字社会的重要引导力与支撑力。网络音乐平台竞争白热化，网络安全问题严峻。社交媒体的情绪化信息传播倾向推动"情绪变现"，传统媒体的网络品牌及信任度建设重要性凸显。新媒体成为提升北京冬奥会立体传播效果的助推器，我国积极参与全球数字治理取得实效。随着新媒体不断发展，一些问题不容忽视：媒体融合发展突破性实质创新与后劲不足，新消费产业利益链生态问题值得关注，数字版权保护仍需加强，具有传播力与影响力的新媒体智库建设亟待加强，新媒体领域的自主性国际民意调查项目亟待开展。

关键词： 元宇宙　数字经济　互联网出海　媒体融合　战略传播

一　总体概况与发展态势

（一）新媒体战略传播体系助推数字中国建设

2021年以来，互联网和移动互联网红利的消退加速了网络行业发展周期演进，行业发展起伏加剧，各赛道切换与洗牌速度加快。面对充满变局的行业发展现状，中国新媒体发展需要增强预期管理，从战略层面全方位、体系化谋划行业整体发展，构建新媒体战略传播体系。构建新媒体战略传播体系，就是站在国家战略的高度，将新媒体发展与数字中国建设紧密结合起来，充分发挥新媒体在数字中国建设整体布局与具体领域中的作用，为数字中国建设提供强劲引擎与支撑。

新媒体不断深入数字中国建设的顶层设计，影响国家发展进程。国家有关新媒体发展的政策越来越多、专项越来越细化，新媒体在我国数字中国建设中的地位越来越重要。在重大政策、议题、举措出台之前，我国均将新媒体考虑到议题设计与政策实施中，满足现实发展与传播需求。例如，在《中华人民共和国国民经济和社会发展第十四个五年规划和 2035 年远景目标纲要》中的许多篇章都涉及新媒体及相关领域的内容。2021 年 12 月，中央网络安全和信息化委员会印发《"十四五"国家信息化规划》，强调以加快数字化发展为总抓手，发挥信息化对经济社会发展的驱动引领作用。[①] 面对新媒体技术发展，国家不断加快专项规划出台步伐，提升相关政策层级，加大支持与引导力度。2021 年 12 月，工信部等十五部门联合印发《"十四五"机器人产业发展规划》，为促进新一轮中国工业机器人产业的可持续和健康发展提供了有力支持。[②] 2022 年 1 月，中央网信办等十六部门联合公布国家区块链创新应用试点名单，为区块链试点工作提供了组织协调、政策资金、推进落实等支持。[③]

政务新媒体频频出圈，数字政府形象不断提升。各地方政务号凭借主播高颜值、直播连麦、慢直播、打造主播 IP、制作短视频故事等方式，积累了大量的粉丝，扩大了政务新媒体的传播力与影响力，提升了政府移动端办事能力与效果。"乌鲁木齐市消防救援队""利津派出所"等官方抖音账号则因出镜的消防员和警员的高颜值而带来高流量，使账号粉丝量大幅上涨，发布的短视频关注度与互动量高。慢直播、视频短剧等形式也是政务新媒体引发关注的重要方式。漠河市文体广电和旅游局官方短视频账号"漠河文体旅游局"、杭州市西湖区宣传部官方账号"美丽西湖"等通过 24 小时直播的形式实时呈现当地实景。四平市公安局官方抖音号凭借诙谐幽默的短剧式视频进行防疫、防骗等宣传，截至 2022 年 5 月 9 日，账号粉丝量达

---

① 《中央网络安全和信息化委员会印发〈"十四五"国家信息化规划〉》，http：//www. gov. cn/xinwen/2021-12/28/content_ 5664872. htm，2021 年 12 月 28 日。

② 《"十四五"机器人产业发展规划：加快家庭服务等机器人推广》，http：//news. china. com. cn/2021-12/28/content_ 77957036. html，2021 年 12 月 28 日。

③ 《中央网信办等十六部门联合公布国家区块链创新应用试点名单》，http：//www. cac. gov. cn/2022-01/29/c_ 1645059212139691. htm，2022 年 1 月 30 日。

1805.8 万，累计获赞 1.5 亿。

媒体融合发展助力智慧城市建设，加快推进基层治理体系和治理能力现代化。"城市大脑"是智慧城市建设的核心，各地主流媒体凭借内容生产、信息传播、用户数据等优势在融合发展的战略下，高度参与"城市大脑"建设，一方面拓展业务与经营类型、增加营收，另一方面为智慧城市建设提供技术与内容支持。华数传媒财报显示，集团 2021 年上半年净利 4.3 亿元，增长 17.9%，主要是新媒体业务及智慧城市业务增长的贡献。① 杭报集团承接的"杭州城市大脑市域媒体一体化云平台项目"，围绕市域媒体平台与杭州"城市大脑"的双向赋能，推动实现"新闻+政务+服务"功能覆盖，该项目获评"2021 年中国报业深度融合发展创新案例"。②

新媒体的社会价值不断释放，促进新知识生产与信息技术发展，促进公共文化服务水平提升，促进社会文明程度提高。新传播技术催生了新理念、新知识、新产品、新技能、新服务，推动整个社会知识文明进步。大疆公司和华东师范大学计算机科学与技术学院合作，推出基于人工智能、机器人、无人机相关课程的教材，为青少年学生进行泛工科类领域的基础科普教育。③ 中国已成为全球开源生态的重要贡献力量，开放、平等、协作、共享的开源模式有助于加速软件迭代升级，促进产用协同创新，推动产业生态完善。2021 年 11 月，工信部发布《"十四五"软件和信息技术服务业发展规划》，将"开源重塑软件发展新生态"列为主要发展形势，主张繁荣国内开源生态，推动形成众研众用众创的开源软件生态。④

① 《华数传媒 2021 年上半年净利 4.3 亿 增长 17.9% 智慧城市业务增长》，https：//3g.163.com/dy/article/GF9SKVSQ0519QIKK.html，2021 年 7 月 19 日。
② 《杭报集团持续深化媒体融合改革》，https：//hzdaily.hangzhou.com.cn/hzrb/2021/12/23/article_detail_1_20211223A0116.html，2021 年 12 月 23 日。
③ 《校企社合作打造机器人与人工智能精品课程》，https：//new.qq.com/omn/20201229/20201229A044KL00.html，2020 年 12 月 29 日。
④ 《工业和信息化部关于印发"十四五"软件和信息技术服务业发展规划的通知》，http：//www.gov.cn/zhengce/zhengceku/2021-12-01/content_5655205.htm，2021 年 12 月 1 日。

（二）数字经济迈向"脱虚向实"之路

数字经济是全球发展趋势，我国是数字经济大国。联合国发布的《2021年数字经济报告》认为，中国和美国参与数字经济的程度和从中受益的能力最强。[①] 根据2021年8月发布的《全球数字经济白皮书》，2020年，美国数字经济蝉联世界第一，规模达到13.6万亿美元，中国位居世界第二，规模为5.4万亿美元。[②] 我国数字经济依托产业基础、技术优势与市场活力等，展现出强劲的发展活力。2021年11月，中国正式提出申请加入《数字经济伙伴关系协定》，彰显出积极对接数字贸易国际规则、参与数字经济国际合作与数字治理的姿态，反映出中国对外开放、推动全球数字贸易发展的决心。

2021年以来，我国数字经济发展按下"加速键"，发展数字经济成为国家战略，其重要性和紧迫性不断凸显。2022年第2期《求是》杂志发表习近平总书记重要文章《不断做强做优做大我国数字经济》。文章指出，发展数字经济意义重大，是把握新一轮科技革命和产业变革新机遇的战略选择。文章强调，数字经济事关国家发展大局。我们要结合我国发展需要和可能，做好我国数字经济发展顶层设计和体制机制建设。要加强形势研判，抓住机遇，赢得主动。[③] 这为我国数字经济发展立下基调，表明我国将坚定不移地推进数字经济发展，指出发展数字经济的重要战略意义，不断做强做优做大数字经济是发展方向，而制度与机制保障是当务之急。

当前，全球加速进入数字产业化和产业数字化的关键窗口期，政策引导和监管为我国数字经济高质量发展提供了重要制度保障。我国集中力量推进构建数字经济发展制度体系。《中华人民共和国国民经济和社会发展第十四个

---

① 《联合国发布〈2021年数字经济报告〉》，https：//m. thepaper. cn/baijiahao_ 14930667，2021年10月15日。
② 《全球数字经济白皮书》，http：//www. caict. ac. cn/kxyj/qwfb/bps/202108/P02021091340379
8893557. pdf，2021年8月。
③ 《不断做强做优做大我国数字经济》，http：//www. qstheory. cn/dukan/qs/2022 - 01/15/c_
1128261632. htm，2022年1月15日。

五年规划和 2035 年远景目标纲要》将数字经济单列成章，明确通过加强关键数字技术创新应用、加快推动数字产业化、推进产业数字化转型等打造数字经济新优势，并列出了 7 类数字经济重点产业明细，为切实推进数字经济产业发展指明了方向。① 党的十九届六中全会通过的《中共中央关于党的百年奋斗重大成就和历史经验的决议》提出"壮大实体经济，发展数字经济"。② 2021年中央经济工作会议指出，要加快数字化改造，促进传统产业升级。③ 2022年初，国务院印发《"十四五"数字经济发展规划》，部署了"十四五"时期数字经济的八方面重点任务，构筑数字经济发展的"四梁八柱"，这是我国数字经济领域的首部国家级专项规划。④ 2022 年 3 月，国务院总理李克强在政府工作报告中提出，促进数字经济发展，特别强调建设数字信息基础设施，促进产业数字化转型，加快发展工业互联网，强化数字经济治理等。⑤ 2021 年 3 月，全国第一部以促进数字经济发展为主题的地方性法规《浙江省数字经济促进条例》施行。⑥ 除了顶层设计不断完善外，各地也密集出台发展数字经济的相关文件，大力推动数字经济发展取得实效（见表 1）。

表 1 2021 年以来各地出台的有关数字经济发展的代表性文件（不完全统计）

发布时间	相关政策
2021 年 8 月	《北京市关于加快建设全球数字经济标杆城市的实施方案》

---

① 《中华人民共和国国民经济和社会发展第十四个五年规划和 2035 年远景目标纲要》，http：//www. gov. cn/xinwen/2021-03/13/content_ 5592681. htm? pc，2021 年 3 月 13 日。
② 《中共中央关于党的百年奋斗重大成就和历史经验的决议（全文）》，http：//www. gov. cn/zhengce/2021-11/16/content_ 5651269. htm，2021 年 11 月 16 日。
③ 《中央经济工作会议在北京举行 习近平李克强作重要讲话 栗战书汪洋王沪宁赵乐际韩正出席会议》，http：//www. news. cn/politics/leaders/2021-12/10/c_ 1128152219. htm，2021 年 12 月 10 日。
④ 《国务院关于印发"十四五"数字经济发展规划的通知》，http：//www. gov. cn/zhengce/content/2022-01/12/content_ 5667817. htm，2022 年 1 月 12 日。
⑤ 《（两会受权发布）政府工作报告》，http：//www. xinhuanet. com/politics/2022lh/2022-03/12/c_ 112846498 7. htm，2022 年 3 月 12 日。
⑥ 《浙江省数字经济促进条例》，https：//www. zjrd. gov. cn/dflf/fggg/202012/t20201224_ 904 83. html，2020 年 12 月 24 日。

续表

发布时间	相关政策
2021 年 12 月	《重庆市数字经济"十四五"发展规划（2021—2025 年）》
2021 年 12 月	《江苏省数字经济加速行动实施方案》
2022 年 3 月	《黑龙江省"十四五"数字经济发展规划》
2022 年 3 月	《山东省 2022 年数字经济"重点突破"行动方案》
2022 年 3 月	《关于深入推进数字经济做优做强"一号发展工程"的意见》（江西省）
2022 年 4 月	《构建包容环境深入推进数字经济做优做强的若干措施》（江西省）
2022 年 4 月	《2022 年广东省数字经济工作要点》
2022 年 4 月	《福建省做大做强做优数字经济行动计划（2022—2025 年）》
2022 年 4 月	《关于大力推动数字经济加快发展的若干政策措施》
2022 年 4 月	《成都市"十四五"数字经济发展规划》
2022 年 5 月	《武汉市支持数字经济加快发展若干政策》

注：①《中共北京市委办公厅　北京市人民政府办公厅印发〈北京市关于加快建设全球数字经济标杆城市的实施方案〉的通知》，http：//www.beijing. gov.cn/zhengce/zhengcefagui/202108/t20210803_ 2454581.html，2021 年 7 月 30 日；②《重庆市人民政府关于印发重庆市数字经济"十四五"发展规划（2021—2025 年）的通知》，http：//www.cq. gov.cn/zwgk/zfxxgkml/szfwj/qtgw/202112/t20211208_ 10107836.html，2021 年 11 月 23 日；③《省工业和信息化厅等部门关于印发〈江苏省数字经济加速行动实施方案〉的通知》，http：//gxt.jiangsu.gov.cn/art/2021/12/31/art_ 6278_ 10258388.html，2021 年 12 月 31 日；④《黑龙江省人民政府关于印发黑龙江省"十四五"数字经济发展规划的通知》，https：//zwgk.hlj.gov.cn/zwgk/publicInfo/detail? id=450852，2022 年 3 月 28 日；⑤《关于印发〈山东省 2022 年数字经济"重点突破"行动方案〉的通知》，http：//gxt.shandong. gov.cn/art/2022/3/28/art_ 15189_ 10302127.html，2022 年 3 月 28 日；⑥《关于深入推进数字经济做优做强"一号发展工程"的意见》，http：//www.jiangxi.gov.cn/art/2022/3/14/art_ 396_ 3885369.html，2022 年 3 月 14 日；⑦《省市场监管局出台十八条措施构建包容环境》，http：//www.jiangxi.gov.cn/art/2022/4/24/art_ 398_ 3938485.html，2022 年 4 月 24 日；⑧《2022 年广东省数字经济工作要点》，http：//gdii.gd.cn/zwgk/tzgg1011/content/post_ 3911821.html，2022 年 4 月 13 日；⑨《福建省数字福建建设领导小组办公室关于印发〈福建省做大做强做优数字经济行动计划（2022—2025 年）〉的通知》，http：//rst.fujian.gov.cn/zw/ghjh/202204/t20220411_ 5887392.htm，2022 年 4 月 11 日；⑩《云南省人民政府办公厅印发关于大力推动数字经济加快发展的若干政策措施的通知》，http：//www.yn.gov.cn/zzms/zxwj/202204/t20220428_ 241533.html，2022 年 4 月 28 日；⑪《成都市"十四五"数字经济发展规划》，http：//www.chengdu.gov.cn/chengdu/c147315/2022-04/15/content_ 20bea675f0fc4606801ff545fd937981.shtml，2022 年 4 月 15 日；⑫《市人民政府关于印发武汉市支持数字经济加快发展若干政策的通知》，http：//www.wuhan.gov.cn/zwgk/xxgk/zfwj/gfxwj/202205/t20220506_ 1966659.shtml，2022 年 4 月 28 日。

数字技术与实体经济加速融合是我国数字经济发展的重点。2021 年 5 月，国家统计局发布了《数字经济及其核心产业统计分类（2021）》，确定了数字经济产业的 5 个分类，标志着数字经济与实体经济的界定范围得以划分，为二者深度融合发展提供了概念基础。[①] 产业数字化是数字经济发展的必然路径，并且呈渐进式发展趋势。2022 年，数字经济与实体经济融合将进入深水区。

数字经济与实体经济的融合是数字技术与工业技术、互联网企业与制造企业的深度融合。数字技术赋能实体经济，一方面，数字技术改变原有生产力和生产关系，向传统企业输出技术资源和数字化解决方案，带来硬件和软件的同步转型升级；另一方面，中国实体经济具备的产品、员工、组织、市场等行业基础，为数字技术提供了丰富的数字场景，倒逼数字技术不断优化更新以满足现实需求。同时，与实体经济融合发展已成为互联网企业的新增长动力，一些数字原生企业应运而生。国际市场研究机构 IDC 发布的报告显示，2021 年第三季度中国公有云服务整体市场规模（IaaS/PaaS/SaaS）达 71.88 亿美元。[②] 阿里、腾讯、华为等国内云巨头厂商均以技术实现跨行业发展，不断拓展业务场景，增加新经济增长点。2022 年 2 月，阿里云发布"专精特新"扶持计划，将在广东重点支持 1000 家"专精特新"潜力企业。阿里云已与南方航空、小鹏汽车、vivo 等行业龙头企业开展合作，在生产制造、经营管理、服务运营等多个领域，共同打造了一系列云上创新标杆。[③]

（三）媒体融合进入提质增效的新发展周期

2021 年以来，传统媒体的组织机构改革仍在继续，这种改革呈现出"自东向西"、不断下沉的趋势，集中优势资源谋发展是媒体融合发展的前

[①] 《数字经济及其核心产业统计分类（2021）》，http://www.gov.cn/gongbao/content/2021/content_ 5625996. htm，2021 年 5 月 27 日。

[②] 《IDC：2021 年 Q3 公有云服务市场规模达 71.88 亿美元，腾讯云稳居 Top2》，https://www.163.com/dy/article/GVUK3KU30552NVEU.html，2022 年 2 月 11 日。

[③] 《阿里云广东将重点支持千家专精特新企业，设立粤东西北团队》，https://www.163.com/dy/article/H12LLEL505129QAF.html，2022 年 2 月 25 日。

提。2021 年 9 月，国家广电总局已先后批准撤销 14 个电视频道和 7 个广播频率，同时批准调整优化了一大批专业频道、频率。截至 2022 年 4 月，国家广电总局已先后批准撤销 1 个县级播出机构和 19 个频道、频率（见表 2）。①

表 2　2021 年以来关停并转的主要媒体机构（不完全统计）

时间	媒体名称	类型
2021 年 1 月	山西广播电视台少儿频道	停播
2021 年 2 月	MTV 音乐电视台中文频道	停播
2021 年 4 月	山东广播电视台国际频道	停播
2021 年 12 月	贵阳广播电视台第三套电视节目法制频道	停播并撤销
2021 年 12 月	大连广播电视台公共频道、财经频道	撤销
2022 年 1 月	《贵阳晚报》	全面停止纸质版
2022 年 1 月	《巴中晚报》	纸质版休刊
2022 年 1 月	《洛阳商报》	休刊 6 个月
2022 年 1 月	《合肥广播电视报》	停刊
2022 年 1 月	《宜宾晚报》	停刊
2022 年 1 月	《河北科技报》	休刊 6 个月
2022 年 1 月	《南方法治报》	休刊
2022 年 2 月	荆门广播电视台公共频道	停播
2022 年 4 月	《河南科技报》	休刊 6 个月
2022 年 4 月	《计算机世界》	纸媒业务停工停产

　　媒体融合发展战略经过多年政策引导与实践检验，也呈现出参照性与推广性，融合发展的领域也在不断拓展。文旅、科技、出版等领域也纷纷出台相关政策，推动行业转型升级。2021 年 11 月，工信部印发《"十四五"信息化和工业化深度融合发展规划》，加速制造业数字化转型。② 2022 年 4 月，中宣部印发《关于推动出版深度融合发展的实施意见》，致力于构建数字时

---

①　《广电总局：2022 年已批准撤销 19 个频道频率》，https：//new. qq. com/omn/20220428/20220428A007H200. html，2022 年 4 月 28 日。
②　《〈"十四五"信息化和工业化深度融合发展规划〉解读》，http：//www. scmiyi. gov. cn/zwgk/zzjg/xjbm/jjhxxhj/zcwj/4159084. shtml，2022 年 3 月 22 日。

代新型出版传播体系。①

　　主流媒体融合发展的第一要义是要把握传播内容的导向，增强政治敏锐性和政治鉴别力，在凝聚共识、传播正能量上发挥作用。重大主题报道是主流媒体融合发展的优势领域，做好主题题材的内容产品有利于发挥主流媒体的竞争优势。2021年，在中国共产党建党100周年及"十四五"规划开局之年的时代背景下，主流媒体围绕建党100周年、东京奥运会等重要节点与事件，制作出系列有竞争力和差异化的新媒体产品，提升了微传播力与影响力。新华社推出了100集融媒体大型系列报道《红色百宝　奋斗百年》，通过100件文物、100篇报道、100集视频，呈现中国共产党波澜壮阔的百年奋斗历程。② 人民日报新媒体开设了"建党百年公开课"，邀请党史学习教育中央宣讲团成员，以知识分享的形式创新新媒体产品形式。③ 中央广播电视总台则紧扣"网络化"和"年轻态"，推出了系列主题报道产品。央视财经频道上线百集微纪录片《红色财经·信物百年》，通过百家企业的党委书记、董事长亲自出镜，讲述中国经济发展背后的故事。④ 同时，总台启动了"党史经典　彩色重现——党史经典影像素材4K/8K超高清修复工程"，通过新技术修复党史历史影像资料，提升红色经典作品的传播力。《永不消逝的电波》等经典影片得到高清修复，与观众见面。⑤

　　实现经营突破是当前媒体融合发展亟待解决的重要课题。如何在数字时代实现事业与产业的融合、内容与市场的融合、商业价值与社会价值的融

---

① 《中共中央宣传部印发〈关于推动出版深度融合发展的实施意见〉》，http：//www. xin huanet. com/culturepro/20220428/4a35794ed6b44773b4dc26e2b785c767/c. html，2022年4月28日。

② 《红色百宝　奋斗百年》，https：//baijiahao. baidu. com/s？id=1706510596728913748&wfr= spider&for=pc，2021年7月28日。

③ 《重磅预告！人民日报新媒体将推"建党百年公开课"》，https：//wap. peopleapp. com/ article/6236098/6135000，2021年6月26日。

④ 《〈红色财经·信物百年〉热播》，https：//www. sohu. com/a/470553456_ 571524，2021年6月5日。

⑤ 《首部！4K超高清彩色修复故事片〈永不消逝的电波〉国庆档公映》，http：// news. cctv. com/2021/09/28/ARTIJDkNgFG6LrQWWaIX9MBv210928. shtml，2021年9月28日。

合、短期收入与长线收入的融合、平台收益与产品收益的融合等需要媒体机构不断设计与探索。数字订阅是国际主流媒体普遍采用的增加网络收入的方式，但是此种途径对媒体报道内容有较高要求，因此不适宜广泛推广。财新作为专业财经媒体，开展数字订阅较早，凭借专业性内容在数字订阅方面取得了较为突出的成绩。据国际报刊联盟（FIPP）发布的《2021 全球数字订阅报告》，财新以 70 万付费订阅用户入围榜单，位列全球第 10，是唯一入围榜单的中国媒体。① 我国媒体也在通过引入资本力量倒逼机制改革，拓展盈利方式和来源。2022 年，上报集团将推动澎湃新闻完成 B 轮融资，界面·财联社提出推进上市等战略性节点性目标，通过创新媒体投融资模式，发挥市场机制作用。②

虚拟数字人是技术带来的媒体融合发展亮点。2021 年 9 月，虚拟人梅涩甜在腾讯新闻平台上发布了全网第一个虚拟人脱口秀《梅得说》，丰富了虚拟内容创作形式。根据《2022 年中国虚拟人产业商业化研究报告》，2021 年中国虚拟人带动的产业规模和核心市场规模分别为 1074.9 亿元和 62.2 亿元，预计 2025 年分别达到 6402.7 亿元和 480.6 亿元，呈现强劲的增长态势。③ 2021 年，虚拟人领域投资火爆，相关投资有 16 笔，融资金额从数百万元人民币到数千万美元不等，其中不乏红杉资本、GGV 纪源资本、峰瑞资本等知名投资机构。④ 随着资本涌入，虚拟数字人 IP 矩阵将不断拓展，场景化与智能化将不断增强。

（四）互联网治理"强监管"与"重保护"两手抓

2021 年以来，我国互联网治理进入强监管、严问责、重处罚时代。

---

① 《2021 全球数字订阅报告：财新付费用户突破 70 万，位列全球第 10 位》，https：//www. lanjinger. com/d/172704，2021 年 12 月 7 日。
② 《上报集团：媒体融合发展正在进入第二个 10 年周期》，https：//new. qq. com/omn/20220217/20220217A043JD00. html，2022 年 2 月 17 日。
③ 《艾媒咨询｜2022 年中国虚拟人产业商业化研究报告》，https：//www. iimedia. cn/c400/85066. html，2022 年 4 月 22 日。
④ 《资本围猎虚拟人：腰缠万贯，无家可归》，http：//k. sina. com. cn/article_ 1750070171_684ff39b020013w0m. html，2022 年 2 月 28 日。

2021 年起施行的《数据安全法》和《个人信息保护法》，与《网络安全法》共同构成了我国数字安全与信息保护领域法律体系的"三驾马车"，奠定了网络治理的基础。以平台治理为主要对象，网络治理热点议题主要有反垄断、互联互通、网络安全与用户信息保护等。我国互联网治理兼顾产业发展需求和信息安全保护，兼具政策支持体系和制度监管体系建设，在平台与用户间发挥着重要的"裁判员"与"教练员"角色作用。

我国互联网治理频出重拳，整治平台经济发展。2022 年初，国家发展改革委等 9 部门联合印发《关于推动平台经济规范健康持续发展的若干意见》，聚焦平台经济领域中面临的突出问题，突出坚持发展和规范并重，突出加强和改进监管，突出推动平台经济为高质量发展和高品质生活服务。[①] 反垄断与促进互联互通是 2021 年互联网治理的关键词，重拳出击是治理的主基调。2021 年 7 月，根据《反垄断法》规定，国家市场监管总局对互联网领域 22 起违法实施经营者集中案件立案调查，案件涉及阿里、腾讯、苏宁易购等公司。[②] 7 月 10 日，国家市场监管总局发文表示，依法禁止虎牙公司与斗鱼国际控股有限公司合并。[③] 7 月 24 日，国家市场监管总局依法对腾讯作出责令解除网络音乐独家版权等处罚。[④] 11 月 18 日，国家反垄断局正式挂牌，标志着中国反垄断进入新阶段，也释放出互联网行业的反垄断将持续强化的信号。而网络主播薇娅因偷逃税案件被罚并被网络封号等事件，显示出网络治理对新兴业态野蛮发展的重要性及我国网络铁腕治理的决心。

网络安全事关国家安全，随着网络形态不断拓展，互联网治理需要解决的网络安全问题类型越来越多样、挑战也越来越大。网络数据安全、数据出境安全、未

---

① 《9 部门发文推动平台经济规范健康持续发展》，http://www.gov.cn/xinwen/2022-01/20/content_ 5669413.htm，2022 年 1 月 20 日。

② 《市场监管总局依法对互联网领域 22 起违法实施经营者集中案作出行政处罚决定》，http://www.nbd.com.cn/articles/2021-07-07/1828219.html，2021 年 7 月 7 日。

③ 《市场监管总局禁止虎牙与斗鱼合并，腾讯：将认真遵守审查决定，依法合规经营》，https://www.jiemian.com/article/6342655.html，2021 年 7 月 10 日。

④ 《音乐自由！腾讯正式放弃版权独家授权权利》，https://news.mydrivers.com/1/780/780206.htm，2021 年 8 月 31 日。

成年人网络保护、用户个人信息安全是目前我国网络安全领域的重点议题。

　　数据安全是互联网发展的基石，数据主权正成为大国博弈的新领域。2021 年 7 月 4 日，国家网信办通报，滴滴出行 App 存在严重违法违规收集使用个人信息问题。① 7 月 16 日，国家网信办会同公安部、国家安全部、自然资源部等部门联合进驻滴滴出行科技有限公司，开展网络安全审查。② 12 月，滴滴出行官方微博发文称，"经认真研究，公司即日起启动在纽交所退市的工作，并启动在香港上市的准备工作"。③

　　国家密集出台数据安全领域相关法规政策，强力规范数据出境活动，促进数据自由流动，维护国家安全和社会公共利益。2021 年 10 月，国家网信办就《数据出境安全评估办法（征求意见稿）》公开征求意见；11 月，公布《网络数据安全管理条例（征求意见稿）》，向社会公开征求意见；2022 年初，国家网信办等十三部门联合修订发布《网络安全审查办法》。④

　　用户网络安全是互联网发展的重要根基。我国网络治理不断精细化与精准化，未成年群体网络安全与用户个人信息安全保护持续升级。2021 年 6 月 1 日起，新修订的《未成年人保护法》正式施行，其中新增"网络保护"专章。⑤ 8 月，国家新闻出版署下发《关于进一步严格管理切实防止未成年人沉迷网络游戏的通知》，针对未成年人过度使用甚至沉迷网络游戏问题，进一步严格管理。⑥ 2022 年 5 月，中央文明办等四部门发布了《关于规范网络直播打赏　加强未成年人保护的意见》，明确禁止未成年人参与直播打

---

① 《国家网信办：滴滴出行，下架！严重违法违规，还有这些问题》，https：//finance. ifeng. com/c/87c1dV7naE4，2021 年 7 月 5 日。
② 《公安部、国家安全部等七部门进驻滴滴开展网络安全审查》，http：//www.chinapeace.gov.cn/ chinapeace/c100007/2021-07/16/content_ 12510739.shtml，2021 年 7 月 16 日。
③ 《滴滴出行：启动在纽交所退市工作及香港上市准备工作》，https：//www.cs.com.cn/sylm/ jsbd/202112/t20211203_ 6224986.html，2021 年 12 月 3 日。
④ 《国家互联网信息办公室等十三部门修订发布〈网络安全审查办法〉》，http：// www.gov.cn/xinwen/2022-01/04/content_ 5666386.htm，2022 年 1 月 4 日。
⑤ 《新修订的未成年人保护法 6 月实施，新增"网络保护"专章》，https：//tech.ifeng.com/ c/86aTyMiAcXK，2021 年 5 月 27 日。
⑥ 《国家新闻出版署下发〈关于进一步严格管理切实防止未成年人沉迷网络游戏的通知〉》，http：//www.gov.cn/xinwen/2021-08/30/content_ 5634205.htm，2021 年 8 月 30 日。

赏，严控未成年人从事主播，并限时要求平台取消打赏榜单。① 2021 年 8 月 20 日，《个人信息保护法》获得通过，这是我国关于个人信息保护位阶最高的综合性法律，进一步强化个人信息安全监管与治理，标志着我国个人信息保护迈出了具有里程碑意义的一步。②

我国网络治理的感知度和敏捷度不断提升，对行业热点、痛点问题的响应、介入与处理的及时性与成熟度越来越高。针对"种草消费""MCN 经济""流量经济"等热点，国家网信办发布 2022 年"清朗"系列专项行动十大重点任务，其中包括"打击流量造假、黑公关、网络水军""算法综合治理""MCN 机构信息内容乱象整治"等专项行动。③随着人工智能技术与应用不断发展，世界各国均纷纷制定相关法律政策，规范人工智能技术对社会发展带来的影响。国家网信办等四部门联合发布《互联网信息服务算法推荐管理规定》，自 2022 年 3 月 1 日起施行。我国积极布局人工智能领域法律体系与制度建设，算法与人工智能领域将是下一阶段网络治理的重点。

二 热门盘点和焦点透视

（一）元宇宙与 Web3 赋能未来传播

2021 年被称为"元宇宙"元年。元宇宙不是一个新概念，但是基于区块链、人工智能及相关硬件等行业技术的发展和互联网市场发展的需求，被认为是数字社会的未来形态，引起广泛关注与讨论。Roblox 是首个将"元宇宙"写进招股说明书的公司，其提出了元宇宙的八个关键特征：身份、

---

① 《四部门：禁止未成年人参与直播打赏　平台应于 1 个月内取消打赏榜单》，http：//ent. cnr. cn/dsyyl/20220507/t20220507_ 525818284. shtml，2022 年 5 月 7 日。
② 《个人信息保护法的深远意义：中国与世界》，https：//www. 12377. cn/fl/2021/ebe5baec_ web. html，2021 年 8 月 26 日。
③ 《国家网信办发布 2022 年"清朗"系列专项行动十大重点任务》，https：//m. thepaper. cn/baijiahao_ 17166202，2022 年 3 月 17 日。

朋友、沉浸感、随地、多样性、低延迟、经济、文明，① 获得共识。元宇宙强调沉浸感体验，是可以提供工作、学习、生活等多场景的平行数字世界，是一个与现实社会相融合的数字社会形态。

互联网行业对于未来发展形态的探索从未停止，随着行业红利逐渐消逝，被称为"价值互联网"的 Web3 被寄予厚望。Web3 是指基于区块链技术的去中心化在线生态系统，② 去中心化是 Web3 的精神内核。Web3 可以实现用户网络行为数据的资产化，不同平台之间的资产可以流动，运行愿景是用户对自身数据掌握所有权。Web3 能够有效解决数据型资产归属问题以及用户个人数据隐私和安全等问题。当前，元宇宙产业仍处于探索初期，不论是元宇宙还是 Web3 均属于未来。

2022 年，围绕元宇宙与 Web3 的竞争愈加激烈，资本不断流入、巨头公司探索、网络监管加入等显示出相关产业发展的强劲势头与活力。

元宇宙资本全球崛起。来自福布斯杂志的文章显示，2021 年，人才和资本大量流入 Web3 生态系统，风险投资公司在全球范围内向加密货币初创企业部署了 300 亿美元以上的资金，有近 50 家加密货币初创企业融资超过 1 亿美元。③ 2022 年初，元宇宙游戏开发商 Animoca Brands 宣布完成 3.588 亿美元融资，投后估值达到了 50 亿美元。从 2021 年 5 月至 2022 年上半年，Animoca Brands 共计完成四轮 5000 万美元以上巨额融资，融资总额超过 5.6 亿美元。④ 据统计，2022 年第一季度，全球区块链领域融资数量为 390 笔，融资金额达 62.60 亿元。⑤ 自 2021 年下半年开始，国内元宇宙赛道融资

---

① 《全面剖析元宇宙八大基本特征》，https：//xw. qq. com/cmsid/20211115A09EG000? pgv_ref=baidutw，2021 年 11 月 15 日。
② 《Web3.0 初探：一个基于区块链技术、用户主导、去中心化的网络生态》，https：//new. qq. com/omn/20220412/20220412A0CIYH00. html，2022 年 4 月 12 日。
③ 《福布斯杂志：2021 年 Web3 风险投资市场活动概览》，https：//new. qq. com/omn/20220104/20220104A0CIFQ00. html，2022 年 1 月 4 日。
④ 《元宇宙独角兽！Animoca Brands 以 50 亿美元估值获 3.588 亿美元融资》，https：//new. qq. com/omn/20220130/20220130A0CN6D00. html，2022 年 1 月 30 日。
⑤ 《区块链投融资季报：美国的融资金额占总额近 44% 中国占比 1.91%》，http：//finance. sina. com. cn/blockchain/2022-05-07/doc-imcwiwst6044073. shtml，2022 年 5 月 7 日。

加速。

巨头公司纷纷入局，成为行业发展风向标。2021 年 10 月，社交巨头 Facebook 改名为"Meta"，显示出开拓元宇宙市场的决心。12 月，美国支付巨头 Square 改名为"Block"，决心拥抱去中心化和区块链技术。① 2022 年 2 月，社交游戏公司 Zynga 宣布将推出代币和区块链游戏。② 字节跳动则密集布局芯片及半导体等元宇宙硬件关键模块。2021 年 9 月，字节跳动收购国内头部 VR 厂商 Pico，③ VR 成为其投入研发的新方向。在国内，元宇宙领域也成为互联网精英跳槽的主要走向，从互联网大厂来到此赛道的人越来越多。例如，前蚂蚁技术总监赵峰创办了"YOUChain 有链"，上线区块链应用 App，旨在打造数字生态平台。而元宇宙也被媒体机构视为融合发展的方向之一，相关实践探索已经开启。2021 年 11 月，湖南广电芒果超媒宣布将以国家广播电视总局 5G 重点实验室为基座，搭建芒果"元宇宙"平台，从"互动+虚拟+云渲染"等入手探索未来传播形态。④

政府力量介入元宇宙产业监管与发展。除了互联网巨头的布局，元宇宙行业的发展引发了世界各国官方力量的关注与重视。2021 年 12 月，6 家大型加密资产相关公司负责人，向美国国会议员介绍了加密技术的发展方向，会议论证了加密货币、Web3 等市场需求及行业监管工作的重要性。⑤ 在我国，相关指导意见、研究机构、产业基地的密集出台或建立为促进行业发展提供了政策保障。2022 年 1 月，浙江省发布了《关于浙江省未来产业先导区建设的指导意见》，元宇宙与人工智能、区块链、第三代半导体等并列为

---

① 《美国支付巨头 Square 更名为 Block》，http：//iof. hexun. com/2021-12-02/204858473. html，2021 年 12 月 2 日。

② 《社交游戏巨头 Zynga 将推出 NFT 和区块链游戏》，https：//www. shangyexinzhi. com/article/4583902. html，2022 年 2 月 11 日。

③ 《字节跳动收购 VR 公司 Pico，国内 VR 领域迎来新玩家》，https：//www. 163. com/dy/article/GILDOQAR0519F5EB. html，2021 年 8 月 31 日。

④ 《芒果超媒董事长张华立：将以国家广播电视总局 5G 重点实验室为基座，探索搭建芒果"元宇宙"》，https：//cj. sina. com. cn/articles/view/1776830283/69e8474b0200131oy，2021 年 11 月 3 日。

⑤ 《美国加密巨头听证会实录：数字资产和金融的未来》，https：//www. 163. com/dy/article/GR1F9T2Q0552JR0A. html，2021 年 12 月 12 日。

浙江未来产业发展体系中的重要内容。① 2月，北京市发布《关于加快北京城市副中心元宇宙创新引领发展的若干措施》，推进打造"元宇宙创新中心"。② 2021年11月，深圳成立了元宇宙创新实验室，汇聚企业、行业协会及投资融资、版权确权、网络出版等机构力量共同进行行业发展实践与研究。

（二）"她经济"与体验经济解锁行业发展新风口

随着网络消费赛道的不断细分，以女性消费为主的"她经济"成为行业发展风口，为数字经济发展提供了新动能。根据天眼查2022年3月发布的数据，2021年，我国新增注册的"她经济"相关企业超过130万家，同比增长21.8%。③"她经济"不是一个新概念，但是随着女性社会地位提高、消费能力提升、社会性别观念进步，特别是互联网电商的飞速发展，促使"她经济"成为显学。银泰百货发布的《家庭消费决策用户调研》显示，在以"70后"和"80后"为主力的家庭消费中，女性是主要决策者和实施者，杭州、合肥、西安等新一线城市中，有七成用户的家庭消费由女性决定并主导。④

"她经济"是围绕女性消费形成的网络经济现象，消费主体一般为女性，消费方式为网购。电子商务具有的及时性、互动性、个性化等特征可以满足女性较强的购物欲、购物需求、分享欲等消费特点，因此，女性也成为网络消费的主力军。随着电商营销方式拓展，受到明星达人、网络主播、博主等带来的"种草经济""粉丝经济"影响，"她经济"市场显示出蓬勃的

---

① 《我省出台未来产业先导区建设指导意见》，http://epaper.zjgrrb.com/html/2022-01/06/content_2778906.htm？div=-1，2022年1月6日。
② 《关于加快北京城市副中心元宇宙创新引领发展的若干措施》，http://www.bjtzh.gov.cn/bjtz/xxfb/202203/1515469.shtml，2022年3月3日。
③ 《天眼查：悦己·向上她力量成就她经济报告》，http://www.199it.com/archives/1400361.html，2022年3月8日。
④ 《岂止半边天！银泰百货调研显示：新一线城市七成家庭消费由女性主导》，http://www.ce.cn/xwzx/gnsz/gdxw/202203/08/t20220308_37383885.shtml，2022年3月8日。

发展活力和潜力。根据 QuestMobile 的《2022"她经济"洞察报告》，女性用户对于头部短视频类 App 的使用平均每天均已接近 2 小时，各领域 KOL（关键意见领袖）内容已成为当下女性用户获取知识、了解穿搭、种草品牌等重要来源。①

　　女性独特并不断发展变化的"她需求"带动相关热门行业不断拓展。颜值、健康、品质、品牌等是女性长期以来选择产品的主要影响因素。随着女性消费逐渐由被动的任务压力转变为主动的社交乐趣，女性"悦己"消费倾向不断加深，服饰、美妆、医美、居家等原有热门领域产品不断出新，满足女性日益增长的精神需求。无钢圈内衣、运动内衣、小家电、鲜花电商、低度酒等赛道便诞生了一批网络爆品与新消费品牌。同时，传统行业的营销方式围绕"她经济"也在发生改变。比如，以男性消费者为主的汽车行业通过在"小红书"进行品牌运营，试图提升女性消费者比例。2022 年4 月，"小红书"上线"RCC 飞驰计划"，重点扶持汽车内容。②

　　各地方开始布局"她经济"发展，将其打造成为城市发展的重要方向。2021 年 9 月，长沙全国首创出台《关于大力发展"她经济"的若干意见》，旨在抢抓"她经济"发展先机，构建女性友好型城市指标体系，打造长沙特色的"她经济"样本城市。③ 2022 年 4 月，重庆公布《促进消费恢复发展若干政策措施》，明确提出鼓励发展"她经济"，打造一批具有重庆特色的"她标签"消费品牌、消费场景。④

　　数字技术的发展使万物皆可体验化，体验经济成为促进中国经济增长模式的重要抓手。普华永道（PwC）的调查报告显示，在全球范围内，73%的

---

① 《QuestMobile 2022"她经济"洞察报告》，https：//www. thepaper. cn/newsDetail_ forward_ 17012302，2022 年 3 月 9 日。
② 《小红书上线"RCC 飞驰计划"扶持汽车内容》，https：//www. chinaz. com/2022/0420/ 1386799. shtml，2022 年 4 月 20 日。
③ 《长沙市人民政府办公厅关于大力发展"她经济"的若干意见》，http：//www. changsha. gov. cn/ zfxxgk/zfwjk/szfbgt/202109/t20210923_ 10224143. html，2021 年 9 月 23 日。
④ 《促进消费恢复发展若干政策措施》，http：//www. cq. gov. cn/zwgk/zfxxgkml/wlzcxx/hmlm/ whszfbm/202204/t20220424_ 10652331. html，2022 年 4 月 24 日。

消费者认为客户体验是影响他们购买决策的一个重要因素；高达 87% 的中国消费者表示，在做出购买决定时会受到客户体验的影响。① 物质条件的改善和网络技术的发展促使用户的体验需求不断被挖掘，用户消费从关注产品的质量本身过渡到对消费全过程体验的关注。

体验经济不仅意味着体验是产品销售的一个环节，更是更新了网络营销方式，围绕体验感受催生了新业态。体验经济促使网络消费重视用户的精神感受与需求，重塑新消费赛道。近两年全球增速较快的运动品牌 Lululemon 在产品销售中便强调产品调性与价值观，其爆品女式瑜伽裤不仅是运动服，更代表了健康向上的运动生活理念。在产品销售的同时，品牌开设了一系列瑜伽训练计划，提升了产品体验附加值。截至 2022 年 1 月 30 日，Lululemon 的全年净营收由 2020 年的 44 亿美元增至 63 亿美元，同比增长 43%。②

体验经济催生新岗位与新业态。受新冠肺炎疫情对旅游业的影响，露营经济成为文旅体验消费的热点，带动了户外产品、场地设施、技能培训等相关产业的发展。根据 2022 年 3 月携程等发布的《春季出行趋势报告》，近一周，携程站内露营产品搜索量环比涨幅逾 80%；3～4 月出行的露营产品预订火热，预订量环比增长 120%。③ 与景区打卡不同，露营的出行准备、亲子互动、亲友团聚等深度体验和参与感更加多样化与个性化，备受推崇。

（三）在线知识生态呈现流动性与泛在化

2021 年，在线教育的黄金时代结束，行业发生了巨变。2021 年 7 月，中共中央办公厅、国务院办公厅印发《关于进一步减轻义务教育阶段学生

---

① 《普华永道：体验高于一切？解读背后的逻辑和方法论》，https://www.sohu.com/a/524875600_114819，2022 年 2 月 23 日。

② 《千元一条的瑜伽裤数万人追捧，Lululemon 背后的女性消费力有多强？》，http://news.sohu.com/a/538206250_115479，2022 年 4 月 15 日。

③ 《携程春季出行趋势报告：露营产品预订量增长 120%》，https://tech.huanqiu.com/article/478TMRs7Trd，2022 年 3 月 10 日。

作业负担和校外培训负担的意见》，对在线教育行业影响重大且深远。[①]"双减"政策的正式落地使2021年初还在扩张的网络教育市场轰然倒塌，随之引发了密集裁员与行业性危机。根据《2021年互联网人才招聘白皮书》，仅有7.4%的教育行业人才选择继续留在教育行业，并且大部分选择职业技能培训、成人培训、素质教育培训等领域。[②]

得益于疫情带来的非接触经济红利，在线教育市场在2020年飞速发展，而快速扩张的需求与教育行业本身对教师、课程设置的高要求是违背的，高质量的课程需要时间准备和沉淀，而互联网行业拼的是高效的融资及运营。互联网的打法与教育行业需要融合，但庞大的市场需求没有给在线教育充足的时间准备。或者说，互联网的盈利模式没有给教育逻辑让步。因此，突飞猛进的在线教育行业本身已经积攒了发展问题与矛盾，而"双减"政策的落地则加速了行业的溃败。

2022年是在线教育公司转型探索之年。当前，素质教育、职业教育、教育硬件、教育信息化成为K12机构（从事学前教育至高中教育的教育机构）的四大转型方向。其中，布局智能教育硬件与教育信息化成为头部企业转型的两大抓手。2022年3月，好未来宣布进入二次创业阶段，科技服务、智能硬件及生命科学等非教育培训业务将是其未来重点业务。同月，作业帮对外发布了一款基于电子墨水屏的学生记忆单词神器——喵喵机电子单词卡，旨在推动教育智能硬件行业的产品革新。[③] 4月，网易有道发布了一款搭载了指尖查词、句子精读、错题整理等功能的智能台灯。[④]

---

① 《中共中央办公厅　国务院办公厅印发〈关于进一步减轻义务教育阶段学生作业负担和校外培训负担的意见〉》，http：//www.moe.gov.cn/jyb_xwfb/gzdt_gzdt/s5987/202107/t20210724_546566.html，2021年7月24日。
② 《拉勾：2021年互联网人才招聘白皮书》，http：//www.199it.com/archives/1374943.html，2022年1月15日。
③ 《作业帮举办智能硬件产品发布会：喵喵机电子单词卡上市》，http：//www.jjckb.cn/2022-03/16/c_1310516972.htm，2022年3月16日。
④ 《网易有道卖灯，当下最好的出路？》，https：//new.qq.com/omn/20220425/20220425A036NS00.html，2022年4月25日。

面向用户端，网络教育企业在智能硬件领域率先试水；面向学校端，则从教育信息化赛道入手，利用技术提升教育能效。2021 年 12 月，好未来推出全新品牌"美校"，为学校数字化教学提供线上产品与定制方案。[①]一起教育科技公司快速转型为 SaaS 软件服务商，获得了初步成效。预计在去除 K12 培训收入后，2022 年第一季度收入将达到 2.0 亿~2.1 亿元，超过上年同期除去 K12 教培业务后收入的 10 倍。[②] 成人职业教育、素质教育则被视为在线教育企业的第二增长曲线。此外，直播带货、企业投资、企业服务等也是在线教育企业业务探索的主要方向。2021 年 12 月，新东方成立了"东方甄选"农产品直播带货平台，并相继推出了自营产品，不断拓展业务类型。

在网络教育与培训行业经历转型阵痛的同时，互联网视频平台纷纷加快知识类视频布局，泛知识内容生态建设成为视频平台建设的重点。根据《2021 年全国广播电视行业统计公报》，截至 2021 年底，互联网视频年度付费用户 7.1 亿，短视频上传用户超过 7 亿。[③] 网络视频特别是知识视频具有较大市场潜力。当前，B 站、抖音、快手成为知识视频领域的三大巨头。《2021 B 站创作者生态报告》显示，目前 B 站所有专业用户创作视频（Professional User Generated Video，PUGV）里，泛知识内容占比高达 49%。2021 年，B 站知识区创作者规模增长了 92%。有 800 多个认证高校号、近万个学院号也已入驻。B 站最新的 2021 年度百大 UP 主，知识区 UP 主数量翻倍。[④]《2021 抖音泛知识内容数据报告》显示，2021 年抖音上的泛知识内

① 《好未来 ToB 业务全面升级　推出全新品牌"美校"》，https：//new. qq. com/omn/2021122 21/20211221A02C5S00. html，2021 年 12 月 21 日。
② 《终于！第一批教育公司开始赚钱：1700 万》，https：//new. qq. com/omn/20220321/20220321A 03OJN00. html，2022 年 3 月 21 日。
③ 《2021 年全国广播电视行业统计公报：互联网视频年度付费用户 7.1 亿》，http：//www. cinic. org. cn/xw/tjsj/1280161. html，2022 年 4 月 27 日。
④ 《B 站发布创作者生态报告，31 岁以上 UP 主增速 80%》，http：//finance. ce. cn/home/jrzq/dc/202112/10/t20211210＿37161054. shtml，2021 年 12 月 10 日。

容播放量同比增长达74%。① 《2022快手泛知识内容生态报告》显示，2021年，快手泛知识内容播放量同比增长58.11%，平台全年有超过3300万场泛知识直播。② 依托算法推送及用户量优势，抖音与快手通过密集策划知识科普直播活动等形式增加平台知识分享与传播体量，提升平台知识化形象，争夺知识学习类用户。

（四）新媒体与国际传播走向深融互促

2021年5月，习近平总书记在主持中共中央政治局第三十次集体学习时强调，要深刻认识新形势下加强和改进国际传播工作的重要性和必要性，下大气力加强国际传播能力建设。③ 这强调了提升新时代国际传播工作效果的重要意义与主要方法。当前，国际传播工作站在新的历史时期、面临新的内外环境，亟待在新环境与新要求下提升传播效能。其中，新形势不仅包括深刻巨变的世界局势、广泛影响全球的新冠肺炎疫情、实现中华民族伟大复兴的目标要求，更有新传播技术带来的国际传播新变革。2021年9月，国家主席习近平向2021年世界互联网大会乌镇峰会致贺信。习近平指出，数字技术正以新理念、新业态、新模式全面融入人类经济、政治、文化、社会、生态文明建设各领域和全过程，给人类生产生活带来广泛而深刻的影响。④ 国际传播工作需要持续抢抓新媒体发展机遇，开启发展新境界。

我国的国际传播要坚持与新媒体深度融合发展理念，树立新媒体战略传播思维。在当前我国的国际传播实践中，新媒体发挥的作用主要集中在渠道

---

① 《抖音发布2021泛知识内容报告，播放量同比增长74%》，http：//app. myzaker. com/news/article. php？pk=6166a9188e9f097edd0deb67&f=normal，2021年10月13日。
② 《一年超过3300万场泛知识直播！2022快手泛知识内容生态报告还说了什么》，https：//view. inews. qq. com/a/20220428A09HQT00，2022年4月28日。
③ 《习近平主持中共中央政治局第三十次集体学习并讲话》，http：//www. gov. cn/xinwen/2021-06/01/content_5614684. htm，2021年6月1日。
④ 《习近平向2021年世界互联网大会乌镇峰会致贺信》，https：//www. wicwuzhen. cn/web21/information/Release/202109/t20210926_23146429. shtml，2021年9月26日。

和平台方面，较为单一与固化。新媒体被认为拓宽了国际传播的渠道，搭建了新传播平台，更新了国际传播方式。我国国际传播工作对新媒体的重视程度不够，对其在国际传播领域的价值挖掘不足、使用不充分。国际传播与新媒体的融合呈现出滞后性与被动性。站在国家战略的高度深度融合国际传播与新媒体发展，促进国际传播理念转变是当务之急。

随着微传播成为主流信息传播方式，新媒体逐渐成为国际舆论场的主战场，甚至成为大国博弈的新阵地。新媒体的国际战略地位日益上升。在俄乌冲突中，围绕账号封禁、战场直播、舆论操控等产生的"信息战"影响局势发展与舆论走向。社交媒体平台产生的"信息海啸"引发网络平台"武器化"，新媒体深刻影响着国际传播格局与全球传播新秩序。

国际传播工作需要以传播主体与传播方式为突破口，利用新媒体多元主体优势优化国际传播主体结构，构建新媒体国际传播话语体系。国际传播工作倡导的全民外宣与新媒体随时性、随地性、多元化、多视角、多类型等传播特点吻合。国际传播的首要任务是找准着力点，在主体上不断发力，拓展对外有效发声群体数量和种类，挖掘各领域机构与个人潜力，不断在探索中积累经验。企业、社会组织、精英群体、网络博主、公民等都是开展国际传播工作的主体，需要激发不同主体的主观能动性。2021 年 10 月，商务部、中宣部等十七部门发布《关于支持国家文化出口基地高质量发展若干措施的通知》，鼓励有条件的企业建设覆盖全球的新媒体平台。[①] 国际传播工作需要建立规范化和体系化的传播主体保障与管理机制，确保国际传播国家队与地方队形成合力。

在传播内容与方式上，国际传播要融合移动端传播方式方法，创新融合媒体报道，增加传播内容类型，将新闻、影视作品、纪录片等多元内容上线，实现内容新媒体化。同时，打造与新媒体文化相通的话语方式，以共情传播、兴趣传播、服务传播等方式提升传播力与影响力，努力塑造可信、可

---

① 《中宣部、广电总局等 17 部门：鼓励有条件的企业建设覆盖全球的新媒体平台》，https：//www.163.com/dy/article/GOFQ13GH0514TTMR.html，2021 年 11 月 10 日。

爱、可敬的中国形象。

国际传播是长线工作，讲究日积月累，同时更需要把握重要节点，快速提升国际认知度与好感度。面对国际社会关注的热点话题、重大国际事件或者国际会展赛事等，要把握住黄金传播期，使新媒体国际传播工作体系化、隐形化、高效化。2022年北京冬奥会期间，吉祥物"冰墩墩"成为"社交货币"，凭借在短视频平台形成的高热度短时间提升了冬奥会影响力和中国国家形象。在短视频平台，国外运动员分享奥运村里的冰墩墩；平台推出了冰墩墩系列表情包、动图和《冰墩墩之歌》，大量具有冰墩墩元素的短视频成为热门；与冰墩墩相关的视频内容，如将冰墩墩造型做成馒头、糖葫芦、美甲等也获得了高推送量。在短视频上的火爆使冰墩墩成功"出圈"，"一墩难求"促进了吉祥物经济发展，同时也成为提升冬奥国际关注度的钥匙，使冬奥会的形象更加可爱和多元。

（五）内容建设成为全景流量的核心

2022年，网络视频仍是推动互联网行业发展的中坚力量。Influencer Marketing Hub发布的数据显示，2020年3月至2021年7月，全球直播电商行业发展加快，直播购买量增长了76%，与其他电子商务形式相比，通过直播的转化率要高出十倍。[1] 在中国，电子商务的市场份额远高于全球平均水平。随着线上购物行为的普遍化和常态化，网络营销在短视频和直播上的投入越来越多，短视频和直播带来的销量转化也越来越高。短视频和直播成为网络营销的主流方式。

数字电商的快速发展改变了用户的线上购买方式、习惯和逻辑，以往"有意愿+搜索商品+购买"的方式转变为"无意愿+看到推送+购买""有意愿+搜索评价+购买""无意愿+看到直播+价格优惠+购买囤货"等多种模式。现有网络消费者的购买行为类型更加多样化，同一位消费者会产生按需

---

[1] 《全球购买量暴增76%，直播电商成新消费渠道黑马?》，https://new.qq.com/omn/20220509/20220509A04MPR00.html，2022年5月9日。

购买、价低囤货、达人种草等多种网购模式。基于信任机制的头部主播和达人推荐在数字营销中的比例越来越大。目前，博主与用户形成了行为共识与自觉。博主、达人等账号内容中出现的产品被默认为是需要"带货"或营销的产品，账号主体的内容分享一般具有目的性，是出于营销而非分享目的进行内容发布，而用户"要链接"的回复和参与产品评价互动是数字营销中的重要一环。

通过矩阵覆盖和跨屏联动，打造全景流量是当前社会化营销的有效方式。当前，微信、抖音、快手、小红书、B站共同构建了数字化营销的新格局。企业需要通过在不同入口进行差异化、区隔化、体系化的线上布局，进行公域和私域流量运营，提升产品销售转化率。全景流量覆盖的重点在于联动，一方面，是不同生态入口间的组合联动。不同平台变现特征各不相同，商家根据不同阶段的需求以组合拳的形式在不同平台进行投放，实现平台间联动会收获最佳效果。一般而言，微信公众号强于破圈、品牌与服务，微信群强于私域流量运营；抖音强于产品推广与获取新客户，算法决定推送范围，粉丝群强于私域流量运营；快手强于粉丝培养与私域流量运营；小红书强于红人投放与"种草"，属于"人找货"模式；B站强于品牌与破圈等。目前，商家往往通过几家平台同时投放，短时间扩大用户服务覆盖面，提升产品的销售额与知名度。另一方面，是同一平台不同账号之间的联动。即使是同一平台，企业号、达人号、明星号、意见领袖号等不同账号对产品的影响侧重点也不同。商家一般通过打造经营矩阵提升转化率和品牌影响力。例如，在抖音平台上，"企业号+达人号+头部号+主题活动"的打法以正品认证、达人推荐、大V背书、活动优惠的方式集中营销，效果显著。抖音上线了"找达人上星图"功能，商家可以自主选择达人、创作者和付费方式。此功能实现了商家和达人的直接对接，为商家进行精准营销投放提供了一键式解决方案，精准实现了商家目标。在小红书平台上，"达人号+企业号"的打法最为普遍和高效。

尽管电商已经成为促进各类应用商业发展的新引擎，但是内容才是网络视频平台发展中的核心竞争力。版权保护一直是短视频领域的重点和难点问

题。一方面，短视频平台内部的视频盗用、洗稿、抄袭、高仿号等版权问题络绎不绝，是平台治理的重点。除了账号主动举报和申请维权外，如何提高平台主动治理能力和治理水平是平台主体关注的重点。在抖音平台上，除了原创者联盟计划外，还通过上线粉丝转移和原创议事厅等功能，在账号保护上不断加码。另一方面，不同平台间的版权归属、使用问题一直是引发争议与起诉的重点，例如，长短视频平台间关于版权问题的博弈一直存在。当前，长短视频平台尝试通过合作实现共赢。2022 年 3 月，抖音与搜狐达成合作意向，获得搜狐全部自制影视作品二次创作相关授权。这一网络视频创作版权保护领域的标志性事件，对原创作者、二次创作者、版权方、平台用户实现共赢具有推动作用。

三　传播分析与影响解读

（一）互联网"走出去"转向模式出海与标准出海

2021 年以来，中国互联网企业呈现规模化"走出去"态势，出海的数量和类型不断增长，成绩也更加耀眼。美国云网络安全服务公司发布的数据显示，2021 年，TikTok 已取代 Google，成为全球流量最大的互联网产品。[1] 中国互联网企业国际化发展的战略层级不断提升，将产品优势、资本优势、技术优势等外溢转变为模式出海、品牌出海、服务出海和标准出海，电商类、内容类、游戏类、视频类、教育类是互联网企业出海的主要领域。

当前，我国互联网出海主要方向有：一方面，互联网公司探索如何将国内积累的先进产业模式、资本优势、竞争优势复制输出至东南亚、南美、非

---

[1] 《TikTok 成为 2021 年全球访问量最高的互联网网站》，https://new.qq.com/omn/20211228/20211228A01A6T00.html，2021 年 12 月 28 日。

洲等地，获得发展先机；另一方面，在欧美等发达国家区域投资人工智能、区块链等先进技术，布局下一代互联网发展。

互联网巨头率先通过资本投资占领市场。2021 年 10 月，快手国际在巴西上线广告平台"Kwai for Business"，面向巴西和印尼等开放，提供内容和广告解决方案。① 2022 年 4 月，TikTok Shop 在东南亚四国（泰国、越南、马来西亚、菲律宾）上线跨境业务，大力推进跨境电商行业发展。② 随着 TikTok 的加入，东南亚电商版图已形成字节跳动、腾讯、阿里巴巴等共同瓜分市场的局面。

教育、游戏、网文等仍是互联网出海的热门领域。随着国内在线教育市场发展受到限制，面对国外网络教育的庞大需求，互联网企业将教育出海业务列为发力的主要方向。字节跳动在全球上线的高中数学拍照搜题 App Gauthmath 目前在 100 多个国家和地区发行，曾在 50 个国家和地区的教育类应用中排名第一。③ 除了在线教育产品出海外，企业通过投资收购等资本行为占领海外在线教育市场。2021 年 8 月，新东方成立比邻中文 Blingo，深挖海外华裔儿童、青少年群体的中文培训市场。此外，好未来、猿辅导等公司也通过海外教育投资大力拓展业务领域与范围。而在海外游戏和网文市场，中国产品的市场份额不断提升，市场潜力不断释放。谷歌发布的数据显示，2021 年上半年，中国开发者海外游戏市场占比达到 23.4%，超越占比 17.6%的日本，成为全球第一。④《2021 中国网络文学发展研究报告》显示，近年来，中国网络文学共向海外传播作品 10000 余部。其中，上线翻译作品

---

① 《快手国际在巴西推出广告平台 5 天浏览量超 2 亿》，http：//www.techweb.com.cn/it/2021-10-27/2862530.shtml，2021 年 10 月 27 日。
② 《TikTok Shop 将在泰、越、马、菲上线跨境业务》，https：//m.thepaper.cn/baijiahao_17617925，2022 年 4 月 15 日。
③ 《字节系再出爆款，帮国际"学渣"解数学题》，https：//36kr.com/p/1578317361023495，2022 年 1 月 20 日。
④ 《海外市场份额超日本居全球第一，出海已是中国游戏公司必选项》，https：//xw.qq.com/cmsid/20210731A040LR00？pgv_ref=baidutw，2021 年 7 月 31 日。

3000 余部，网站订阅和阅读 App 用户 1 亿多。①

参与和主导国际标准制定有利于掌握行业发展的主动权和话语权，是互联网出海需要着力发展的方向。2022 年 2 月，由中国信息通信研究院等机构共同提出的《基于区块链的数字藏品服务技术框架》国际标准项目立项建议获得通过，这是国际上首个区块链技术在数字藏品领域应用的标准。②4 月，电气与电子工程师协会（IEEE）发布首个面向供应链金融的区块链国际标准，这一标准有利于将我国的区块链赋能实体产业的经验推向国际。③ 我国要在区块链、云计算、云安全等领域的国际技术标准制定上发力，提升在新技术新领域中的国际竞争力与话语权。

（二）新媒体智库产品亟待精品化与国际化

新媒体战略传播体系由多元主体、多类产品、多种方式、多项保障、多维评估共同构成。其中，新媒体智库参与新媒体战略传播体系的标准制定与建设，同时也是新媒体战略传播中的重要主体。新媒体智库是新媒体行业发展的"大脑"，对行业发展起到前瞻性、引导性、支撑性作用。新媒体智库建设也是媒体融合发展的产业方向之一，有利于促进拓展媒体业务类型，增加经营收入，促进行业发展，发挥社会价值，提升知名度与影响力。

当前，我国新媒体智库建设呈现出官方与社会力量共同发力的局面。主流新媒体智库一般具有政府背景或依托传统媒体而成立，如中国网络空间研究院、人民网新媒体智库、央视市场研究（CTR）、广州日报数据和数字化研究院、南风窗传媒智库等。社会化新媒体智库成为新媒体研究领域的重要市场力量，如腾讯研究院、阿里研究院、快手大数据研究院等，从企业发展与一线实践角度丰富了新媒体研究的视角与议题。尽管我国新媒体智库建设

① 《〈2021 中国网络文学发展研究报告〉发布："95 后"已成为创作主力》，http：//ent.people.com.cn/n1/2022/0407/c1012-32393766.html，2022 年 4 月 7 日。
② 《首个区块链数字藏品国际标准在 ITU 成功立项》，https：//finance.ifeng.com/c/8DYGVOBqv1E，2022 年 2 月 11 日。
③ 《IEEE 发布首个供应链金融区块链国际标准　蚂蚁集团牵头制定》，https：//xw.qq.com/cmsid/20220425A0AOC300？pgv_ref=baidutw，2022 年 4 月 25 日。

取得了显著成绩，但是仍存在机构数量不多、组织力量薄弱、研究产品较少、品牌成果匮乏、资金投入不足、运营能力不够、影响力欠缺等问题。各类新媒体智库间沟通与协作较缺乏，尚未形成高效的行业合作机制，研究成果较为随机化、碎片化、分散化。因此，我国应加大新媒体智库建设力度，为智库建设提供政策保障，充分挖掘市场活力，从体制与机制上促进智库发展。

研究成果是新媒体智库重要的内容产出，而民意调查报告是新媒体智库研究成果的重要组成部分。通过发布民意调查报告引发国际关注、引导国际舆论是欧美国家采用的惯用手段。欧美主流媒体智库善于通过发布专题或者年度调查报告以形成研究产品影响力，从而提升智库的公信力，如美国皮尤研究中心、英国路透社新闻研究所等持续多年开展了民众新闻使用与消费相关调查，成为国际研究品牌。

我国新媒体智库应加大自主性民意调查开展力度，围绕新媒体行业发展、新传播技术、数字经济、网络安全等热点话题，发布年度和系列专题新媒体民意调查报告，及时掌握来自市场及民众等方面的一手数据，切实了解国内外新媒体行业发展现状，掌握行业发展动向与最新民意，促进行业发展。同时，及时、有针对性地发布调查研究报告，有利于有效对冲西方舆论，提升我国新媒体的国际话语权与舆论引导力。

（三）情感传播与"情绪变现"具有两面性

社交媒体的本质是基于情感传播的网络信息交互平台。短视频、直播等应用的发展丰富了情感传播产品的形态，凸显了情感传播在网络行为中的重要作用。可以说，互联网爆款产品中一定蕴含着情感传播的逻辑。例如，2022年初，在抖音平台突然爆火的刘畊宏，除了疫情期间用户居家运动的外部条件及刘畊宏本人具备的丰富健身经验外，他在运动直播中倡导的"爱自己、做运动""为健康、做运动"的价值观及其展现出的婚姻观和良好的家庭氛围，均为宅在家中的用户提供了大量的鼓励和乐观的情绪价值。因此，刘畊宏的"火出圈"是符合情感传播逻辑的，他站到了大健康

赛道的风口，他的出现满足了疫情背景下用户对情感支撑力与引导力的需要。

美国民意调查发现，在新冠大流行近两年后，抑郁、焦虑、压力、成瘾和其他挑战增加，近90%的登记选民认为美国国内存在"心理健康危机"。① 基于情感传播的逻辑与现实需求，情绪健康应用成为健康垂直赛道中的热门分类。围绕用户的心理健康、情绪变化、情感需求等进行产品研发和设计，市场上出现了冥想类、自我肯定类、情绪记录和追踪类、助眠类等应用。2020年12月，冥想应用Calm在C轮融资中筹得7500万美元，将公司估值推高至20亿美元。② 截至2021年8月，Calm的全球下载总量已经超过1亿次，成为全球下载量最高的冥想类App。③

新消费赛道同样在基于情感传播进行新型产品营销和品牌塑造。除了实现全景流量的渠道布局外，新消费品牌更注重搭建完整的独立内容体系。除了产品推广中的品牌人格化，商家将内容建设的理念融入产品生产链、用户管理体系、产品营销等各个环节，在各个流程输出品牌的价值观和使命感，丰富品牌的人文内涵。新消费品牌注重树立品牌价值观，打造独特的品牌调性与风格，并通过全链条的内容输出强化消费者的品牌记忆，通过情感沟通与共鸣吸引消费者。

在商业利益的吸引下，情感传播催生的"情绪变现"同样会被利用。2021年10月，Facebook被指出将公众利益与公司利益对立，通过对仇恨心理、错误信息和政治动荡推波助澜，放大仇恨言论，实现产品优化和谋取利益的目的。④ 在社交媒体上，极端内容、争议性内容、敏感议题、假新闻等

---

① 《疫情引发美国心理健康危机，抑郁症、自杀率不断增加》，https：//www.cqcb.com/huanqiuyan/2022-01-09/4711859_pc.html，2022年1月9日。
② 《冥想助眠软件Calm完成7500万美元C轮融资，整体估值达20亿美元》，https：//xueqiu.com/4936883152/165387901，2020年12月10日。
③ 《冥想App依然在"狂奔"，"Calm"全球总下载量过亿》，https：//view.inews.qq.com/a/20210908A08P7Z00，2021年9月8日。
④ 《这位吹哨人如何成为Facebook最可怕的噩梦》，https：//new.qq.com/omn/20211030/20211030A0APH000.html，2021年10月30日。

传播速度更快，引起关注度更高，更容易引起用户情绪与群体争论，这会给平台带来更多的商业价值与利益。在用户存在"数据化"与"工具化"的今天，社交应用需要把握算法和规则，发挥情感传播的有益价值，发挥平台的社会价值。

四 未来展望与政策建议

（一）十大未来展望

1. 数字化持续赋能"双碳"战略

实现碳达峰、碳中和已成为全球共识，我国从国家战略高度提出了实现"双碳"的具体目标。数字化转型与"双碳"战略具有内在发展一致性，均强调通过技术进步推进生产方式转型，促进经济社会变革。数字化成为实现"双碳"目标的重要手段和现实路径。"双碳"带来互联网行业人才结构优化、产业升级，催生的气候经济将成为数字经济的重要组成部分。

2. 短视频与直播平台更趋日常化、专业化、垂直化

短视频和直播赛道仍是促进网络发展的中坚力量。电商拓展了视频平台的业务类型，成为提升平台经营收入的重要来源。但是，内容建设才是视频平台的核心。短视频平台凭借不断开拓专业化和垂直化内容延长用户停留时间。生活记录类、知识讲解类、行业分析类、治愈解压类等视角更新、互动性更强、参与感更好的内容比例提升。修牛蹄、清藤壶、洗地毯、开榴莲、开蚌取珍珠等题材内容引流效果显著。

3. 互联网资本回归理性

互联网资本为产业转型与经济提速提供了资金保障与技术创新支持，是平台经济发展的核心驱动力。但是，资本的无序扩张会引发互联网垄断，破坏网络秩序与网络安全，影响行业发展。2021年以来，我国互联网开展反

垄断专项治理，规范企业行为。资本要与"专精特新"企业等结合，发挥好创新先导与资源整合功能，助力开创经济发展新格局。

4. 疫情持续加速数字化进程

新冠肺炎疫情深刻影响了人们的生活方式与习惯，常态化疫情防控使远程办公和线上办公成为主流工作方式。2021年5月，谷歌推行混合办公举措，办公室工作和远程办公并行，通过灵活办公实现了工作方式的"去中心化"。疫情的深刻影响加快了各行各业数字化转型的步伐，需求端的快速增长倒逼供给端基础设施、供应链快速革新。社区团购等本地生活服务赛道模式不断更新。

5. 坚持网络发展和安全并重，以可持续发展促进可持续安全

2022年，我国面临的云安全威胁、深度伪造、勒索软件攻击、加密货币威胁等网络安全问题依然严峻。2022年4月，习近平主席在博鳌亚洲论坛2022年年会开幕式上发表主旨演讲，提出全球安全倡议。在网络安全领域，我国将坚持发展与安全并举，充分发挥政府、企业与用户力量，奋力推进网络强国建设。

6. 互联网新型人才培育亟待加强

2021年以来，芯片供应紧张成为智能汽车、手机制造等诸多行业发展的掣肘。数字经济发展需要加强培养高端技术人才和复合应用型人才。产业互联网的发展使电子通信、机械制造等行业对网络人才需求激增。我国要加强校企联合，集中优势资源培养符合市场需求的专业技术人才。

7. 群体经济与垂直经济成为数字经济发展新兴力量

数字经济发展迈向全面扩展期，其应用不断深化、表现形式越来越多样。以群体特征为发展对象的数字经济，如"银发经济""单身经济""Z世代经济"等将成为行业发展风口，蕴含着巨大的市场。而"耳朵经济""非接触经济""助眠经济""颜值经济"等基于市场与新媒体发展规律，也呈现出较大发展潜力。

8. 内容创作者经济与网络营销服务机构发展迅猛

内容创作者经济是指内容创作者自主发布网络内容并通过发布的内容获

得盈利的经济方式。当前，全球社交媒体创作者市场拥有超千万的用户数量，市场规模更是庞大。与意见领袖不同，创作者经济的主体也可以是网络达人或者普通用户。元宇宙的发展促使数字资产的理念深入人心。用户生产的视频内容正成为创作者上传的热门内容类型。随着数字营销的矩阵化和跨屏化，连接商家和平台的中介服务将越来越多元。

9. 虚拟社会研究与实践不断升级

新传播技术的发展与疫情的深刻影响，培养起人们在线办公、学习、生活等数字行为习惯与能力，为虚拟社会的构建打下了坚实基础。虚拟社会探索实践已经展开，例如数字美妆便已引入虚拟妆容促进线上化妆品销售。技术使用户在虚拟世界的体验越来越逼真，而虚拟产品和虚拟世界的入口也是互联网公司发力的下一个方向。

10. 数字文明成果由世界各国人民共享

2021年9月，习近平主席向2021年世界互联网大会乌镇峰会致贺信。他强调，让数字文明造福各国人民，推动构建人类命运共同体。[①] 数字文明新时代是数字化与智能化的新时代，需要全球协同与互动。国际社会需要在数字技术、数据安全与跨境流动、信息保护等方面加强沟通与合作。我国将在提升数字社会的开放度和包容性上不断努力，推动构建人类命运共同体。

（二）八大政策建议

2022年是我国进入全面建设社会主义现代化国家、向第二个百年奋斗目标进军新征程的重要一年，中国共产党将召开第二十次全国代表大会。国内外新局势和新发展需求对我国新媒体行业提出了新要求。因此，我们提出以下政策建议。

第一，不断加大数字中国建设力度，将新型智慧城市建设建在实处，

---

① 《习近平向2021年世界互联网大会乌镇峰会致贺信》，https://www.chinanews.com.cn/gn/2021/09-26/9573934.shtml，2021年9月26日。

差异化有序化推进数字乡村建设，推动多元主体参与共建共治共享数字社会，利用网络空间和新传播技术持续扩大中国理念与方案的全球影响力。

第二，赋能传统产业数字化转型升级，鼓励探索新产业新业态新模式，加快数据产业发展，积极培育数据要素市场，涤荡新消费产业利益链生态，加强元宇宙与 Web3 研究，发挥资本对互联网产业的促进作用，推进资本与科技、人才、实业有机结合，规范互联网平台资本健康发展。

第三，构建基于全球共性与中国特色的平台治理模式，建立全景流量主体营销评估体系，规范广告与营销服务商发展，创新推动数字健康领域发展。

第四，大力推动媒体融合发展突破性实质创新，持续提供媒体深度融合发展动力，加强传统媒体的网络品牌及信任度建设，建设一批新型新媒体智库，开展新媒体民意调查品牌项目，高标准、高质量推进县级融媒体中心建设，加快构建数字时代的公共传播体系。

第五，持续加强新媒体理论与方法研究，建立主流媒体用户数据库与算法推送体系，应对数字新闻业的结构性危机，探索基于位置资源的数字新闻与经济模式，加大数字版权保护力度，打造数字版权交易平台，提高我国普惠金融水平。

第六，引导产品研发回归用户价值与社会价值，挖掘新媒体品牌和思想红利，不断完善与创新新媒体制度体系。

第七，提升新媒体借势传播规划力与引导力，创新新媒体国际传播产品内容与形式，推动形成一批具有国际知名度与影响力的新媒体产品，提升我国新媒体国际话语权。

第八，发挥新媒体文化传播在国际传播中的力量，充分挖掘互联网出海产品的商业价值，提升出海企业与产品本土化纵深程度，防止全球数字民族主义滋长，反对技术封锁和数字霸权。

参考文献

黄楚新、郭海威：《论资本影响与媒体舆论的博弈》，《国际新闻界》2018 年第 11 期。

唐绪军：《建强不易　用好更难》，《新闻与写作》2021 年第 5 期。

张磊、胡正荣：《重建公共传播体系：媒体深度融合的关键理念与实践路径》，《中国编辑》2022 年第 1 期。

黄楚新、陈智睿：《2021 年我国媒体融合发展盘点》，《青年记者》2021 年第 24 期。

赵磊：《强者通心：国际传播能力建设》，国家行政学院出版社，2022。

热 点 篇
Hot Topics

B.2
俄乌冲突的社交媒体舆论战特点与策略

赵曙光　刘沂铭*

摘　要： 俄乌冲突成为人类首次社交媒体冲突，本研究运用爬虫技术抓取了 Twitter 平台的相关数据，考察了俄乌冲突的社交媒体舆论传播状况，总结了社交媒体舆论战的六个特点，较为系统地分析了俄乌冲突舆论战的十个策略，并选择了纽约、洛杉矶、芝加哥、休斯敦等美国人口最多的十个城市作为美国用户的代表，采集了其在 Twitter 平台发布的信息，研究俄乌冲突的社交媒体美国舆论，将社交媒体的美国舆论与社交媒体的国际舆论区分开来进行分析。

关键词： 俄乌冲突　社交媒体　舆论图谱

---

* 赵曙光，中国人民大学新闻与社会发展研究中心研究员、中国人民大学新闻学院教授、国家治理与舆论生态研究院副院长，主要研究方向为舆论学、传播产业；刘沂铭，《北京文化创意》期刊责任编辑，主要研究方向为舆论学。

　　自俄乌爆发冲突以来，社交媒体的交火甚至超过了现实交火的激烈程度。社交媒体上海量的信息、图片、视频等超过疫情成为全球关注的焦点。冲突双方积极利用社交媒体发布各自的信息，社交媒体成为俄乌及其支持者进行舆论战的主战场。乌克兰总统泽连斯基在社交媒体几乎每隔 1 个小时就要更新几条信息，仅简短的几句话、粗糙的自拍小视频，却比大众媒体的消息传播更为广泛。据统计，2022 年 2 月 24 日至 3 月 1 日，泽连斯基在 Twitter 共发布 112 条消息，平均每天发布 18.7 条消息，总点赞量 150.76 万，平均每条信息的点赞量达到 1.35 万。俄乌冲突成为人类历史上最受关注的社交媒体冲突之一，使得舆论战形式从集中式、单向度、时间轴线性传播转变为分布式、多向度、实时性互动传播，给舆论战带来了深刻的影响。本研究运用爬虫技术抓取了 Twitter 美国用户发布的相关数据，对俄乌冲突的舆论战特点和策略进行了较为系统的研究，并较为细致地刻画了社交媒体的美国舆论图谱。

一　俄乌冲突的社交媒体舆论战的六个特点

（一）俄乌冲突社交媒体关注度超过疫情，成为舆论战主战场

　　俄乌冲突爆发以来，"俄罗斯""乌克兰"的全球搜索热度超过"疫情"。社交媒体成为舆论战的主战场，数据和服务成为冲突中的关键环节。西方国家和俄罗斯均向社交媒体施加压力。2 月 28 日，爱沙尼亚、拉脱维亚、立陶宛和波兰的领导人致信 Meta、Google、YouTube 和 Twitter，要求封停亲俄的官方账户，包括"今日俄罗斯"（RT）和俄罗斯卫星社；同日，法国数字经济事务部长塞德里克会见 YouTube 首席执行官苏珊·沃西基并讨论打击俄政府支持的"虚假信息"。俄罗斯方面也向社交媒体施压，要求谷歌屏蔽其平台上与战争有关的广告。

（二）中东欧等国关注乌克兰，美国、英国、巴西等关注俄罗斯

　　全球各国公众对俄乌冲突的关注点存在较为显著的差异。从谷歌搜索趋势

数据来看，受难民入境等因素影响，中东欧等国的社交媒体用户较为关注乌克兰的信息，美国、英国、巴西等国的社交媒体用户则较为关注俄罗斯的信息。

（三）中国社交媒体用户关注度高涨，成为俄乌之外社交媒体讨论热度最高的国家之一

除了俄罗斯和乌克兰以外，中国成为社交媒体上最为关注俄乌冲突的国家之一，甚至超过美国。以3月1日的数据为例，Twitter美国用户最为关注的热点话题有篮球运动员#贾·莫兰特、美国拳击节目#WWERaw，YouTube有游戏主播#sapnap生日快乐等，TOP10热度的话题中只有1条与俄乌冲突相关。当日，Twitter全球用户的TOP10热门话题主要集中为"春日饭团节""免费兑换券""湿婆节"等日常话题，没有与俄乌冲突相关的话题。与此形成鲜明对比的是，同一天，微博平台TOP10热搜话题中5条与俄乌冲突相关。

（四）中国较受国际社交媒体关注

通过大数据挖掘Twitter等国际社交媒体讨论的内容，发现与俄罗斯的相关标签中，"中国"是联系较为紧密的标签。同时，自俄乌冲突爆发以来，中国在Twitter等国际社交媒体平台上的声量显著增加，讨论俄乌冲突时，往往涉及中国话题，但值得关注的是，相较于正面声音来说，负面声音增加相对较多。

（五）中国互联网社区成为信息战重要战场，相关国家试图影响中文舆论

俄罗斯总统普京宣布承认乌东民间武装自称的"顿涅茨克人民共和国"和"卢甘斯克人民共和国"为独立国家后，乌克兰在微博上发布声明，并很快冲上热搜榜第一。随后，法国、俄罗斯、英国、美国驻华使馆也通过微博发声。俄乌冲突爆发以来，以微博、B站等为代表的社交媒体，成为世界各国发布本国外交政策和相关言论的重要平台，相关国家试图通过社交媒体影响中文舆论。

（六）社交媒体推动战争行为景观化、读秒化，压缩战争博弈和斡旋时空

传统媒体时代，"把关人"可以筛选传播内容，为战争的政治和外交斡旋提供时间和空间。俄乌冲突的文字、图片、视频不断在网上传播，各种分布式的、实时的战场分享使得各方的生死悲欢都呈现在全世界人民面前，人们不断地围观、讨论俄乌冲突，各国的政治态度实时地在网络上传播、更新，全球公众的反应和本国政府的决策不断互动、互塑。社交媒体使得战争景观化，各国政府就像在拳台上被全世界围观着读秒，面对巨大的舆论压力，过往的外交博弈所需要的从容的时间和空间均被压缩。①

二　俄乌冲突舆论战的十个策略

（一）事先舆论预热，西方国家舆论准备较为充分

自 2021 年末以来，美国、英国等西方国家极不寻常地频频发出战争警告以及相关情报信息，把俄罗斯计划攻打乌克兰的方式、行动细节乃至时间都公之于众。通过持续不断的舆论预热，美英等国获得了舆论战的主动权：如果俄罗斯进攻乌克兰，可以彰显自己的预见性；如果俄罗斯没有进攻乌克兰，也可以通过舆论将其描述为是自己联合盟友共同努力而取得的重大外交胜利。与此形成对应的是，俄罗斯的舆论预热和共识凝聚工作差距较大，2022 年 3 月 1 日，Twitter 俄罗斯用户的 TOP10 热门话题之一是"反对战争"。

（二）俄罗斯世界叙事 vs 普适叙事，竞相塑造战争正当性

普京于 2007 年向俄罗斯议会提出"俄罗斯世界"的概念，并在外交政

---

① 施展：《表象即本质，表演即战争》，澎湃新闻，https：//m.thepaper.cn/baijiahao_16877837，2022 年 2 月 27 日。

策中给予更多关注，进行广泛的使用和推动，形成"俄罗斯世界叙事"，该叙事以俄语、东正教和更广泛的俄罗斯文化作为身份标志，俄、乌、白俄是其中的核心成员，强调相对于西方的独特性，要求共同体的成员紧密团结，并排斥任何脱离共同体的企图。[①] 俄乌冲突爆发后，俄罗斯以北约东扩威胁自身安全，挤压"俄罗斯世界叙事"的生存空间为由塑造战争正当性。西方国家则从和平、人权、主权完整等普适叙事塑造乌克兰反击的正当性。双方围绕正当性的争夺成为舆论战的主线，也成为制裁和反制裁提供的依据。

（三）制造信息烟雾弹，战时舆论管理代替常态规则

俄乌冲突爆发以来，双方实施战时舆论管理，一切信息发布的目的在于取得战场优势。摆拍、虚假新闻等常态情况下新闻专业主义所排斥的现象，均成为常见操作。"乌克兰疯狂拦截导弹实况"系《战争雷霆》游戏视频场面、"俄军空降哈尔科夫"视频系俄军训练视频、"俄军机 24 日低空飞过基辅上空"系 2020 年莫斯科胜利日阅兵彩排视频……双方根据自己的需要发布人员伤亡数字、装备损失、战场态势等新闻信息，制造信息烟雾弹，争取舆论主动权，营造有利于获取战场和政治优势的舆论氛围。

（四）欲灭其国先灭其史，俄乌角逐历史阐释话语权

2022 年 2 月 21 日，俄罗斯总统普京发表全国电视讲话。该讲话较为详细地阐述了俄罗斯与乌克兰的历史关系，认为"现代乌克兰完全是由俄罗斯创造的"，所以普京称"对我们来说，乌克兰不仅仅是一个邻国。它是我们自己的历史、文化、精神空间不可分割的一部分"。2 月 22 日晚，美国驻基辅大使馆官方 Twitter 发布一张"基辅修建教堂的时候，莫斯科还是原始森林"的图片，讽刺"现代乌克兰完全由俄罗斯创造"的言论，双方角逐历史阐释话语权，寻求有利于获得冲突合法性的依据。

---

① Valentina Feklyunina：《软实力与身份认同：乌克兰、俄罗斯以及"俄罗斯世界"》，谈行藏、述垚译，《欧洲国际关系杂志》2016 年第 22 期。

（五）国际主流社交媒体引导舆论，强化俄罗斯"邪恶"形象

俄乌冲突爆发以后，Google、Meta 和 Twitter 等国际主流社交媒体开始支持乌克兰，打击俄罗斯"虚假信息"。以 Meta 和 Google 为例，从 2 月 25 日开始，在乌克兰政府和西方政客的施压下，这两家公司已经禁止"俄罗斯国有媒体"在平台上的销售广告。到了 27 日，谷歌的地图部门停止显示乌克兰境内的交通信息。而 Meta 表示，将限制欧盟范围内对"俄罗斯国有媒体"的脸书访问，以阻止俄方的"战争宣传"。YouTube 发言人在一份声明中称，"鉴于乌克兰的特殊情况，我们正在采取一些行动"，"我们的团队已经开始暂停某些频道在 YouTube 上获利的能力，包括今日俄罗斯（RT）的 YouTube 频道"。

（六）利用民调数据凝聚民意，渲染冲突民意基础

俄乌冲突爆发以后，相关各方纷纷开展民意调查，发布有利于自己的民调数据，渲染自身的民意基础。英国广播公司（BBC）于 2 月 28 日报道称，最新民调显示，乌克兰总统泽连斯基支持率飙升至 90% 以上，比 2021 年 12 月增加了 3 倍。随后，俄罗斯发布俄罗斯民意调查机构"社会舆论"基金会的最新调查结果称，俄罗斯民众对于普京的信任度本周大幅上升，从此前的 60% 上升至 71%。波兰 IBRiS 市场与社会研究所在俄罗斯出兵乌克兰后的第二天开展的专项民意调查称，74% 的波兰人相信普京可能进犯波兰。

（七）构建"大舆论战"，政府、军方、民间、媒体、学界多维参与

俄乌冲突爆发以来，相关国家领导人、议员、外交部、国防部、情报机构、驻联合国机构、新闻媒体，以及相关民间团体、学界等互相配合，形成覆盖面大、辐射范围广的"大舆论战"平台。在职责分工上，不同部门承担的不同角色往往是军方强硬，外交缓和，情报机构释放假消息，学术界和媒体助威造势，必要时国家领导人还会亲自出面。俄罗斯近年来构建的由发言人、国家宣传部门、俄境内外附属媒体、专栏作家、智库组成的复杂网络

正在全力运转，代表俄罗斯利益发声。与俄罗斯针锋相对的是，英国外交部有一个打击"俄罗斯虚假信息"的部门，实际上这是一个负责攻击性信息和心理行动的部门，每年在与俄罗斯的信息战上花费8200万英镑。自2014年以来，美国国防部每年主要用于"遏制俄在欧洲侵略"的反俄宣传计划——"欧洲震慑倡议"的开支为40亿~50亿美元。①

（八）开展深度共情传播，微观具体叙事取代宏大抽象叙事

对于普通百姓而言，以往的战争中，国家是一个很具体的存在，因为人们总能在各种媒体宣传中看到它；战场是一个很抽象的存在，战场上具体一个战士的生死、具体一个平民的遭遇，极难被人们看到，难以共情。但在社交媒体时代，战场变成了很具体的存在，人们可以看到一个个具体的平民、双方战士的微观状态，可以很直接地产生共情。依托于"小人物"的共情传播更能打动人心，亲切、柔情和人性的东西比"强大"的更能获得舆论支持。乌克兰国防部开通了一条热线，让俄罗斯士兵的父母们可以打电话过来咨询自己的孩子是否还活着，被俘的俄罗斯士兵也可以给父母打电话报平安。这条热线获得了较好的共情传播效果，社交媒体的粉丝们纷纷点赞转发。

（九）讲故事、带节奏、塑人设，创新社交媒体战争叙事话语体系

由于社交媒体时代的兴起，人们不必等到冲突结束后才能在"修订好的叙事"中去理解战争，战争与观看几乎是同时进行的，公众几乎能够同步看到发生在乌克兰的故事，那些让人疼痛的细节迅速传遍全球。讲故事、带节奏、塑人设成为社交媒体的有效叙事话语体系。在社交媒体上能看到不少乌克兰人带着猫和狗躲避轰炸的照片，也能看到波兰和罗马尼亚人帮助乌克兰难民撤离的场景，很多人开着私家车到边境去接乌克兰人，

---

① 丁晓航、丁惠、柳玉鹏、萧雅文：《俄乌信息战，战争背后的战争》，《环球时报》2022年2月28日。

还专门配备了宠物避难所，这些都是以往战争信息传播中所看不到的情景，一个个触动普通人的画面，也成为看似普通却强有力的舆论战叙事话语。

（十）运用社交媒体污名化中国，试图裹挟中国深度卷入冲突

虽然中国外交部反复表明了中国在俄乌冲突中的立场，但是国外社交媒体的反华声浪上涨。比较而言，与中国立场较近的印度、巴西、土耳其等国，在社交媒体的负面声音较少。国际主流社交媒体存在借助俄乌冲突污名化中国的倾向，甚至试图将"反俄联盟"打造为"反中俄联盟"，以裹挟中国深度卷入俄乌冲突。

三　俄乌冲突的社交媒体美国舆论图谱

考虑到 Twitter 等社交媒体的用户既包括美国用户也包括国际用户，本研究选取了纽约、洛杉矶、芝加哥、休斯敦等美国人口最多的 10 个城市作为代表，具有较好的地区代表性，约占美国总人口的 8%，并基于此绘制社交媒体上的美国舆论图谱。

项目组在 2022 年 3 月 19 日抓取 Twitter 上与"Russia""Ukraine"等相关的关键词，将发帖城市限制在美国人口最多的 10 个城市，覆盖时间为 2 月 1 日至 3 月 18 日，最终收集 Twitter 帖子超过 20 万条，以此代表社交媒体的美国舆论图谱。

（一）俄乌冲突的社交媒体美国舆论关注度

1. 社交媒体美国舆论的总体关注度

俄罗斯、乌克兰为社交媒体美国舆论关注的主角，对乌克兰的关注度稍高于俄罗斯；美国舆论对自身角色的讨论较多，其关注度仅次于俄罗斯和乌克兰；此外，美国舆论对中国的关注度也相对较高，高于对欧洲和印度的关注度。

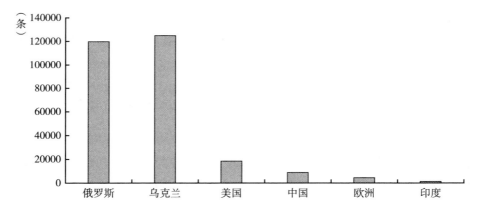

图1　俄乌冲突的社交媒体美国舆论关注度
（2022年2月1日至3月18日Twitter帖子数量）

　　俄乌冲突发生当日，社交媒体上的美国舆论涌起小规模反战与同情情绪，其中影响力较大的多为个人账号，并未在美国舆论场掀起巨大反响。但是，当俄乌冲突涉及美国政治后，其影响迅速扩大，美国两党以对俄立场为根据相互攻击，美国政治家纷纷发声，争当舆论场中的意见领袖，以俄乌冲突为契机为"党派加分"。

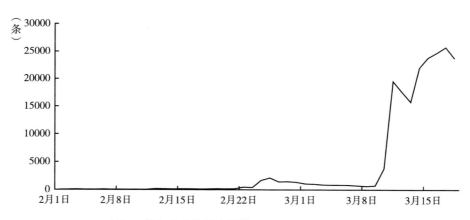

图2　俄乌冲突的社交媒体美国舆论关注度变化
（2022年2月1日至3月18日Twitter帖子数量）

· **俄乌冲突发生**
舆论多谴责普京"背信弃义"、反人类、种族灭绝，并认为普京要发动核战争

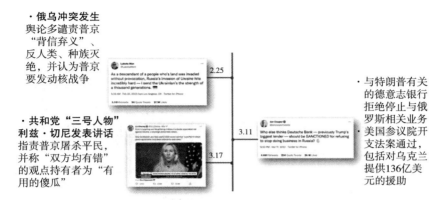

· 与特朗普有关的德意志银行拒绝停止与俄罗斯相关业务 美国参议院开支法案通过，包括对乌克兰提供136亿美元的援助

· **共和党"三号人物"利兹·切尼发表讲话**
指责普京屠杀平民，并称"双方均有错"的观点持有者为"有用的傻瓜"

图3 社交媒体美国舆论的总体关键时间点与代表性 Twitter 帖子

2. 社交媒体美国舆论的俄罗斯关注度

社交媒体上美国舆论对俄罗斯的关注度与总体关注度基本趋同。俄乌冲突发生时，俄罗斯并未引起激烈讨论，而当俄乌冲突引起关于特朗普、拜登等美国政治人物讨论后则引爆舆论场。俄罗斯国内的反战运动也引起社交媒体上美国舆论关注。

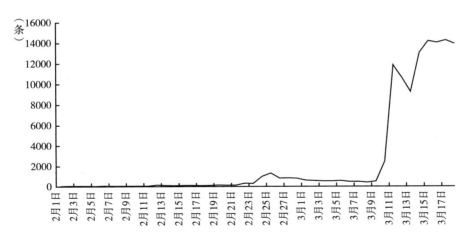

图4 社交媒体的美国舆论对俄罗斯的关注变化
（2022 年 2 月 1 日至 3 月 18 日 Twitter 帖子数量）

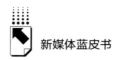

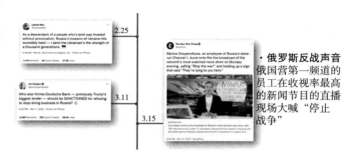

· 冲突发生
舆论多谴责普京
"背信弃义"、
反人类、种族灭
绝，并认为普京
要发动核战争

· 与特朗普有关
的德意志银行
拒绝停止与俄
罗斯相关业务

· 俄罗斯反战声音
俄国营第一频道的
员工在收视率最高
的新闻节目的直播
现场大喊"停止
战争"

图5　对俄罗斯关注的关键时间点与代表性 Twitter 帖子

3. 社交媒体美国舆论对乌克兰的关注度

对乌克兰关注时间轴与总体关注时间轴分布基本趋同，但讨论焦点
在俄罗斯，乌克兰多作为背景引入讨论。前期对乌克兰关注多为个人账
号，采用战争叙事。在美国决定援助乌克兰后，对乌克兰的讨论量大幅
增加。

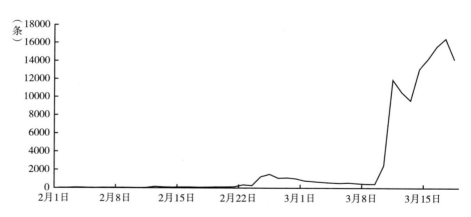

图6　社交媒体的美国舆论对乌克兰的关注变化
（2022 年 2 月 1 日至 3 月 18 日 Twitter 帖子数量）

· **冲突发生**
舆论多谴责普京"背信弃义"、反人类、种族灭绝，并认为普京要发动核战争

· **赞扬乌克兰坚韧精神**
乌克兰通过无人机掷出鸡尾酒制造炸弹，受到美国社交媒体舆论的赞扬

· **美国参议院开支法案通过，包括对乌克兰提供136亿美元的援助**
支持者认为这是好的决策；反对者则质疑这是美国在阿富汗的失策重演

图7　对乌克兰关注的总体关键时间点与代表性 Twitter 帖子

4. 社交媒体美国舆论对美国的关注度

俄乌冲突的美国社交媒体舆论对美国自身的关注与其两党政治活动紧密相关，对俄乌战争的关注点服务于其国内政治宣传。

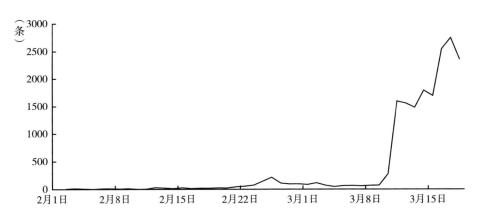

图8　社交媒体的美国舆论对美国的关注变化
（2022 年 2 月 1 日至 3 月 18 日 Twitter 帖子数量）

· 冲突发生
谴责普京，号召美国人抵制俄罗斯。"一切赞扬和维护普京的背信弃义的美国人是卑鄙的叛徒"

· 美国副总统哈里斯访问波兰与罗马尼亚
展示北约对乌克兰的支持

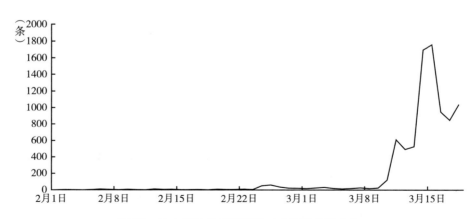

2.25

3.11

3.17

· 民主党与共和党就乌克兰援助问题相互攻击
共和党人指责拜登对乌克兰援助不力，民主党人指责对方为特朗普扣留对乌克兰的军事援助开脱

图9　对美国关注的总体关键时间点与代表性 Twitter 帖子

5. 社交媒体美国舆论的中国关注度

在俄乌冲突中，涉华 Twitter 帖子数量远低于俄罗斯、乌克兰和美国，单帖的影响力较为突出。对于中国的观点，社交媒体的美国舆论总体处于摇摆趋势。对中国的讨论并不像对俄罗斯、乌克兰和美国自身的讨论那样保持着持续的关注。

图10　社交媒体的美国舆论对中国的关注变化
（2022 年 2 月 1 日至 3 月 18 日 Twitter 帖子数量）

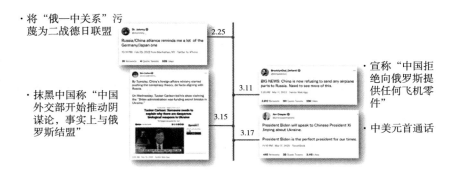

- 将"俄—中关系"污蔑为二战德日联盟

- 抹黑中国称"中国外交部开始推动阴谋论，事实上与俄罗斯结盟"

- 宣称"中国拒绝向俄罗斯提供任何飞机零件"

- 中美元首通话

图 11 对中国关注的总体关键时间点与代表性 Twitter 帖子

6. 社交媒体美国舆论的欧洲关注度

社交媒体的美国舆论初期主要讨论的是欧洲作为乌克兰难民的庇护所。后期开始讨论欧洲作为美国北约盟国的立场，并强调欧洲本土受到俄罗斯核威慑威胁，试图将欧洲卷入博弈。

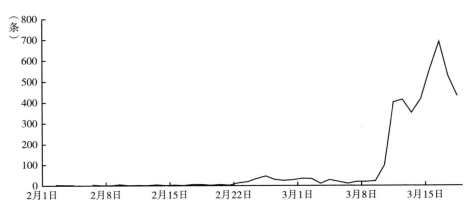

图 12 社交媒体的美国舆论对欧洲的关注变化
（2022 年 2 月 1 日至 3 月 18 日 Twitter 帖子数量）

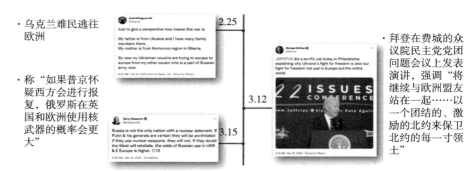

- 乌克兰难民逃往欧洲

- 称"如果普京怀疑西方会进行报复，俄罗斯在英国和欧洲使用核武器的概率会更大"

- 拜登在费城的众议院民主党党团问题会议上发表演讲，强调"将继续与欧洲盟友站在一起……以一个团结的、激励的北约来保卫北约的每一寸领土"

图13　对欧洲关注的总体关键时间点与代表性 Twitter 帖子

7. 社交媒体美国舆论的印度关注度

美国舆论对印度的关注往往与中国相关联。主要讨论者以媒体为主，个人讨论较少，较多关注石油进口等产生的经济影响。

图14　社交媒体的美国舆论对印度的关注变化
（2022 年 2 月 1 日至 3 月 18 日 Twitter 帖子数量）

四　结论与局限

俄乌冲突成为人类首次社交媒体冲突，社交媒体的交火甚至超过了现实交火的激烈程度，冲突双方积极利用社交媒体争夺话语权，社交媒体成为俄乌及其支持者进行舆论战的主战场，社交媒体推动战争行为景观化、读秒化，压缩战争博弈和斡旋时空。社交媒体的大数据分析结果表明，全球各国

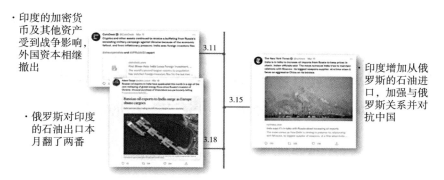

- 印度的加密货币及其他资产受到战争影响，外国资本相继撤出

- 俄罗斯对印度的石油出口本月翻了两番

- 印度增加从俄罗斯的石油进口，加强与俄罗斯关系并对抗中国

图 15　对印度关注的总体关键时间点与代表性 Twitter 帖子

公众对俄乌冲突的关注点存在较为显著的差异。除了俄罗斯和乌克兰以外，中国成为社交媒体用户最为关注俄乌冲突的国家之一，甚至超过美国。中国在 Twitter 等国际社交媒体平台上的声量显著增加，讨论俄乌冲突往往涉及中国话题，俄乌冲突爆发以来，以微博、B 站等为代表的社交媒体，成为世界各国发布本国外交政策和相关言论的重要平台，相关国家试图通过社交媒体影响中文舆论。俄乌冲突双方及其支持力量综合通过叙事话语逻辑、民意调查数据、历史解释、信息烟雾弹、共情传播等方法争夺舆论主导权。同时，本研究专门抓取了美国人口 TOP10 城市的社交媒体用户数据来分析俄乌冲突的美国舆论特点。值得关注的是，截至本研究结束，俄乌冲突仍在进行之中，相关舆论场的角逐依然较为激烈，本研究尚不足以反映俄乌冲突舆论战的全景，未来还可以持续进行跟踪，开展深入研究。

参考文献

施展：《表象即本质，表演即战争》，澎湃新闻，https：//m. thepaper. cn/baijiahao_16877837，2022 年 2 月 27 日。

Valentina Feklyunina：《软实力与身份认同：乌克兰、俄罗斯以及"俄罗斯世界"》，谈行藏、述垚译，《欧洲国际关系杂志》2016 年第 22 期。

丁晓航、丁惠、柳玉鹏、萧雅文：《俄乌信息战，战争背后的战争》，《环球时报》2022 年 2 月 28 日。

B.3
公共卫生行动中的新媒体科学传播模式研究：以新冠肺炎疫情防控为例

匡文波　方圆*

摘　要： 抗击新冠肺炎疫情是涉及重大公共危机应对的综合治理实践，其中科普行动利用科学规范把防疫科学知识内化为稳健的社会心理，避免公众被谣言、劣质信息和伪科学误导，加深对防疫政策的理解从而增强公共卫生政策执行力。基于此，本研究考察了疫情期间新媒体平台上疫情相关的焦点科学议题的传播驱动因素、传播主体的角色及话语取向、新媒体技术利用、科学传播效果等内容，发现不同传播主体在传播实践中存在的问题，并据此思考提升突发公共卫生事件中科学传播效果的可行路径。

关键词： 公共卫生　科学传播　科普

2019 年新冠肺炎疫情突袭而至，具有传播速度快、传染性强、传播范围广等特点，不仅严重干扰人们的正常生活，也影响着世界政治经济发展进程。本文以新冠肺炎疫情这一突发公共卫生事件为例，对公共卫生行动中的新媒体科学传播模式进行探索，进一步丰富突发公共卫生事件中的新媒体科学传播研究，同时也在实践层面为该情境下的科普协同治理能力提升提供

---

* 匡文波，中国人民大学新闻学院教授、博士生导师，主要研究方向为新媒体；方圆，中国人民大学新闻学院博士研究生，主要研究方向为新媒体。

建议。

本研究认为有必要对新冠肺炎疫情背景下新媒体科学传播的各主体行为、主体间的互动模式进行考察，以发现存在的问题并提出提高科学传播效果的建议。

一　研究方法

本研究拟通过案例研究为新冠肺炎疫情下的新媒体科学传播建立动态直观的整体图像，归纳并完善面向应急治理的科学传播模式。具体而言，本研究以新冠肺炎疫情为研究起点，材料搜集时间为 2019 年 12 月 1 日至 2021 年 10 月 31 日，通过对网页、微信公众号、微博、B 站、抖音等平台上传播的科学信息进行梳理，最终确定了主题一"新冠病毒的源头是野生动物吗"、主题二"新冠病毒是如何人传人的"、主题三"新冠病毒需如何防护"、主题四"新冠疫苗是安全的吗"、主题五"新冠病毒有没有特效药"、主题六"新冠病毒长什么样子"，涉及新冠病毒溯源、病毒结构、传播途径、疫苗和防护措施等话题，包含对新冠肺炎本质的认识、对疫情防控政策措施的认识以及防疫常识与行为准则，涵盖了疫情期间的主要传播内容和受众关注的重点。

同时，研究分别选取与六个主题相关的具体科学传播事件，从中发现科学传播存在的现实问题并提出相应的对策，如"新冠病毒的源头是野生动物吗"案例主要涉及相关科研成果、专家发言等信息，"新冠病毒是如何人传人的"案例主要涉及与新冠病毒传播途径相关的科学传播信息，"新冠病毒需如何防护"案例将国家卫健委发布的各项防护文件包括在内，"新冠疫苗是安全的吗"案例涉及新冠疫苗研制、使用等相关的科学传播信息，"新冠病毒有没有特效药"案例包含药物研发、治疗和专家解读等信息，"新冠病毒长什么样子"案例涉及病毒结构研究等相关信息。

二 案例分析结果

（一）焦点科学议题

主题一"新冠病毒的源头是野生动物吗"关注的核心问题是新冠病毒来源，更为科学的表述是新冠病毒的"自然宿主"或"中间宿主"为何？"自然宿主"指的是能与病毒共生的野生动物，它们为病毒生存提供长期稳定的生存环境、营养，自身不会因病毒感染致病；"中间宿主"通常指非自然宿主之外的病毒携带者，虽然其可以为病毒提供生存环境、营养和保护，但其自身无法抵御病毒危害，具有传染性，相较于自然宿主更加多样复杂。

主题二"新冠病毒是如何人传人的"关注的是新冠病毒传播过程中是否存在人传人、如何在人与人之间传播的科学问题，具体来说，包括接触传播、飞沫传播、气溶胶传播、空气传播等议题。

主题三"新冠病毒需如何防护"涉及的核心问题是基于新冠病毒的传播途径（包括上文中提到的人传人这一方式）来确定如何切断传染链条，防止病毒感染。具体关注的是各类诊疗方案、防护指导手册的发布及其内容。

主题四"新冠疫苗是安全的吗"关注的问题是疫苗的有效性和安全性，伴随着疫苗研发的不同阶段，关注和讨论的核心科学问题出现了不同的侧重：疫苗研制阶段主要讨论的是生产流程、临床试验结果等；开始使用阶段关注疫苗的安全性，如对其副作用的讨论等；在疫苗的全民推广接种阶段，更多操作层面的科学知识被广泛讨论，如正确接种疫苗的流程等。

主题五"新冠病毒有没有特效药"关注的是新冠病毒的治疗问题，具体包括是否存在治疗新冠肺炎的特效药、已经进行研发的特效药物（包括药品种类、研发的国家、研发进程）、已有的特定药物是否具有治疗新冠肺炎的作用等问题。而具体到药物本身，中药和西药是被关注和讨论的两个主要方向。

主题六"新冠病毒长什么样子"则是从生物学角度关注病毒的微观结构，具体包括两层内涵：一是微观视角下新冠病毒的实际样态，包括对其蛋白构成和内部遗传物质的发现和解析；二是新冠病毒结构的呈现，包括各种电镜图、结构模型或者 3D 图像。

对这些核心科学知识的讨论能为防疫行动提供依据、解释和指导，具体包括三个层面。首先是政策层面，促进相关政策或制度的出台，以引起公众的重视、解答疑惑、约束行为。比如在对病毒是否来自野生动物这一议题进行讨论，以及后续的科学研究和研判后，2020 年 2 月 24 日全国人大常委会表决通过全面禁止非法野生动物交易、革除滥食野生动物陋习、切实保障人民群众生命安全的决定。其次是社会层面，对于科学问题的讨论和探索可以帮助公众达成共识，从而共同推进符合公共安全利益的行动。比如各类防护手册的发布明确了针对新冠病毒的日常防护标准，为后续疫情防控常态化阶段企业复工复产、学校复学复课等行动提供了指导。最后是个人层面，对科学知识的进一步明确能够帮助个人在疫情期间更好地保障自身安全，比如当公众得知新冠病毒可以人传人、可以通过空气传播后，人们可以据此采取佩戴口罩、保持一米安全距离等个人防护措施。

（二）科学议题传播的驱动因素

1. 科学研究驱动

科学研究成果是大部分案例中核心科学知识的来源，成果发布后会引发各方关注与讨论。比如 2020 年 2 月 3 日，*Nature* 杂志刊出中国科学院武汉病毒研究所石正丽团队的研究论文，显示新冠病毒 2019-nCoV 的序列与一种蝙蝠中的冠状病毒序列一致性高达 96%，引发"新冠病毒（极大可能）来自蝙蝠"这一观点的传播，后续相关研究成果的刊发（如美国《细胞》杂志刊发的研究综述、清华等团队发现新冠病毒抑制剂）也都带来对该问题的持续讨论。研究成果推动科学知识的传播是科研人员具有排他性的专业知识和技能所决定的。

2. 防疫行动驱动

防疫行动是推动相关科学知识传播的另一主要驱动力，这在世界范围内有比较高的一致性，如英国推行群体免疫这一政策后，掀起了对"群体免疫"这一概念的大范围讨论。在我国，由于一直采取较为积极（如管控措施比较严格）的疫情防控行动，由防疫行动带来的科学知识讨论相较于其他国家或地区更为多样且频繁。比较典型的案例是有关新冠病毒要如何防护的主题，我国从实施"居家隔离"的防疫行动到后续"戴口罩、勤洗手、保持安全距离"等防疫行为的倡导，均促使人们讨论和关注这些防疫行为背后的科学依据。此外，新冠疫苗是否安全的案例主题也是防疫行动驱动科学知识讨论的典型体现，接种疫苗作为我国防疫行动中的重要环节，全民疫苗接种行动已经得到逐步落实，虽然对疫苗的安全性和有效性的讨论伴随于疫苗研发始终，但推行全民疫苗接种这一防疫行动是造成该问题大范围被讨论的主要原因，因为能否有效预防新冠肺炎关系到每一位公民的身体健康。

3. 疫情形势及舆情驱动

此外，疫情形势的新变化（比如本土疫情反复、境外输入病例、病毒出现新变种等）也会引发公众讨论，其中对于病毒相关的科学知识的探索很大程度上是为了回应公众关切，抚慰因未知而产生的恐慌情绪。以新冠病毒是否来自野生动物为例，除了上文中提到的科学研究驱动外，在早期关于该议题的相关信息传播中，由于相关科学研究需要一定时间，加之早先报告的相关病例均与海鲜市场有关，病毒来自野生动物的猜测成为当时的主导舆论甚至出现谣言，以及人类一旦感染病毒后，是否会出现人传人的现象也引发公众讨论，并引发恐慌情绪。互联网时代信息加速传播，加之新冠肺炎疫情背景下个体物理接触减少，加剧了网络言论的"嘈杂"，其中网络谣言也展现出更强的危害性（如对曾经食用野生动物的人、售卖野生动物的商家进行网络暴力等），因此回应社会关切、传播相关科学信息以引导行动显得更为必要。

（三）传播主体的角色类型与话语取向

传播主体是指在科学知识的传播实践中参与相关信息传播的主体，六个案例中涉及的传播主体包括卫健委系统（如全国及各地卫健委、疾控中心）、官方媒体（如央视新闻、《人民日报》等）、自媒体（如主要由个体运营的非专业科普类的微信公众号、百家号、社交平台账号等）、科学共同体成员（如包括高校、研究院所等在内的各类科研机构中的专家学者、科技协会、科普人士等）。不同主体在具体传播实践中可能出现身份重合，比如作为科学共同体成员的专家学者也深度参与了卫健委系统的防疫工作部署，具体分析将主要关注传播主体的行为。值得注意的是，各类传播主体除了具体的传播实践各有特色外，在推动整个议题的科学信息传播过程中承担的角色、传播的话语取向也不尽相同，具体结合案例分析如下。

1. 卫健委系统

新冠病毒是人类以往从未接触过的新型病毒，结合整个疫情发展形势我们可以发现，至少在我国，卫健委是保障防控行动顺利开展的重要主体，其中也包括其在疫情相关的科学信息传播活动中采取的行动。在推动科学信息传播过程中，卫健委系统的主要做法是结合自身防疫行动向社会公布疫情最新发展态势、相关条例法规、疫情防控最新行动、防护行动指南等相关信息，这类主体发布的相关通告大部分情况下是基于客观现实的描述，比如国家卫健委在其网站上发布新冠疫苗接种情况时均以简明扼要的数据陈述为主等。不过，此类主体也会向公众表达自身态度，比如在病毒是否来自野生动物案例中，其在通告中将病例与海鲜市场的关系作为关键信息进行披露。在发布时间方面，卫健委系统在多数情况下是首要消息来源，因为其掌握着有关疫情的最新、最准确、最权威的数据，但是其发布相关消息的影响力和传播力存在不足，需要借助媒体等主体的二次传播。

卫健委系统进行信息传播的主要目的，一是把控疫情防控的方向，落实相关工作；二是信息公开，满足公众知情权，同时引导公众更好地开展自身防护。但其存在的问题，一方面是在政策发布的同时缺少解读与说明，在经

其他传播主体的二次甚至多次解读和传播后，可能会造成理解"误差"，比如使用 N95 口罩进行日常防护的必要性的说明失当，导致公众在库存有限的情况下大量囤货，一线医疗人员物资紧缺，口罩价格疯涨等问题；另一方面，科学信息的传播精细化不足，比如多数普及推广的防护措施和疫苗相关知识中缺少针对儿童和老年人群体的相关内容，相较于疫情初期，后期此类情况已有所改善。

2. 科学共同体成员

科学共同体成员在疫情相关的科学信息传播中的主要作用是发布科学信息，并阐释、厘清相关争议。从各个案例中的大事记列表可以看出，科研人员的论文常常被作为科学信息的首要来源，其能够利用科学研究成果对具有争议的问题进行解答。比如关于疫苗研发的时间快慢是否会影响疫苗的安全性，科普中国官网在 2020 年 5 月发布《一文读懂：新冠疫苗研发的快与慢》，详细阐述了疫苗的种类、研制过程、临床试验等，针对有关疫苗的争议进行答疑解惑，同时也有辟谣属性。此外，科学共同体成员也会根据自身的专业知识对相关科学知识进行补充，如在疫情防控方面，许多教育机构利用自身专业知识出版相关手册，如西南师范大学出版社和西南大学心理学部组织专家，针对疫情期间民众可能产生的身心应激反应和应对策略，编写出版了《疫情中的心理关爱手册》，全面详细地介绍不同类人群如何科学理智地应对疫情。此类内容的科学性和专业性较强，因此一般由科学共同体成员首先发布。

作为更具独立思考能力的角色，科学共同体成员也更倾向于基于自身专业知识，经独立思考后提出可供讨论和思考的疑问，比如为了避免病毒再次传播的风险，海鲜市场被关闭消毒，对此，香港大学新发传染性疾病国家重点实验室主任以及流感研究中心主任管轶在接受媒体采访时指出，被消毒后的市场还能找到病毒的中间宿主吗？不过安徽医科大学基础医学院的微生物学教研室的瞿明胜博士回应称，可以通过市场中仍然存留的野生动物标本进行检测确定传染源。对这一问题的追问和讨论体现了科学共同体这一主体在信息传播过程中的角色和作用。

3. 官方媒体

相较于以上两类主体更经常充当关键消息源的角色，官方媒体和自媒体在信息传播过程中更多的是进行二次加工与传播，使相关信息被更多人知晓。相较于自媒体，官方媒体在内容的加工上更加忠于客观信息本身，比如中国青年网在国家卫健委发布《新型冠状病毒感染的肺炎诊疗方案（第五版）》后对诊疗方案的主要内容进行转发。同时，和科学共同体成员一样，官方媒体也会扮演阐述、解读的角色，同样是在病毒防护这一主题下，官方媒体利用自身资源优势，通过采访相关专家，对防护文件进行解读，如2020 年 1 月 27 日国家卫健委发布了《新型冠状病毒感染的肺炎诊疗方案（试行第四版）》，对于第四版中透露了哪些对疫情的最新共识，新华视点的记者采访了权威的医学专家北京大学第三医院援鄂医疗队队长兼危重症医学科副主任葛庆岗、北京协和医院感染内科主任李太生。在发布时间上，通常会将卫健委系统和科学共同体成员发布的信息作为消息来源，且需要依据客观事实进行报道，因此一般晚于前述两者，但基于官方媒体已经累积的影响力和公信力，消息经由其发布后一般会获得大量关注和讨论。值得注意的是，官方媒体在疫情期间的报道呈现出比较明显的态度倾向，虽然这些态度来自卫健委、专家学者等信源，但媒体的传播力以及利用标题等编辑手法加强观点输出，在客观上更加容易促使社会达成共识。

此外，官方媒体的信息传播也存在如下问题：首先是对个别科学信息解读不足，如关于新冠病毒结构的信息传播中，更倾向于肯定科研团队成就而非解读病毒结构本身；其次在疫情信息审核的严谨性方面，如双黄连事件中，使用"双黄连可抑制新型冠状病毒"的表达，"抑制"一词的模糊性对公众产生极大误导。

4. 自媒体

自媒体除了对官方消息进行转载，发布时间上一般晚于上述主体外，自媒体还更倾向于对信息进行形式更为丰富的加工、对相关议题进行信息补充与解释。比如在新冠病毒是否来自野生动物的案例中，在微信公众号"宠物动保立法"2020 年 1 月 16 日发布的《请接力！新冠肺炎病毒来自野

生动物，请携家人一起拒绝野味！》一文中，出现蝙蝠等各类野生动物与各类病毒关系的手绘图片，以促成新冠病毒与野生动物联系紧密这一观点的传播。

不过，自媒体发布的消息也更经常引发对立和争议，其原因包括混淆不同问题之间的联系、措辞夸张，态度倾向明显以煽动情绪、信源模糊造成误读等。比如，在没有明确的证据证明新冠病毒来自野生动物的情况下，关于新冠病毒来自野生动物的相关言论使得基层养殖户的利益受损，虽然在进一步科学调研后的当下，确实尚无证据表明新冠病毒来自野生动物，但是在该文章发布时，人们对新冠病毒认识不足，且官方提倡对非法贩卖野生动物行为的打击，而此类观点将其与合法的基层养殖户相联系，在客观上容易引起争论。

（四）公众反馈及传播效果

上述各类主体各有侧重的传播实践，外加新冠肺炎疫情与个体生命健康、日常生活的联系紧密，使得相关科学议题总体引起广泛关注和讨论，其存在如下特点。

首先，公众对不同事件关注程度不同。例如，相较而言，公众对新冠病毒来源、新冠疫苗的关注度偏高，而对于病毒结构的关注度偏低。浏览病毒结构相关报道的评论区可见，尽管公众多持正面观点，但关注的内容更多的是对科研团队的赞扬、对疫苗的期待，而非关注病毒结构本身。此外，部分负面评论表示对于病毒结构这一问题的研究意义感到不解，认为应该更加关注像疫苗和特效药这样能够带来实际效用的研究成果。我们认为公众对于此类信息的不解可能源于病毒结构相关信息传播过程中，了解病毒结构对实施有效防护的意义未被阐明，导致公众认为这一信息与自身的关联度不高，因此也缺乏兴趣。

其次，同一事件的不同面向受到的关注不同。例如，在新冠病毒来源的议题中，"新冠病毒来自野生动物"这一观点受到的关注度高，而与之相对的，"新冠病毒不一定来自野生动物"（如野生动物采样未发现新冠病毒）

等信息受到的关注较少。这与早期各类传播主体带有强烈倾向性的传播风格不无关系。再如，新冠特效药的议题中，人们对于中西医的新冠特效药的关注重点也不尽相同：对于西药的科普性报道，公众往往能够聚焦西药的治疗原理及其现阶段进展的客观情况；而在涉及中医药的科普话题中，则更多出现中药治疗成效的情感态度表达，或将话题引向中医西医对比的范畴，回避了有关药品本身的科学细节。

从受众关注度来看，新冠肺炎疫情相关的科学信息确实引起了足够的关注与讨论，但若回归科学传播的内涵或目的，即帮助公众理解科学知识、培养科学思维、开展科学防疫行动来看，不同议题的传播效果不尽相同。有关新冠病毒传播途径、防护方法等议题的传播确实推动了科学防疫行动的开展，如拒绝食用野生动物；但如上文提到的，病毒结构、特效药等方面的传播效果并不尽如人意，具体来说，了解病毒结构最主要的目的是理解其感染人体的原理，从而有针对性地进行个人防护，但是在新冠病毒真实 3D 图像的评论区，公众的讨论却并不涉及这一核心科学知识，让公众通过增进对病毒结构的了解从而理解防疫原理的目标似乎并未实现。

（五）新媒体技术利用

据中国互联网络信息中心（CNNIC）发布的第 49 次《中国互联网络发展状况统计报告》，截至 2021 年 12 月，我国网民规模达 10.32 亿，互联网普及率达 73.0%。以移动手机媒体为代表的新兴媒体已经成为人们获取信息的重要平台，利用新媒体技术进行科学知识传播成为各类传播主体的必然选择。使用新媒体传播科学信息有诸多优点。从技术特性看，新媒体传播速度快、传播范围广。以微博为例，微博具有强大的信息聚合能力，来自官方机构、媒体、个人的多角度信息发布，使其成为相较于传统媒体而言更具时效性的信息来源。同时，微博用户数量众多，信息的传播范围也非常广，有关的信息能够迅速抵达更大范围的公众。从传播形式看，相较于传统媒体，新媒体有更丰富的传播形式，结合音乐、图像（包括漫画、GIF 等）、动画，能够更加直观、清晰地阐释本不易理解的科学知识。

然而，科学信息在新媒体上的传播也存在如下问题：不同主体的新媒体使用水平参差不齐，部分主体并未充分发挥新媒体技术在内容诠释上的优势。以短视频为例，许多地方政务官方媒体在短视频平台上发布的内容，还是以政策文件的截图，配以缺乏吸引力的音乐制成短视频为主，并未充分发挥短视频的优势，本质上依然是文字的形式，以及相当大一部分的短视频内容是截取新闻发布会上的片段、视频采访的片段，本质上只是电视内容的一部分，内容吸引力低的同时，也存在断章取义的隐患。此外，由于新媒体具有较强的交互性，每个人都是信息发布者，谣言容易在新媒体中大范围传播。例如，在微博话题"新冠肺炎传播途径包括气溶胶传播"下，大量有关病毒传播的谣言滋生，其中最为典型的就是"听说气溶胶能随空气传播，千万别开窗通风了"。微博上具有一定粉丝量的意见领袖发表自己的观点，普通微博用户也就此发表自己的观点，在信息量巨大的舆论场中，谣言及恐慌情绪得以发酵。

三　提升新媒体环境下科学传播能力的建议

对案例材料的分析显示，疫情背景下的科学知识传播网络由各传播主体的传播实践、新媒体技术特点共同形塑，想要进一步提升科学传播的效果，有必要对各传播主体传播实践中存在的问题进行改进，提高主体间的协同能力，从而促进科学知识的有效传播，下文将结合具体案例分析中发现的问题提出建议。

（一）卫健委系统

作为疫情期间科学知识传播的权威信源，卫健委系统发布的信息是其他传播主体进行二次传播的基础，如果对科学知识阐释不足、传播精细化不足，则一方面作为其他传播主体的转发对象，很可能引发多重信息加工后的理解偏差，另一方面也可能忽视特殊人群的知识需求。

在科学知识阐释方面，首先，要注重利用多重信源辅助阐释，比如可以邀请专业性强并具有公信力的专家学者协助解读疫情相关的科学信息。其次，要提升对新媒体技术的使用能力，比如加强对官方新媒体账号的维护，通过提升信息发布频率来提高关注度，同时要注重发挥新媒体技术在内容制作方面的优势，制作更具吸引力的内容，并利用社交平台对不同圈层的联结，增强内容的传播力。最后，在信息发布时应对公众的可能反应进行预判，在进行科学阐释时尽量解决可能会引起疑惑的问题，对可能引发的诸如囤货等不理性行为的原因进行分析，从而保障疫情防控行动的进行。比如上文提到的公众大量囤积 N95 口罩事件，如果能够对 N95 口罩使用的场景以及日常防护的口罩选择进行更为清楚的说明，就可以更有效地引导公众开展个人防疫行动。

在传播精细化方面，重点是要调查了解不同群体的需求，比如在具体防护措施方面，以往发布的内容主要针对的是无特殊疾病的青壮年群体，但这些防护措施对于患有特殊疾病的人群或儿童、老人等抵抗力较弱的人群来说，操作难度更大，因此要对特殊人群进行有针对性的知识普及。此外，在疫情防控常态化阶段，不同地区的疫情传播程度、人们的生活习惯也不尽相同，因此各地的信息传播要结合当地实际以提高信息的实用性，使疫情相关的信息发布真正满足公众需求。

（二）科学共同体成员

科学共同体成员作为科学研究结果的发布者以及科学知识的权威阐释者，其在科学传播过程中处于核心位置。为了进一步提升传播效果，科学共同体成员应加强对科学知识的灵活解读能力及新媒体技术利用能力。

对于前者来说，科学共同体成员一般是专业性较强的权威发布主体，所以其发布的内容多为详细的科学性阐释和对科学原理专业化的说明，专业术语的运用较为普遍，这样的传播内容虽然专业性与可信性提升，但也大大增加了人们理解科学知识的难度。为了促进科学知识的普及，对科学知识进行通俗的阐述至关重要。在保证科学严谨性的同时可以适当调整科学内容阐释方法，采用整理要点、将长文转化成适合新媒体的短文等形式来帮助人们理

解科学知识。尤其是对于专业论文的转载，适合用更加易懂的语言进行二次解释说明，方便更多受众快速理解其中的科学要点。

对于后者来说，科学共同体成员已经在新媒体平台初步建立起自己的传播体系，但是其传播效果还有待提升。其中一大原因是平常对于新媒体平台账号缺少更专业的运营和维护。部分科学共同体成员在新媒体平台上的账号所获得的关注和互动都较少，在突发公共卫生事件当中并没有获得充足的流量，难以进行大范围传播。因此，要加强平台账号日常维护，如开展日常科学普及等，在没有重大卫生事件的时候可以发布涉及更加广泛领域和话题的科学知识，以此吸引更多类型的受众群体。此外，对于抽象的科学原理来说，可以利用诸如动画等更加形象的方式进行说明，比如病毒的传播过程、疫苗研制过程等，以增进不具备专业学科知识的公众对科学原理的理解。不同新媒体平台的信息传播特色也应考虑在内，如抖音等短视频平台更适合短视频或动画视频等形式，微博则更适合短文配视频或多格漫画等形式。

（三）官方媒体

对于在公信力方面具有不可替代地位的官方媒体，其在疫情期间的科学传播实践中出现了与传统新闻专业主义强调的客观性、真实性相悖的情况，这与其通过观点性表达、政策宣传促成社会共识助力防疫的目标有关，但也有因新冠病毒作为一种新型病毒，对其研究需要一定时间有关。在以上主客观因素的作用下，官方媒体在进行科学传播的过程中可能会因态度倾向强烈、事实核查不严造成社会情绪、行为极化。基于此，我们认为官方媒体的科学传播应至少注意在以下几个方面予以改进。

首先，在信息的准确性和完整性方面，官方媒体应在事实核查方面持更为谨慎的态度，在没有确切的研究成果支撑观点之前应避免使用过于绝对的措辞表达；结合疫情期间新冠肺炎研究结论不断深入的情况，即使对于科研结果的报道，也应表明这是研究的阶段性成果，以避免新的研究成果对前人研究成果进行否定时使官方媒体的公信力陷入危机境地。其次，在宣传防疫政策引导公众科学防疫方面，对政策进行原文转发很难达到良好的传播效果，用通俗易懂的语言、生动的形式展现科学原理更为重要，比如通过加强对疾控人员现场作业的科普：对环境检测、社区封控作业场合，灵活采取媒体连线、网络直播等更具现场感的形式开展公共卫生政策宣传，推动科学防疫观、风险观的形成。最后，在表达强烈的观点倾向时，我们暂且不论其通过号召式的标题引导公众科学防疫是否有损客观性原则，但至少应考虑的是，这种观点表达是否会造成更具危害性的极端行为。因此，官方媒体进行社会动员时更应审慎思考自身的影响力可能带来的多方面影响。

（四）自媒体

对于自媒体而言，最突出的问题就是传播信息的真实性。由于自媒体不具备采访、编辑和信息收集的专业能力与专业设备，一手信息的收集和分析难以形成，同时自媒体内容制作队伍参差不齐，既包括内容制作能力出众、能够有效辅助科学信息传播的，也有通过煽动情绪赚取流量的。为了在科学传播网络中充分发挥作用，我们认为自媒体应充分利用自身的优势，约束失当行为，真正通过实现自身在传播网络中的价值来获得可持续发展。

具体来说，首先，自媒体的内容展现形式多样，具有趣味性、可读性强等特点，其可以通过对晦涩的科学原理进行二次加工来获得公众关注，拓宽科学信息的传播广度。其次，自媒体一般具有更垂直的领域细分，因此不同领域的自媒体可以利用自身擅长的领域，对一个核心科学议题的某个方面进行解读，通过不同自媒体对不同方面的阐释形成对该问题的全面认识。比如，有自媒体通过录制视频或者动图展示如何正确佩戴口罩，如何穿防护服，如何戴护目镜，以及如何正确地洗手和消毒等，对防护知识进行了有效补充；帕金森病友会的公众号中，也根据患病人群的特殊状况制作了特殊的防疫指南。最后，对自媒体要建立更为完备可行的监督体系以约束其失当行为，逐渐增强自媒体在信息传播过程中的社会责任感。

综上，本文在案例分析的基础上，对疫情背景下科学传播网络中各传播主体的实践进行了考察，并针对当前存在的现实问题，提出提升科学传播效

果的建议，希望通过建立各主体高效互动的科学传播模式使科学传播在突发公共卫生事件中发挥作用。

参考文献

李天龙、张露露、张行勇：《新媒体时代科学传播的困境与策略研究》，《现代传播》（中国传媒大学学报）2018 年第 10 期。

彭华新：《科学家在"新冠疫情"议题中的社交媒体参与和权力博弈》，《现代传播》（中国传媒大学学报）2021 年第 2 期。

尚甲、郑念：《新冠肺炎疫情中主流媒体的应急科普表现研究》，《科普研究》2020 年第 2 期。

汤书昆、樊玉静：《突发疫情应急科普中的媒体传播新特征——以新冠肺炎疫情舆情分析为例》，《科普研究》2020 年第 1 期。

李珍晖、黄京一：《重大突发公共事件的科学传播研究——以新冠肺炎疫情为例》，《教育传媒研究》2020 年第 3 期。

B.4
2021年中国媒体融合发展报告

黄楚新 许 可*

摘 要： 2021年，中国媒体融合从规模扩张与框架搭建阶段逐渐转入内涵拓展与体系建设阶段。本年度的媒体融合发展中，重大主题宣传成为重点内容，在多元技术融合、视频业态更新与产业能力拓展的基础上，传媒行业的资源整合与跨界融合能力不断加强。现代传播体系中媒体的纵向贯通与横向联动推进体制机制创新向纵深迈进。但是，媒体关停并转、技术过度应用、网络空间乱象及应急处置不力等新问题、新风险阻碍媒体融合纵深发展。未来的传媒行业，全媒体传播体系将更加完善，主流传播、内容科技、文化内涵、移动优先、数据挖掘和国际传播将成为重要趋势，媒体融合将在政治、媒介、技术等多重逻辑下转向社会融合。

关键词： 媒体融合 全媒体传播 社会融合

2021年，是中国共产党成立100周年，也是国家"十四五"发展的开局之年。传媒行业的政策规划逐渐完善，媒介技术应用朝着数字化、智能化持续深化，重大主题宣传带动内容传播提质增效，网络视听与传媒业态不断创新，体制机制调整、运营模式创新、跨域合作兴起，传媒

---

* 黄楚新，中国社会科学院新媒体研究中心副主任、秘书长，中国社会科学院新闻与传播研究所数字媒体研究室主任，研究员，博士生导师，主要研究方向为新媒体、媒体融合；许可，中国社会科学院大学新闻传播学院博士研究生，主要研究方向为新媒体、媒体融合。

行业深度融入国家治理与社会发展进程。面对百年变局和世纪疫情交织的新形势，中国媒体的国际传播能力、应急传播体系、网络治理模式等面临着新的挑战，同时也迎来了新的契机，媒体融合的整体发展态势仍然向上向好。

一　媒体融合的发展状况与热点聚焦

2021年，中国的媒体融合发展以主流化的建党百年重大主题宣传为重点内容。多元智能技术趋向融合化，加速媒体创新与结构转型，短视频与直播的平台化进一步推进主流媒体视频化转向。在运营模式创新、体制机制调整、四级布局完善以及产业模式迭代的多重影响下，媒体融合的发展程度逐步深化。

（一）主流化传播，主题宣传推动内容"出圈"

庆祝中国共产党成立100周年，是2021年主流媒体的重要政治任务，也是其担负职责使命、提升融合能力的重要契机。各级各类媒体坚持党性原则，提高政治站位，围绕建党百年这一重大主题推出了系列主题宣传和特别报道。

中央级三大主流媒体作为龙头，其推出的特别报道、专题策划、系列节目、融媒产品等种类多样，内容"爆款"频频"出圈"。人民日报社推出生活化、年轻态、场景化、沉浸式的《复兴大道100号》互动体验馆，创作上线建党百年主题MV《少年》。新华社则以新媒体、融媒体产品实现"出圈"，《送你一张船票》用动画长卷的形式结合了音视频效果，融入新媒体元素；微电影《望北斗》及MV《一叶红船》等产品也在网络上刷屏。中央广播电视总台充分利用音视频资源和直播优势，推出《中国是如何运行的？》《红色印记——百件革命文物的声音档案》等融媒产品，以"5G+4K/8K+AI"技术直播庆祝中国共产党成立100周年大会以及文艺演出《伟大征程》。三家主流媒体在建党百年宣传中行动最快、力度最大、辐射最广,以全媒体传播体系建构全方位宣传格局,在全国媒体中起到了典型示范作用。

地方主流媒体也注重传承红色基因,利用地域红色党史资源。浙江广电集团从革命红船启航地浙江嘉兴出发开启大型融媒体新闻行动《梦开始的地方》;北京日报社以探访革命旧址形式推出《百年征程的伟大序章》主体直播活动;四川日报报业集团以新老"党员"对话的方式推出人物访谈系列微视频《初心·追梦人 请做我的入党介绍人》;湖南广播影视集团运用虚拟仿真技术和沉浸场景应用的方式打造建党百年微专题片《百炼成钢·党史上的今天》……地方主流媒体均将重大政治主题和宏大时代场景相结合,以精品内容为资源,以新兴技术为手段,推出了一大批影响广泛、意义重大的主题报道及融媒"爆款",多视角、全方位、立体化展现建党百年的恢宏画卷。

除建党百年重大主题宣传外,2021年媒体融合以打造文化IP为亮点实现内容"出圈"。河南卫视打造的《元宵奇妙夜》《端午奇妙游》《七夕奇妙游》等特别节目,全网点击量超50亿。其坚持正确的价值导向,挖掘与传播中华优秀传统文化,并充分利用先进的媒介技术进行表达呈现。主流媒体将传播内容与优秀文化、先进技术、创新表达、网络渠道这五种要素有机结合,打造出媒体融合"现象级"传播产品。

(二)智能化推进,多元技术驱动传媒转型升级

2021年,媒体融合中的技术创新仍然沿着"智能化"方向深化,从智能技术支撑到智能技术运维,媒体智能化的新应用、新主体、新模式不断出现。

数字人推进智能交互主体涌现。2021年,虚拟主播、数字主播等成为主流媒体技术辅助内容生产的重点方向,中央级媒体此类技术应用较为广泛。2021年1月,新华社客户端推出"AI合成主播超市"供用户点选播新闻;2021年4月,又推出中国首位"数字记者"和全球首位数字航天员"小诤",实现在不同航空主体场景的"穿越"报道和航空知识的科普传播。

2021年全国两会期间，央视网启用3D超写实数字虚拟小编"小C"与代表委员进行线上采访对话，人民网也推出虚拟主播"小晴"以"两会AI助手"的形式播报。2021年11月，央视新闻联合百度推出"冬奥AI手语主播"，为听障人士提供手语播报服务。此外，地方媒体中，北京广播电视台的广播级智能交互真人数字人"时间小妮"、湖南卫视的数字主持人"小漾"、上海广播电视台的虚拟新闻主播"申苏雅"，均从人格化、网络化、年轻态等视角提供场景应用与用户对话。"数字人""数字主播""数字主持人"等成为传媒领域应用创新的亮点，这是人机交互、虚拟仿真、场景升维在技术融合的基础上实现媒体生产结构变革的体现。

"主流算法"实现价值引导。伴随互联网商业平台的兴起，算法机制成为近年来技术赋能传媒行业发展的重要技术引擎。但基于算法在资本与平台驱动下的不良影响，媒体融合的主流价值传播亟须对算法机制进行干预。2021年，"主流算法"成为应用热点。中央广播电视总台的"总台算法"，除了传播量、浏览量、点赞量等流量指标以外，还加入了价值传播因子、动态平衡网络、社会网络评价体系等更多与正能量相关的指标。[①] 人民日报智慧媒体研究院持续推动主流价值"算法"研发与应用，目前主要基于内容智能审核和内容风控体系，进而优化传播生态。2021年12月，四川日报报业集团旗下的川观新闻自主研发的"川观算法"正式上线，通过把控内容质量、加深内容认知、优化智能分发、追踪传播效果四个方面建立自主可控的"主流算法"机制。值得关注的是，2021年12月31日，国家互联网信息办公室等四部门联合发布《互联网信息服务算法推荐管理规定》，要求算法推荐服务提供者建立完善人工干预和用户自主选择机制，在重点环节积极呈现符合主流价值导向的信息。[②] 可见，未来媒体融合将进入智能算法技术优化与主流舆论引导能力提升的传播生态。

① 《中央广播电视总台：守正创新、技术驱动，绘制"主流"蓝图》，媒介杂志微信公众号，https://mp.weixin.qq.com/s/NRkaiEvqD-xeLcMf6rwupQ，2021年10月6日。
② 《互联网信息服务算法推荐管理规定》，中共中央网络安全和信息化委员会办公室网站，2022年1月4日。

（三）视频化转向，渠道拓展促进传媒业态创新

当下，视频业态已经成为媒体深度融合形态创新、表达创新、渠道创新的重要抓手，媒体融合的视频化转向渐成常态，而视频化趋势则以超高清、平台化、垂直化等为基本特征。

技术赋能下的媒体超高清模式。视频化转向需要技术作为基底，超高清目前成为主流媒体视频化形态、视觉化呈现的重要手段。2021 年，重大事件等主题报道以超高清技术赋能内容表达。2021 年 2 月，中央广播电视总台 8K 超高清电视频道试播；2021 年 10 月，中央广播电视总台奥林匹克频道及其数字平台开播上线，是国际首个以 4K 超高清标准进行 24 小时播出的体育频道。同时，超高清模式也在拓展媒体融合的应用场景。2021 年 10 月，工信部、中宣部等六部门同时开展"百城千屏"超高清视频落地推广活动，推进超高清 4K/8K 内容应用到城市剧院、文博场馆、公共街道等多元场景。当下，超高清视频正进入发展的快车道，从节目形态到产业模式均为媒体带来可持续活力。

形态创新下的视频号与渠道拓展。微信视频号在 2021 年逐渐完善各类功能模块，增加短视频功能，直播频道中设置推荐、同城、新闻等 9 个栏目，主流媒体、商业平台、社会组织、企业及用户均可自由入驻。微信视频号已经突破了社交媒体属性，逐渐向新闻资讯、电商营销、游戏娱乐等综合服务方向拓展。央视新闻客户端也在 2021 年 10 月改版升级，在主页面右上角加入"听新闻""连电视"按键，并实现"大小屏融合"的多屏互动。同时，地方媒体也纷纷发力短视频客户端建设。浙江日报报业集团的天目新闻客户端在 2021 年推出改版升级 3.0 版，通过全天候视频内容、个性化算法推荐、开设社交属性频道、布局跨区域新闻中心等措施实现平台化转向。南方报业传媒集团 N 视频在 2021 年推出辐射全域、对接基层的广东省县级融媒体视频服务平台。

用户策略下的垂直化与频道细分。2021 年，主流媒体短视频客户端处于提质阶段，关注用户需求，采取受众细分策略。中央广播电视总台于

2021 年 4 月在央视频客户端上线 12 个垂类频道，实现传统电视节目与新型移动平台的一体化融合。同时，云听客户端也实现了垂类布局，陆续推出"云听朗读评测"系统和大字体、大图像、按钮辅助设计的简洁版，二者分别针对儿童和老年用户群体。在视频化转向中，各级各类媒体纷纷发力短视频与直播赛道，实现了媒体深度融合的差异化布局与平台化升级。

（四）"媒体+"深化，资源整合实现传媒功能延展

从媒体融合的运营模式视角看，"新闻+政务服务商务"已经成为政策、市场驱动下媒体自身变革所必经的转型路径。"新闻+"强化了媒体以新闻资讯、内容生产作为核心，并广泛聚合社会资源进行跨界合作。

主流媒体中，人民网在 2021 年发布的"十四五"发展规划中，提到将以智慧党建、社会治理、健康、体育、教育及文旅等产品服务体系推进"新闻+政务服务商务"模式；新京报也在 2021 年提出未来三年将以"新闻+"模式扩大辐射范围，为政府及公共机构提供品牌形象打造服务、基层政府政务新媒体代运维、民生监督类深度报道、公益扶贫直播带货、新媒体营收、活动营销、版权、IP 项目等多元营收创新。① 目前，"新闻+政务服务商务"模式运行比较成熟的当属县级融媒体中心。县级融媒体中心具有先天的政策优势和地域优势，能够广泛聚合县域资源，为基层群众提供贴近性、多样性的服务，成为基层治理的重要主体。福建尤溪融媒体中心以"智慧尤溪" App 为端口，搭建各类智慧平台开展民生服务。江苏邳州融媒体中心利用移动客户端整合全市 200 余家单位的数据资源和服务，提供一站式服务。浙江安吉县融媒体中心立足基层乡村，以媒介、技术、数据、网络等形式提供乡村治理平台。

数字化时代，主流媒体更加依托"智能+"技术，成为城市治理、智慧城市、城市大脑建设的有力主体。四川日报全媒体以"数据共享平台""社

---

① 《新京报社社长刘军胜：做强"新闻+"，打造媒体深度融合新样本》，新京报官方微信，https://mp.weixin.qq.com/s/hykWY8bTrxWSO4-RolggrA，2021 年 11 月 11 日。

会治理平台"等为用户提供疫情、医疗等服务；浙报数字文化集团与宁波甬派传媒分别联合当地国资公司组建数据公司，运营杭州城市大脑和宁波城市大脑。媒体的"智能+"模式以城市公共数据为基础，构建技术中心、公共平台、智慧服务等体系，为城市民众提供政务、交通、医疗、商务、文旅等全方位服务。

此外，"智库+"也是主流媒体延展功能的方式。四川日报报业集团建立"川观智库"，推出的"城市治理指数"、细分领域智库报告等为政府决策提供支持；浙江日报报业集团的"浙报智库"通过舆情服务、数智平台等提升传播力与影响力。2021年10月，中央广播电视总台也在公开渠道发布消息称开展"总台媒体融合纵深发展智库建设"。从"新闻+"、"智能+"到"智库+"，主流媒体通过资源整合不仅加深了与社会系统内各主体的联系，更通过多元服务为社会事务提供解决方案，实现了媒体与社会的充分互动。

（五）纵深化布局，双重路径助力体制机制创新

自2020年《关于加快推进媒体深度融合发展的意见》提出完善四级融合发展布局的要求后，我国媒体融合在纵向贯通与横向联动的双重路径下不断创新，逐步向现代传播体系迈进。

地市级媒体融合成为继县级融媒体中心建设后媒体融合纵深化发展的重要方向，"报业+广电"模式成为纵向贯通的关键纽带。据公开资料，截至2021年底，全国已有超过40个地级市进行了"报业+广电"融合尝试，2021年全年近10个地级市成立了地市级融媒体中心，目前发展步伐较快的有湖州、绍兴、芜湖、汕头、大连等地市。其中，湖州市新闻传媒中心2021年进行了"数智传媒"改革，通过数据驱动打造生产传播、便民惠企、社会治理与智慧商务等多元平台。[1]绍兴市新闻传媒中心在机构融通的基础上发力组织体系调整、打破员工身份限制、创新激励奖励制度、提升产业跨

---

[1] 陈建良：《以"数智传媒"建设撬动湖州传媒"深度融合"》，《传媒评论》2021年第11期。

界水平，2020 年实现营收 4.04 亿元。与此同时，2022 年 1 月初，甘肃省召开媒体深度融合发展推进会，要求 2022 年 3 月底前全省完成市级融媒体中心整合和挂牌。地市级媒体融合的政策驱动力量逐渐增强，并将在政策扶持、技术赋能与自主创新等多重激励下持续强化。

媒体融合纵深化布局的横向联动路径主要包括以下两个方面。一是设立区域运营中心。2021 年，中央广播电视总台大力推进地方总站建设，澎湃新闻面向全国设立区域运营中心，浙江天目新闻成立长三角、京津冀、粤港澳新闻中心。主流媒体通过搭建区域全媒体传播体系，能够充分拓展新闻资源空间与产业经营范围，谋求媒体融合高质量发展。2021 年，由国家广电总局指导并批准成立的 7 家国家级广播电视媒体融合发展创新中心签署战略合作协议，将通过资源协同、技术创新、产业协作等模式推进媒体融合融通联动的生态体系建设。二是跨地域合作模式。2021 年，"京津冀之声"开播，围绕京津冀协同发展国家战略进行资源共享与内容协同；"长三角之声"广播联合江苏省 13 个地级市广电机构共同成立"长三角融媒协作组织沪苏平台"；浙江日报报业集团成立"融媒共享联盟"构建省域内联动的融合传播体系……我们看到，跨地域合作模式大部分是以资源共享、阵地共建、内容共制、合作共赢为基本模式，但未来如何构建可持续、深度化的协作机制，走向真正的跨域融合，还需要克服地域、人才、技术、组织、政策等方面的诸多障碍。

（六）市场化运营，跨界融合驱动传媒结构调整

媒体深度融合中，推动主流媒体市场化运营，广告经营仍然是基础。中央广播电视总台上线象舞广告营销平台、升级"品牌强国工程"，整合旗下优质的电视、广播与新媒体资源，三维联动提供多屏融合互动的"融媒体经营+"思路，以平台化的聚合能力全面提高广告营销水平，2021 年"品牌强国工程"签约金额较 2020 年增长 30%以上。① 以广告营销为基础，电商

---

① 《独家导读！2021 年中央广播电视总台发展研究报告》，广电独家微信公众号，https：//mp. weixin. qq. com/s/6j_ p0P-fVIEELk7Qtyv76g，2021 年 12 月 6 日。

业务成为重要营收来源。新京报在 2021 年创刊 18 周年之际对电商改版升级为"新京雅集",并与快手平台、知名企业等联合开展线上线下活动,提出进一步打造电商消费新场景。湖南芒果 TV 推出自主可控平台"小芒电商",以内容电商为品牌,对电商交易的价值链条、利润分配等进行重新考量,重点向内容侧倾斜,以内容侧适应需求侧。

同时,资本布局在 2021 年传媒产业结构调整中出现新动向。2021 年,川网传媒登陆创业板,募集资金 2.2 亿元;封面传媒联合多家投资基金共同出资成立四川封面传媒科技有限责任公司;浙版传媒与龙版传媒均登陆 A 股资本市场;新京报在《媒体融合三年行动方案》中将推动"贝壳财经"孵化上市作为一项行动计划。2021 年 9 月,央视融媒体产业投资基金成立,共 26 家企业共同发起,总规模达 100 亿元,主要以前沿技术应用扶持新媒体业态创新。资本运营有利于激发市场活力,增强传统媒体市场竞争力,但就传媒导向而言,新闻传播事业需要坚持正确的政治方向、舆论导向和价值取向。2021 年国家发展改革委就《市场准入负面清单(2021年版)》向社会公开征求意见,具体包括非公有资本不得从事新闻采编播发业务等六项内容。[①] 从实践看,国有资本将成为主流媒体引进战略投资的主要形式。

值得关注的是,县级融媒的完全企业化、市场化运营成为行业发展热点。2021 年,深圳龙岗区融媒体中心与北京经开区融媒体中心两家单位从事业单位转为企业运营。转企改制后,融媒体中心的人员编制、考评体系、薪酬分配等全部以市场化运行为驱动,组织架构实现扁平化管理、媒体内容生产也进行产品运营化改造。面对市场供需结构现状的自我调整与自我优化,这种模式的目的是要增强主流媒体的市场竞争意识和行业拓展能力,但未来需要注意在盈利模式创新的产业化进程中坚持社会公益性。

---

① 《国家发展改革委关于向社会公开征求对〈市场准入负面清单(2021 年版)〉意见的公告》,中华人民共和国国家发展和改革委员会网站,2021 年 10 月 8 日。

二 媒体融合存在的问题及困境挑战

媒体融合出现新特征、新模式、新成效的同时也面临着新问题和新挑战。纸媒休刊停刊、广电停播趋势不断加剧，技术赋能中存在技术至上和过度应用的风险隐患，风险社会和信息社会时代网络治理任重道远、主流媒体应急传播能力需要不断提升。

（一）关停并转长期存在，机构改革趋势将不断加剧

传媒行业由于经营、转型不善，以及战略结构调整及市场竞争压力等，关停并转现象逐渐增加，每年均会出现部分报纸杂志休刊停刊、广电频道频率停播。2020 年 11 月国家广电总局印发《关于加快推进广播电视媒体深度融合发展的意见》，提出精办频率频道、优化节目栏目、整合平台账号，对定位不准、影响力小、用户数少的坚决关停并转。① 据国家广电总局及各省市广播电视台等公告信息整理，2021 年我国近 30 个省市级电视频道、广播频率停播或撤销。同时，报刊媒体中也有超过 20 家省市级都市报、广播电视报等停刊或休刊（见表 1）。

表 1 2021 年以来国内部分广电媒体、报刊媒体机构调整情况

2021 年 1 月至 2022 年 1 月国内广电媒体频道、频率的撤销/停播情况		
时间	广电媒体名称及所属单位	调整情况
2021 年 1 月 1 日	山西广播电视台少儿频道	停播
2021 年 2 月 1 日	MTV 音乐电视台中文频道	停播
2021 年 3 月 24 日	湖北广播电视台休闲指南频道、楚天资讯广播和亲子广播	停播并撤销
2021 年 3 月 31 日	广东广播电视台数字付费频道高尔夫频道	停播转型网络平台
2021 年 4 月 28 日	山东广播电视台国际频道	停播

---

① 《国家广播电视总局印发〈关于加快推进广播电视媒体深度融合发展的意见〉的通知》，国家广播电视总局网站，2020 年 11 月 26 日。

续表

时间	广电媒体名称及所属单位	调整情况
2021 年 6 月 1 日	贵阳广播电视台旅游生活频道、都市女性广播	停播并撤销
2021 年 8 月 31 日	合肥广播电视台影院频道和文体博览频道、徽商广播和资讯广播	撤销
2021 年 9 月 28 日	四川广播电视台国际频道	撤销
2021 年 9 月 28 日	重庆广播电视台生活资讯频道、文艺广播	撤销
2021 年 9 月 28 日	兰州广播电视台综艺体育频道	撤销
2021 年 9 月 28 日	玉林广播电视台知识频道	撤销
2021 年 9 月 28 日	厦门广播电视台全心购物频道	撤销
2021 年 9 月 28 日	深圳广播电视台 DV 生活频道	撤销
2021 年 12 月 31 日	贵阳广播电视台法制频道	停播并撤销
2021 年 12 月 31 日	广西广播电视台公共频道、科教频道和旅游广播	停播
2022 年 1 月 1 日	大连广播电视台公共频道和财经频道	撤销

2021 年 1 月至 2022 年 1 月国内报刊媒体的停刊/休刊/改版情况

时间	报刊媒体名称	所属地区及单位	调整情况
2021 年 1 月 1 日	《新京报》	新京报社	改为周五刊
2021 年 1 月 1 日	《广元晚报》	四川广元日报社	休刊
2021 年 1 月 1 日	《德阳晚报》	四川德阳日报社	停刊
2021 年 1 月 1 日	《内江晚报》	四川内江日报社	停刊
2021 年 1 月 1 日	《遵义晚报》	贵州遵义日报社	转为数字报
2021 年 1 月 1 日	《皖北晨报》	安徽拂晓报社	休刊
2021 年 1 月 1 日	《皖东晨报》	安徽滁州日报社	停刊
2021 年 1 月 1 日	《益阳城市报》	湖南省益阳市广播电视台	停刊
2021 年 1 月 1 日	《东莞时报》	广东东莞报业传媒集团	更名
2021 年 1 月 1 日	《漯河晚报》	河南漯河日报社	停刊
2021 年 1 月 1 日	《都市资讯报》	黑龙江哈尔滨日报报业集团	停刊
2021 年 1 月 1 日	《遂宁广播电视报》	四川遂宁传媒集团	休刊
2021 年 1 月 1 日	《都市消费晨报》	新疆报业集团	由日报调整为周刊
2022 年 1 月 1 日	《河北科技报》	河北省科学技术协会	休刊 6 个月
2022 年 1 月 1 日	《洛阳商报》	河南洛阳日报报业集团	休刊 6 个月
2022 年 1 月 1 日	《南方法治报》	南方报业集团	休刊
2022 年 1 月 1 日	《贵阳晚报》	贵州贵阳日报传媒集团	转为数字报
2022 年 1 月 1 日	《宜宾晚报》	四川宜宾日报社	停刊

时间	报刊媒体名称	所属地区及单位	调整情况
2022 年 1 月 1 日	《巴中晚报》	四川巴中日报社	休刊
2022 年 1 月 1 日	《北海晚报》	广西北海日报社	休刊
2022 年 1 月 1 日	《合肥广播电视报》	安徽合肥市广播电视局	停刊
2022 年 1 月 1 日	《温州广播电视新壹周》	浙江温州广播电视传媒集团	休刊
2022 年 1 月 1 日	《无锡新周刊》	江苏无锡广播电视台	休刊

近年来，每年元旦这一时间节点基本都成为报刊、广电运行的"休止符"，不论是停刊或休刊转至数字版，还是停播或撤销转至移动端，从媒体融合深化来看，传统媒体的机构调整基本都出于优化资源配置的考量，对传统媒体低效无效产能、同质化过剩供给进行及时止损，有利于促进资源整合、机构及人员设置优化。未来，传统媒体关停并转的趋势将长期存在，主流媒体通过结构调整进行体制机制改革的力度需要加大，实现高质量发展，避免因传统思维和守旧态度而阻碍改革红利和聚合效能的释放，影响传媒行业的供给侧结构性改革。

（二）合理审视技术赋能，警惕概念炒作与过度应用

2021 年被称为元宇宙元年，"元宇宙"成为年度技术热词。"元宇宙"源自科幻小说《雪崩》中的概念，被逐渐应用到互联网行业、成为新兴技术应用并逐步与传媒行业相关联。2021 年 10 月，Facebook 更名为 Meta，元宇宙在技术、网络、产业等领域受到广泛关注。传媒行业中以互联网公司大力布局元宇宙为主，字节跳动、腾讯、网易、爱奇艺等通过视听应用、场景开发、产业布局及股权投资等积极布局元宇宙。2021 年 11 月，湖南广电芒果超媒搭建芒果"元宇宙"平台，面向未来传播生态布局新兴产业。

元宇宙作为以多元技术手段融合发展的新技术，主要是以新型虚拟现实、加强型沉浸场景为特征的网络应用或社会形态。面对以元宇宙为代表的新技术、新概念、新业态，元宇宙与媒体融合的未来将成为新热点，传媒行

业需要审慎客观地面对。当前的新闻传播领域，技术赋能、科技引领等言必称技术，虽然技术的作用将持续深入，但也需要合理审视，科学利用技术而非技术至上。对新闻实践而言，数字技术并没有创造太多新的应用场景，新闻业主要是在持续消化以往技术创新的成果。[①] 目前元宇宙技术水平仍处在初级萌芽阶段，应该以传媒行业和媒体融合现状作为出发点，警惕概念炒作、技术至上和过度应用，找到媒体融合与元宇宙的契合点。在乐观看待元宇宙等技术驱动媒体融合、形态创新、沉浸体验、广泛连接、系统进化的未来图景时，应时刻规避传媒应用中的技术伦理、应用失衡与产业风险。

（三）行业乱象层出不穷，网络空间治理任务依然艰巨

随着网络传播成为传媒行业的主要场域，数据流通、网络应用、流量经济、直播经济、"饭圈"文化等逐渐兴起，网络空间也出现了诸多治理难题。

2021年，粉丝为选秀明星打榜的"倒牛奶"事件引发舆论强烈谴责，"饭圈"在网络空间互撕漫骂、刷量控评、网络暴力、大额消费等不良行为，不仅给网络空间带来了治理难题，也对青少年群体产生了不良的文化导向。中央网信办下发《关于进一步加强"饭圈"乱象治理的通知》、开展"清朗"专项行动，中央宣传部印发《关于开展文娱领域综合治理工作的通知》，2021年9月起国家各部门也先后发布了关于文艺节目、演出经济、娱乐明星规范等一系列政策，重拳出击、系统化治理粉丝经济与"饭圈"乱象。未来，我们需要不断落实相关政策，通过相关措施巩固治理成果，推进治理常态化。

与此同时，技术、资本和市场需求催生了直播经济的蓬勃发展，但直播经济也带来了诸多问题。2021年网络头部主播薇娅、平荣等偷税漏税引发了行业大整顿。2021年国家相关部门也陆续出台了《关于加强网络直播规范管理工作的指导意见》《网络直播营销管理办法（试行）》《网络表演经

[①] 新闻创新实验室研究团队、王辰瑶、刘天宇：《2021年全球新闻创新报告》，《新闻记者》2022年第1期。

纪机构管理办法》等直播带货、直播经济相关制度。同时进一步加强了网络商业平台的系统化管理，国家相关部门也出台了关于平台信息管理主体责任、网络用户账号名称信息管理、网络短视频内容审核、网络信息服务算法综合治理等多部行业规范制度，从立体化、多维度的视角加强了对网络空间中传播主体、内容生态、产业模式的规范治理。但是，网络技术发展与网络应用创新必定会催生新形态、新业态与新产业，同样也会带来网络空间治理的新问题，网络空间治理任重道远，未来网络空间治理需要进一步增强前瞻性、系统性和全局性。

（四）风险社会复杂多变，媒体应急传播体系亟待健全

2021 年 7 月，河南多地突发暴雨，受灾严重。在抗灾自救过程中，新媒体技术、在线文档等网络应用发挥了重要作用。网友以腾讯文档形式自发建立的"待救援人员信息"被迅速传播，这份"救命文档"通过社交媒体渠道被迅速传播，越来越多的人因在文档中发布的求助信息而获救。

突发公共事件中在线文档的特点是用户自发传播、可多人实时同步更新与传播，主要以人际传播的模式进行扩散。同样是在社交媒体中，微博持续发挥了高效传播和社会动员的能力，河南暴雨期间每日最热门话题都与暴雨洪灾相关，多话题的聚合能够为群众提供多角度的救灾信息。社交媒体在突发公共事件中发挥的作用不容忽视，但社交媒体中网络谣言丛生、信息参差不齐，特别是事件关键信息信源的真实性和权威性有待检验，这会对救援行动造成一定时滞和阻碍。

相对社交媒体而言，主流媒体具有信息权威性、准确性的优势。但在风险社会、信息社会交织下，许多突发公共事件往往在社交媒体第一时间传播，主流媒体相对被动。特别是近年来突发公共事件频发，主流媒体的应急能力不足与应急体系不完善，这为媒体融合的纵深发展带来了不利影响。针对突发公共事件，主流媒体如何及时、系统、安全地应对，以媒体社会责任与公共服务推进应急管理现代化，将是媒体融合不容忽视的问题。对于媒体融合而言，可将在线文档模式融入官方应急预案，建构集权威及时信息发

布、应急广播公共服务、舆情预警防范机制、应急处置媒介素养等于一体的应急传播体系，将应急传播体系纳入全媒体传播体系，提升媒介化治理水平，增强风险防范能力。

三 媒体融合的对策建议与趋势展望

当前，媒体深度融合已经进入制度融合、智能融合、生态融合及社会融合的新阶段。未来的传媒业，将在政策导向、内容核心、技术赋能、网络驱动、数据融通、多元配合中呈现跨界、协同、联动、共享的新发展格局。

（一）利用政策优化红利，观照时代社会背景

对于中国媒体融合而言，政策导向是推进传媒行业变革发展的首要驱动力量，媒体融合从 2014 年上升为国家战略以来，从单纯的行业自主发展到国家政策扶持再到以创新变革嵌入社会，以多元功能服务国家发展。传媒行业面临的时代与社会背景在不断变化，媒体融合的政策结构也在不断优化。

自 2021 年 3 月全国两会通过的国家"十四五"规划提到"推进媒体深度融合，做强新型主流媒体"以来，传媒行业的部门规划也相继发布。2021 年 10 月，国家广播电视总局发布《广播电视和网络视听"十四五"发展规划》，在一体化、公共性、服务性、高质量、科技化、安全性、现代化与国际化等多个维度提出了明确的发展目标；2021 年 12 月，国家新闻出版署印发《出版业"十四五"时期发展规划》，从服务大局、满足人民、行业繁荣、数字水平、国际交流、行业治理等多个维度提出了具体目标和重点任务。与此同时，信息化、数字经济、电影、文旅产业、公共服务、智能制造等近 30 项国家级行业规划，均已于 2021 年下半年至 2022 年初公开发布，媒体融合、新型主流媒体等关键词均被不同程度地提及。从众多规划内容看，传媒行业与其他行业的融合将不断加深，媒体融合以政策驱动走向社会

融合的趋势也将愈发明显。

从时间节点上看，2022 年中国媒体融合中的内容生产将以党的二十大为重点。2022 年 2 月 17 日，中宣部启动了"奋进新征程　建功新时代"大型主题采访活动。迎接、宣传、贯彻党的二十大是宣传思想工作体系贯穿于全年的重大政治任务。各级各类媒体将在 2022 年进一步完善全媒体传播体系，从主流价值、内容形态、传播渠道、技术手段等着手创新与提高融合传播水平，以党的二十大宣传为主线，完善重大主题宣传的机制与模式，以重大主题宣传常态化推进媒体深度融合的内容创新。

（二）创新内容生产模式，注重科技文化要素

媒体深度融合的目标是构建全媒体传播体系，但内容建设依然是根本。近年来，技术要素、产业结构、文化基因等都进一步融入内容产制，从不同侧面驱动媒体融合实现跨越式发展。

智能技术迭代将持续推进媒体结构升级。2021 年人民日报 AI 编辑部 2.0 版上线，"创作大脑"推出的"智能创作机器人"将 5G 智能采访、AI 辅助创作和智能生产等功能相结合重构采编流程；新华社"媒体大脑"也于 2021 年推出"新华智云知识图谱平台"与"媒体大脑 3.0 融媒中心智能化解决方案"，充分利用知识图谱、数据转化、版权认证等促进内容生产的智能化，并进一步将主流媒体内容生产拓展到内容产业。

内容科技与深度合成将持续赋能媒体转型。近两年，内容科技成为媒体融合、传媒应用方面的热词。2021 年 11 月，人民网发布的《2021 内容科技发展报告》显示，内容科技不仅驱动内容生产领域的实时采集、智能生产与全域传播，同时也成为推进媒体深度融合、数字经济发展、数字中国建设等的重要引擎。① 此外，深度合成技术将在传媒等领域广泛应用并不断场景化、商业化。据清华大学人工智能研究院等机构联合发布的《深度合成十

---

① 《〈2021 内容科技发展报告〉发布：内容科技加快推进媒体深度融合》，人民网，2021 年 11 月 24 日。

大趋势报告（2022）》，2021年新发布的深度合成视频数量为24317条，较2017年增长10倍以上。① 未来，深度合成将在传媒领域的内容数量、场景拓展、产业应用中发挥更大的作用，但需要注意避免"深度伪造"带来的伦理风险和个人信息、数据安全泄露等。

文化要素注入有利于完善传媒内容生态。2021年6月封面传媒构建"科技+传媒+文化"的生态体系实现传统媒体的数字化、智能化转型；2021年11月，第四批国家文化和科技融合示范基地名单中四川封面传媒和广州南方报业两家媒体基地入选，这是基地评选以来首次将媒体深度融合作为促进文化与科技融合的重要内容加以考虑。可以看到，文化与科技已成为赋能传媒行业结构调整、驱动行业转型升级的重要因素，媒体融合将在媒介逻辑、技术逻辑与文化逻辑的三重互动中不断升级，主流媒体的产业链条、发展空间和生态体系也将不断完善。

（三）推进移动优先战略，突出定制化场景化

据第49次《中国互联网络发展状况统计报告》，截至2021年12月，我国网民使用手机上网比例达到99.7%。移动互联网将成为媒体深度融合中的主渠道与主阵地，主流媒体及商业平台将持续深耕移动网络场景。继2020年《关于加快推进媒体深度融合发展的意见》提到"坚持移动优先"之后，2021年中共中央办公厅、国务院办公厅《关于加强网络文明建设的意见》进一步提出"深入推进媒体融合发展，实施移动优先战略，加大中央和地方主要新闻单位、重点新闻网站等主流媒体移动端建设推广力度"。② 2021年1月新华社客户端8.0版上线，推出"全民拍"社会治理交互平台的核心功能板块，2021年7月，人民网发布"十四五"发展规划，以重点项目提出将"人民网+"客户端建设打造成为服务聚合、分发枢纽。

---

① 《〈深度合成十大趋势报告（2022）〉重磅发布!》，瑞莱智慧RealAI微信公众号，https://mp.weixin.qq.com/s/EsRRkI5TwOV7Nro9eUX22g，2022年2月18日。

② 《中共中央办公厅 国务院办公厅印发〈关于加强网络文明建设的意见〉》，中国政府网，2021年9月14日。

当前，四级布局中的各级媒体大部分都已经建成自有平台和传播渠道，利用移动客户端挺进互联网主阵地的前期框架已经搭建并取得阶段性成果，未来则需要从系统思维的角度深化发展，持续推进主流化与市场化，兼顾发力内容与技术自主、渠道拓展与用户策略。2022 年 2 月，中央广播电视总台联合全球媒体合作单位打造"融媒体定制化服务平台"，聚焦 500 家国际合作媒体，为其提供多语种、定制化、多渠道的融媒产品。未来，定制化、场景化、沉浸式有可能成为媒体融合移动端的基本特征。主流媒体需要注重从"移动优先"战略转入"移动深化"策略或"移动提质"策略，充分感知用户需求，以技术赋能行业适配移动应用场景，培育政务互动、数字生活、智慧社区、智慧家庭等可持续、可推广的发展模式。

（四）深度挖掘数据潜能，提升媒体融合效能

在媒介化、数字化的社会建构层面，媒体融合将更加深度地融入数字社会与社会治理。2020 年《中共中央　国务院关于构建更加完善的要素市场化配置体制机制的意见》明确将数据作为一种新型生产要素，提出加快培育数据要素市场，提升社会数据资源价值。[①] 商业平台运行依靠市场逻辑和数据优势，那么对于主流媒体而言，利用数字技术和数据资源提升传播力和影响力将成为重点。

未来，主流媒体可以通过多种路径强化对数据的应用，提升自身的融合效能。一是在数据驱动下推进媒体数字化转型，主流媒体需要将自身内容生产中各渠道的数据通过技术支撑整合汇聚到一体化的操作平台上，建构自身的媒体资源库。二是在用户策略下推进媒体分众化传播，以媒体资源库中的用户数据全面搭建用户资源系统，与社会用户进行全方位连接，通过内容服务、生活服务、社交服务等吸引外部资源的入驻。三是在数据合作下推进媒体跨组织合作，主流媒体的媒体资源库在实现自身内容生产

---

① 《中共中央　国务院关于构建更加完善的要素市场化配置体制机制的意见》，中国政府网，2020 年 4 月 9 日。

与用户维系的基础上，需要与地方政府、行政部门、企事业单位等打通数据壁垒，广泛开展以数据为基础的跨领域合作及项目建设，共同服务社会发展。

深度融合背景下，主流媒体需要深度挖掘数据潜能，通过整合社会多方数据资源，搭建以媒体为核心的媒介关系网络。一方面需要对内搭建数据融通的内容生产体系、用户运营体系和分众传播体系，另一方面需要对外搭建基于数据合作的政务服务体系、数据开发体系和智慧城市运行体系。充分利用数字经济与技术赋能，将丰富的媒体资源、行政优势、市场优势等融合为自身的发展优势，打造更多的传媒经济增长点和社会治理切入点，实现媒体融合高质量、高效率发展。

（五）提高国际传播能力，建构崭新国家形象

面对百年变局和世纪疫情交织影响，世界经济格局、国际力量对比深刻变化，国际传播格局由此也发生重要转变。后疫情时代的中国国家形象需要更加深入、系统、全面的建构。2021年5月31日，中共中央政治局第三十次集体学习时，关于国际传播工作，习近平总书记提出要"全面提升国际传播效能"，针对这一要求，中国媒体的国际传播能力建设理应成为媒体深度融合战略布局的重要趋势。

2021年中央广播电视总台《一路"象"北》等融媒产品不仅在国内引起民众热议，英、美国家主流媒体也纷纷进行正面报道。2021年9月中国日报网发布《2020～2021年度中华文化国际传播十大案例》，藏族小伙丁真、中国网络文学与中国影视"走出去"等都成为典型案例。可以预见的是，未来将会有更多的典型人物、典型事件、融媒产品、文化产品、媒体项目成为国际传播中重要的载体。

深度融合中的主流媒体与商业平台也将成为国际传播的重要平台。中央广播电视总台及其旗下CGTN已在国外多家媒体平台开设账号并拥有庞大用户群，抖音、快手、爱奇艺及芒果TV等相继推出国际版。2021年10月，商务部、中宣部等十七部门联合印发《关于支持国家文化出口基地高质量

发展若干措施的通知》，鼓励有条件的企业建设覆盖全球的新媒体平台，助推优质文化内容"走出去"，[①] 未来针对国际传播的相关政策布局将更加完善。从整体上看，我国的国际传播在内容、载体、平台等方面均有基础资源和独特优势，但从传播实践与国际格局的现状看，中国在掌握国际话语主动权、提高国际传播影响力与国际舆论引导力等方面还存在提升空间。未来我国传媒行业将在外部政策导向和内部自我变革中不断趋于国际化，媒体深度融合的主流话语、优质内容、移动优先战略、网络平台建设将更加注重国际传播效能，以全媒体传播体系助力国际传播体系建设。

参考文献

黄楚新、许可：《当前中国媒体深度融合的热点、难点与机制突破》，《传媒》2021年第 14 期。

黄楚新、陈智睿：《2021 年我国媒体融合发展盘点》，《青年记者》2021 年第 24 期。

张志安、谭晓倩：《现代传播体系建设中的重大事件主题报道——2021 年中国新闻业年度观察报告》，《新闻界》2022 年第 1 期。

---

① 《商务部　中央宣传部等 17 部门关于支持国家文化出口基地高质量发展若干措施的通知》，中华人民共和国商务部网站，2021 年 10 月 25 日。

2021年中国互联网舆论场研究报告

刘鹏飞　曲晓程　辛安怡*

摘　要： 2021年迎来宏观政策拐点，疫情叠加国际局势变化，信息科技革命和智能化时代加速到来。互联网舆论情绪感染和视频传播复杂交织，地区、企业和数字议题热度上升，网络热词成舆论叙事新符号。极端天气灾害频发，考验城市安全韧性管理，舆论"失焦"与"热衰退"现象引发反思，社会顽疾考验基层治理能力，国际舆论和意识形态博弈进一步加剧，数字化发展与治理进入新阶段。

关键词： 舆论场　城市安全　数字治理　企业舆情　国际舆论

回顾2021年互联网舆论场，二十大、两会、疫情防控、数字经济、乡村振兴、智慧城市等成为舆论热点，元宇宙、虚拟现实、无人驾驶、大数据、物联网、区块链、无人机、机器人、人工智能、新冠特效药、载人航天等科技热点不断涌现，在数字治理、国际舆论战和世界局势、意识形态等方面也呈现出新的热点。2021年互联网舆论场正从"议事厅"转向"社交广场"，在视听介质所带来的情绪震动下，社会舆论演变呈现新的规律。

---

* 刘鹏飞，人民网舆情数据中心/人民在线副总编辑、人民网新媒体智库高级研究员，主要研究方向为网络舆情、新媒体传播和危机管理；曲晓程，人民在线研究部副主任、人民网新媒体智库研究员，主要研究方向为群体心理、亚文化研究、融媒体；辛安怡，中国传媒大学传播研究院传播学硕士研究生。

表 1 2021 年度互联网舆论场热点事件热度排行

序号	舆情热点	新闻	论坛	博客	报刊	微博	微信	App采集	热度指数
1	北京冬奥会	4319497	843907	2374	58878	46964270	1091820	4540748	99.14
2	神舟载人飞船与"天宫"实验	1263891	64413	761	51343	23872860	947636	1636500	88.97
3	多地疫情零星散发生舆情	3332003	148115	1454	45881	5171380	4104066	5286989	84.83
4	建党百年与十九届五中全会召开	1785869	657433	1022	94403	7054964	1692489	2511319	80.83
5	河南、山西等多地极端天气灾害	994768	613160	669	17615	5321916	895737	1349954	76.17
6	丰县生育八孩女子事件	14874	2625	25	447	8923016	39596	24941	75.38
7	俄乌冲突局势引国际震动	821047	58804	1055	13223	2562366	1087979	1116740	72.18
8	云南亚洲象北迁引发全球关注	161437	7353	45	3807	2892004	66021	237372	68.17
9	"双减"政策与在线教育行业调整	586693	41041	474	20981	222314	866870	844430	67.44
10	河南卫视与央视晚春国风节目受欢迎	108961	2671	59	11825	2295174	61407	124692	66.81
11	"饭圈"乱象与治理	183570	14946	128	3208	1537808	119841	216850	65.96
12	西安地铁女乘客被保安拖拽事件	27456	1135	10	92	2001662	12539	20836	65.73
13	三星堆遗址最新考古发掘成果公布	260548	7884	119	5732	1050407	96983	256451	65.30
14	多位艺人主播涉税违法失德等被调查	153224	15640	238	1128	1197343	131144	215568	65.27
15	多家互联网企业遭遇反垄断调查	223701	27023	1082	2382	281977	140915	255811	63.81
16	甘肃白银山地越野马拉松比赛事故	102699	4721	203	1607	518530	79946	167822	63.56
17	孟晚舟获释回国	54575	10520	90	812	462524	131045	106729	63.25
18	上海车展女车主维权	136542	7224	241	518	211984	37364	188118	62.98
19	BCI"新疆棉"事件	44343	1664	37	248	457157	38198	55085	62.86
20	成都四十九中学生坠楼事件	11746	190	12	80	465018	12283	13273	62.60

注：①舆情热度指数由新闻、论坛、博客、报刊、微信、微博、客户端的信息量加权得出；舆情热度指数＝新闻×0.2+（论坛+博客）×0.1+报刊 ×0.2+微信×0.15+微博×0.15+App采集×0.2。②本表监测时间范围：2021 年 1 月 1 日至 2022 年 2 月 28 日。

资料来源：人民网舆情数据中心、人民在线众云大数据平台。

一 互联网舆论结构与热点类型分布

人民网舆情数据中心基于人民在线众云大数据平台，以舆情热度指数为指标依据，对2021年1月1日至2022年2月28日的近千条热点事件进行筛选，最终选取排名前600的热点事件作为本报告研究对象。报告将600件热点事件划分成25种类型，其中涉及企业的事件数量最多，超过突发事故的2倍。从热度上看，受奥运赛事、COP15、BCI等事件影响，相关事件的热度总量居全年前列。科技类事件在2021年也获得了极高的舆论关注度，神舟十二号载人飞船发射成功、"祝融号"火星车、"天宫"太空实验、航天员出舱等事件唤起公众的航天梦。

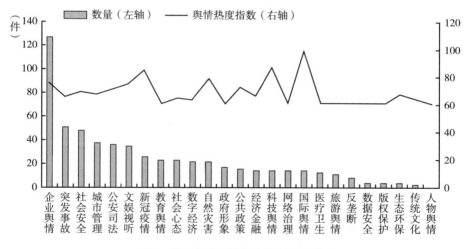

图1 舆论场热点事件类型与热度分布

注：n＝600。

（一）数字空间政策议题与网络治理拐点

从热点事件的空间分布来看，互联网热点、地方性热点事件占比较大。本报告的研究样本基于互联网舆论场，其中纯粹涉及数字空间、网络生态的

热点事件占比36%（217件），环比增长53.9%。

进一步考察互联网领域的热点事件，涉及平台企业的事件占比35.48%，例如"新浪微博热搜""阿里受到互联网反垄断调查""互联网平台互联互通"等。大部分热点事件同网络治理领域的焦点议题息息相关。文娱视听领域的规范管理是2021年网络生态治理的典型范本，包括视听版权合规发展、"二创"话题讨论、"饭圈"乱象治理、抵制耽改风等泛娱乐现象。在密集的监管政策不断出台的背景下，2021年互联网企业的合规发展成为新命题，无序扩张、数据安全、社会责任等成为亟待解决的问题。

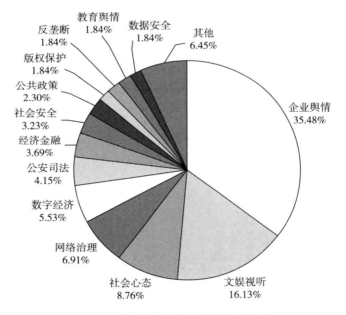

图2 互联网领域中热点议题类型分布

（二）地区性风险显示城市安全管理韧性

地区性事件中，突发事件、社会安全、城市管理等相关事件多发，其中恶劣气候导致自然灾害事件增加，对城市安全管理提出挑战。2021年山西、河北、河南、湖北等多地遭遇极端天气，城市安全管理能力受到挑战，"韧性"成为舆论高度关注的话题。人民网舆情数据中心梳理了 2018～2021 年的极端天气事件，发现 2021 年出现陡然走高趋势。在"数字孪生"背景下，"韧性城市"的建设被数字科技赋能，其辐射效应也延伸至城市管理多领域，推动城市治理的数字化转型。

（三）企业政策合规与发展引发舆论关注

在由政府、企业、媒体以及普通用户共塑的网络话语格局中，企业舆情成为网络热点舆情高发地。2021 年企业舆情危机从企业发展、劳动保障、消费者权益保护等传统领域逐步向外扩散，呈现出更加多元、关联议题更加复杂的生态特征。

与社会心态、意识形态的高关联度正成为企业发展中面临的挑战。社会心态和意识形态问题尤其是性别议题易引发舆论对企业自身价值观建设的质疑。同时，在企业数字化转型的进程中，数据安全的重要性受到前所未有的重视，隐私保护、摄像头被入侵、定位追踪、抓取人脸信息等事件频繁发生表明企业的数据安全保护意识有待提升。中国信息通信研究院云计算与大数据研究所的《2021 数据安全行业调研报告》认为，未来数据安全需求将越来越大，对服务能力和产品能力的要求也越来越高。

二　互联网舆论场传播规律与特征

（一）关联议题复杂促使事件快速扩散

2021 年互联网舆论热点事件呈现关联议题复杂化特征。"西安地铁女乘客被保安拖拽事件""江歌母亲诉刘鑫生命权纠纷案""丰县生育八孩女子事件""爱奇艺停录'青你3'"等引发舆论场关注的原因不仅在于地铁运营管理、司法宣判、拐卖妇女、泛娱乐治理等表层因素，更在于"他者凝视"、人际交往安全、女性权益、青年文化等深层因素。

综合来看，被置于舆论台面上的事件正在人人皆可参与讨论的网络空间

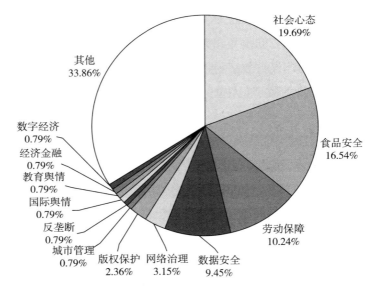

图3 涉企事件中的具体议题分布

中被不断审视和解读，而其深层次的结构性矛盾考验主管部门的行动与能力。

表2 事件类型与其关联议题分布

单位：件

事件类型	教育舆情	企业舆情	社会心态	食品安全	网络治理
城市管理	5	0	4	0	2
公安司法	1	1	9	0	1
企业舆情	1	0	25	21	4
社会安全	6	4	6	0	0
突发事故	1	8	0	0	0
文娱视听	0	2	5	0	14

（二）舆情事件跨平台发酵传播

全媒体时代，报刊、网媒、微博、微信、客户端、论坛、博客、短视频、直播、图片等显性舆论场构成对执法规范的注视。同时，舆论场中存在不同程度的隐性舆论，以"熟人社交"为特征的微信朋友圈、微信群、QQ群等平台成为"吐槽""质疑"信息集散地，易引发舆情发酵。据统计，除媒体报道外，在经由自媒体发酵的近150件可追溯来源的事件中，微博、微信的发声频次最高，其中多为用户通过账号自主发声。经由短视频、视频、直播等平台发酵的事件数量也相对较多，多为用户个体自主发声。问答平台、兴趣社区、论坛、部分社交平台也陆续成为事件的发源地。

值得注意的是，在发酵路径上，发源地并不等于事件诞生地，发源地也并不都具备使事件发酵、扩大传播的舆论土壤。根据微博2021年第三季度财报，截至第三季度末，微博月活跃用户达5.73亿，日活跃用户达2.48亿。"热点+社交"的生态优势让社交媒体成为现今互联网场域内包围圈最大的"议事场"。社交媒体在舆情的发酵过程中担当着催化剂的角色，尤其在许多不明来源的舆情事件中，热搜机制、转发机制直接影响事件的传播声量。

当然这也并不意味着只有微博、微信和短视频能够提供"讨论"的氛围，在问答平台、兴趣社区、论坛等地，讨论也在进行，但更多集中于圈层内的讨论。例如在微信群和豆瓣，组内的讨论不足以被"圈外人"看见；B站普通用户的视频难以被流量推荐。因此，微博、问答平台、短视频等较开放的社交平台承担打破"次元壁"的功能，将原本在小圈层内被讨论、被质疑的事情置于公众视野。"互动"和"围观"成为影响部分舆情事件热度飙升的受众心理动机之一。

（三）情绪成为舆论烈度升高的关键因素

舆情事件的发酵形式在视听时代有明显转变。文本信息时代，传播模式是基于信息的传播，文本本身决定了传播的广度。而在以视听为主要表现形式的社交媒体时代，信息传播的深度和广度不完全依赖于内容本身，起连接作用的是情绪表达与情感认同。

视频、文字、图片的叙事功能给舆论场造成不同程度的影响，其中以视频的视听叙事和情绪感染程度为最。数据显示，近50%的事件经由视频发

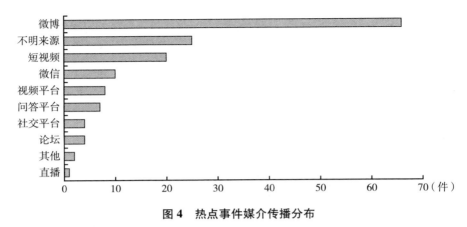

图 4　热点事件媒介传播分布

酵，"丰县生育八孩女子事件""南通城管抱摔老人事件""泰山景区游客挤厕所过夜事件"等被曝光后，网友普遍表达"谴责""愤怒"的情绪，同时延伸出对弱者"悲伤""同情"的情感。分析发现，视频化表达的真实感、临场感强，创造强烈情感表达和暗示。一方面相较于文字表达，视频可供解读的范围更为狭窄；另一方面视觉冲击力较之文字更能挑动人们的情绪。在以文字信息为介质符号的纸媒时代，受众必须具有一定的文字认知与理解基础，视频则大大降低了浏览门槛，任何知识水平、大部分年龄层的用户都能够通过视频获取信息，这为舆情热点的传播提供了便利。

通过分析热点舆情事件中网民对官方辟谣、回应、通报等动作的反馈，发现情绪已成为必要的被感知因素，"套路""官话""模板"等反馈说明公众对官方回应的高要求。当然，这并不必然意味着公众对政府的治理行为有严苛标准，如果仅以视频化带来的情绪放大来说，回应的文本形式所带来的情绪补偿并未对事件所挑起的情绪付出成本给予充足的回应。而这种回应的落差意味着，未来同民间舆论场的互动，不能仅局限于"摆事实，讲道理"，还需要兼顾情感的共振与关系的认同。①

---

① 人民网舆情数据中心：《2021 政务舆情诱因启示与舆情风险研判》，《智库研报》2021 年 6 月 10 日。

（四）弱势群体及职业群体权益意识凸显

从涉事主体来看，2021年热点舆情主要围绕企业、公众、网民、政府四大主体，涉及劳资关系、社会公共服务、政务公开等相关话题的舆情事件更易引发大众关注与讨论。其中，与社会公共服务关联度高、覆盖范围广、具有广泛公众基础的事件获得广泛参与，如北京冬奥会、神舟载人飞船与"天宫"实验、多地疫情防控成为最受公众关注的三大话题。

从职业分布特征来看，从以教授、律师为代表的知识分子群体，再到以消防员、司机、快递员为代表的扎根基层的劳动者，涉事主体的职业遍布社会生活的方方面面，表明热点舆情映射社会现实中的各种现象与问题，代表和反映公众的真实观点和态度，如近年来互联网新就业形态中浮现的外卖骑手、"996"和货车司机维权等。同时，在年度舆情事件中，关注女性、老年人、儿童的舆情事件数量颇多，在一定意义上凸显我国公众对女性群体及弱势群体的关注。

（五）网络热词成为舆论叙事新符号

"语言与社会共变"理论认为，语言是一个变数，社会是另一个变数。两个变数互相影响、互相作用、互相制约、互相变化，这就是共变。国家语言资源监测与研究中心自2012年起，在"汉语盘点"中增加"十大网络用语"调查，当时有媒体评论认为，越来越多源于草根、源于网络的词语进入专家视野、官方榜单，意味着主流媒体话语的平民化，意味着话语权走向平等与对称。网络热词是语言变化的一个典型体现，尤其在网民规模已达10.32亿的今天，网络热词不仅是对社会生活新事物新状况的描述，更是集中体现公众在心理、观念上所发生的变化，以及公众对美好生活的追求。

就目前存在于舆论场中的网络热词而言，"韭零后""内卷""凡尔赛"等热词所引发的网络讨论呈现三个层次：一是热词记录的符号与故事，如"逗鹅冤"来源于腾讯与老干妈之间的协议纠纷；二是热词所反映的网络文化，如"00后"所使用的汉语拼音缩略语，语码的转换彰显身份构建，不

同类型词语的使用在一定程度上代表不同圈层的文化特性，这对于了解青年文化心态有重要的参照作用；三是热词所反映的社会诉求，例如"打工人""工具人"等明显具备亚文化特质的词语，可能反映的是现实社会民生存在的短板与痛点，是一种相比之投诉、建议等政务诉求更为隐晦的普通人对社会治理精细化的向往。①

就此而言，热词更像是舆情事件的征兆显现，例如"韭零后"词语的出现，不仅在于要反思如何帮助年轻人树立正确的理财观念，更应该思考对基金等相关金融话题的风险宣传是否规范、对金融诈骗的风险提示是否到位、对基金投资业的监管是否完善等舆情风险前瞻、舆论引导有效的关键问题。因此，热词成为分析网络舆情和社会心态的一把新钥匙。

三 互联网舆论场热点话题演变分析

（一）极端天气中的城市安全韧性管理

2021年，新冠肺炎疫情、暴雨洪灾等极端天气引发的事故灾难，导致城市应急管理和治理方面经受挑战。极端天气频发，河南、山西等地的暴雨洪灾造成严重人员伤亡和经济财产损失，城市管理、信息发布和应急救灾方面问题频出，引发舆论反思。部分城市在精细化治理和应急管理方面仍然存在欠缺，且存在不同程度的形式主义、官僚主义和"惰政""懒政"的作风问题，需要警惕舆情隐患。

在近年抗击疫情的工作中，围绕核酸检测、行程码、交通出行管理政策、生活物资保障等，一些城市的基层防疫政策出现细节冲突、不协调、不合理的问题，引发网民的质疑。城市安全管理考验的是一个城市的综合能力，党的领导、政府管理、企业创新、社会协同、民众的积极支持与参与，任何一个环节都不可或缺，特别是基层各个部门的动员、参与、执行与监

---

① 曲晓程：《网络热词同舆情工作的关系》，《网络舆情》2021年第23期。

督，是一个城市在大数据和智能化时代充满活力和高效组织运行能力的表现。

随着各地不断运用大数据、人工智能等技术加强智慧城市建设，智能科技、网络安全和数字治理反哺城市安全和公共服务基础保障引人注目。在防范各类极端天气自然灾害方面，云南昆明和浙江宁波等城市及时开展灾害天气交通设施应急演练，上海、合肥等地在城市"数字孪生"、智能城市安全预警平台等科技应用方面有新的尝试。未来，大中城市也需要将前沿科技应用、以往的经验教训充分总结提炼、预案演练，提高精细化制度与机制的保障能力。

（二）纾解疫情防控中社会心理"热衰"现象

新冠肺炎疫情相关话题出现的舆论"热衰"问题值得关注。近年来疫情形势反复、多点零星散发，疫情在社会舆论中始终热度不减。受制于新冠病毒的顽固、变异、狡猾与危险，疫情的舆论话题不受人为意志控制。我国坚持科学防疫"动态清零"政策，全国人民始终坚持不懈与病毒作战，确保疫情基本处于总体可控的状态。

与此同时，一些地方的疫情防控出现"疲软"现象，工作措施和信息发布出现衔接不畅和信息疏忽问题，很多基层干部和民众警惕性降低，还有人急于开放防疫限制，回到疫情前的"自由"生活状态，更有甚者违反疫情防控措施，给公共卫生防疫造成风险。部分网民在疫情联防联控新闻发布会的留言中质疑注射的疫苗的有效性、涉疫城市中全员核酸检测的必要性等。这些现象表明基层疫情防控的"热衰"现象呈上升趋势。

当前，在考虑全国疫情防控大局的情况下，要及时消弭和化解基层工作的盲点、堵点、槽点和漏点，推广疫情防控先进地区经验和大数据社会治理手段，加密加细"网格化"管理，避免社会防疫政策不协调、不便民、扩大化的问题。加快疫苗、抗体剂、特效药研发和医疗科学手段科研及应用进度，建立健全基层精细化管理机制，充分运用大数据、智能化科技辅助手段，组建志愿者公益队伍，提升基层的现代公共卫生防疫能力和专业水平。

"刚者易折，柔则长存。"抵御和化解舆论"热衰"的社会风险，与社会群体心理疏导和让社会肌体保持"活力管理"的韧性密切相关。各类主管机构和媒体也通过权威渠道和网络优势，加大科普、教育、培训学习力度，结合新闻舆论宣传工作，潜移默化地传播主流声音，宣扬主流价值念。如我国传统佳节和国庆、五一长假是公众办理事务、旅游出行、探亲访友、进行文娱体育活动的重要窗口，公众通过开展丰富多彩的社会活动释放心理压力和情感，缓解紧张社会关系。这是活力社会的基本表现，也为克服疫情防控和自然灾害类舆论"热衰"问题提供足够的社会弹性。①

（三）"无人问晋"背后的舆论"失焦"现象

极端天气发生期间，互联网舆论场的社会注意力流动"失焦"现象也引发关注。通常网络舆论关注话题的动态变迁是一种常态。从纵向来看，只要自然和社会不停地发生变动，新闻就会层出不穷；从横向来看，在同一时间段，不同地方、不同类型的事件变动发生，就会出现舆论关注热度的差异，即社会注意力资源分布差异。这种自然分布状态由群体心理结构导致，源于社会舆论机关的议程设置和不同社会群体的需求。

2021年10月初，我国各地民众迎来疫情暂时退去后的国庆长假，沉浸在节日的气氛中。但突如其来的恶劣天气肆虐华北，山西、河北等地遭遇暴雨和降温。"无人问晋"一词成为此阶段网络热门谐音梗。该词源于当地网民吐槽近日连续暴雨致山西等地受灾却并未在网上引起足够关注。有网友吐槽称山西是"不会哭的孩子"，认为山西水灾没有得到应有的关注。有参与救援的人员表示，信息滞后是外界对这次灾害的普遍观感。2021年以来自然灾害、极端天气频发，在河南、山西等地造成严重灾害，不仅各级媒体开始克服舆论"失焦"问题，相关政府部门、企业和公众也开始关注灾区同胞，及时了解信息并伸出援手。

---

① 刘鹏飞：《舆论"滞后"与"热衰"：透视社会注意力弹性管理之道》，《网络舆情》2021年第52期。

（四）公共场所突发事件增加现场管理风险

2021年以来，西安地铁女乘客被拖拽、网红辛巴直播带货、安阳"狗咬人"事件维权现场、江西上饶隔离宠物狗遭入户现场扑杀等事件在互联网舆论场中引发热议。公共场所突发事件易导致局部失序、混乱，甚至威胁群众生命财产安全。

舆情危机事件中现场新闻照片、视频直播、电视画面等可能会进一步扩大舆论影响。参与事件处置和新闻发布的一线干部、安保人员、新闻发言人、新闻主播、记者、消防员、医生、警察等具有特定身份的人士要意识到特定新闻现场的社会注意力具有镁光灯放大效应，需做出符合危机场景和社会角色预期的言行、穿戴、表情、仪态和行动，以维持现场的正常秩序。[1]

全媒体背景下的互联网舆论场中公共场所执法人员及安保人员的舆情案例呈现新特点，如视频监督执法常态化，现场执法争议风险大幅增加。公民权利意识与法治保障意识日益提高，本国公民与外籍人员平等执法、弱势群体及特殊职业文明执法等问题受到广泛关注。各类风险连锁联动的苗头显现，医患关系、群体事件、校园安全、食品药品问题、地域冲突等议题衍生现场冲突类舆情的情况时有发生。

四　互联网舆论场发展态势及数字治理展望

（一）信息科技革命与融媒体加快应用

2021年，在疫情叠加经济下行的背景下，信息科技和智能化革命加速推进。大数据、人工智能、元宇宙、NFT、量子计算、区块链等前沿科技应用热点不断出现，社会数字化转型进程加快。2020年众多传统产业的数字化变革被催发，为传统企业带来活力发展空间，云上经济、云上服务也为互

---

① 刘鹏飞：《公共场所突发事件现场管控的风险防范》，《网络舆情》2021年第46期。

联网平台提供升级迭代的机遇。

在短视频、网络直播和虚拟现实加快普及的态势下，虚拟与现实连接深度交融与相互作用逐步加强，网络空间的数字化生存正成为可能。我国媒体深度融合发展迎来新的需求变化和前沿应用，各级融媒体推出智能虚拟主播、"5G+4K/8K"和沉浸式虚拟现实应用，政务直播和政务短视频实践常态化，将进一步改变全媒体的生态格局。

2021年元宇宙概念风靡全球。不少业内人士认为"元宇宙"是现实世界的数字孪生世界，是一种"虚实结合"的产业发展场景。因此，虚拟人、数字藏品和由传感器构建的数字孪生建筑乃至城市空间，或将成为各个科技和互联网企业继续加快布局的发力方向。但目前元宇宙的爆款产品仍不明晰，其潜在的数字安全问题应引起关注。

以传感器搭建的数字孪生智慧城市空间的成熟应用，或将为提高城市韧性带来突破性进展。此外，伴随"东数西算"战略推进，科技和互联网企业在促进我国东西部资源信息流动和推动区域协调发展方面将发挥重要作用。我国科技企业也将构建高远战略布局，实现关键核心技术突破，防止"卡脖子"问题。科技创新和数字经济要长足进步，必将在数字新基建、数据要素市场配套建设方面加快推进。

（二）疫情与经济压力下企业舆情大幅增长

从热点话题看，2021年是"十四五"开局之年，共同富裕、科技创新、乡村振兴、粮食安全、碳达峰和碳中和、民生保障、国家安全、反垄断、老龄化和生育率等话题成为热点。政策调整对我国数字经济和平台经济走向影响巨大。2021年随着疫情多点散发，经济下行和复苏压力持续加重，国际环境和政策变化交织，大量企业面临经营压力和困难。

本报告监测的600件热点舆情事件中企业舆情占比较大，首次成为占比排名第一的舆情类型，其增长速度也超越此前排名领先的社会安全、突发事件、教育民生等类型舆情，需要引起高度重视。企业舆情中，消费维权行为、产品质量安全、卷入意识形态纷争、就业与劳动权益纠纷、投资与资本市场风险、经营政策合规问题、广告不当营销及言论、管理作风和人为操作不当等问题频发。

当前环境下众多企业面临增长压力，产品服务质量管理、人事劳动关系管理、企业经营投资、人员操作等方面面临严峻挑战，市场环境变化、政策合规边界变化、数字化转型挑战、行业竞争格局变化直接影响企业命运。此外，企业面临复杂的国际竞争和外交局势，受国际意识形态和民族主义情绪冲突波及，舆情危机事件涌现。① 如"新疆棉"事件、多家互联网企业遭遇反垄断调查、司马南视频评联想集团等事件引发关注。企业经营路线及民营企业家形象、爱国讨论与合规问题、劳资关系和劳动权益、改革开放与经济政策等层面也引起讨论。

"双减"政策②出台后，学科类培训一改近年在线教育和校外培训领域高度"内卷"局面，全面进入"去资本化"阶段。全国各省份纷纷出台措施规范校外培训机构管理。K12学科教育掀起裁员风暴，在线教育类上市企业纷纷陷入跌停潮，如何转型引起社会高度关注。

（三）互联网平台经济发展与治理政策拐点

在网络监管政策密集出台、"数据安全元年"的大背景下，互联网企业正由飞速前进转向高质量发展。互联网平台风险治理和反垄断的呼声不断加强。互联网企业舆情风险多发常常源于社会风险环境、市场恶性竞争、消费者维权、企业自身变动、管理操作失范等问题激化，导致影响范围和群体不断扩大，数量有逐步上升趋势，逐渐扩散至经营合规、内容管理、数据安全和劳动权益等多种类型舆情。

大数据时代，在保障国家安全和个人、企业数据安全的前提下，允许不同主体间的数据要素合规流通是未来的发展趋势。以外卖骑手劳动权益纠纷

---

① 刘鹏飞：《合规观察室：顺应时代趋势，精准把握政策脉搏》，人民网舆情数据中心微信公众号，2022年2月10日。

② 《中共中央办公厅　国务院办公厅印发〈关于进一步减轻义务教育阶段学生作业负担和校外培训负担的意见〉》，中华人民共和国教育部网站，2021年7月24日。

为例，尊重劳动价值和劳动者，是社会主义国家制度的本质体现，只有读懂政策制度背后的时代导向，才能及时预判各类互联网企业数字合规类风险。

2022年，推动互联网经济"互联互通"，治理互联网平台"二选一"问题，倡导科技向善、算法向善，激发"专精特新"和中小微企业创新活力，仍是改善数字经济生态环境，坚持反垄断和反不正当竞争取得实质性发展的重要举措。目前各互联网平台限于价值理念、发展逻辑和利益关切，对于"互联互通"的理解不尽相同，但行业坚冰已然松动融解。企业越大责任越大，与其被动不如主动谋划与推动互联互通，围绕政策导向开辟新的可持续发展空间。企业应正确理解"共同富裕"，在一些商业领域，企业经营属性和新产品功能应进行一定合理限制，避免出现监管漏洞、市场失灵、劳动争议、风险爆雷和行业暴利等问题，承担起与自身相适应的信息安全、社会监督和公共服务的社会责任。

互联网行业走过"先发展、后治理"的历程，取得了巨大成绩，也诱发一些亟待解决的问题。近年社会中"警惕资本无序扩张"的声音有所增长，比如互联网巨头投资和行业布局引发关注，互联网内容建设、舆论导向和内容安全审核治理重拳出击，资本投融资将面临调整。多家媒体呼吁资本和平台多响应国家号召、多向硬科技进军，努力助推国家关键核心技术实力提升，增强国际竞争力，为国家发展和民族复兴作出更多贡献，这在一定程度上反映了社会心声。面对诸多因素，有企业在疫情期间通过数字化拓展新空间，拥抱数字经济和推动数字化转型，创新引领"国潮"消费等激活品牌效应，积极开拓海内外市场新空间。数字经济正处于政策风口，消费互联网反哺产业互联网、企业数字化转型和智慧城市建设，聚焦关键领域与核心技术，或成为新的蓝海。①

（四）互联网国际舆论和意识形态博弈加剧

国际话题方面，国际舆论博弈和意识形态纷争此起彼伏。2021年3月

---

① 刘鹏飞：《2022年互联网舆论热点与治理趋势展望》，《网络舆情》2022年第6期。

24 日，良好棉花发展协会（BCI）和其成员 H&M 发表声明宣称所谓"抵制中国新疆产品"，引起轩然大波。该 NGO 组织肆意抹黑中国，背后存在复杂的国际政治博弈，同时也产生出乎预料的连锁反应，多家在生产中以棉花为原料的国际、国内品牌及代言人纷纷表明立场、做出选择，使该事件成为一起波及国际关系、跨国企业和明星代言解约的涉外舆情事件。

2021 年 5 月，媒体关注云南野生象群迁徙。沿途有关部门全程动员大量人员、制定和实施应急预案，保障交通、农田、村舍和公共设施安全，协调车辆、设备、食物和物资供应，采用无人机、大数据和信息科技手段，一度成为全球媒体追踪关注的热点，[1] 也成为对外传播我国环境保护和生态文明、国家建设和人文风情的一个窗口，一改过去西方媒体对我国一味批评或打压的印象，收获不少掌声和点赞。

在新冠肺炎奥密克戎毒株全球肆虐并在我国多地零星散发的疫情防控压力下，北京冬奥会精彩开幕，全球奥运健儿齐聚北京和张家口。比赛正酣之际，北京冬奥吉祥物冰墩墩一夜之间排队难求。中国队取得最好历史成绩，多位明星运动员吸引全球关注，体育及其衍生话题成为年度热门。尽管仍受到地缘政治、意识形态和政治化的干扰，但奥运精神令人感悟深刻。"双奥之城"实至名归，北京冬奥会将载入史册。

俄乌冲突局势升级，引发全球关注。2022 年 2 月 22 日下午 2 时 12 分，@英国驻华使馆就乌克兰局势在微博发表声明，谴责俄罗斯承认"顿涅茨克人民共和国"和"卢甘斯克人民共和国"为独立国家。23 日，乌法俄英美五国驻华大使馆先后在微博上发布声明。此前英国首相约翰逊也发微博用中文喊话普京，敦促俄方不要作出错误决定。

线上线下舆论撕裂和意识形态复杂引关注。俄乌局势升级以来，国内外线上选边"站队"俄乌两方的争议性、表态性、攻击性言论大量增加，造成舆论撕裂。俄乌冲突升级后，俄罗斯及西方不同信息渠道发表不同倾向性

---

[1] 马赛、焦授松、王怀成：《国际媒体高度关注云南野象北迁"象群正在成为国际明星"》，《光明日报》2021 年 6 月 23 日。

和真实性有待验证的战争进展和伤亡信息，大量信息充斥社交媒体。俄乌战争发生后，一些低俗调侃内容也在网上引发国内外人士反感。我国驻乌大使馆多次通报和开展撤侨行动，在乌同胞的安全牵涉国内民众神经。随着国际局势的复杂化，舆论场涉外话题热度也将会持续。

参考文献

《中华人民共和国国民经济和社会发展第十四个五年规划和 2035 年远景目标纲要》，中华人民共和国中央人民政府网，2021 年 3 月。

刘鹏飞：《御风法则：社会注意力风暴研判》，中国工人出版社，2021。

B.6
元宇宙发展现状及其应用于
传媒业的前景展望

雷　霞*

摘　要: 2021年以来,业界一系列举动推动元宇宙热潮的到来,XR、沉浸式社交及AI技术的发展和革新都迎来新的机遇和挑战。元宇宙依赖诸多新媒介技术的发展和驱动,将为用户带来全新的沉浸式体验,也带来最为严重的媒介化体验。因此,要警惕元宇宙用户过度依赖沉浸感知可能带来理性探求的缺失。与此同时,元宇宙鼓励用户自主创作与虚实共融共生的多元文化表达,也将带来新的监管压力。基于元宇宙发展现状及其给传媒业可能带来的影响,本报告提出元宇宙应用于传媒业的前景展望和对策建议。

关键词: 元宇宙　传媒业　XR　AI　媒介化体验

一　元宇宙概念及发展现状

元宇宙 (Metaverse) 由"Meta"和"verse"两个词根组成,"Meta"表示"超越""元","verse"表示"宇宙"(Universe)。"Metaverse"是在1992年的科幻小说《雪崩》里出现的概念,意指在扩展现实 (Extended Reality,XR)、数字孪生、人工智能 (Artificial Intelligence,AI) 和区块链

---

* 雷霞,博士,中国社会科学院大学新闻传播学院副教授,中国社会科学院新闻与传播研究所副研究员,数字媒体研究室副主任,主要研究方向为新媒体传播、谣言传播和组织文化传播等。

等新技术的融合推动下形成的虚实相融的社会生活形态。《雪崩》里出现的"Metaverse"，也可以被译为"超宇宙""超元域"，本报告使用现已被广泛采纳的翻译，即"元宇宙"。

元宇宙处于发展的初期阶段，没有成熟的范本和经验可循，因此既有催生新产业龙头的动力，也受前瞻性和实践经验不足等限制。2021 年以来，围绕元宇宙有一系列实质性的发展，并重点聚焦 XR（虚拟场景建构，游戏、社交、办公场景应用）、AI（物联网、虚拟孪生、数字化身、虚拟人及大数据）和区块链（NFT、去中心化交易所、分布式存储）等领域。

（一）业内发展大事件推动元宇宙热潮到来

2021 年以来，行业内一系列举动推动元宇宙热潮的到来，梳理代表性事件如表 1 所示。

表 1　2021 年以来元宇宙发展中的代表性事件

时间	事件	备注
2021 年 3 月	罗布乐思（Roblox 游戏平台）在美国纳斯达克上市	罗布乐思被称为"元宇宙"概念第一股，其上市推动了元宇宙概念的升温，元宇宙在游戏产业的应用有天然优势
	Soul 官方宣布构建"社交元宇宙"	沉浸式社交引发关注，社交可能成为元宇宙未来发展的"核心"
2021 年 4 月	美军花费 219 亿美元向微软公司购买 MR（混合现实）头显	美军巨资的投入引发社会各界关注，混合现实相关产业迎来利好
	Google Pay 与全球 Crypto 交易所 Gemini 建立新的合作伙伴关系	特定用户将可通过 Google Pay 在借记卡或信用卡上使用法定货币购买比特币
2021 年 5 月	谷歌在 I/O 大会公布"Starline" 3D 视频通话技术	Project Starline 被视为谷歌打造元宇宙的第一步
2021 年 7 月	Facebook 宣布成立元宇宙团队	Facebook 计划在五年内转型为元宇宙公司
	阿里巴巴更新其 VR 购物 Buy + 技术	基于 PC 端的 3D 建模虚拟购物场景

时间	事件	备注
2021 年 8 月	字节跳动收购国内领先的 VR 硬件设备企业 Pico	虚拟现实相关产业成为元宇宙发展首先带动的领域
	Facebook 为 VR 虚拟办公应用 Infinite Office 系列推出 VR 会议 App Horizon Workrooms	用户可以通过 VR 设备在会议中的虚拟桌面上放置白板,并且通过手柄写字,提升互动感
2021 年 9 月	微软 CEO Satya Nadella 在 Inspire 2021 演讲	提出全新"企业元宇宙"概念
	Apple CEO 蒂姆·库克接受《时代周刊》专访表示,相对于所谓的"元宇宙"概念,更愿称之为增强现实(AR)	在 AR 软硬件底层技术领域,Apple 布局已久,且范围广、规模大
	腾讯入股威魔纪元(国内老牌 VR 游戏开发商)	腾讯布局 VR 游戏
2021 年 10 月	Facebook 将其公司名称改为"Meta"	引发社会各界对元宇宙的关注高潮
	阿里巴巴建立达摩院 XR 实验室	聚焦 3D 建模和全息技术的研发
2021 年 11 月	微软宣布将推出 Mesh for Microsoft Teams 软件	聚焦"企业元宇宙"2D 和 3D 会议技术
	NVIDIA(英伟达)推出用于生成交互式 AI 虚拟形象的技术平台 Omniverse Avatar	3D 工作流程的数字模拟和协作平台
2021 年 11 月	耐克携手 Roblox 建造虚拟世界 NIKELAND	元宇宙在商业领域和娱乐领域的应用开拓
	迪士尼将以元宇宙作为未来发展方向并打造配套 IP 形象	
	安迪克完成 3 亿美元融资,提出"打造真实世界元宇宙"	
2021 年 12 月	百度元宇宙产品"百度希壤"发布,"百度 Create 2021(百度 AI 开发者大会)"在元宇宙中举办	"百度希壤"实现 10 万用户规模的实时可见和交互
	新华社元宇宙联创中心成立,新华社超界文化传媒中心、中国移动通信联合会云算力实验室、京忠智库等多家单位筹划成立元宇宙联盟	元宇宙在媒体行业的应用开拓

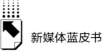

新媒体蓝皮书

续表

时间	事件	备注
2022年1月	微软以687亿美元收购动视暴雪	微软持续推进"企业元宇宙"战略
	腾讯计划斥资26亿元收购游戏手机公司黑鲨科技	黑鲨科技业务重点将从游戏手机转向VR设备
2022年2月	腾讯推出全新业务XR	XR业务是腾讯着力建设的全新业务,以应对"全真互联网"(即元宇宙)
2022年3月	央视频推出"冠察两会",AI超仿真财经评论员王冠,与真人主播王冠共同播报两会新闻	多家媒体机构推出AI超仿真主播,与真人主播取长补短、"同台竞技"

资料来源:德勤中国:《元宇宙系列白皮书——未来已来》(全球XR产业洞察),https://mp.weixin.qq.com/s/re0B9fV9v_XnzOR4k-My6w,2021年12月23日;清华大学新闻与传播学院新媒体研究中心:《元宇宙发展研究报告2.0版》,2022年1月21日;《国际手机大厂布局元宇宙——Apple篇》,https://new.qq.com/omn/20220214/20220214A0C0RL00.html,2022年2月14日;《阿里巴巴的电商元宇宙布局》,https://new.qq.com/omn/20211214/20211214A0B64D00.html,2021年12月14日;郑玥:《腾讯,迈出元宇宙重要一步》,https://finance.sina.com.cn/tech/2022-02-16/doc-ikyakumy6253181.shtml,2022年2月16日。

(二)XR市场迎来新的发展机遇

目前是元宇宙发展的初始阶段,该阶段与元宇宙相关最密切的是XR和游戏(主要是指VR游戏)相关产业。IDC预测报告显示,VR厂商年出货量约为1000万台,这表明VR设备供货量有限,同时,VR游戏等相关内容输出少,导致用户对VR设备的需求受限,因此,目前虚拟现实设备的渗透率并不高。[①] XR技术的拓展和升级是元宇宙沉浸感体验提升的关键,随着元宇宙热潮的到来和元宇宙概念的升温,更多的厂商将会投入虚拟设备的研发和生产,虚拟现实、增强现实和混合现实相关技术也将迎来新的发展机遇期。TrendForce集邦咨询预测,2022年全球VR/AR设备出货量将达到1202

① 《IDC:2022年中国元宇宙市场十大预测》,http://news.idcquan.com/scqb/190628.shtml,2021年12月21日。

万台，年增长率达 26.4%。① 随着微软、腾讯、华为、Facebook、谷歌、阿里巴巴、苹果、百度、字节跳动等互联网企业布局 XR 产业，XR 在社交、游戏、娱乐、培训、教育、办公、医疗、虚拟经济和工业应用等领域的消费覆盖面将会越来越广。

二　元宇宙特征

元宇宙是在整合多种新技术基础之上产生的虚实相融、虚实共生的全新互联网应用和社会文明形态，其主要特征如下。

（一）虚实相融的场景制造

基于数字孪生、虚拟原生和虚实共生等技术，通过虚实相融的场景制造，元宇宙成为虚实相融、虚实共生的世界。数字孪生意味着对现实世界已有物品的虚拟仿造，作为虚拟物品对现实物品的模拟，虚拟孪生物与真实事物可以明显区分，是对现实世界的数字化，可以为用户提供虚拟体验；虚拟原生是在虚拟世界中生产的物品，可以在虚拟世界里的市场上流通，其经济价值与真实世界的被复制物享受同等待遇；虚实共生是在虚拟世界中创造出不依赖于现实世界中的范本的物品，使其仿真化，并独立于现实世界，但对现实世界产生联动影响，与现实世界里的物品难以区分，最大程度上提供仿真的数字化体验。元宇宙提供的虚实相融的场景是对数字孪生、虚拟原生和虚实共生的遵守、整合和超越。

（二）用户低龄化与多元文明的创造

中国互联网络信息中心（CNNIC）发布的第 49 次《中国互联网络发展状况统计报告》显示，截至 2021 年 12 月，我国 19 岁以下的网民规模

---

① 《2022 年全球 VR/AR 设备出货量增长 26.4%》，中国产业发展研究网，http://www.chinaidr.com/tradenews/2021-11/195412.html，2021 年 11 月 26 日。

占网民整体的 17.7%。①相比较来说，以兴趣社交为主的元宇宙社交平台 Soul，因其游戏化的产品设计深受 Z 世代年轻人的喜爱，在用户黏性上，截至 2021 年 3 月，其 MAU（月活跃用户）为 3320 万，平均 DAU（日活跃用户）为 910 万，DAU 中"90 后"用户占比达 73.9%。②同样，Roblox 游戏平台活跃用户也偏低龄化，约 54%的用户年龄小于或等于 12 岁，67%的用户小于或等于 16 岁。③这表明，年轻人是元宇宙 UGC 内容的主要创作和消费人群，平台内容创作的低门槛和虚实共生的多元文明共存环境保障了年轻人对元宇宙平台持续性的高黏度。低龄化用户催生着元宇宙平台活跃的创作与表达，也展示出多元文明相融共生的诸多可能性。

（三）跨越时空的高沉浸社交化体验

作为一种新的数字文明和社会形态，元宇宙搭建的 3D 模拟空间为用户提供跨越时空的三维化、多感官化、高沉浸化的社交体验，使用户进入高度自由、高度灵活、高度沉浸和高度超现实的世界，同时体验到非常强烈的"在场化"。以百度元宇宙产品"百度希壤"为例，其面向开发者和所有用户开放，用户可通过手机、VR 一体机或计算机客户端进行体验。国内首次在元宇宙"百度希壤"举办的大型会议"百度 Create 2021（百度 AI 开发者大会）"，支持 10 万用户实时可见、实时交互和实时状态的同步。④ 其现场感、沉浸感、共享感和开放感都给用户带来全新的体验。基于此，元宇宙甚至可以模拟用户小时候的场景，或与去世的亲人互动，让记忆或梦境展现在

① 中国互联网络信息中心（CNNIC）：《第 49 次〈中国互联网发展状况统计报告〉》，http：//www.cnnic.cn/hlwfzyj/hlwxzbg/hlwtjbg/202109/P020210915523670981527.pdf，2021 年 8 月 3 日。

② 腾讯科技：《Soul 递交招股书：2020 年营收 4.98 亿元 月均付费用户 154 万》，https：//tech.qq.com/a/20210511/002379.htm，2021 年 5 月 11 日。

③ 《十问元宇宙：如何将抽象的概念具象化？——元宇宙深度报告》，https：//pdf.dfcfw.com/pdf/H3_AP202111121528554550_1.pdf？1636716510000.pdf，2021 年 11 月 11 日。

④ 《百度希壤正式发布，百度元宇宙体验来了》，https：//news.zol.com.cn/783/7839093.html，2021 年 12 月 27 日。

眼前，并让用户体验到身临其境的在场化等，极大地拓展用户的跨时空体验。"跨时空"和"在场化"的远程协作与互动会越来越多地应用于工作和生活中不同的场景。

（四）虚实联动的真实影响，虚拟世界对现实世界赋予活力

元宇宙同时包含着由虚向实的过程和由实向虚的过程，并产生虚实联动的真实影响。元宇宙中虚拟的信息化场景搭建，将虚拟与现实连为一体，用户在不同的虚实空间和场景之间可以实现自由切换，体验其他场景中其他人的体验，随意变换场景所在的时间和环境，更换互动场景，与其他数字化身或真人实现真实的交互和经济往来等，用户在元宇宙中创造的价值将对真实的世界产生真实影响，并对现实世界赋予活力。NFT（非同质化代币）作为数字文化产品及可交易代币，为用户打开全新的交易方式和渠道，成为元宇宙经济系统的底层逻辑基础。以手游开发公司 Larva Labs 根据自定义算法创建的 3D 虚拟世界游戏 Meebits 角色为例，该游戏有 2 万枚代币，包括 2 万个独特的 3D 体素 NFT 角色。凡购买 Meebits 虚拟形象的所有者可以对虚拟角色进行编辑、渲染，并允许在动漫、电影或其他非虚拟场景下使用且产生经济价值。[①] 也就是说，所有用户都可以检索看到 Meebits 角色的介绍和形象，也可以下载保存其副本，但只有购买者一人有其正式的拥有权。在以太坊区块链合约中，每一个角色都有其完整的所有权概述和历史交易记录，并不可篡改，展示出元宇宙搭载区块链技术实现的经济往来与诚信保障系统的价值。

三 "元宇宙"应用于传媒业可能出现的问题

元宇宙在各个领域的渗透，将为相关行业带来新的发展机遇，但结合以

---

① 德勤中国：《元宇宙系列白皮书——未来已来》（全球 XR 产业洞察），https://mp.weixin.qq.com/s/re0B9fV9v_ XnzOR4k-My6w，2021 年 12 月 23 日。

上元宇宙特征，在拥抱元宇宙给传媒业带来新机遇的同时，要警惕其应用于传媒业可能带来的问题。

（一）XR 3D 建模将为用户带来最为严重的媒介化体验

元宇宙跨越时空的高沉浸式体验和用户的多元创造与表达，及其与现实世界的联动影响等，都将带来变革性的影响。元宇宙对新闻事件的在场化"全息"呈现，更容易让用户感觉自己身处"全息"观察视角，造成可以"主动性"选择不同角度的错觉，同时容易让用户忽视 XR 3D 建模搭建的全息视角本身固有的建构性与框架性，而对媒介和感官体验的严重依赖，实际上是对用户最为严重的媒介化，也就是说，用户的体验，实际上是被媒介化的体验。与此同时，这种身体缺席的"在场化"体验，实际上缺失的是身体真正在场的本真性"光蕴"，建立在这个缺失基础之上的人际互动，其可能暴露和隐含的问题值得深思。

（二）过度依赖沉浸感知可能带来理性探求的缺失

元宇宙虚实相融的世界更容易引导用户以设身处地的同理心和更敏锐的情绪感知来认知新闻事件，这是对理性思考和逻辑判断的有效补偿。但与此同时，对元宇宙高沉浸感体验的依赖也可能引发用户对深度报道、逻辑分析和理性探求的缺失。对新闻事件的感知，元宇宙给用户带来现场化的亲历感，但经由中介化，元宇宙所暗含的新闻立场、舆论导向、观察视角等的引导和涵化影响会变得更加隐蔽。因此，如何引导用户对新闻事件的深度解读，如何平衡感官体验和理性思考，以及如何提升用户理性思维和媒介素养，都值得重视。

（三）过度沉浸可能导致上瘾和沉迷

没有足够吸引力的元宇宙世界，不足以吸引用户，也不利于用户黏性的维持，但与此同时，有足够吸引力的元宇宙，必然又会带来过度沉迷于元宇宙世界的风险。以元宇宙游戏社交平台 Soul 为例，56.4%的 DAU 用户每月活跃天数超 15 天，截至 2020 年 12 月，78.4%的 DAU 用户，在 3 个月后维持同样的活跃度。[①] 元宇宙虚实相融带来的沉浸与交互，是对现实世界的补偿效应，在用户去身化的同时，刺激用户视觉、听觉、触觉等欲望的放大，可能导致用户更多和更深程度的媒介依赖、上瘾和沉迷。要警惕用户沉迷于元宇宙建构的新闻场景或信息世界，继而对现实世界产生排斥、不适应、不满意或惧怕真实社交、拒绝面对真实社会事件或回应真实社会关切等问题。

（四）虚拟与现实边界模糊可能产生感官错位

首先，目前由于技术所限，元宇宙中的感官体验存在一定程度的感觉滞后性，或用户感受到的感官体验与预想（包括预感和预知的）不同步或不相符，这会给用户带来一定程度的感官不适，包括 XR 传感设备和眼镜普遍带来的眩晕感、肢体动作和视觉可见的不协调感，以及空间错位感等；其次，用户的真实感官体验和在虚拟世界中感受到的模拟感官体验越是趋于一致，两者边界越是模糊，用户越是不容易区分，越容易带来现实世界与虚拟世界之间的感官错位感；最后，用户对真人主播和虚拟主播的接纳上，容易产生错位感，就目前已有的虚拟主持人或虚拟主播来说，即便与真人主播具有非常相似的外貌、声音、动作、手势和神情，其相对僵化和程式化的表达方式依然容易让用户产生错位感。

（五）UGC 与虚实共融共生的多元文化表达带来立法压力和监管挑战

元宇宙开放开源及多空间的通路，为用户创作内容（User-generated Content，UGC）的创作提供了多样化的可能性，但 UGC 内容与元宇宙虚实共融共生的多元文化表达也将带来新的立法压力和监管挑战。第一，元宇宙本来就是现实世界与数字孪生场景、虚拟原生场景或虚实共生场景的叠

---

① 《Soul 赴美上市，打造社交元宇宙概念商业前景广阔》，https：//news. iresearch. cn/yx/2021/06/379627. shtml？from＝singlemessage，2021 年 6 月 11 日。

加与融合，而不实信息也是基于一定的事实基础之上的杜撰、增添、删减，包含不确定性信息，两者有着天然的契合性，这将为防范虚假谣言信息带来更大的挑战，也将带来更大的立法压力和监管挑战；第二，如何判断用户自创内容和文化、观念的传播可能带来的现实社会影响，在元宇宙虚实共融共生的建构体系中，成为更加难以辨别的问题；第三，用户过度依赖元宇宙的沉浸感知可能带来理性探求的缺失，也更容易陷入被设置的议程陷阱，容易被社会分裂势力所利用，不良或敏感信息的传播与渗透也更加难以监管。

（六）机器性逻辑将影响人的体验方式和思考方式

元宇宙将为用户提供社交、创作、游戏、娱乐、经济等虚实共生的相关场景，用户可以对元宇宙世界进行编辑和创作，进行自发的内容生产。在元宇宙这个新的文明形态中，人会拥有更大的自由度、更高的灵活性、更多的体验性和更强的功效性，这将带来革命性的剧变。元宇宙的逻辑基于现实社会的认知和价值判断，但同时更多的是基于3D数字建模技术，其机器性逻辑将影响人的体验方式和思考方式，以及人与人之间交往的方式和人对新闻信息的接受、解读和处理方式。

（七）个人信息与隐私泄露问题

首先，元宇宙离不开AI技术的发展，AI技术的发展离不开数据和算法，涉及数据和算法，暂不论算法是否带来偏见，就个人信息保护与隐私泄露风险而言，就是难以绕过的必然问题；其次，对个人信息和数据的争夺可能带来权力的争夺，对个人信息和数据的垄断可能带来不公平交易，也是值得重视的问题；最后，在新闻信息数据处理和参与社会治理层面，元宇宙所涉及的XR场景搭建、用户的数字化身、机器人代理、用户之间的互动交易等，都牵连更多个人隐私和数据泄密风险，也是值得重视的问题。

四　元宇宙应用于传媒业的前景展望及对策建议

IDC 预测报告显示，到 2025 年，中国 3% 以上的网民会在元宇宙平台上拥有虚拟身份。[①] 元宇宙是真实的物理世界和虚拟的数字世界的融合共生，将为用户搭建与人、物及信息的全新连接和互动方式，从此意义上来说，元宇宙将成为下一代社交载体。但当前元宇宙处于发展初期，各个行业对元宇宙的理解都处于初始阶段，没有成功和成熟的经验可循，这为元宇宙的发展带来挑战，也提供了多元可能性的探索机会。元宇宙在传媒业的应用也是如此，在迎接元宇宙带来的机遇、推动元宇宙在传媒业落地的同时，要加强防范与监管。元宇宙应用于传媒业的前景展望及对策建议如下。

（一）加强智慧监管对高敏感度信息的研判和预警，应对监管挑战

当前各种大数据平台建设如火如荼，数据成为资源，但如何有效、有益、合理和合规地利用数据，值得深度探索。利用元宇宙为智慧监管和社会治理赋能，让大数据有效服务于智能政务，在数据分析智能化的同时，搭建好智能政务服务体系与平台，将元宇宙核心技术区块链、人工智能、物联网等应用于智慧城市建设；在提供便利服务的同时，提升大数据智能分析技术，及时检测数据，发现和分析问题；在加强防范与监管的同时，利用元宇宙讲好中国故事，以正向价值观引领和传播社会正能量，既可以更加有效地监管和治理虚假谣言信息，又可以更加有效地监管与治理敏感信息和极易导致社会分裂的内容。

（二）保障隐私和伦理约束，建立符合行业发展规律和规范的法规

元宇宙是具有革新意义的全息媒介化，将产生新的逻辑、新的模式和

---

① 《IDC：2022 年中国元宇宙市场十大预测》，http://news.idcquan.com/scqb/190628.shtml，2021 年 12 月 21 日。

新的规则，同时，其本身具有强大的场景连接力，并与现实世界有着高度联动性，因此建立符合行业发展规律和规范的法规，使其在不同的圈层之间发挥调和作用，将有助于促进社会共识的建立，在节约社会治理成本的同时提升社会治理能力。伴随着 Z 世代年轻人逐渐成为社会的中流砥柱，符合数字原住民和元宇宙原住民的网络立法和网络监管协议、法规，将有效保障个人信息和隐私数据安全，并正确引领社会伦理和价值判断。同时，符合数字原住民和元宇宙原住民的网络立法和网络监管协议、法规，不仅在数字世界和虚拟世界发挥作用，也将在现实世界发挥作用，产生正向、积极的影响。

（三）鼓励大 V 和普通用户自主创作，以正向价值观引领和传播社会正能量

元宇宙离不开虚实相融的场景建构能力和新奇的时空创意思维，以及异空间建构和转换能力，再加上元宇宙对用户的多元创造与表达保持开放，这将鼓励用户创造性信息内容的生产与聚合，释放和激发用户时空创意思维和多样化潜能，持续激发用户创作的活力，促进元宇宙多元文明的表达。可以有效发挥虚拟人及大 V 和意见领袖的数字化身作用，加强 UGC 内容的核心价值观引领作用。主流媒体主动出击，制作有趣有料的元宇宙素材，并鼓励用户自主性的爱国主题创作，激发爱国热情，讲述中国故事，传播中国声音。在虚实相融的场景中，利用元宇宙独有的沉浸感和场景化体验，增强具有足够吸引力和用户黏性的主流声音的传播力。

（四）重视元宇宙政务服务工作，为基层社会治理赋能

元宇宙的核心价值在于提升物质文明发展的效率和丰富精神文明发展的空间。[①] 当前，基层社会治理成为地方媒体深度融合过程中凸显出来的一个

---

① 德勤中国：《元宇宙系列白皮书——未来已来》（全球 XR 产业洞察），https：//mp. weixin. qq. com/s/re0B9fV9v_ XnzOR4k-My6w，2021 年 12 月 23 日。

重要领域。元宇宙可以非常有效地应用于基层政务服务和党建工作，为基层社会治理赋能，推动物质文明和精神文明双重发展。对于政府服务、地方历史文化传播、政务和党务信息的共享等，元宇宙可以通过虚拟孪生的数字建模和虚拟修复等技术，为用户实现跨时空"在场化"沉浸式体验和学习参观，让信息像记忆画面一样在手机屏幕（或其他移动终端平台）上展开，并让"参观者""置身"其中。此为元宇宙得天独厚的优势，可以有效发挥该优势，为基层社会治理赋能。

（五）加强元宇宙底层核心技术的前瞻研发，助推媒体深度融合

元宇宙提供了更加灵活多样的社会实践方式，并打破了时间、空间和关系的限制，可以充分利用该价值来助推媒体深度融合，同时促进主流价值观的引领作用，以主流价值观与文化的全息在场有效进行价值引领。一方面要加强用户的虚拟身份或数字化身对新闻信息的接收和感知，另一方面要加强场景化数字新闻人对用户的导引和舆论引导能力。这就需要提升虚拟新闻信息场景的搭建及切换能力，加强虚拟主持人和数字化身对信息的解读能力，深化虚拟信息宣讲员的沉浸式导引作用。

（六）加强技术安全保障，推进深化感知便携交互性信息终端研制

元宇宙是对虚拟现实、混合现实、云计算、区块链、人工智能、人机交互、数据可视化、电子游戏、分身数字人设计技术及物联网等技术的全面融合与重组，加强元宇宙底层核心技术的提升和发展，能在有效保障安全数据、安全智能和安全通信的同时，有效利用大数据挖掘分析等技术，实现对信息制作、分享和传播的升级。当前 XR 设备还有值得进一步改善的空间，推进深化感知便携交互性信息终端的研制和生产，将有效提升用户体验，增加用户使用 XR 设备的舒适度和便捷性，从而推动元宇宙生态进一步完善。

参考文献

德勤中国：《元宇宙系列白皮书——未来已来》（全球 XR 产业洞察），https：//mp. weixin. qq. com/s/re0B9fV9v_ XnzOR4k-My6w，2021 年 12 月 23 日。

郑玥：《腾讯，迈出元宇宙重要一步》，https：//finance. sina. com. cn/tech/2022-02-16/doc-ikyakumy6253181. shtml，2022 年 2 月 16 日。

《IDC：2022 年中国元宇宙市场十大预测》，http：//news. idcquan. com/scqb/190628. shtml，2021 年 12 月 21 日。

B.7

2020~2021年中国社交媒体
用户使用行为研究报告[*]

安珊珊 李慧琴[**]

摘　要： 本研究依托于国家社科基金青年项目"社会化媒体中国家认同的舆论构建研究"，采用2020年6月和2021年6月两次截面问卷调查的4604份样本数据，聚焦社交媒体用户触媒偏好、媒介使用频率与时长、信息渠道公信力评估及疫情信息关注度，通过前后两年的对比分析，洞察社交媒体使用行为的发展变化趋势。研究发现，两年间电视媒体与手机媒体的高频接触明显下滑，而手机重度接触的趋势依然在加剧；头部社交媒体平台的重度使用趋势有所缓解，主流社交媒体应用在中度与短时使用行为上增长强劲；国内央级主流媒体在时政类新闻传播及媒体公信力方面的优势持续得到强化，境外媒体的影响力更为低迷；民众不再执迷于反复接触国内外疫情信息，但是依然保持合理稳定的信息更新节奏。

关键词： 社交媒体　触媒偏好　媒体公信力

---

  * 本文系国家社科基金青年项目"社会化媒体中国家认同的舆论构建研究"（项目编号：14CXW034）的阶段性研究成果。

** 安珊珊，教授，辽宁大学新闻与传播学院副院长，辽宁大学新媒体与社会研究中心主任，主要研究方向为新媒体与社会；李慧琴，辽宁大学新闻与传播学院硕士研究生，主要研究方向为新媒介传播。

人类历史表明，疫情、战争和技术发展，必然会改变世界格局。新冠肺炎疫情的持续蔓延、地缘冲突的震荡加剧与信息传播技术迭代，三者在当下深刻交织，不断重塑人类文明的现实语境。社交媒体空间中的信息文本，无不承载着时代的烙印，并通过用户的信息关联、信息接触与信息消费行为，左右着民众头脑中的世界图景。

本研究调用国家社科基金青年项目"社会化媒体中国家认同的舆论构建研究"数据库于 2020 年 6 月获得的 2566 份问卷，以及 2021 年 6 月获得的 2038 份问卷调研的两期截面数据，聚焦我国社会化媒体用户的触媒偏好与渠道公信力变化，以明确新冠肺炎疫情背景下中国社交网络空间的信息流动趋势及影响。

一 新冠肺炎疫情下的全球/本土社交媒体发展

新冠肺炎疫情突袭而至，在全球范围产生了深远影响。众多的全球社交媒体使用状况调查中，新冠肺炎疫情对社交媒体用户触媒行为的影响及社交媒体的信任成为普遍关注的话题。据 Hubspot 公司调研数据，新冠肺炎疫情加剧了社交媒体使用，2021 年全球超过 5 亿人的使用率，甚至比上年同期增长了 14%，64.5% 的网络用户是从 Facebook、Twitter、YouTube、Snapchat 和 Instagram 等社交媒体渠道而非传统媒体获知突发新闻的。[①] 另一项基于全球 25 个国家 18~31 岁群体 15682 个样本的调研结果也佐证了这一趋势。[②] Kapersky 公司的数据显示，53% 的受访者在新冠肺炎疫情期间报告了更高程度的社交媒体使用和更低程度的社交媒体容忍度（33%），即便是 Facebook（81%）、YouTube（69%）、WhatsApp（68%）和 Instagram（59%）等头部

① HubSpot，"Social Media Trends 2022：How to Drive Success in the Accelerated Age of the 'Now' Consume，" https：//www. hubspot. com/hubfs/EN% 20Final% 20SMT% 20Report. pdf，2022 - 03-11.

② Kaspersky，"Our Changing Relationship with Social Media A Global Study，" https：// media. kasperskydaily. com/wp-content/uploads/sites/92/2021/09/09104441/Kaspersky_ Our_ Changing_ Relationship_ with_ Social_ Media-_ A_ Global_ Study. pdf，2022-03-06.

社交媒体成为最活跃的社交媒体平台,30%的受访者表示并不信任社交媒体巨头。

随着新冠肺炎疫情的发展,社交媒体在疫情传播过程中的影响和干预程度逐步加深,多家权威机构联手围绕两者关系进行了专题调研。世界卫生组织(WHO)联合智威汤逊公司、墨尔本大学和Pollfish调研公司在2021年10月至2021年1月,针对24个国家23500名年龄跨度在18~40岁的Z世代与千禧一代展开了一项名为"社交媒体与新冠肺炎疫情"的调查。[①] 数据显示,在新冠肺炎疫情信息传播生态中,全国性主流媒体(43.6%)的影响力依然遥遥领先,科学内容(43.9%)的传播在新冠肺炎疫情信息中占比最大。受访者认为在社交媒体上极易碰到假新闻(59.1%),但是大多数人对此表现得十分冷漠。58.3%的受访者认为新冠肺炎疫情信息在社交媒体上过于泛滥,52%的人不再关注此类新闻。而全球主流社交平台的影响力在不同国家青年人群体中(18~24岁)也具有显著差异,如尼日利亚排名前三的社交平台分别为WhatsApp(86.18%)、Facebook(76.47%)和Instagram(65.79%),巴西排名前三的社交平台分别为WhatsApp(92.56%)、Instagram(79.4%)和YouTube(71.71%),而俄罗斯排名前三的社交平台分别为YouTube(71.71%)、WhatsApp(92.56%)和Instagram(79.4%),Facebook的使用率在俄罗斯仅为20.44%。上述数据分布呈现了世界范围内更为复杂的全球社交媒体平台应用生态背景。具体到新冠肺炎疫情相关新闻的获得与更新问题,不同国家青年人群体的信源渠道也呈现出差异,如埃及的青年人倾向于更为积极的使用搜索引擎获得最新信息(42.54%),同时也更加信任世界卫生组织(WHO)的社交媒体发布的内容(34.29%),其次是国际报业、电视和广播(32.38%),全国性报业、电视和广播(30.48%)。与新冠肺炎疫情相关的科学信息成为中国(46.44%)和墨西哥(60.4%)青年人在社交媒体上分

① Wunderman Thompson, University of Melbourne, Pollfish and the WHO, "Social Media & COVID-19: A Global Study of Digital Crisis Interaction among Gen Z and Millennials," https://cdn.who.int/media/docs/default-source/epi-win/who-covid-youth-survey.pdf?sfvrsn=665ad659_5, 2022-3-1.

享最多的内容分类。可见，用户视角下社交媒体时代的疫情信息传播更多聚焦平台偏好差异、信息来源差异、信源可信度差异，还应兼顾信息科学性感知及信息过载应对。

与全球社交媒体对现实生活的深度浸淫相呼应，中国本土社交媒体使用的深度与广度也在不断拓展。据艾媒咨询 2021 年行业报告，① 2020 年我国移动社交用户规模突破 9 亿大关（QuestMobile 2021 年上半年数据显示，中国移动互联网用户规模高达 11.64 亿②），依据月活数据，头部社交媒体平台分为三大梯队，月活过亿的为微信、QQ 和微博，月活达千万的为陌陌、百度贴吧、探探、知乎和最右等，月活为万级的有脉脉、豆瓣等。中国社交媒体用户的触媒渠道较为固定地集中于 2~3 种渠道的占比高达 68.9%，忠诚于唯一渠道的也达到了 18.9%，这使得中国社交媒体应用的头部效应更为显著。CNNIC 最新报告显示，③ 中国网民人均每周上网时长从 2020 年 12 月的 26.2 个小时增至 2021 年 12 月的 28.5 小时（据 QuestMobile 2021 年上半年数据，Z 世代中这一指标甚至达到 40.975 小时），较疫情期间 2020 年 3 月的 30.8 小时所有回落，但是与 2017 年及 2018 年相比，依然实现了大幅增长。而 7.71 亿网络新闻用户规模的形成及其增量（较 2020 年 12 月增长2835 万）成为上网时长增长的有力支撑。

可见，在重大公共危机事件持续演变的历史背景下，社交媒体的动态发展主导着网络用户的信息生活，不同社交媒体间的用户争夺也日益白热化，具有天然传播优势的主流媒体及其融合传播实践，似乎正在关键信息的传播生态中重现昔日辉煌。总之，疫情加剧了社交媒体发展的复杂性与多变性，这一问题值得研究人士保持集中而持续的学术关注。

---

① 《2020—12021 年中国移动社交行业研究报告》，https：//report. iimedia. cn/repo1-0/39272. html？acPlatCode=IIMReport&acFrom=recomBar&iimediaId=76205。

② QuestMobile：《QuestMobile2021 中国移动互联网半年大报告》，https：//www. questmobile. com. cn/research/report-new/164，2021 年 7 月 27 日。

③ 中国互联网络信息中心：《第 49 次中国互联网络发展状况统计报告》，http：//www. cnnic. net. cn/hlwfzyj/hlwxzbg/hlwtjbg/202202/P020220311493378715650. pdf，2022 年 2 月。

二 2020~2021年度社交媒体用户
触媒偏好变化趋向

（一）媒介接触分化趋势

面对突袭而至的新冠肺炎疫情，中国社交媒体从早期的信息恐慌、流量激增与虚假新闻泛滥的混乱阶段逐渐步入疫情防控常态化的信息传播新阶段，传统主流媒体与新型主流媒体经此一役，不仅巩固了其公信力根基，在传播的影响面与渗透率方面也扳回一城。

本研究数据显示传统媒体与新媒体对个人可支配触媒时间的争夺依然激烈，人们的媒介接触情况呈现出差异。从数据上看，2021年用户对传统媒体的"弃置"程度均较高。仍有超过1/3的受访者不再主动接触报纸（36.8%）、杂志（31.8%）及广播（34.3%），接触频次以年为计的受访者占比接近四成（分别为37.2%、44.6%、36.5%）；但相较于2020年社交媒体用户触媒情况，2021年"从未"接触报纸、杂志、广播的受访者占比均有小幅下降，这在一定程度上佐证了传统媒体信息传播生态的再度勃发。

近年来，电脑与手机已经成为受访者的主要触媒渠道，而每天通过电脑和手机上网的受访者占比分别为34.6%和79.4%，可见，两种新媒体渠道的影响有天壤之别。需要关注的是，相较于2020年，以天为计接触电脑与手机的受访者均有所减少，占比分别下降了5.7个和3.6个百分点。

2020年新冠肺炎疫情的全球蔓延推动"云在场"成为大多数人生活的新常态，而2021年国内疫情防控工作成效显著，线下生活逐渐恢复，在一定程度上解释了电脑与手机触媒频率的小幅下降。

（二）社交应用接触分化趋势

1.手机上网状况

依据CNNIC近几年研究分析，我国移动网民规模与网民总体体量趋于

一致，社交媒体接触是移动上网的主体构成，因而移动网民与社交媒体用户也存在高度重合的情况。据此，本研究将受访者手机上网状况，视同于社交媒体总体应用的接触情况。

与2020年手机上网频次分布总体一致，2021年受访者手机依赖程度十分显著。具体而言，每日使用手机上网时长在"4小时以上"的受访者人数最多，占比为49.9%，较2020年增长2.1个百分点；每日使用手机上网时长在"0~30分钟"的受访者人数最少，占比为3.3%，较2020年减少0.1个百分点。可见，2021年受访者手机上网时长总体呈现出明显的增长态势。从使用天数看，2021年每天均用手机上网的受访者居多，占比为87.8%，较上年有了2.2个百分点的下滑。相较于2020年，2021年每周使用手机上网"2~6天"的受访者占比略有提升。由此可以推论，随着疫情防控常态化，人们的线下休闲节奏也逐步恢复。

2. 头部社交媒体应用使用趋势

为便于比较研究的横向展开，本研究依据渗透率与门户化程度，将中国社交媒体应用分为头部应用与主流应用两类，前者包括微信与QQ，后者包括微博、类头条（今日头条、趣头条等）、社交短视频（抖音、快手等）、哔哩哔哩（以下简称"B站"）、知乎和贴吧六大主流应用。

在微信与QQ两大头部应用的使用方面，2021年的数据与上年相比未有巨大变化，微信依然是用户上网的时间"黑洞"，其用户具有高黏性特质。但是在重度用户的时长吸纳方面，微信呈现出下降趋势，而QQ则在中等使用时长方面有所增长。

具体而言，2021年数据显示，在每日使用方面，微信日使用时长在"4小时以上"的受访者人数最多，占比为23.8%；微信日使用时长在"3.5~4小时"的受访者人数最少，占比为3.5%。不同的是，QQ日使用时长在"0~30分"的受访者人数最多，占比为65.2%；QQ日使用时长在"0.5~1小时"的受访者人数次之，占比为10.9%；QQ日使用时长在"3~3.5小时"的受访者人数最少，占比为0.8%。

与前述对比一致的是，每周使用微信天数在"7天"的受访者人数总计占比为86.3%，略呈下降趋势（降低1.8个百分点）；而每周使用QQ天数在"7天"的受访者占比为31.5%，降幅略少（0.3个百分点）。这一现象也呼应了手机上网天数的量减。

3. 主流社交媒体应用使用趋势

为进一步比较考察网民对中国社交网络中具有代表性主流应用的接触情况，本研究对微博、类头条（今日头条、趣头条等）、社交短视频（抖音、快手等）、哔哩哔哩（以下简称"B站"）、知乎和贴吧六大主流社交媒体应用使用情况进行了两年间的对比分析。

微博、社交短视频、B站的用户规模有一定的优势，2021年分别仅有19.3%、24.7%及27.1%的受访者表示没有接触上述应用；而有半数左右的受访者报告了每周使用类头条（56.4%）、知乎（41.9%）、贴吧（63.4%）的天数为"0天"，说明这三类应用的渗透率有待进一步提升。具体来看，微博、社交短视频、B站的使用行为在2021年又呈现出高频低时长的特点，大部分受访者（分别为43.5%、41.8%、26.4%）表示每天都会查看此类应用，但半数左右（分别为60%、40.5%、63.3%）的受访者报告了每日1小时以下的使用时长。

综观两年间的数据波动，微博的重度使用有所降低，每天使用微博4小时以上的受访者两年间下降1.9个百分点，微博使用行为的最大降幅发生在0~30分钟区间，两年间下降了2.4个百分点，而中等使用程度（1~1.5小时、2~2.5小时）的用户均增长了1.5个百分点。类头条应用整体发展较为平稳，最大增幅（1.2个百分点）发生在每天使用0.5~1小时的人群中。短视频使用的增长趋势最为明显，重度使用行为（每天4小时以上）增长了1.8个百分点，中度使用行为也呈现出普涨的趋势，1.5~2小时、2~2.5小时、2.5~3小时三个类别分别上涨2.3个百分点、1个百分点和1.9个百分点。在短视频接触方面，相较于上年，重度与中度使用行为的加深极为明显，每天使用0~30分钟的用户下降了17.1个百分点，而1.5~2小时（增长2.3个百分点）、2~2.5小时（增长1个百分点）、2.5~3小时（增长1.9个百分点）和4小时以上（1.8个百分点）的增幅均超过1个百分点。B站作为具有新兴普及势头的社交媒体，两年间数据变动较大，低频与低时使用

锐减，每天使用30分钟以下的行为降幅高达8.2个百分点，而不接触B站的用户占比降了9.2个百分点，可知这一应用在用户中正加速渗透。数据显示，知乎应用的变动较为平稳，小幅增量发生在中等使用程度的受访者中，而贴吧在每天短时使用中（0.5~1小时）增幅略大（1.3个百分点）。

相较于2020年，2021年视频类应用以及知乎的用户群体规模均明显扩大。具体而言，每周使用短视频和B站在"7天"的用户增幅明显，分别增加了4.7个和5.5个百分点，每周使用这两类应用在"0天"的用户下降幅度较大，分别减少了4.3个和9.2个百分点，视频类应用在社交媒体用户中的普及性提高。而微博的弃用现象较为突出，不使用微博的占比较2020年增加了19.3%。类头条以及贴吧这两类社交媒体应用用户的使用情况则较为稳定。

（三）社交媒体用户时政信息接触分化趋势

随着社交媒体接触分化的加剧，加之近两年新冠肺炎疫情信息对新型主流媒体传播力与公信力的持续赋能，时政新闻、时事评论等内容是否也能够借此契机获得更广泛的新闻到达，也是本研究重点关注的维度。

本研究将时政新闻（或时事评论）类信息的接触渠道，操作化为"中央电视台的新闻或评论节目""新华社、人民日报的时政新闻""中央人民广播电台等时政广播新闻""新闻期刊的时政新闻""新浪、网易等门户网站时政新闻""政府门户网站""微博等网络社区的时政新闻""QQ弹窗类时政新闻""知乎、贴吧等社区""梨视频等视频新闻网站""今日头条等个性化推荐平台""微信群、QQ群讨论""海外媒体"13个指标，进一步考察受访者对时政新闻不同分发渠道的接触变化趋势。

根据表1中2021年从中央电视台、新华社/人民日报、中央人民广播电台、新闻期刊获取时政新闻（或时事评论）类消息的分布结构可见，多数受访者都报告了较高水平（"总是"和"经常"）的接触；其中又以中央电视台的优势最为显著，该渠道仅有19.5%的受访者报告了较低水平（"很少"和"从不"）的接触，而新闻期刊渠道则报告了42.9%的较低水平（"很少"和"从不"）的接触，更显颓势。就门户网站而言，政府门户网

表 1 社交媒体用户获取时政新闻（或时事评论）类消息的渠道（$n_{2020}=2566$，$n_{2021}=2038$）

渠道	年份	总是	差值（个百分点）	经常	差值（个百分点）	有时	差值（个百分点）	很少	差值（个百分点）	从不	差值（个百分点）
中央电视台的新闻或评论节目	2020	502 (19.6%)		618 (24.1%)		867 (33.8%)		459 (17.9%)		120 (4.7%)	
	2021	351 (17.2%)	↓ 2.4	519 (25.5%)	↑ 1.4	772 (37.9%)	↑ 4.1	321 (15.8%)	↓ 2.1%	75 (3.7%)	↓ 1.0
新华社、人民日报的时政新闻	2020	449 (17.5%)		617 (24.0%)		884 (34.5%)		468 (18.2%)		148 (5.8%)	
	2021	324 (15.9%)	↓ 1.6	567 (27.8%)	↑ 3.8	716 (35.1%)	↑ 0.6	324 (15.9%)	↓ 2.3	107 (5.3%)	↓ 0.5
中央人民广播电台等时政广播新闻	2020	330 (12.9%)		433 (16.9%)		831 (32.4%)		692 (27.0%)		280 (10.9%)	
	2021	240 (11.8%)	↓ 1.1	353 (17.3%)	↑ 0.4	733 (36.0%)	↑ 3.6	527 (25.9%)	↓ 1.1	185 (9.1%)	↓ 1.8
新闻期刊的时政新闻	2020	262 (10.2%)		359 (14.0%)		791 (30.8%)		791 (30.8%)		363 (14.1%)	
	2021	184 (9.0%)	↓ 1.2	282 (13.8%)	↓ 0.2	696 (34.2%)	↑ 3.4	606 (29.7%)	↓ 1.1	270 (13.2%)	↓ 0.9
新浪、网易等门户网站时政新闻	2020	445 (17.3%)		645 (25.1%)		808 (31.5%)		469 (18.3%)		199 (7.8%)	
	2021	276 (13.5%)	↓ 3.8	491 (24.1%)	↑ 1.0	654 (32.1%)	↑ 0.6	442 (21.7%)	↑ 3.4	175 (8.6%)	↑ 0.8

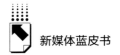

续表

渠道	年份	总是	差值（个百分点）	经常	差值（个百分点）	有时	差值（个百分点）	很少	差值（个百分点）	从不	差值（个百分点）
政府门户网站	2020	193（7.5%）	—	305（11.9%）	→0.6	733（28.6%）	↑2.1	862（33.6%）	→0.7	473（18.4%）	→0.7
	2021	152（7.5%）		230（11.3%）		626（30.7%）		670（32.9%）		360（17.7%）	
微博等网络社区的时政新闻	2020	608（23.7%）	→2.8	688（26.8%）	→2.5	679（26.5%）	↑5.0	379（14.8%）	↑0.7	212（8.3%）	→0.4
	2021	425（20.9%）		496（24.3%）		641（31.5%）		315（15.5%）		161（7.9%）	
QQ弹窗类时政新闻	2020	189（7.4%）	→1.2	287（11.2%）	↑0.1	659（25.7%）	↑1.5	761（29.7%）	↑0.4	670（26.1%）	→0.9
	2021	126（6.2%）		231（11.3%）		554（27.2%）		614（30.1%）		513（25.2%）	
知乎、贴吧等社区	2020	185（7.2%）	→0.4	348（13.6%）	→1.0	701（27.3%）	↑1.3	691（26.9%）	↑2.0	641（25.0%）	→1.9
	2021	139（6.8%）		256（12.6%）		583（28.6%）		590（28.9%）		470（23.1%）	
梨视频等视频新闻网站	2020	121（4.7%）	→0.3	218（8.5%）	→2.2	548（21.4%）	↑1.2	625（24.4%）	↑0.3	1054（41.1%）	↑3.3
	2021	89（4.4%）		128（6.3%）		412（20.2%）		504（24.7%）		905（44.4%）	

续表

渠道	年份	总是	差值（个百分点）	经常	差值（个百分点）	有时	差值（个百分点）	很少	差值（个百分点）	从不	差值（个百分点）
今日头条等个性化推荐平台	2020	164（6.4%）	↓0.9	268（10.4%）	↓1.5	562（21.9%）	↓0.6	634（24.7%）	↑0.6	938（36.6%）	↑2.4
	2021	113（5.5%）		182（8.9%）		434（21.3%）		515（25.3%）		794（39.0%）	
微信群、QQ群讨论	2020	273（10.6%）	↓0.3	514（20.0%）	↑0.3	902（35.2%）	↑1.8	587（22.9%）	↑0.1	290（11.3%）	↓1.8
	2021	209（10.3%）		414（20.3%）		754（37.0%）		468（23.0%）		193（9.5%）	
海外媒体	2020	140（5.5%）	—	295（11.5%）	↓1.6	747（29.1%）	↓0.2	757（29.5%）	↑1.4	627（24.4%）	↑0.4
	2021	113（5.5%）		202（9.9%）		589（28.9%）		629（30.9%）		505（24.8%）	

注：各行总和不为100%，由四舍五入所致。

资料来源：国家社科基金青年项目"社会化媒体中国家认同的舆论构建研究"数据库。

站的时政新闻（或时事评论）类消息更具有权威性与真实性，但从总体看，这一信息渠道的接触优势不及商业门户网站。超过半数的受访者表示日常接触QQ弹窗、知乎/贴吧等社区、今日头条等个性化推荐平台和梨视频等视频新闻网站的频率较低，其中后两者时政新闻（或时事评论）类信息的传播能力不足较为明显。今日头条类平台因个性化推荐机制，在一定程度上消解了信息传播的集中性，而央媒传播的权威性与依赖性，也挤占了时政短视频新闻的受众资源。

"弱连接"的微博与"强连接"的线上即时互动群组相比，在时政新闻的融合传播生态中呈现出一定的优势。数据显示，超过四成的受访者从微博等网络社区渠道频繁接触时政新闻，其中高频接触（"总是"）比例为20.9%，高于微信群/QQ群10.6个百分点。另外，在本研究的受访者中，从海外媒体获取时政新闻（或时事评论）类消息的频率较低，这一渠道并未显示出较大的影响力。

相较于2020年，2021年数据显示，在时政新闻较高水平（"总是""经常"）的接触中，权威主流媒体渠道的接触普遍呈现上扬趋势。其中，最大增幅发生在新华社、人民日报渠道的"经常"性接触，上涨了3.8个百分点，最大降幅发生在微博等网络社区渠道的"总是"和"经常"性接触，下降了5.3个百分点。中等水平（"有时"）的接触中，微博等网络社区渠道增幅为5个百分点，中央电视台（4.1个百分点）、中央人民广播电台等（3.6个百分点）和新闻期刊（3.4个百分点）紧随其后；而个别渠道的受访者有不同程度的下降趋势。在较低水平（"很少"和"从不"）的接触中，从中央电视台（3.1个百分点）、新华社/人民日报（2.8个百分点）以及中央人民广播电台等（2.9个百分点）获取时政新闻（或时事评论）类消息的受访者占比均有一定幅度的减少；而从新浪、网易等门户网站获取时政新闻（或时事评论）类消息的受访者占比增幅明显（4.2个百分点），梨视频等视频新闻网站的受访者增幅次之（3.6个百分点）。

从总体来看，中央电视台、新华社/人民日报、微博等网络社区处于传播优势地位，用户更经常选择从上述三种渠道获取时政新闻（或时事评论）

类消息。可见，作为时政类信息的传播渠道，传统主流媒体的优势不减，新兴网络社区的信息传播力也持续增强。

三 社交媒体用户信息渠道公信力趋势评估

为了解疫情期间各类媒介渠道在社交媒体用户心中的公信力情况，本研究以"如果发生突发事件或舆论热点（比如疫情、地震、交通事故、恐怖袭击等），从总体上看，您觉得下列渠道发布的消息在多大程度上可靠"为题，将媒体渠道操作化为"中央电视台的新闻或评论节目""新华社、人民日报的新闻""中央人民广播电台的广播新闻""新闻期刊新闻""政府门户网站新闻""新浪、网易等门户网站新闻""微博等网络社区新闻""QQ 弹窗新闻""知乎、贴吧等社区新闻""梨视频等视频网站新闻""今日头条等个性化推荐新闻""微信群、QQ 群讨论的新闻""海外传统主流媒体新闻（如 CNN）""海外社交媒体新闻（Facebook、Twitter 等）"14 个类型，以里克特五级量表对各类信息渠道新闻可靠性进行认知判断，得到如表 2 所示结果。

由表 2 可知，在对突发事件或舆论热点信息渠道的可靠性评估中，传统主流媒体依然具有无可比拟的权威性。2021 年数据显示，中央人民广播电台新闻及评论"基本可靠"和"非常可靠"比例高达 88.1%；新华社、人民日报紧随其后，达到 86.5%；中央电视台为 85.0%。三大国家级主流媒体渠道公信力均超过 80%。就门户网站而言，政府门户网站的权威性与公信力具有绝对优势，比例高达 83.5%，远高于新浪、网易等门户网站（36.0%）。

受访者对其他新媒体信息渠道的公信力认同与上述媒体相比呈现出明显差异。总体来看，接近四成的受访者对微信群、QQ 群等即时通信群组渠道的信息报告了较低水平（"不太可靠"和"很不可靠"）的可靠性认知，正向评价（"基本可靠"和"非常可靠"）仅为 11.5%。对于 QQ 弹窗、知乎/贴吧等社区新闻、梨视频等视频网站以及今日头条等个性化推荐来说，均有三成的受访者报告了较低水平（"不太可靠"和"很不可靠"）。

从时间维度来看，2021 年受访者对新华社/人民日报以及中央人民广播

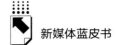

表2　突发事件或舆论热点信息传播渠道的可靠性认知（n_{2020}=2566，n_{2021}=2038）

渠道	年份	很不可靠	差值	不大可靠	差值	不确定	差值	基本可靠	差值	非常可靠	差值
中央电视台的新闻或评论节目	2020	46 (1.8%)	↑ 0.4	109 (4.2%)	→ 1.0	219 (8.5%)	↑ 1.1	811 (31.6%)	→ 1.0	1381 (53.8%)	↑ 0.6
	2021	45 (2.2%)		66 (3.2%)		195 (9.6%)		623 (30.6%)		1109 (54.4%)	
新华社、人民日报的新闻	2020	33 (1.3%)	↑ 0.5	106 (4.1%)	→ 1.3	278 (10.8%)	→ 1.9	1022 (39.8%)	→ 1.7	1127 (43.9%)	↑ 4.5
	2021	36 (1.8%)		57 (2.8%)		182 (8.9%)		777 (38.1%)		986 (48.4%)	
中央人民广播电台的广播新闻	2020	34 (1.3%)	—	83 (3.2%)	→ 1.2	247 (9.6%)	→ 1.1	937 (36.5%)	→ 1.9	1265 (49.3%)	↑ 4.2
	2021	27 (1.3%)		41 (2.0%)		173 (8.5%)		706 (34.6%)		1091 (53.5%)	
新闻期刊新闻	2020	40 (1.6%)	→ 0.2	122 (4.8%)	—	587 (22.9%)	↑ 2.5	1206 (47.0%)	↑ 1.1	611 (23.8%)	→ 3.4
	2021	28 (1.4%)		98 (4.8%)		517 (25.4%)		980 (48.1%)		415 (20.4%)	
政府门户网站新闻	2020	43 (1.7%)	→ 0.2	92 (3.6%)	→ 0.3	342 (13.3%)	→ 1.6	1100 (42.9%)	↑ 0.2	989 (38.5%)	↑ 1.9
	2021	30 (1.5%)		67 (3.3%)		239 (11.7%)		879 (43.1%)		823 (40.4%)	

续表

渠道	年份	很不可靠	差值	不太可靠	差值	不确定	差值	基本可靠	差值	非常可靠	差值
新浪、网易等门户网站新闻	2020	74 (2.9%)	↑ 1.1	309 (12.0%)	↑ 2.7	1148 (44.7%)	↑ 0.7	868 (33.8%)	↓ 5.4	167 (6.5%)	↑ 1.1
	2021	81 (4.0%)		299 (14.7%)		926 (45.4%)		578 (28.4%)		154 (7.6%)	
微博等网络社区新闻	2020	131 (5.1%)	↑ 1.2	415 (16.2%)	↑ 1.1	1236 (48.2%)	↑ 1.8	650 (25.3%)	↓ 3.9	134 (5.2%)	↓ 0.1
	2021	129 (6.3%)		352 (17.3%)		1018 (50.0%)		436 (21.4%)		103 (5.1%)	
QQ弹窗新闻	2020	335 (13.1%)	↑ 0.9	579 (22.6%)	↑ 1.8	1187 (46.3%)	↓ 1.5	374 (14.6%)	↓ 1.7	91 (3.5%)	↑ 0.3
	2021	286 (14.0%)		498 (24.4%)		914 (44.8%)		262 (12.9%)		78 (3.8%)	
知乎、贴吧等社区新闻	2020	165 (6.4%)	↑ 1.5	488 (19.0%)	↑ 2.1	1410 (54.9%)	↑ 0.1	414 (16.1%)	↓ 2.9	89 (3.5%)	↓ 0.7
	2021	161 (7.9%)		430 (21.1%)		1120 (55.0%)		269 (13.2%)		58 (2.8%)	
梨视频等视频网站新闻	2020	225 (8.8%)	↑ 1.9	457 (17.8%)	↑ 1.5	1464 (57.1%)	↓ 1.4	350 (13.6%)	↓ 2.1	70 (2.7%)	—
	2021	218 (10.7%)		394 (19.3%)		1136 (55.7%)		235 (11.5%)		55 (2.7%)	

渠道	年份	很不可靠	差值	不太可靠	差值	不确定	差值	基本可靠	差值	非常可靠	差值
今日头条等个性化推荐新闻	2020	198 (7.7%)	↑1.6	428 (16.7%)	↑0.9	1350 (52.6%)	—	498 (19.4%)	↘1.9	92 (3.6%)	↘0.7
	2021	189 (9.3%)		359 (17.6%)		1073 (52.6%)		357 (17.5%)		60 (2.9%)	
微信群、QQ群讨论的新闻	2020	340 (13.3%)	↘2.1	689 (26.9%)	↘2.1	1254 (48.9%)	↑3.6	224 (8.7%)	↑0.9	59 (2.3%)	↘0.4
	2021	228 (11.2%)		506 (24.8%)		1070 (52.5%)		195 (9.6%)		39 (1.9%)	
海外传统主流媒体新闻（如CNN）	2020	158 (6.2%)	↑2.7	309 (12.0%)	↑2.1	1247 (48.6%)	↘0.1	678 (26.4%)	↘4.4	174 (6.8%)	↘0.3
	2021	182 (8.9%)		288 (14.1%)		988 (48.5%)		448 (22.0%)		132 (6.5%)	
海外社交媒体新闻（Facebook、Twitter等）	2020	200 (7.8%)	↑3.4	426 (16.6%)	↑1.8	1448 (56.4%)	↘2.9	406 (15.8%)	↘2.6	86 (3.4%)	↑0.3
	2021	229 (11.2%)		374 (18.4%)		1090 (53.5%)		270 (13.2%)		75 (3.7%)	

注：各行总和不为100%，由四舍五入所致。

资料来源：国家社科基金青年项目"社会化媒体中国家认同的舆论构建研究"数据库。

电台的可靠性认知（"基本可靠"和"非常可靠"）均有所提升，分别增长了2.8个百分点和2.3个百分点。与此相对应的是，2021年受访者对海外传统主流媒体以及海外社交媒体的可靠性认知（"不确定"、"基本可靠"和"非常可靠"）明显降低，分别下降了4.8个百分点和5.2个百分点。

综上可见，更多的用户愿意相信来自中央电视台、中央人民广播电台、新华社/人民日报的突发事件或舆论热点信息，传统主流媒体在公信力方面具有压倒性优势，国内社交媒体用户对海外媒体的负面印象不断深化。

四 社交媒体用户疫情信息关注状态趋势

新冠肺炎疫情的全球大流行为社会带来新的不确定性。2020年以来，各类社交应用对新冠肺炎疫情信息的传播呈现出高密度、常态化的特征。为进一步比较考察社交媒体用户对国内外疫情信息的关注程度，本研究对受访者在2020年和2021年的疫情信息关注情况进行了如表3所示的对比分析。

2021年社交媒体用户疫情信息关注强度与2020年相比均有小幅波动，但在两年中，受访者对国内疫情信息关注程度均高于对国外疫情信息关注程度，地域的接近性在疫情信息获取中影响显著。

表3 社交媒体用户对新冠肺炎疫情信息的关注度（$n_{2020}=2160$，$n_{2021}=2038$）

指标	国内疫情信息			国外疫情信息		
	2020年	2021年	变化趋势（个百分点）	2020年	2021年	变化趋势（个百分点）
总是	1267(58.7%)	970(47.6%)	↓ 11.1	632(29.3%)	364(17.9%)	↓ 11.4
经常	647(30.0%)	706(34.6%)	↑ 4.6	644(29.8%)	460(22.6%)	↓ 7.2
有时	205(9.5%)	292(14.3%)	↑ 4.8	667(30.9%)	848(41.6%)	↑ 10.7
很少	35(1.6%)	56(2.7%)	↑ 1.1	191(8.8%)	311(15.3%)	↑ 6.5
从不	6(0.3%)	14(0.7%)	↑ 0.4	26(1.2%)	55(2.7%)	↑ 1.5

注：各行总和不为100%，由四舍五入所致。

资料来源：国家社科基金青年项目"社会化媒体中国家认同的舆论构建研究"数据库。

就国内疫情信息而言，2021 年绝大部分受访者报告了较高水平（"总是"和"经常"）的关注度。但相较于 2020 年，2021 年国内疫情得到有效防控，受访者对国内疫情信息的关注度呈现出一定的下降趋势，"总是"关注国内疫情信息的受访者占比减少了 11.1 个百分点。

类似地，受访者对于国外疫情信息的关注度也逐渐减弱，较高水平（"总是"和"经常"）的关注度相较于 2020 年下降了 18.6 个百分点；接近 20% 的受访者报告了较低水平（"很少"和"从不"）的关注度，较 2020 年增加了 8.0 个百分点。可以看出，疫情防控逐渐常态化的情况下，网民对疫情信息的关注程度逐年下降。

五 结论与展望

新冠肺炎疫情的突发与演变，对全球本土社交媒体发展产生了深刻的影响。大量国内外调研数据显示，疫情的突发为社交媒体应用带来了新的普及高潮，也伴生了虚假新闻的繁荣，及其对媒体平台公信力带来的挑战等问题。这一过程中，传统主流媒体的公信力优势与社交媒体的平台优势叠加形成的新型主流媒体在社交媒体空间中牢牢把控着触媒优势、信息渗透优势与影响力优势，用户在这一空间中实现了朝向权威主流媒体的回流。

本研究调用国家社科基金青年项目"社会化媒体中国家认同的舆论构建研究"数据库于 2020 年 6 月获得的 2566 份问卷，以及 2021 年 6 月获得的 2038 份问卷调研的两期截面数据，重点对比分析了两年间中国社会化媒体用户的触媒偏好变化、渠道公信力变化及疫情新闻关注度变化，进一步明确了新冠肺炎疫情背景下中国社交网络空间的信息流动趋势及影响，并得出如下结论。

第一，从新冠肺炎疫情早期到疫情防控常态化阶段，电视媒体的高频接触呈现下降势态，但依然是传统媒体中具有绝对性渗透优势的信息渠道。手机接触是所有触媒方式中最主要的渠道，占八成左右。然而两年间数据变动显示，电视与手机的高频接触均降幅明显，其中手机媒体的重度用户则倾向于持续延长日接触时长。

第二，两年间数据对比揭示，以微信和QQ为代表的头部社交媒体应用的重度使用状况有所缓解，其他触媒方式或可继续分化头部社交应用的使用黏性，而疫情防控常态化影响也是显在的。主流社交应用的使用接触显现出更为复杂的趋势，微博在重度与轻度接触方面降幅明显，类头条应用在短时使用方面呈现增长态势，而短视频在中重度使用和贴吧的短时使用方面的增长明显，B站低频与低时接触呈现锐减趋势，甚至实现了相当大规模的用户使用拓展。

第三，从时政类新闻信息接触方面，不难发现权威主流媒体渠道普遍提升的渗透程度，而微博等其他信息渠道在此类信息的传播高频接触群体中劣势继续凸显，而中等触频行为增加。在微博群和QQ群的对比中，微博平台更适合于时政新闻的传播。海外媒体渠道在时政类新闻的传播中影响极为有限。

第四，围绕渠道信息公信力的数据比较表明，拥有天然权威性优势的央级媒体在融合传播生态中公信力进一步强化，而海外传统主流媒体与海外社交媒体在受访者心目中的信任度大幅下滑。

第五，随着疫情防控常态化，社交媒体用户对国内外疫情的关注也呈现下降趋势，偶尔关注海内外疫情信息已经成为网络信息消费的惯常，这一阶段性信息更新行为的增长幅度极为明显。

总体上看，我国社交媒体用户的触媒分化行为更为复杂，传统媒体与新媒体、头部与主流社交媒体应用在使用频率与时长方面，此消彼长，相互竞合。权威主流媒体的公信力继续坚挺，民众对新冠肺炎疫情信息关注程度的相对回落，有利于缓解其所带来的社会恐慌情绪，有利于社交媒体信息接触行为回归正轨。

参考文献

任围、朱晓文、胡怡：《风险感知与防疫行为：新冠疫情背景下社交媒体与权威媒

体的多元作用对比》，《国际新闻界》2021 年第 5 期。

史安斌、刘长宇：《后疫情时代国际一流新型主流媒体的指标体系建构：理论探究与实践探索》，《电视研究》2021 年第 2 期。

〔美〕理查德·塞勒·林：《习以为常：手机传播的社会嵌入》，刘君、郑奕译，复旦大学出版社，2020。

B.8
2021年互联网资讯类产品
适老化改造研究报告

余新春　邹晓婷　王冬冬　黄银渲*

摘　要： 面对人口老龄化的发展趋势，党中央高度重视老龄工作，2020年十九届五中全会明确提出"实施积极应对人口老龄化国家战略"。数字化时代，帮助老年人更好地融入数字生活是构建老年友好型社会、积极应对人口老龄化的重要内容。当前，全社会各主体正积极落实中央精神，推动各领域各行业适老化转型升级。本报告聚焦"互联网资讯类产品"，充分结合互联网资讯类产品的特点与老年群体对互联网信息资讯的深层需求，探索 TAM 技术接受模型在老年群体接受"互联网资讯类产品"层面的应用，并据此为数字内容类产品的适老化改造提供策略建议。

关键词： 互联网资讯类产品　技术接受模型　适老化改造　老年网民

一　互联网资讯类产品研究背景

资讯亦为信息，是用户及时获得并利用从而在相对短的时间内给自己带来价值的信息。资讯的内容不仅包括新闻，还包括政策、评论、观点、学术

---

* 余新春，腾讯数字舆情部高级研究员，主要研究方向为网络舆情、新媒体；邹晓婷，腾讯数字舆情部高级研究员，主要研究方向为网络舆情、新媒体；王冬冬，腾讯用户研究与体验设计部高级研究员，主要研究方向为网络舆情；黄银渲，腾讯用户研究与体验设计部高级研究员，主要研究方向为网络舆情。

等。互联网是传递资讯信息的媒介渠道之一，通过"连接人与信息"，满足用户对信息获取的需求。因此，互联网资讯类产品指的是用户使用网络在短时间内获取和使用信息的产品。

对于互联网资讯类产品，从主体属性、产品定位、内容属性等多个维度能够产生多种不同的分类方式。例如，从产品定位来说，可以将互联网资讯类产品分为以下几类：①综合性门户类与聚合类平台提供资讯，如新浪新闻、网易新闻、腾讯新闻、今日头条、一点资讯等；②自媒体提供资讯，如百度的百家号、微信公众号、今日头条的作者等；③所有用户可以发布信息资讯，如微博、知乎、抖音、快手等。

2021年10月，趣头条联合上海交通大学媒体与传播学院融合传播研究中心、澎湃新闻发布的《2021老年人手机使用报告》显示，获取新闻资讯是老年人购买智能手机的第二大原因，获取信息的主要载体是互联网资讯类产品。以老年群体的实际需求为导向，腾讯数字舆情部和腾讯用户研究与体验设计部组成联合课题组，对"互联网资讯类产品"的适老化改造展开专项调查研究。本报告试图对以下问题做出解答：第一，老年群体使用互联网资讯类产品的现状与需求情况；第二，影响老年群体使用互联网资讯类产品的主要因素；第三，互联网资讯类产品适老化改造的策略建议。

本研究主要采用定量问卷的调研方式进行，通过课题组专业化、自有研发的在线调研平台"企鹅有调"与腾讯问卷"卷叔填填圈"进行网络问卷投放，高效收集全国范围内50岁及以上[①]老龄群体的意见及建议。在置信度水平95%、抽样误差±3%的标准下，调研共收集到有效样本2500份，并采用SPSS 26.0进行数据分析。

课题组首先对回收总样本的人口统计学变量进行描述分析，包括性别、

---

① 按照国际规定，60岁及以上的人口为老年人。CNNIC第48次《中国互联网络发展状况统计报告》显示，截至2021年6月，50岁及以上网民占比为28.0%，60岁及以上网民占比达到12.2%。由此可见，虽然中老年网民在总体网民中的占比有了显著增长，但多半仍集中为50~59岁。鉴于此，同时考虑到50~59岁的老年人也正逐步进入60岁及以上的老年群体，本次网络调研将研究对象的年龄界定为50岁及以上，以提高采集数据的代表性。

年龄、学历、地域、居住状况和工作状况等。受访者性别分布较为均匀；年龄分布中，50～59岁年龄段的老年人占据多数；受教育程度以高中及以下学历层次为主，占比58.0%；老年人的居住情况以有伴居住为主，独居老人占比8.7%；工作状况中，仍处于工作状态与已经退休/离休/其他无工作状态的占比相差不大，约各占半数。

二 老年群体资讯类产品使用现状

使用互联网应用及服务的前提与基础是对互联网技术的触达。因此，为深入理解老年群体互联网资讯产品的使用状况与深层需求，课题组对老年网民触网及用网的基本情况、资讯产品使用的基本情况进行了解。

（一）互联网使用情况分化

1. 上网状况

从总体上看，网民上网移动化的趋势同样在老年网民中得以体现。本次调研数据显示，95.4%的老年网民主要使用"智能手机"上网，使用"电脑台式机"上网（21.6%）和"笔记本电脑"上网（16.1%）的分别居第二和第三位，由此可见，老年网民通过移动端上网已具有压倒性优势。其中，超八成老年网民每天上网，平均每天上网时长达到3.3小时。[①] 虽然老年网民上网时长与频率随年龄增长而呈下降趋势，但即使是70岁及以上的老年网民，每天上网的频率也已经达到75.3%。对于不同年龄段的老年网民来说，每日上网时长多数集中为"2～4小时"。不仅如此，在老年网民空闲时间的休闲娱乐活动中，上网（64.0%）成为最主要的休闲娱乐活动，排第一位。可见，老年网民整体网络依赖程度已十分显著。[②]

---

① 所设题目选项为区间，按照选项取中间值的方法进行计算得出。

② 基于网络问卷触达的样本得出此项结论，老年网民群体的网络依赖程度可能会高于其实际情况。

表 1 不同年龄段老年网民受访者上网情况（n=2500）

指标	选项	50~59 岁	60~69 岁	70 岁及以上
上网频率	每天都上网	1776(87.1%)	318(84.4%)	64(75.3%)
	每周有 4~5 天会上网	113(5.5%)	22(5.8%)	4(4.7%)
	每周有 2~3 天会上网	51(2.5%)	13(3.4%)	2(2.4%)
	每周有 1 天会上网	20(1.0%)	5(1.3%)	2(2.4%)
	每个月有几天会上网	16(0.8%)	2(0.5%)	2(2.4%)
	很少上网	62(3.0%)	17(4.5%)	11(12.9%)
日均上网时长	0~1 小时	177(8.7%)	48(12.7%)	21(24.7%)
	1~2 小时	580(28.5%)	100(26.5%)	22(25.9%)
	2~4 小时	651(31.9%)	124(32.9%)	24(28.2%)
	4~6 小时	375(18.4%)	63(16.7%)	12(14.1%)
	6~8 小时	131(6.4%)	27(7.2%)	5(5.9%)
	8 小时以上	124(6.1%)	15(4.0%)	1(1.2%)

注：各项总和不为 100%，由四舍五入所致。
资料来源：企鹅有调 & 腾讯问卷"卷叔填填圈"。

2. 上网活动参与情况

老年群体日常使用互联网的主要活动反映了老年网民的互联网使用能力，也是老年网民网络素养的具体体现。在网络社会中，面对智能化、多元化的传播环境，网民的网络素养被视为是熟练运用现代化网络工具、适应现代化发展、协调人与人之间和人与社会之间关系的重要一环。对于老年人而言，他们逐渐退出工作场景，互联网对于其工作场景的作用相对微弱，对其日常生活起主要影响。

本次调查对老年人的日常上网活动进行询问，整体来看，老年群体对互联网的使用集中在移动支付、社交娱乐与信息获取等方面。老年网民上网使用最多的功能是"手机支付"，占比为 55.3%，这与排第三位的"网上购物"（51.2%）相互对应，表明老年网民对线上购物与支付场景熟悉程度较高；"刷短视频"的受访者人数居第二位，占比为 52.0%，"看信息资讯"的受访者占比排第四位，占比达到 45.8%。相对来说，"刷短视频"与"看信息资讯"兼具社交娱乐与信息获取功能，在老年人的上网活动中占据较高比重，这也侧面表明从老年群体的需求出发研究互联网资讯类产品适老化具有重要意义。

与此同时，很多在日常印象中属于年轻人的数字生活内容也逐渐出现在老年人的上网轨迹中，例如，在休闲娱乐方面，老年网民在网上看电视剧/电影（29.4%）、看网络小说（25.5%）、看直播（25.4%）和玩游戏（19.8%）；在生活应用方面，老年网民在网上交生活费用（41.2%）、看天气预报（39.8%）和出行/导航（29.0%）等。

有研究表明①，使用互联网有助于促进老年人的积极老龄化，提高老年人的自评健康、心理健康、社会适应水平及老年人的整体生活满意度。不仅如此，使用的上网功能越多，对老年人的积极老龄化正向作用越大。从当前数据来看，老年网民的日常上网活动呈现全方位、多元化特征，但部分功能使用比例仍较低，未来还有很大发展空间。

（二）资讯获取渠道与资讯产品使用习惯分化

1. 资讯获取渠道

随着互联网的发展，用户获取信息资讯的渠道越来越丰富。老年群体向来被视为传统媒体渠道的忠实受众、互联网渠道资讯的边缘受众。本次调研结果显示，互联网渠道已成为老年网民获取资讯信息的最主要途径，分别有66.9%与66.7%的老年网民通过手机和电脑触网获得资讯内容。传统媒体渠道中，电视的接触比例最高，47.3%的老年网民仍依靠电视获得资讯，相较之下，报纸、广播与杂志对老年人的影响力偏低，甚至不及通过身边人告知的方式（22.5%）。

2. 资讯产品使用习惯的保持

对于老年群体来说，通过互联网资讯产品获取信息的习惯保持时长是其媒介使用习惯的表征。调研结果显示，26.5%的老年网民使用互联网资讯产

---

① 靳永爱、赵梦晗：《互联网使用与中国老年人的积极老龄化——基于2016年中国老年社会追踪调查数据的分析》，《人口学刊》2019年第6期。

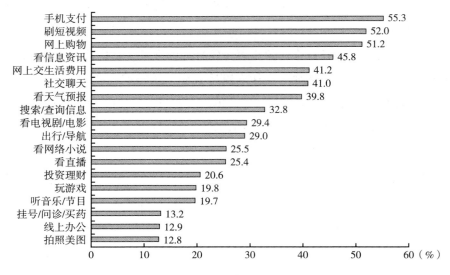

图1 老年网民受访者上网活动情况

注：上题为多选题，所有选项之和大于100%。

资料来源：企鹅有调＆腾讯问卷"卷叔填填圈"。

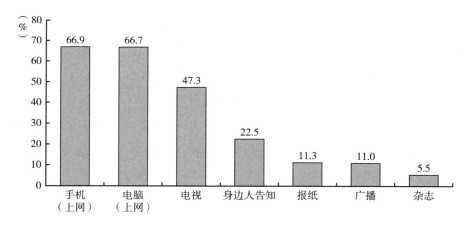

图2 老年网民受访者日常获取资讯的渠道

注：本题为多选题，所有选项之和大于100%。

资料来源：企鹅有调＆腾讯问卷"卷叔填填圈"。

品的习惯在 2 年以内，29.5%的老年网民使用互联网资讯产品的习惯在 7 年以上。

表 2　互联网资讯产品使用习惯保持时长　（n = 2292）

选项	样本	比例(%)
3 个月及以内	132	5.8
3~6 个月	86	3.8
6 个月~1 年	162	7.1
1~2 年	225	9.8
2~3 年	271	11.8
3~5 年	329	14.4
5~7 年	205	8.9
7 年以上	675	29.5
我不确定	207	9.0

资料来源：企鹅有调 & 腾讯问卷"卷叔填填圈"。

3. 老年网民的信息角色

老年人在资讯传播中的角色与他们的信息能力息息相关。根据老年人的信息能力与信息来源，能够探测老年人在信息资讯传播链条中的角色归属，即属于资讯信息接收者、传播者或生产者。数据结果显示，老年网民在当前资讯传播过程中偏向于信息接收者的角色，具有为资讯内容点赞的行为比例最高（90.6%），经常给资讯内容点赞的老年网民比例达到 38.9%。转发资讯内容的行为比例同样很高（87.9%），仅次于点赞行为，但发生频率明显降低，经常转发资讯内容的老年网民占比达到 23.4%。评论资讯内容的行为比例进一步下降（79.5%），发生频率也略有降低，经常评论资讯内容的老年网民占比为 20.0%。相比之下，有参与创作或撰写经历的老年网民占比最低（39.8%），仅有 7.0%的老年网民经常自己创作/撰写。

相对于表现活跃的信息生产者，老年网民对互联网上的资讯信息以阅读与转发为主，并不主动在互联网上生产内容。在网络信息传播的过程中，信息生产者是互联网内容的贡献者，是互联网生活的积极参与者，大大拓展了

信息传播的纵深。老年网民表现出的信息接收角色一方面表明其在享受互联网时代信息传播的便捷特性，但另一方面也加剧老年网民在互联网信息传播中的不利地位，特别是在老年人的话题议程设置方面弱势凸显。

随着信息技术的发展，为给用户提供更为方便、高效的互联网信息资讯服务，减少用户使用负担与浏览压力，以更少的时间分享更多的信息，许多资讯类产品提供资讯订阅与推送服务。调研显示，57.2%的老年网民开启资讯推送服务，48.6%的老年网民开启资讯订阅服务。资讯推送与订阅服务的主要差异在于推送资讯内容相对更简易，订阅服务则更多的是出自用户自身兴趣，用户根据需求自主选择相关的资讯主题。老年人自主寻找信息的能力较弱，接受资讯信息的推送形式更直接，能够快速满足老年用户阅读信息的需求，但也更易于形成推送依赖，加剧老年群体信息接收者的被动地位。需要注意的是，不论是资讯推送服务还是资讯订阅服务，均有超过一成的老年网民表示"说不清"使用情况，这表明资讯产品的细化功能对于部分老年网民来说较为陌生。

三　老年群体资讯类产品影响使用因素

互联网资讯类产品是互联网技术在媒介发展层面的具体表现形态。本报告引入技术接受模型（Technology Acceptance Model，TAM），为充分理解老年群体使用互联网资讯类产品的关键因素提供分析框架。

技术接受模型是由美国学者 Davis 于 1989 年运用理性行为理论研究用户对信息系统接受时所提出的，包含两个主要决定因素：①感知的有用性，②感知的易用性。在其经典定义中，"感知的有用性"指的是"一个人使用特定系统对其工作表现的提升程度"，"感知的易用性"指的是"一个人认为使用特定系统的容易程度"。[1] 此模型强调用户对技术产品本身的态度和

① 　Fred D. Davis, "Perceived Usefulness, Perceived Ease of Use, and User Acceptance of Information Technology," *MIS Quarterly*, Vol. 13, No. 3 (Sep., 1989).

使用行为，与本项研究的契合度较高。

以 TAM 为基础，"感知的有用性"对应新技术或新产品在多大程度上能满足用户需求；"感知的易用性"对应用户认为能够轻松使用新技术或新产品的程度。老年人接受新技术的实证研究表明，"感知的有用性"的缺乏是阻碍老年人使用新技术的主要因素之一。[1] 也有一些研究探究老年人对新技术"感知的有用性"与"感知的易用性"之间的相互关系。[2] 总体来说，"感知的易用性"与老年群体技术使用的相互关系更强，而"感知的有用性"对年轻群体的技术使用有更大影响。[3] 在性别因素方面，有研究认为男性在接受新技术时更多考虑的是"感知的有用性"，而女性受"感知的易用性"的影响更大。[4]

课题组认为，TAM 对老年人接受并使用互联网资讯产品也具有较强的解释力。"感知的有用性"与"感知的易用性"同样是影响老年人接受并使用互联网资讯产品的两个重要因素，考虑到老年人的谨慎心态与互联网资讯产品的复杂生态，本部分还将"感知风险"因素加入其中，包括认为使用互联网资讯产品对个人安全隐私暴露风险、损害身心健康风险等的感知。在问卷中通过相关题目的设计，课题组也将对这些影响因素进行深度分析。

（一）TAM 框架下，互联网资讯产品使用影响因素

课题组根据 TAM 框架下的主要影响变量，对"感知的有用性""感知的易用性""感知风险"等变量按照研究主题进行描述处理，分

① Melenhorst, A. -S., W. A. Rogers, and D. G. Bouwhuis, "Older Adults' Motivated Choice for Technological Innovation: Evidence for Benefit-Driven Selectivity," *Psychology and Aging*, 21 (1).

② Pan, S., and M. Jordan-Marsh, "Internet Use Intention and Adoption among Chinese Older Adults: From the Expanded Technology Acceptance Model Perspective," *Computers in Human Behavior*, 2010 (26).

③ Venkatesh, V., "Determinants of Perceived Ease of Use: Integrating Control, Intrinsic Motivation, and Emotion into the Technology Acceptance Model," *Information Systems Research*, 2000 (11).

④ Venkatesh, V., and M. G. Morris, "Why Don't Men Ever Stop to Ask for Directions? Gender, Social Influence, and Their Role in Technology Acceptance and Usage Behavior," *MIS Quarterly*, 2000 (1).

别探测老年网民对每一项描述的认可程度。经数据分析后得到以下
结论。

1. 老年网民对互联网资讯产品的"感知的易用性"有利于促进"感知的
有用性"

"感知的易用性"的描述对应为"互联网资讯产品很容易使用";"感知
的有用性"的描述对应为"通过使用互联网资讯产品，有助于我了解这个
世界正在发生什么"。数据结果的交叉对比发现，越认同互联网资讯产品易
于使用的老年网民，对其有用性的认可程度越高。

表3　老年网民"感知的易用性"与"感知的有用性"的交叉比例（n=2500）

指标		感知的易用性				
		非常同意	比较同意	中立/不好说	不太同意	完全不同意
感知的 有用性	非常同意	409(86.7%)	321(20.8%)	42(10.8%)	14(15.9%)	0
	比较同意	59(12.5%)	1173(75.9%)	200(51.5%)	53(60.2%)	2(33.3%)
	中立/不好说	4(0.8%)	46(3.0%)	139(35.8%)	7(8.0%)	2(33.3%)
	不太同意	0	3(0.2%)	7(1.8%)	13(14.8%)	0
	完全不同意	0	3(0.2%)	0	1(1.1%)	2(33.3%)

注：各项总和不为100%，是由四舍五入所致。
资料来源：企鹅有调&腾讯问卷"卷叔填填圈"。

2. 老年网民对使用互联网资讯产品的个人隐私安全感知风险会降低"感
知的有用性"

课题组将"感知风险"变量细化为个人隐私泄露风险、损失钱财风险
与损害身心健康风险。经数据交叉分析发现，仅个人隐私泄露风险与"感
知的有效性"之间的关系较为显著。换句话说，相较于认同使用互联网资
讯产品会泄露个人隐私的老年网民，不同意这一说法的老年网民对使用其获
取资讯有效程度的认同度相对更高。

表4　老年网民感知个人隐私泄露风险与
"感知的有用性"的交叉比例（n=2500）

指标		感知个人隐私泄露风险				
		非常同意	比较同意	中立/不好说	不太同意	完全不同意
感知的有用性	非常同意	35(34.0%)	99(26.7%)	240(24.6%)	179(23.2%)	233(83.2%)
	比较同意	57(55.3%)	231(62.3%)	595(61.0%)	564(73.2%)	40(14.3%)
	中立/不好说	9(8.7%)	26(7.0%)	138(14.2%)	21(2.7%)	4(1.4%)
	不太同意	1(1.0%)	15(4.0%)	2(0.2%)	3(0.4%)	2(0.7%)
	完全不同意	1(1.0%)	0	0	4(0.5%)	1(0.4%)

注：各项总和不为100%，是由四舍五入所致。
数据来源：企鹅有调 & 腾讯问卷"卷叔填圈"。

3. 老年网民对使用互联网资讯产品的整体安全感知风险会降低"使用态度"积极性

"感知风险"的三个方面：个人隐私泄露风险、损失钱财风险与损害身心健康风险均与"使用态度"之间呈负相关关系，整体安全风险感知与"使用态度"之间也呈负相关关系。老年网民对使用互联网资讯产品感知的风险程度越高，对使用产品的态度越消极。

表5　老年网民使用互联网资讯产品"感知的有用性"
与"使用态度"的交叉比例（n=2500）

指标		感知的有用性				
		非常同意	比较同意	中立/不好说	不太同意	完全不同意
使用态度	非常同意	363(46.2%)	56(3.8%)	4(2.0%)	1(4.3%)	0
	比较同意	358(45.5%)	1095(73.6%)	35(17.7%)	2(8.7%)	5(83.3%)
	中立/不好说	59(7.5%)	289(19.4%)	148(74.7%)	6(26.1%)	0
	不太同意	5(0.6%)	43(2.9%)	6(3.0%)	14(60.9%)	0
	完全不同意	1(0.1%)	4(0.3%)	5(2.5%)	0	1(16.7%)

注：各项总和不为100%，是由四舍五入所致。
资料来源：企鹅有调 & 腾讯问卷"卷叔填圈"。

4. 老年网民对使用互联网资讯产品的"感知的有用性"会提升"使用态度"积极性

老年网民感受到互联网资讯产品的有用性程度越高，使用产品的态度越积极。

综上来看，老年网民互联网资讯产品的接受与使用基本符合 TAM 的框架内容。接下来将围绕"感知的易用性""感知的有用性""感知风险"等内容具体展开，进一步丰富对这些影响因素的认知。

（二）互联网资讯产品"适老化"的要点

互联网资讯产品"适老化"最终是为满足老年人群的信息需求而服务的，"适老化"改造的前提是多倾听老年群体的声音，在"懂老"的基础上采取行动方案。本部分着重探查老年网民在使用互联网资讯产品时最为看重的因素。数据结果显示，操作层面、内容层面与安全层面是老年网民使用互联网资讯产品时最重要的考量。

首先，老年网民最看重的两个因素均属于操作层面的内容，37.9%的老年网民看重"操作简单、易上手"，37.4%的老年网民看重"使用方便，想用的时候就能用"。

其次，排在老年网民最看重因素第三、第四、第五位的均与资讯产品的内容层面有关，33.9%的老年网民看重"内容更新及时"、31.9%的老年网民看重"内容丰富多样"，29.1%的老年网民看重"内容真实可靠"。这三个方面是对资讯类产品特性的反映，资讯类产品本质上属于内容产品，老年网民对资讯类产品的内容时效性、丰富度与真实性均表现出极高的关切。

最后，排在老年网民第六与第七看重的因素均属于安全层面的内容，24.3%的老年网民看重"安全有保障，不会泄露/侵犯我的隐私"、20.6%的老年网民看重"官方权威，由专业/知名的机构运营"。

（三）未使用互联网资讯产品的原因

针对本次调查中表示没有使用互联网资讯渠道的老年网民，课题组对其

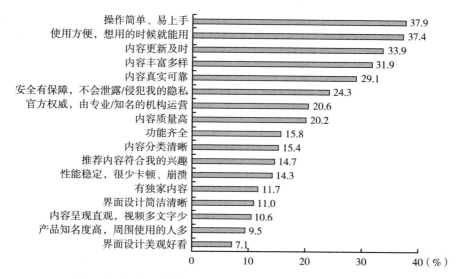

操作简单、易上手 ——— 37.9
使用方便，想用的时候就能用 ——— 37.4
内容更新及时 ——— 33.9
内容丰富多样 ——— 31.9
内容真实可靠 ——— 29.1
安全有保障，不会泄露/侵犯我的隐私 ——— 24.3
官方权威，由专业/知名的机构运营 ——— 20.6
内容质量高 ——— 20.2
功能齐全 ——— 15.8
内容分类清晰 ——— 15.4
推荐内容符合我的兴趣 ——— 14.7
性能稳定，很少卡顿、崩溃 ——— 14.3
有独家内容 ——— 11.7
界面设计简洁清晰 ——— 11.0
内容呈现直观，视频多文字少 ——— 10.6
产品知名度高，周围使用的人多 ——— 9.5
界面设计美观好看 ——— 7.1

0   10   20   30   40（%）

图3　老年网民受访者看重互联网资讯产品的要点（n＝2500）

注：本题为多选题，所有选项之和大于00%。
资料来源：企鹅有调 & 腾讯问卷"卷叔填填圈"。

背后的原因进行了追问。数据显示，对互联网资讯渠道流量费用问题的担忧是最主要的原因，占比达到39.1%；广告太多担心受骗是排第二位的原因，占比为37.5%；担心泄露个人隐私是排第三位的原因，占比为35.9%。这表明老年网民没有使用互联网资讯渠道的原因涉及流量费用、信息内容、个人隐私、系统操作、学习途径等各个方面，但主要是出于对费用和安全的考虑。

（四）使用互联网资讯产品的主要问题

针已经在使用互联网资讯产品的老年网民，本次调查同样对其使用过程中遇到的问题进行了追问。与尚未使用互联网资讯产品的老年网民明显不同的是，其对安全层面的担忧次于在资讯内容获取方面遇到的难题，具体表现为广告和谣言方面的困扰，影响有效信息与真实信息的获取。分别有55.9%和36.7%的老年网民表示"广告太多，影响有效信息获取"与"谣言太多，分不清真假"。"泄露个人隐私"在老年网民遇到的主要问题中排名第三，这表明即便是对于已经有互联网资讯产品使用经验的老年网民来说，安全顾虑一直存在。老年网民遇到的第四个主要问题是"手机、电脑上资讯内容字体太小"（23.2%）。此外，老年网民对"内容分类不清，太多太乱"（21.5%）、"推荐的内容不是我感兴趣的"（20.2%）、"内容质量低"（15.3%）、"功能不够齐全"（11.6%）、"内容比较单一，不够丰富"（10.6%）等问题的感知也较为明显。

上述部分问题已经有了政策层面的回应。工业和信息化部的"互联网应用适老化和无障碍改造专项行动方案"中提出"针对老年人，推出更多具有大字体、大图标、高对比度文字等功能特点的产品"，对于广告较多的问题，行动方案也提到"互联网网站和手机 App 完成改造后的适老版、关怀版、无障碍版本，将不再设有广告插件"，诱导式按键得到有效管控，这些措施有助于消解老年网民的使用痛点，促进此类问题的解决，帮助老年网民安全、便捷地使用互联网资讯产品。

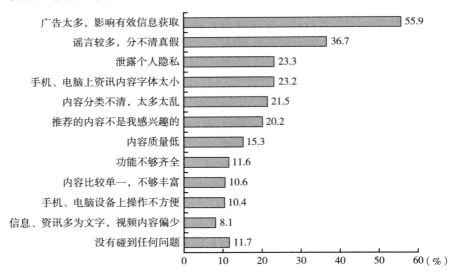

图 4 老年网民受访者使用互联网资讯产品遇到的主要问题（n=2292）

注：本题为多选题，所有选项之和大于100%。

资料来源：企鹅有调 & 腾讯问卷"卷叔填填圈"。

四　互联网资讯类产品适老化改造的措施建议

综合上述分析，结合老年群体的身体机能与心理状态特点，对于未来互联网资讯产品的适老化改造提出以下建议措施。

（一）正确理解老年群体与互联网资讯类产品的关系，看到并尊重老年群体使用互联网资讯产品的需求特点，并予以包容，提供相应的家庭及社会支持

传统观念中，老年人获取资讯通常通过电视、广播等传统媒体，而互联网资讯类的产品则主要服务于年轻人，主流互联网科技产品的视野中，老年群体相对缺位。单一服务年轻人的目标不仅对其他群体不够友好，且随着人口结构的老龄化，也是科技产品发展的自我局限。事实上，部分老年人的资讯获取需求与年轻人非常接近，互联网资讯获取的便捷性、丰富性也在吸引老年群体，却因缺乏相应技能或面临身体机能等阻碍而与新技术阻隔。我们理应具备同理心，看到老年人的多样化需求，进而思考如何为他们提供更好的家庭与社会支持，从观念上树立正确积极的适老化理念。

（二）实时总结并推广互联网应用适老化及无障碍改造专项行动的典型经验，鼓励老年群体垂直领域资讯类产品创新发展

无论是对于当前市场中已存在的资讯产品，还是未来可能出现的专供老年群体使用的垂类资讯新产品，均需围绕老年用户基础需求展开研发。其中，为促进老年用户的"感知的易用性"，要在界面设计上做减法，满足操作简易的入门级需求，降低使用负担；同时要降低老年用户的"感知风险"，在注重隐私安全保护方面做加法，长期坚守，提高使用成功率与使用黏性。老年群体随着年龄逐渐增大，记忆能力、学习能力会有所退化，对新技术、新事物的接受理解能力会减弱。而互联网资讯产品往往随着互联网技术的发展而迭代升级，未来还会有新产品与新形态出现，若功能太多、界面

设计复杂、操作困难，则可能直接成为老年用户使用产品的"拦路虎"。此外，老年群体对个人隐私安全高度敏感，不仅直接影响其使用资讯产品的意愿，还将是其使用资讯产品过程中的重点诉求。因此，一款设计简单、安全私密性强的资讯产品是增强老年用户使用意愿、提高其体验满意程度的必备条件。一方面，针对专项行动中提出的"鼓励更多企业推出界面简单、操作方便的界面模式，实现一键操作、文本输入提示等多种无障碍功能"等做法进行经验总结并予以推广；另一方面，鼓励探索专门针对老年用户细分需求下的资讯产品与功能的创新，例如针对老年群体高度关注的优惠信息、健康饮食等，进行垂类市场的资讯产品创新。

（三）拓宽资讯类产品市场盈利模式，减少广告对老年用户使用体验的侵蚀，促进老年用户对产品"有用性"的感知

在调研中，老年网民普遍反映资讯产品中的广告泛滥问题，影响有效信息的获取，甚至担心可能陷入诈骗套路。虽然在当前市场环境中，广告是许多资讯产品的主要创收来源之一，但即时短期的商业利益伤害的是老年用户使用产品的信心，对产品口碑带来的长远性影响较大，寻求新型的、可持续的商业化模式势在必行。例如，在部分城市积极探索"积分养老制度"或许能为资讯产品实现双赢的商业化提供借鉴意义，即政府通过积分设计整合各项资源，使多方找到利益平衡点与增长点。与之类似的是，调研中有多位老年网民表示对资讯产品最看重的是"可以赚积分"，尝试将积分体系适当引入，老年用户通过阅读或观看、转发或评论资讯内容可获得不同数量的积分，积分奖励与兑换能增强老年用户使用产品的积极性，在资讯传播链条中实现正向循环；也能够通过第三方合作方式弥补资讯产品运营方的广告收入。

（四）加强老年群体识别、举报不实信息的意识与能力，同时建设黑名单制度，运用科学的算法助力建设信息真实的传播环境

资讯内容真实可靠是老年用户的核心诉求之一，调研中多位老年用户提

出"标题党""点开链接文不对题""谣言过多"等内容层面的短板。互联网时代，资讯信息的发布"去中心化"特征显著，信息数量庞大，资讯编辑及运营者易在利益驱动下追求抢占头条的时效，再加上老年用户自身网络素养有待提升、主动识别谣言的能力较弱，非常容易陷入营销套路。"适老化"改造是一个双向互动的过程，既要根据老龄人的实际需求进行产品改造，也要依据产品的发展规律适时引导老年人群的使用行为。一方面，借助科学与技术的发展，发挥机制建设的作用形成外部约束。从资讯内容行业发展的现状来说，完全清除、立马改变"标题党""信息泛滥"现象不现实，可考虑从技术层面，引入科学的算法筛选不规范、失真的信息，并建设黑名单制度，一旦被贴上发布不实信息的标签，就会公开显示并将影响运营方未来的资讯发布；另一方面，助力老年群体提升识谣鉴谣的能力非常必要，受老年群体健康状态、学历水平、职业经历、家庭居住状态等差异的影响，不同类别老年群体的识谣鉴谣能力参差不齐。因此，可针对老年群体开展信息"标题党"等失实内容的投诉制度与渠道方法的教育与培训，鼓励并引导老年用户充分发挥主观能动性，主动举报混乱失实的信息，共同建设真实可靠的传播环境。

（五）优化个性化推送技术，在满足老年用户兴趣偏好的同时妥善关注"信息茧房"问题

本次调研数据显示，老年网民关注的资讯主题分布广泛，居前五位的资讯主题为社会热点（57.5%）、健康与保健养生（47.6%）、时事政治（47.5%）、技能/生活窍门（40.2%）与美食（39.4%）。部分老年网民根据自身兴趣偏好选择订阅功能，但部分老年网民却表示在使用资讯产品过程中出现内容过多过杂的问题。一方面，个性化定制资讯的功能仍需在老年群体中予以宣传与普及，依据个体的不同需求类型实现精准的差异化投放；另一方面，部分老年网民在调研中提出"信息茧房"问题，即资讯内容过于同质化，只看到自己感兴趣的内容导致视野狭窄。这对算法技术的优化提出更高要求，未来随着VR技术、AR技术、人工智能技术的发展，对老年群体资讯产品的使用或将注入新的可能。

155

参考文献

杨镇源等：《资讯类移动阅读的适老性体验研究》，《声屏世界》2021 年第 1 期。

陈建飞：《党媒 App 适老化改造路径探讨》，《传媒评论》2021 年第 10 期。

靳永爱、赵梦晗：《互联网使用与中国老年人的积极老龄化——基于 2016 年中国老年社会追踪调查数据的分析》，《人口学刊》2019 年第 6 期。

调查篇

Investigation Reports

B.9

2021年中国乡村短视频发展报告

李明德 史 楠*

摘　要： 乡村短视频对于推广乡村文化、促进乡村经济发展有重要意义。本文从"乡村振兴"战略背景出发，在深入剖析 2021 年乡村短视频发展现状与现实表征的基础上，探明乡村短视频面临着严重同质化问题，价值引导不足；过度迎合受众，乡村形象受损；个体品牌凸显，区域联动不足以及转型急功近利，背离创作初衷等困境。为此，应从提升内容品质，强化价值引导；加强监管培训，传播健康形象；优化品牌建设，形成规模效应；助力良性转型，坚守乡土意识等方面助推乡村短视频健康发展。

关键词： 乡村短视频　电商直播　乡村振兴

---

* 李明德，博士，西安交通大学新闻与新媒体学院教授、博士生导师，主要研究方向为新媒体与社会治理、新闻传播与舆论引导；史楠，西安交通大学马克思主义学院博士研究生，主要研究方向为新闻传播与舆论引导。

乡村短视频通常指时长在五分钟以内，以乡村生活、乡村文化、乡村景色、助力乡村产品销售为创作主题的视听作品。① 乡村短视频作为全面展现乡村特色生活、充分带动乡村经济发展、实现农民多元自我价值的重要方式，对助力乡村振兴有着关键作用。2021 年中央一号文件《全面推进乡村振兴　加快农业农村现代化》明确指出，把乡村建设摆在社会主义现代化建设的重要位置，全面推进乡村产业、人才、文化、生态、组织振兴，充分发挥农业产品供给、生态屏障、文化传承等功能。本文立足于全面脱贫与乡村振兴的衔接之年，从内容创意生产、创作平台、用户、监管方等角度，对2021 年乡村短视频生态发展现状及特征进行研究，剖析乡村短视频发展面临的具体瓶颈，对于促进乡村短视频发展、强化乡村振兴战略的落实具有积极的现实意义。

一　乡村短视频生态发展概况

（一）创作主体：保持活力，创作数量呈爆发式增长

第 49 次《中国互联网络发展状况统计报告》显示，截至 2021 年 12 月，我国短视频用户规模已达 9.34 亿，成为继即时通信后网民使用率排名第二的互联网应用。② 短视频以表达力强、创作门槛低、影响力广泛的特点吸引了众多乡村网民的使用。与此同时，当前农村地区的互联网普及率已达57.6%，随着短视频头部平台"抖音"App 的用户定位调整与市场定位逐渐下沉，越来越多的网民通过拍摄短视频的方式来展现美好乡村风貌、记录幸福乡村生活、传承特色乡村文化，乡村短视频的创作市场日益活跃，乡村短视频的创作者与作品数量大幅增加。2021 年快手乡村短视频高达 2 亿条，

---

① 曾润喜、莫敏丽：《面向乡村振兴战略的"乡村短视频+"可持续发展路径研究》，《中国编辑》2021 年第 6 期。
② 《CNNIC 发布第 49 次〈中国互联网络发展状况统计报告〉》，http：//www.cnnic.net.cn/hlwfzyj/hlwxzbg/hlwtjbg/202202/t20220225_ 71727.htm，2022 年 2 月 25 日。

创作者数量较 2020 年突增 60% 以上，视频日均播放量超 10 亿次；[1] 抖音乡村短视频也较上年增加了 3458 万条，获赞超过 35 亿次，[2] 日均播放量高达 42 亿次，其中粉丝量过万的乡村短视频创作者已经达到 4 万名。[3] 通过"巨量算数"平台检索发现，2021 年以"乡村"为关键词的短视频内容指数（由关键词及相关内容的文章/视频数量加权求和得到）达到了 3795858，比 2020 年提升了 70.29%。由此可见，无论从创作者数量还是从作品数量来看，当前的乡村短视频领域活力都高居不下，正处于快速发展的黄金时期，爆发式增长态势显著。

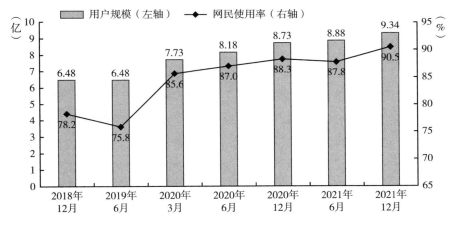

图 1 短视频用户规模和网民使用率

（二）平台：多方联动，助推乡村短视频发展

党的十九大报告指出，农业农村农民问题是关系国计民生的根本性问题，必须始终把解决好"三农"问题作为全党工作的重中之重，实施乡村

---

① 《拥抱幸福乡村——2021 快手三农生态报告》，快手微信公众号，2021 年 12 月 24 日。
② 《抖音乡村数据报告》，抖音 App 微信公众号，2022 年 2 月 14 日。
③ 《这些农村短视频，为什么戳中了我们？》，https://baijiahao.baidu.com/s? id = 17233890 39724494362&wfr=spider&for=pc，2022 年 1 月 30 日。

振兴战略。① 2021 年 6 月 1 日,《中华人民共和国乡村振兴促进法》正式实施,全面加快推进乡村振兴策略不仅是政府部门的工作重点,更需要包括平台、作者等在内的多方默契配合打好"组合拳"。其中相关短视频平台就陆续发布了各种针对性的专项计划来响应国家战略:"抖音"平台就推出"新农人计划 2021",一方面通过虚拟产品奖励、优先推荐等方式,鼓励粉丝量大于 1 万的短视频作者主动记录、创作和发布关涉乡村"标签"与"话题"的各类作品,大力传播和呈现乡村生活;另一方面大力倡导关涉"三农"问题的科技人员、基层组织与社会组织相关人员作为创作主体积极入驻抖音,并提供专项激励政策,以此丰富和提升乡村短视频的体量与质量。"快手"平台则是通过特色活动的举办来提升社会对乡村生活的关注度。2021年底"快手"发起"我的乡村我的家"视频挑战赛活动,邀请了大量当红艺人对活动进行广泛宣传,还邀请了众多经验丰富的"大 V"亲自为有意成为乡村短视频创作者的人员进行相关的内容制作、剪辑表达、流量变现、直播带货等技术性指导和课程讲解培训。本次活动吸引了海量用户关注,参赛作品超过 3.7 万件,播放量突破 20 亿次,有力展现了不同乡村地区的风土人情和美丽景色,也挖掘了一大批潜在的优质乡村短视频创作者,极大地推动了乡村短视频市场的进一步繁荣。

(三)用户:中龄为主,受众喜爱程度逐步升高

2021 年,乡村类题材的短视频内容愈发受到用户喜爱。2021 年"快手"平台的乡村兴趣用户达到了 2.4 亿。而 2021 年"抖音"平台对涉农类短视频感兴趣的用户占比为 87.3%,达到 5.8 亿,较上年提升了 14.6%,②账号粉丝"过万"的乡村短视频创作者数量同比增长了 10%。其中记录东北农村生活的"张同学"、以 1.3 米视角展现广西美食的老小孩"康仔农人"等头部主播,其粉丝量在一年内达到千万级;还有"潘姥姥""农村黑

---

① 《习近平强调,贯彻新发展理念,建设现代化经济体系》,http://www.xinhuanet.com//politics/2017-10/18/c_ 1121820551.htm,2017 年 10 月 18 日。
② 中国广视索福瑞媒介研究(CSM):《2021 年短视频用户价值研究报告》,2021 年 10 月。

哥"等资深乡村创作账号，2021年的涨粉数量也超过百万。乡村短视频粉丝量持续增长，表明乡村题材的短视频创作之于公众的喜爱程度不断提升，也昭示着乡村短视频发展的巨大潜力。就受众群体而言，调查发现，乡村短视频的主体受众年龄层集中在40岁及以上的中年群体，占比达到47.1%，群体中的大部分人都有着农村生活经历或受农耕文化影响较为深远。借助移动互联网技术发展和数字乡村建设的持续深化，舒缓、淳朴的田园生活能够在乡村短视频的"小屏"中得以快速构建和重现，作为一种情感纽带，不同于当前快节奏、重压力的城市生活，乡村短视频能够在很大程度上满足和唤醒用户群体内心对于舒缓、淳朴的田园生活的记忆、品位与好奇。

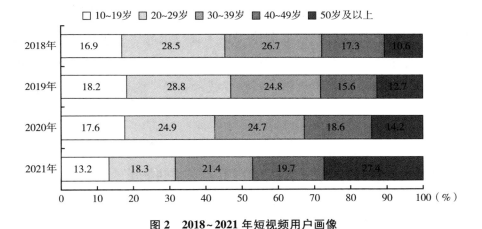

图2　2018~2021年短视频用户画像

资料来源：CSM媒介研究院"2021短视频用户调查"。

（四）产业链：政策赋能，直播电商成果丰硕

随着乡村短视频用户体量的大幅提升，"短视频+直播"在"三农"领域的影响力也日益显著，并成为助力农村地区经济腾飞的新方式。早在2018年9月，中共中央、国务院就发布了《乡村振兴战略规划（2018—2022年）》，明确提出要"充分利用电商、'互联网+'等新兴手段，加强

农业品牌市场营销"。① 在相关政策的大力扶持下，乡村短视频带来的"经济活力"得以最大程度激发，并产生了一系列丰硕成果。数据显示，2021年"抖音"电商平台销售的农产品种类达到179.3万款，"快手"平台的农产品销量超过4.2亿单，平均每2.2秒就有一场"三农"直播，50%的乡村创作者都可以通过短视频平台获得额外收益，农业电商的收入也同比增长170%，农产品销售额同比增长达到88%。②借助乡村短视频的创作与传播平台，农产品电商销量得以大幅提升，既往传统媒体时代下的农产品知名度低、传播力弱等问题得到极大缓解。此外，"作者直播打赏""农业知识讲解""平台流量分成"等也已经成为广大乡村短视频创作者的重要创收方式，比如"抖音"平台上一则"果树嫁接"的短视频短时间内就获得317万次点赞，"乡村大师课"播放量高达9.9亿次，其带来的线下经济效益十分可观。总体而言，在技术与政策加持下的"乡村短视频+"，正在成为我国农产品销售、农业技术普及、农民文化素养提升的重要途径。

二 乡村短视频生态发展特征

（一）创作主题趣味化

使用与满足理论认为，社会因素和心理因素等使得个体和群体产生需求，而这些需求也引发了他们对于媒介的期待，这种期待又导致了不同类型的媒介接触，最终产生满足需求或其他的结果。③《融合媒体时代短视频内容产业报告2021》显示，47.2%的用户观看短视频的主要原因是"有趣"

---

① 《中共中央　国务院印发〈乡村振兴战略规划（2018—2022年）〉》，http://www.moa.gov.cn/ztzl/xczx/xczxzlgh/201811/t20181129_6163953.htm，2018年9月26日。
② 《拥抱幸福乡村——2021快手三农生态报告》，快手微信公众号，2021年12月24日。
③ Blumler, J. G. & Katz, E., *The Uses of Mass Communications: Current Perspectives on Gratifications Research*, Beverly Hills: Sage Publications, 1974.

和"愉悦心情"。而高度诙谐、幽默的趣味化主题创作,也是当前乡村短视频发展生态中最显著的特征。比如,湖南永州的"张焱"就常常通过戏剧化的剧情创作,辅以"干啥啥不行,挨揍第一名"的魔性口号,竭力展现与父亲农家生活中各种啼笑皆非的日常情景,深得用户喜爱,短视频点赞量高达4590.7万次;江苏淮安的"HA金城武"则以"婆媳关系"在农村地区的呈现为主题进行创作和幽默演绎,并辅以淮安方言突出地域特色,也吸引了216.8万粉丝关注;还有"快手"平台主打"五毛"特效和角色扮演的账号"3锅儿";等等。同时,趣味化主题短视频对于内容脚本要求相对较高,而对于拍摄手法技术以及设备等没有过高要求,符合乡村博主的实际创作情况。这些"小制作但大成效"的强趣味性短视频,已经成为吸引公众关注、满足公众对乡村生活猎奇心理的重要"卖点",也是当前乡村短视频市场持续活跃的重要因素。

(二)创作内容连续化

乡村短视频为避免日复一日记录生活的单调,视频内容往往具有连续性。非同于电视剧每日需要固定、较长时间观看,轻量化的乡村短视频内容充分利用了用户的碎片化时间;同时,互动仪式链理论认为,互动是社会动力的来源,内容连续化则加强了创作者与用户之间的互动,进一步打造"符号"认同,提升共享情感体验。湖南邵阳籍乡村短视频账号"牛爱芳的小春花"作为创作内容连续化的代表,在账号中记录了夫妻二人每日修建住房的进度,网友纷纷感叹仿佛也参与了建房全过程。另一则记录家中牛丢失的视频也引发网友密切关注,该条视频获得177.7万次点赞量,7万条评论询问牛是否找回。无独有偶,早期乡村创作者"乡村小乔"从2021年开始在视频中加入自己的恋爱经过,并在婚礼当天进行全程直播,取得了不俗的反响。创作内容的连续性既提升了用户黏性也拉近了博主与粉丝之间的距离、大大提升了用户的参与度,同时也为创作素材的储备量和按时更新提供了保障。

（三）创作主体多元化

随着智能手机和移动互联网技术的强力渗透，不同年龄阶段的数字鸿沟也逐渐缩小。数据显示，乡村短视频创作者在各年龄阶段皆有分布；年长者有年过80的"川味严太婆"细心讲解川菜的制作过程，较为年轻的则有被称为"最美拖拉机女孩"的"95后""麦小登"，记录着自己与父亲努力奋斗的乡村生活。乡村短视频创作主体不仅年龄分布广泛，来源也遍布各行各业。在"快手"平台，有大学毕业后回到家乡的"江苏小苹果（陈厚武）"讲授果树种植课程，也有初中毕业但技艺超群的"电器搬运工小董"线上教授粉丝如何修理拖拉机，还有气象专业人员"天气守望者"指导农民依据天气进行农业生产、分享农业技术知识。创作主体们从不同的行业背景出发，充分发挥自身优势，助力解决农业生产中的基本问题，为支农、兴农贡献一分力量。在"抖音"平台，"Rose"以非洲媳妇在乡村的视角讲述自己热爱中国农村生活、努力成为"乡村守护人"的过程；"苗家阿美"将湖南湘西凤凰乡村的美景留存于画面中；"乡野丫头"身着侗族民族服饰，记录着侗族简单的乡村生活；创作主体家乡的多样性既可促进短视频更加全方位、立体化地展现中国不同地区乡村生活的特色之处，又可提升乡村短视频内容的丰富性。

（四）用户兴趣生活化

2018年，"抖音"平台将slogan"让崇拜从这里开始"更改为"记录美好生活"；2020年，"快手"平台宣传语从"看见每一种生活"变换成"拥抱每一种生活"。看似两大短视频巨头宣传语"撞车"，实则都将"生活"置于重要位置，突出短视频的生活属性。而用户兴趣生活化也成为乡村短视频生态的重要特征，相比于农业机器维修和剧情创作等，用户更爱点赞记录田园生活、渔人生活等类型的视频。其原因在于，一方面，田园生活和渔人生活都较为真实地反映了乡村群体的日常状态，不掺杂任何表演以及戏剧化的夸张。另一方面，用户在现实生活中受到固定圈层的限制，不能接触到更多的生活方式，而记录生活类型的视频让用户看到了世界的多样性，满足其好奇心理。点赞此类视频也表达了用户对于乡村生活的向往以及对于主人公生活态度的赞许。用户兴趣生活化还体现在花卉、园艺是乡村兴趣用户最爱评论和分享的内容。花草等内容贴近用户的日常生活，用户通过评论区和博主分享、交流植物种植的经验，从而提升粉丝黏度。

（五）监管条例规范化

在短视频平台发展初期，由于技术不够完善、平台监管力度较弱等原因，低俗、恶搞、暴力等视频层出不穷；伴随着人工智能、图片识别技术的不断进步以及政府部门对网络空间的管理加强，相关监管条例逐步标准化。2021年3月，国家市场监督管理总局出台《网络交易监督管理办法》，规范了网络交易的市场秩序，对农产品的销售方式也进行了合理规定。12月，中国网络视听节目服务协会发布《网络短视频内容审核标准细则》（2021），明确规定拍摄短视频不能涉及的具体内容，对视频中呈现的人物造型也划定红线要求。监管条例的不断规范有利于营造清朗的网络空间，同时也有效地剔除乡村短视频中的"糟粕"，为优质短视频的广泛传播提供更多机遇。

三　乡村短视频发展困境

（一）同质化问题严重，价值引导不足

目前，创作者不断向平台涌入，乡村短视频领域的竞争愈加激烈，致力于优质原创内容的打造已成为乡村短视频行业发展的必由之路。而乡村短视频内容主要围绕乡村生活、乡村文化、乡村景色、助力乡村产品销售四个方面，内容创作题材在一定程度上受到限制，创作内容易趋于同质化。尤其是当某一类"现象级"乡村短视频出现，相似内容比比皆是，如"张同学"爆火后，模仿其拍摄手法、音乐背景、内容脚本的"李同学""王同学"纷至沓来。同质化内容必然会引发用户审美疲劳，继而降低对乡村短视频的喜

爱程度。内容同质化同时也是 UGC 生产模式弊端的表现，当乡村短视频过多依赖创作者自己生产的原创内容时，视频内容、质量等就会受到创作者水平较低、设备不先进等方面的影响，从而导致同质化问题显现。同时，仅是简单记录生活，并未提升其价值意蕴也是引发乡村短视频内容同质化的重要原因。短视频应用在农村地区的营销策略过度宣传其商业利益性，而忽视自身文化内涵的传递，以至于目前乡村创作者只关注到短视频给生活带来的红利，未能发掘自身话语权的表达以及自我价值的提升。

（二）过度迎合受众，乡村形象受损

一方面，在贩卖流量的短视频市场中，为了在短时间内获取流量，创作者往往选择根据用户喜好来拍摄视频，但过度迎合不仅难以收获流量还会造成乡村形象受损。例如，部分乡村创作者为迎合用户对于搞笑类短视频更深层次的追求，在视频表现形式上过度夸大，使用过分夸张的语言和笨拙的身体动作将农民刻画成愚昧、落后、懒惰的形象，进而影响了社会群体对于乡村正确的认知，甚至对乡村印象产生污名化。一则以"农村搞笑段子"为标签的视频，通过模仿"农村妇女"背后讲闲话的状态来取悦用户；视频利用"撇嘴""斜睨""讪笑"等动作来丑化农村女性，创作者只注重流量获取，而忽略了传播内容给乡村带来的影响。同时，当资本发现"乡村政策"背后的红利时，便会采取物质手段来操控"学识素养""媒介素养"较低的农民，提供臆想的乡村剧本来解构乡村真实状态。另一方面，在以往文学作品和影视作品中，乡村往往以"脏、乱、基础设施不完善"的样貌出现。乡村创作者为逢迎公众关于乡村的"刻板印象"，有意将乡村刻画成贫穷、破烂不堪的状态。和传统媒介塑造"拟态环境"距离感的不同，短视频剪辑素材多来源于日常生活，所构成的"拟态环境"更具真实感，对乡村形象的损害尤为严重。

（三）个体品牌凸显，区域联动不足

自媒体时代相较于传统媒体而言，社会资源配置更加分散，"去中心

化"的传播方式为边缘群体提供自我表达的机会，诸如"川香秋月""嫩哥的养蜂江湖""秦巴奶奶 秦巴忆味"等个人特征明显、品牌特色显著的乡村短视频创作者脱颖而出，收获众多粉丝，也为创作者本人带来可观的经济效益。但这些个体品牌的成功建设并未及时转化为代表性经验加以推广和形成规模效应，更未带动乡村周边区域的联动式发展。这就在一定程度上限制了乡村短视频经济效益的线下转化，也不利于乡村短视频在乡村振兴中角色作用的重要发挥。粉丝高达1901.7万的"乡愁"不仅根据家乡特色茶叶创作"丹心可鉴"品牌，还带动全村人共同投入产品制作的各个环节，带领乡亲共同致富。因此，在持续强化头部乡村短视频品牌建设的同时，如何最大程度地发挥优质乡村短视频账号的品牌示范效应、构建特色显著的品牌识别体系、打造和培育与品牌密切相关的乡村产业发展机制，才是以品牌建设促进乡村短视频可持续变现与增值的长久之计。

（四）转型急功近利，背离创作初衷

乡村短视频创作者在账号创建之初，内容、定位均与"三农"相关。但收获一定粉丝量后，部分乡村短视频创作者受到利益或物质的诱惑，迫切希望将粉丝和流量转换为收入，继而选择非农产品直播带货，转向市场化运营，背离创作本心。这种行为一方面容易导致博主个人形象"塌方"，不利于用户黏性强化，大量脱粉，品牌价值急剧下跌，削弱账号影响力；另一方面，过早地进行非农产品销售和转型会直接影响相关农产品经济效益的现实转化，甚至形成"失范"效应，影响乡村产业经济大局。如粉丝量千万级乡村短视频博主"牛爱芳的小春花"在2021年10月30日开启直播带货首秀，共有2738万用户观看，商品销售额达2000万元，然而带货内容皆为厨房家电，与其视频中营造的山区淳朴农民形象格格不入。这场直播让"牛爱芳的小春花"掉粉100多万，粉丝表示期望可以售卖家乡特色产品而非其他非农产品。调查发现，许多乡村短视频博主的橱窗链接、直播带货内容脱离农副产品的主要原因：一是博主本人难以确保农副产品质量的可靠性与稳定性，为规避主体责任而放弃；二是囿于不同地区

农业技术、交通状况等其他因素影响，当地农业发展滞后、未能形成或发掘出特色产品，相关的经济效益和品牌建设都十分有限；三是博主仅仅专注于乡村短视频内容的创作和呈现，忽略或缺少相关的直播带货技能与经验，未能实现线下农产品经济效益的实际转化。因此，要从政府扶持、技术指导、资源挖掘整合等多重维度支持、培育、吸引和鼓励更多的乡村短视频博主坚守初心，持续在"三农"领域进行多元而专业的作品创作、内容深耕与产业拓展。

四 乡村短视频发展趋势

（一）提升内容品质，强化价值引导

"技术"+"商业"是乡村短视频天然的双重属性，要实现乡村短视频的长远发展，最大程度助力乡村振兴建设、优化乡村振兴成效，就必须持续提高乡村短视频的内容质量，不断强化价值引领。要树立精品意识、建立扶持机制，鼓励创作者在内容甄选、主题创意、表达风格等方面坚决走出简单粗放的生产"桎梏"，深入挖掘和呈现各种优质的乡村文化与乡土资源，充分利用多样先进的拍摄技术和丰富多元的剪辑技巧，持续提升乡村短视频在内容建设、表达风格及呈现方式上的原创性和创新性。同时乡村短视频创作者必须坚守积极、正向的创作方向，要在充分调研和了解公众兴趣的基础上，努力创作既彰显社会主义主流价值导向、教育意义显著，又契合日常精神文化需求、群众喜闻乐见的短视频作品，助力乡村文化振兴战略的有效落实。

（二）加强监管培训，传播健康形象

当前乡村短视频已经进入高速发展期，技术水平和用户基础都在不断提升，但其低创作门槛、强感染力的特点，也使得盲目追求新奇与怪异、宣扬

封建落后思想、触碰社会道德底线的现象层出不穷。① 同时作品的同质化、跟风化和庸俗化倾向严重，部分创作者为求一己私利，不惜以低俗恶搞、炒作杜撰等方式刻意迎合少数市场需求、取悦个别低级趣味，甚至僭越法律红线。这不仅与国家繁荣农村网络文化、引领乡村文明建设的部署不相适应，更容易造成审美疲劳，是对乡村形象的巨大损害。因此有必要进一步强化乡村短视频的内容审核机制和创作人员的业务培训力度，通过法规条例、举报制度等"硬性"措施，严厉打击低俗、媚俗、庸俗化作品的生产和流传，维护好乡村短视频的质量底线；同时还要就近依托高等院校、政府宣传和平台机构等相关资源，积极采取有关乡村文化传播培训、短视频剪辑技术教学以及账号运营交流等一系列"柔性"举措，持续强化乡村短视频的人才队伍建设，为短视频中健康、正向的乡村形象建构，搭建融洽的法治、德治创作氛围。

（三）优化品牌建设，形成规模效应

当前乡村短视频的发展多点开花，立足当地资源、借助平台流量，诸如"李子柒""蜀中桃子姐"等众多个性鲜明的乡村短视频品牌不断涌现，甚至造就了一大批百万级乃至千万级的爆款"网红"。但整体而言，绝大多数乡村短视频的品牌建设和宣传意识仍然较为薄弱，未能形成持续性或规模化品牌传播效应与带动效应，在助力乡村周边地区发展方面还有极大潜力可以挖掘。因此，乡村短视频创作者在进行作品制作时一方面要注意加强品牌宣传意识，不断打造和构建独特的品牌识别体系，持续扩大和巩固品牌的知名度，以提升用户黏性；另一方面要不断完善利益联结机制，通过对当地乡村和周边地区特色农业产业资源与文化资源的深度挖掘和整合，借助品牌化乡村短视频的平台渠道优势、搭建共享平台，有效实现政府、企业、电商、农户及消费者等众多角色的有机对接，并形成颇具影响力的"规模化"特色

---

① 王颖吉、时伟：《类型、美学与模式：乡村短视频内容生产及其创新发展》，《中国编辑》2021年第11期。

品牌经营。① 这有利于实现乡村短视频内容的可持续变现、稳定性存续和长期性增值，助力乡村产业建设和实体经济发展。比如，湖北省土家族苗族自治州巴东县的"@张周清"立足当地特色资源，长期致力于深耕乡村短视频品牌建设，并成为百万级"抖音网红"，从此"方圆五十里的土豆都不再发愁销路"，有力地推动了当地经济发展。

（四）助力良性转型，坚守乡土意识

乡村短视频的繁荣发展是一把"双刃剑"，在满足公众表达欲望、创造额外收益甚至成为新时代农民日常生活的"新农具"与"新农活"的同时，商业资本力量的强势介入，也时常会对乡村短视频博主天然的质朴创作生态以及乡村短视频受众真挚的原始念乡情结形成强烈冲击和破坏。因此，有必要从政策支持、资本规制、资源整合和技术指导等多层面着手，助力一部分乡村短视频博主实现良性转型的同时，更多地吸引、鼓励和保护乡村短视频创作者在"三农"领域持续深耕细作和长期坚守初心。首先，政府层面要尽可能地联合农业、宣传、商务和监管等多个部门，因地制宜地出台和建立一系列针对优质乡村短视频创作人员的专项奖励基金、宣传基金和技术扶植基金，鼓励更多的创业者投入乡村短视频的相关领域中来，充分展示乡村风物、构建乡土人情；其次，要加强对外来商业资本入局当地乡村短视频，尤其是优质的品牌性视频产业的审核与监管力度，严厉打击不良资本收编与过度的商业包装，谨防乡村短视频创作陷入"娱乐至死"的歧途；最后，当地企业、政府部门、农民群体、电商平台以及乡村短视频博主等多个主体要坚守乡土意识，协同合作、各显所长，帮助运营不善的乡村短视频及时改造升级，更要因地制宜地开发、深耕和重组各类特色农业资源，助力乡村短视频线下经济与社会效益的双丰收。

---

① 曾润喜、莫敏丽：《面向乡村振兴战略的"乡村短视频+"可持续发展路径研究》，《中国编辑》2021年第6期。

五 结语

2022 年中央一号文件《中共中央　国务院关于做好 2022 年全面推进乡村振兴重点工作的意见》提出，鼓励各地拓展农业多种功能、挖掘乡村多元价值，重点发展农产品加工、乡村休闲旅游、农村电商等产业。当前"技术"+"商业"的乡村短视频在带动乡村旅游、助力农产品销售、丰富农民文化生活等方面发挥的作用日益凸显，但也存在内容相似、叙事夸张、示范效应不足等问题。未来乡村短视频的发展需要在主流价值引领、技术内容监管、特色品牌塑造、传播效果反馈等领域进一步深耕细作、精准发力，从而为乡村振兴战略的落实和农业农村现代化建设的推进添砖加瓦。

参考文献

曾润喜、莫敏丽：《面向乡村振兴战略的"乡村短视频+"可持续发展路径研究》，《中国编辑》2021 年第 6 期。
王颖吉、时伟：《类型、美学与模式：乡村短视频内容生产及其创新发展》，《中国编辑》2021 年第 11 期。

B.10
2021年中国公民数字素养研究报告

欧阳日辉　杜文彬*

摘　要： 党和政府高度重视提升国民数字素养，提出到2025年，全民数字化适应力、胜任力、创造力显著提升，全民数字素养与技能达到发达国家水平。在数字经济生活方式的驱动下，2021年我国国民数字素养得到了全社会的关注，在实践中，体现为"信息无障碍"建设提速、青少年数字伦理教育有待加强、防止老年人群体内部数字素养鸿沟加深、各行各业对员工数字素养要求提高等。在政府层面，中央政府大力推动数字素养培育，地方政府在数字城市、乡村振兴建设中重视数字素养，街道社区成为政府提升公民数字素养的重要阵地。在学术界，乡村居民和老人群体的数字素养成为研究热点，社区图书馆、高等教育、中小学教育的相关数字素养研究逐渐受到重视。总体而言，我国公民数字素养提升需要在欠发达地区、社区图书馆、弱势群体和数字伦理教育等维度予以加强，常态化开展国民数字技能教育与培训，优化国民数字素养与技能发展环境。

关键词： 数字素养　数字经济　媒介素养

数字素养是数字经济发展的要素和重要基础，提高数字素养既有利于提

---

* 欧阳日辉，博士，教授，中央财经大学中国互联网经济研究院副院长、桂林旅游学院数字经济研究院院长，主要研究方向为数字经济、金融科技、数字商务；杜文彬，桂林旅游学院商学院讲师，主要研究方向为电子商务、视觉文化、数字素养。

升国民整体素质，也有利于促进数字消费、数字生产和数字化社会发展。公民数字素养教育不足、数字素养不高，影响国民经济可持续发展和数字经济创新发展。"实施提升数字素养战略，以适应数字社会的发展进步，推动数字经济成为经济转型和创新发展的主要途径"，① 已经成为很多国家的战略选择。

一 2021年我国数字素养发展现状

（一）疫情倒逼企业提高员工数字素养

员工的数字素养高低决定企业数字化转型的层次和成败。员工的数字素养越高，企业能获得的数字化竞争优势越大。数字化不是企业的目标，转型才是企业的目标，只有转型才能带来进一步的"降本、增收、提效"，符合企业的核心利益。IBM商业价值研究院的一项调查显示，疫情摧毁了之前企业数字化转型的种种障碍，"60%的受访高管认识到了转型的必要性和机遇"。

首先，企业数字化转型在架构上有较多的实践，如无边界企业的构建、开放式企业生态系统的构建等。新形式的企业架构对员工的数字素养提出了新的要求。其次，智能化的工作流程将AI与日常任务融合，员工需要在数字环境下提高相应的能力和灵活性。最后，数据资产成为企业核心竞争力的基础。大量数据的实时获取和洞察，智能决策模型的构建，云迁移、云管理等服务环境的出现，促使对员工数字素养的要求再度提高。

数字化员工或者具有较高数字素养的员工在面对数字工作环境时，能充分发挥数字的"复制、链接、模拟、反馈"优势，从而提升企业运行效率。

---

① 《G20部长会议关于贸易和数字经济的声明（含中英文全文）》，https://news.d1cm.com/20211221134107.shtml，2019年10月15日。

相关数据显示，数字化战略成为42%的企业的核心业务基础。从"企业内部降本增效、增加市场竞争力向增加客户忠诚度、提高环境适应能力、抓住未来发展机会等更多方面拓展"。①

2021年Adobe Max大会上公布的数据显示，具备数字创造性技能的毕业生在初次就职时起薪可提高16%，后续工资涨幅高出3倍。数字创造力可以使得员工实现从内容消费者到内容创造者再到变革者的转变。Adobe通过提供工具与培训助力青年一代获得改变世界的数字知识和技能。

（二）新职业进一步促进企业数字素养提升

当今社会诞生的新职业以数字化为主要特征，如数字化顾客、数字化工作环境、数字化生产、业务数字化分析、数字化创造和数字化工具的使用。每一个侧面都对员工数字素养提出一定的要求。2021年3月人社部第四次发布新职业，② 新职业总数达到56个。这些新职业都是为了适应新技术的进步、经济的转型、数字社会的加速到来而推出的更具数字素养要求特征的职业。

（三）职业教育、成人教育发力公民数字素养提升

通过提升现有劳动者的数字素养来弥补数字化人才缺口，为此，职业教育、成人教育在数字资源供给、数字学习体系设计两方面全力布局。传统的职业教育在数字技能教育方面的数据资源较为丰富。但随着5G、物联网、AI、区块链、AR等新技术逐步投入商用市场，新涌现的直播经济、数字货币、宅经济、元宇宙等新的经济业态，对数字教育资源提出了全新要求。

面对国家数字化转型以及企业数字化人才缺口的现状，专注于IT职

---

① 《2021中国数字企业白皮书——四年（2018—2021）对标篇》，《中国工业报》2021年12月21日。
② 本处是指自《中华人民共和国职业分类大典（2015年版）》颁布以来第四次发布。

业教育的达内教育联合 20 多万家企业，合作构建数字化人才培养系统。恒华科技布局电力、水利、交通等垂直行业的数字化转型发展，打造以 BIM 平台为核心的五大业务体系，全方位构建数字教育体系，为行业提供各项培训、认证等服务，有效提升企业数字素养。传智教育则结合自身多年的 IT 培训资源和经验与各行业对数字化人才发展的需求，全力研发相关线上课程帮助劳动者实现自我数字素养的提升。正元智慧则基于多年智慧化整体解决方案建设的经验，积极探索职业教育智慧化平台的建设，助力职业教育数字化转型。

2022 年两会期间九三学社提交关于尽快实施职业教育数字化战略的提案，建议将数字素养作为强制性要求列入各种证书考评标准，建设服务于全民数字素养提升的终身学习技能培训在线平台。

（四）各高校加快数字资源建设

数字教材、数字专业、数字学科建设，是数字社会教学改革的必然需求，是高校打造终身数字学习体系的基础。目前高校都在集中精力进行数字教材资源建设，未来将会进行专业数字化转型以及学科数字化建设，以适应数字社会的需要。

2021 年上海市教委对教育数字化转型进行了规划。[①] 上海交大尝试全面数字化的跨领域交叉培养，全校任一专业学生从本科开始都能够接触到云计算、AI 计算等最先进的计算思维，这样一种理念融合为学生在数字社会的发展提供了无限可能。华东师范大学通过打造"水杉在线"学习与创作全链路云学习平台，打破传统课堂与校园的物理壁垒，使得知识普及更加高效，致力于"全民计算机科学教育"的目标。

---

① 上海市教育委员会：《上海市教育数字化转型实施方案（2021—2023）》，https：//edu. sh. gov. cn/cmsres/08/08048477da944a7b8dcc4b651cdd9ecf/2a129003c5240f56a8a6e6dd09b 13357. pdf，2021 年 9 月 17 日。

二 各级政府积极推进数字素养发展

（一）政府大力推进公民数字素养提升

2021年3月，国务院发布的"十四五"规划纲要①明确提出"普及提升公民数字素养"，各部门相继推出关于"数字素养"的相关文件及举措（见表1），② 凸显出我国对这一问题的重视程度。

表1 关于"数字素养"提升的相关政策及举措

序号	部门	时间	主要内容
1	教育部、工业和信息化部等五部门	2021年2月	《关于大力加强中小学线上教育教学资源建设与应用的意见》
2	中共中央、国务院	2021年2月	《关于加快推进乡村人才振兴的意见》
3		2021年2月	国家乡村振兴局成立
4	中华人民共和国中央人民政府	2021年3月	《中华人民共和国国民经济和社会发展第十四个五年规划和2035年远景目标纲要》
5	工业和信息化部	2021年4月	《互联网网站适老化通用设计规范》和《移动互联网应用（APP）适老化通用设计规范》
6	人力资源和社会保障部	2021年4月	《提升全民数字技能工作方案》
7	国家乡村振兴局	2021年9月	《数字乡村建设指南1.0》
8	中央政治局	2021年10月	习近平主持中央政治局第三十四次集体学习
9	中央网信办	2021年11月	《提升全民数字素养与技能行动纲要》
10	中共中央、国务院	2021年11月	《关于加强新时代老龄工作的意见》
11	国务院	2021年12月	《"十四五"数字经济发展规划》
12	中央网信办、农业农村部等十部门	2022年1月	《数字乡村发展行动计划（2022—2025年）》

---

① 《中华人民共和国国民经济和社会发展第十四个五年规划和2035年远景目标纲要》，http：//www.gov.cn/xinwen/2021-03/13/content_5592681.htm，2021年3月13日。
② 文件采集时间段2021年1月至2022年3月。

续表

序号	部门	时间	主要内容
13	中共中央、国务院	2022 年 2 月	《关于做好 2022 年全面推进乡村振兴重点工作的意见》
14	中央网信办、教育部、工业和信息化部、人力资源和社会保障部	2022 年 3 月	《2022 年提升全民数字素养与技能工作要点》

资料来源：政府网站公开收集。

　　2021 年，在社会数字化转型的驱动下，各级政府逐渐意识到公民数字素养提升的重要性，相关政策、法规、文件、措施及发展建议等相继发布，覆盖面逐步扩大，顾及细节逐步深入（见表 2）。①

表 2　地方政府关于"数字素养"相关举措

序号	发布省份	发布时间	主要内容
1	浙江	2021 年 2 月	浙江省召开全省数字化改革大会发布《浙江省数字化改革总体方案》
2		2021 年 2 月	宁波市教育局召开"数字教育"工作部署会
3		2021 年 3 月	绍兴人大审议通过《绍兴人大数字化改革实施方案（2021—2025 年）》
4		2021 年 4 月	杭州西湖区科协印发《指尖上的科学——提升全民数字技能科普读本》，推出长者智能手机培训班计划
5		2021 年 6 月	浙江桐庐举办数字化领导力专题研修班，提升领导干部数字素养
6		2021 年 7 月	杭州萧山区发布《数字乡村建设实施方案》
7		2021 年 7 月	杭州临安举办领导干部数字化改革能力提升培训班，塑造智慧"天目"品牌

---

① 本文通过关键词"数字素养"在各地政府网站收集相关信息，政策文件收集时间段为 2021 年 1 月至 2022 年 3 月。

续表

序号	发布省份	发布时间	主要内容
8	浙江	2021 年 8 月	温岭市人大审议通过《人大数字化改革行动方案》
9		2021 年 9 月	浙江省委提出"大力提升干部数字素养"
10		2021 年 9 月	德清县人民政府关于印发《德清县数字政府建设"十四五"规划》
11		2021 年 12 月	嘉兴市局举办全市系统基层所长数字化能力素养提升培训班
12	上海	2021 年 4 月	上海市教育委员会关于印发《关于推进本市老年教育数字化发展的意见》,实施"双百双千"计划
13		2021 年 7 月	上海市政府发布《推进上海生活数字化转型 构建高品质数字生活行动方案(2021—2023 年)》
14		2021 年 10 月	上海市政府发布《上海市全面推进城市数字化转型"十四五"规划》
15	内蒙古	2021 年 4 月	乌海市颁布"提升老年人支付服务便利化工作实施方案"
16	云南	2021 年 6 月	云南大理州颁布《大理州数字经济发展咨询专家库管理暂行办法》《数字大理项目建设指导意见》《大理州公共数据管理暂行办法》《大理州公共数据归集实施方案》,全面开启"数字大理"建设
17	山东	2021 年 7 月	山东省发布《山东省"十四五"数字强省建设规划》
18	江苏	2021 年 7 月	江苏省发布《江苏省"十四五"数字农业农村发展规划》《省农业农村厅贯彻落实〈关于高质量推进数字乡村建设的实施意见〉行动方案》
19		2021 年 7 月	全省数字农业农村工作会议
20		2021 年 12 月	苏州工业园区大数据管理局主办数字政府专题系列讲座
21		2022 年 2 月	无锡市大数据管理局主办,市大数据协会承办的"数字小先锋——数字素养提升冬令营"
22	四川	2021 年 8 月	成都龙华区开展数字龙华建设
23		2021 年 9 月	龙华区福城街道召开数字化转型发展动员大会
24		2022 年 1 月	成都成华区首个数字素养教育服务站在仙韵社区揭牌
25		2022 年 2 月	旺苍县加快数字乡村建设助力"三农"振兴
26	河北	2021 年 9 月	石家庄政协关于推进石家庄城市数字化转型的建议
27	甘肃	2021 年 10 月	甘肃省人民政府关于加强数字政府建设的意见
28		2022 年 3 月	白银市 2022 年提升全民数字素养与技能工作要点

序号	发布省份	发布时间	主要内容
29	福建	2021年12月	福建省福州市开展"10点钟课堂",推行网络适老措施
30		2021年12月	2022年度厦门市学生信息素养提升实践活动
31	广东	2021年11月	广州禅城区全面推进城市数字化转型
32	广西	2022年1月	广西政府颁布《广西数字经济发展规划(2018—2025年)(2021年修订版)》
33	北京	2022年2月	北京朝阳区跨越数字鸿沟——社区数字素养教育示范项目

资料来源:政府网站公开收集。

(二)数字素养提升已成各地政府建设数字城市的共识

公民数字素养直接关乎城市数字化转型的质量,既是数字社会带给各地发展的新机遇,也是各地政府数字化转型、数字治理、避免数字社会新风险的必然要求。城市的数字化转型基于主导要素的变化,公民数字素养对技术更新换代有着抉择作用,从而作为提升性动力因素对城市数字化转型产生影响。数字社会的到来从另一角度可以理解为公民数字素养提升的结果,二者具有同一性。现阶段如何继续深化城市数字化转型是摆在各地政府面前比较迫切的问题,提升公民数字素养自然就成为解决这一问题的突破口。2021年10月赛迪顾问指出"低碳发展、创新保障、社会服务将是社会数字化转型的关键发力点",[①] 这三个一级指标都直接与公民的数字素养正相关。

从具体行动来看,浙江省通过构建"1+5+2"工作体系推出全省数字化转型方案,其中的"数字社会综合应用、数字法治综合应用,以及未来社区"[②] 等核心业务场景对提升公民数字素养有着积极的促进作用。上海市通

---

① 赛迪顾问股份有限公司:《2021中国城市数字化转型白皮书》,http://www.mtx.cn/#/report? id=685162,2021年10月。
② 《浙江省数字化改革总体方案》,http://zjjcmspublic.oss-cn-hangzhou-zwynet-d01-a.internet.cloud.zj.gov.cn/jcms_files/jcms1/web2745/site/attach/0/6c91fa3b9bcf4ece8b3ad01c41a3c4aa.pdf,2021年3月1日。

过布局未来三年城市数字化转型，[①] 明确提出市民数字素养将显著提升。山东省在"十四五"规划中，[②] 明确了公民数字素养的差距，通过构建"全生命周期数字化惠民服务体系"来提升公民数字素养，以期在未来5年从学校到社区全面提升公民数字素养。

（三）"东快西慢"现象显著，东部沿海省份反应迅速

总体上看，各地政府的数字素养提升行动并不一致，"东快西慢"这一现象的出现与各地经济发展水平不均衡相一致，而这一差距恐将转变成公民数字素养分布的"东强西弱"，使得各地在数字化社会转型过程中出现数字素养鸿沟。经济的发展会带来人的发展，而人的发展也将进一步带动经济的发展。公民的数字素养对经济会带来指数级的增长动力，东部地区在原有资源、人才等方面的先发优势带动下，居民在学习、工作和生活的各方面都会对数字社会转型形成加速助力。而西部经济欠发达地区的政府在政策和措施推出方面则明显滞后，原因在于部分地区现有产业发展中仍然是以东部转移的产业为主，依托地域优势的支柱产业的发展还未凸显，西移的产业还处于被当地社会消化吸收的过程中，进而无暇顾及进一步的转型发展。

通过对表2的内容进行分析发现，东部地区所发布举措占比达到了72.7%，而东部沿海省份采取的行动远超其他省份。2020年12月，浙江省率先发布全国第一部促进数字经济发展的地方性法规，[③] 对数字素养的提升作出明确的法律解释。此外，仅浙江所颁布的相关举措占比就达到36.4%，从具体内容看则凸显了举措的广泛性、细致性，体现了全力提升公民数字素养的决心。其他省份的举措则多聚焦某单一方面，如老人的数字化发展、领导干部的数字素养提升、建设数字化城区试点等方面。

---

① 《推进上海生活数字化转型　构建高品质数字生活行动方案（2021—2023年）》，http：//dt. sheitc. sh. gov. cn/szzc/575. jhtml，2021年8月12日。

② 《山东省"十四五"数字强省建设规划》，http：//gxt. shandong. gov. cn/module/download/downfile. jsp？classid＝0&filename＝89c86dd3cc7b4f07a550497344079b99. pdf，2021年7月。

③ 《浙江省数字经济促进条例》，http：//jxt. zj. gov. cn/art/2020/12/24/art＿1229123459＿4349621. html，2020年12月24日。

一方面显示出当地政府对"数字素养"的具体实施还没形成系统性解决方案，另一方面显示出当地政府对这个概念内涵理解的片面性。

（四）乡村振兴局为乡村居民数字素养提升提供落地保障

乡村振兴中最重要的是人的振兴，乡村居民数字素养能否有效提升则直接关乎乡村生活、农业、治理等方面数字化转型的成败。乡村居民数字素养提升是一项长期而艰巨的工作，需要大量人力、物力、财力的投入，从微观层面上，乡村振兴局的成立，有助于提升乡村居民的数字素养。2021 年 9 月，国家乡村振兴局发布《数字乡村建设指南 1.0》，明确提出乡村数字素养提升的具体举措，对乡村居民进行系统化、多形式的培训，达到有效提升其数字素养的目的。

2021 年 2 月，贵阳市政府围绕数字乡村建设打造了"防控管家"平台、"联防联控平台"、"村村"App 等，[①] 使得乡村居民切身体会到数字乡村建设带来的好处，乡村居民提升个人数字素养的意愿增强。2021 年 11 月，吉林省颁布《吉林省乡村振兴促进条例》，提出加强高素质农民队伍建设，建立新型职业农民制度，从而进一步解除束缚和提供激励，让农民自身动起来。

（五）街道社区成为政府提升居民数字素养的阵地

将数字教育培训资源嵌入智慧社区建设，打造数字素养教育服务站，是建设具有中国特色数字素养提升之路的有效举措之一。借鉴发达国家的发展经验，社区图书馆在公民数字素养提升中起到关键且直接的作用。而我国与欧美发达国家国情不同，目前社区图书馆普及度不高，为此，各地积极尝试不同的发展策略。

2021 年 12 月，首批 10 个社区数字素养教育服务站在北京和成都的 10

---

① 《中共中央　国务院关于做好 2022 年全面推进乡村振兴重点工作的实施意见》，http：//www. gov. cn/zhengce/2022−02/22/content_ 5675035. htm，2022 年 2 月 22 日。

个社区正式挂牌。[①] 成都龙华区率先成立数字素养教育服务站。该社区服务站提供各类数字素养提升书籍、定期举行培训课堂，以及专门针对老年人展开专题服务等。北京的正兴社区帮助辖区居民提高智能终端操作能力及数字信息获取能力，消除数字鸿沟。福建福州在社区常态化开展"10点钟课堂"活动，采取网络适老措施。广州禅城区积极打造智慧社区，南浦社区通过试行无感服务、生态网格App、共享社区App等措施，提高社会居民的数字素养。

三 我国公民数字素养存在的问题

在数字社会里，公民日常生活、学习和工作的方方面面都将"数字化"，即人类社会充满着数据的"润滑油"，人与人之间、人与世界之间的所有交互行为都将通过"数据"这一中介来完成。所以，公民的数字素养将决定其能否在数字社会成功生存。正如约拉姆·艾希特-阿尔卡莱（Yoram Eshet-Alkalai）所言，"我们必须从图片—图像素养、再创造素养、分支素养、信息素养、社会—情感素养、实时思考技能等六个关键方面积极提升自身的数字素养"，以面对数字社会的挑战。

（一）疫情影响下老年人群体内部数字素养鸿沟拉大

疫情期间，老年人整体数字素养显著提升，与此同时老年人群体内部出现了不同程度的分化。根据中国社会科学院发布的报告，[②] 老年人群体在数字素养方面出现了四个维度的变化，即自由族、适应族、老宅族、碰壁族。自由族能熟练使用上网设备，提升数字生活质量；适应族有学习追赶意识，弥补不足；老宅族虽然已经具备上网能力，但上网目的单纯沉迷于各类娱乐

---

① 中国互联网发展基金会：《跨越数字鸿沟——社区数字素养教育示范项目启动》，http://www.cidf.net/n1/2021/1224/c429182-32316355.html，2021年12月24日。
② 《中国社会科学院：后疫情时代的互联网适老化研究》，http://www.199it.com/archives/1317087.html，2021年9月26日。

活动；碰壁族则在能力和提升意愿上都与其他群体有较大差距。一方面是老年人在线上购物、线上医疗、线上娱乐等方面迅速增长，另一方面在老年人群体内部却出现了掉队人群，从而在内部形成数字素养断裂带。

（二）"信息无障碍"建设亟待提速

信息无障碍建设体现了对人的关注，体现了社会公平，是有效提升公民数字素养的手段。首先，信息无障碍并非完全针对特殊人群，而是一种普惠性理念，在信息无障碍社会中任何人都可以平等、方便、安全、自由的获取、交换和使用信息，是人类社会高水平发展的尺度。其次，信息无障碍是数字社会的基本特征，是带给人类社会的基本福利。数字社会的全连接、全共享等特性决定着社会在数据的采集、传输、应用等方面必然是可无障碍进行的，即无论是特殊、弱势群体对数据的利用，还是社会治理中对人的数据采集都将是无障碍的。最后，信息无障碍是提升公民数字素养的必然举措。调查显示，我国现有视障人士1691万人、听障人士2780万人、肢体残障人士2977万人以及大量的认知障碍人士，[①] 65岁以上老人2.6亿人[②]，非网民规模3.82亿[③]。帮助这些人解决提升数字素养面前的拦路虎，对我国公民数字素养的提升有极大的促进作用。

根据《提升全民数字素养与技能行动纲要》，2021年1月开始由工信部牵头开展互联网网站、移动App等无障碍改造专项行动。该行动要求与老人及弱势群体生活密切相关的8大类115家网站，以及移动互联网十大领域、注册用户数超5000万的App进行信息无障碍改造，并于2021年9月底完成改造。该行动高效集中地解决了弱势群体上网所面临的主要困难，为进一步提升该群体整体的数字素养扫清了一大障碍。

---

① 第二次全国残疾人抽样调查领导小组：《第二次全国残疾人抽样调查结果正式发布》，http：//www. stats. gov. cn/tjgz/tjdt/200612/t20061205_ 16908. html，2006年12月5日。

② 《第七次全国人口普查公报（第三号）》，http：//www. stats. gov. cn/tjsj/zxfb/202105/t20210510_ 1817179. html，2021年5月11日。

③ 中国互联网络信息中心：《第49次〈中国互联网络发展状况统计报告〉》，http：//www. cnnic. net. cn/hlwfzyj/hlwxzbg/hlwtjbg/202202/t20220225_ 71727. htm，2022年2月25日。

2021 年，"百度世界 2021"大会上展示了"五福 AI 助老平台"。该 AI 平台社区为老人提供医疗、购物、娱乐、心理疏导等多方面服务，体现在企业在"智慧养老"方面的积极探索。

（三）青少年数字伦理教育缺失

数字伦理的缺失致使公民数字素养"有量无质"，其中青少年是重灾区。一方面，随着信息技术基础设施、移动互联网技术的普及，青少年上网普及率持续提升。据最新统计数据，[①] 我国 30 岁以下网民占到总网民数的 34.9%。未成年人上网普及率达到 94.9%，中小学互联网接入率已达 100%。[②] 另一方面，青少年上网目的严重偏向娱乐化，用在游戏、聊天、看视频方面时间较长。数据显示，未成年人工作日使用手机超过 2 小时以上的比例为 11.5%，而节假日这一比例则达到 38%。从使用设备来看，手机相比台式电脑和笔记本电脑占据绝对优势达到 92%，台式电脑使用率逐年下降至 36.9%。从应用目的来看，虽然数据显示未成年人上网最主要的活动是学习，占到 89.9%，但其他 10 余项活动几乎都是娱乐活动，如游戏、聊天、看短视频等。[③]

四　我国公民数字素养发展建议

（一）乡村振兴局需对农村居民数字素养提升发挥更大作用

国家乡村振兴局的成立，体现了国家对乡村振兴的决心以及下一步工作的重点方向。乡村振兴局作为直面乡村问题的部门，对解决我国农村居民较

---

① 中国互联网络信息中心：《第 49 次〈中国互联网络发展状况统计报告〉》，http://www.cnnic.net.cn/hlwfzyj/hlwxzbg/hlwtjbg/202202/t20220225_71727.htm，2022 年 2 月 25 日。

② 《国家互联网信息办公室发布〈数字中国发展报告（2020 年）〉》，http://www.gov.cn/xinwen/2021-07/03/content_5622668.htm，2021 年 7 月 3 日。

③ 季为民、沈杰主编《青少年蓝皮书：中国未成年人互联网运用报告（2021）》，社会科学文献出版社，2021。

低的数字素养困境承担有重要责任。当前查找到的数据显示，各地方的乡村振兴局在动作上还不明显，较多的是停留在消化上级政策及等待指令阶段。下一阶段，面对我国复杂的乡村环境，必须切实调研，掌握实情，深入分析，对症下药。要敢于担当、敢于探索，找到提升农村居民数字素养提升的突破口。

（二）西部欠发达地区政府必须提高数字素养意识

从调研数据可知，西部欠发达地区政府的居民数字素养提升行动迟缓。一是由地方经济发展水平及传统的经济结构所决定，地方政府在进行数字化转型时会有心无力，难以找到突破口。二是地方政府对提升居民数字素养的意识不足，其原因是需要大量的时间、精力及资金的投入，且直接经济效果可能并不显著。三是地方管理者对"数字素养"概念的内涵理解不够深刻和全面，片面理解为数字素养框架中的知识、技术和应用框架，从而被现有的信息基础设施建设成果所蒙蔽，或者用这些成果来表征居民数字素养，从而产生一种素养较高的错觉。以上这些问题需要地方政府认真分析并予以解决。

（三）需要加大对社区图书馆的政策扶持力度

社区图书馆当前在我国的普及率并不高，但其对居民数字素养提升将产生巨大作用。从欧美发达国家的发展经验来看，社区图书馆传统上承载了提升其国民媒介素养、信息素养、数字素养的作用，未来还将在综合提升居民素质各方面起到更大的作用。首先，我国需要从政策层面给予支持，如鼓励社会资金进入社区图书馆，鼓励社区预留建设场地给社区图书馆，鼓励社区居民将图书馆文化作为日常生活文化予以建设等。其次，社区需积极发展图书馆文化，并与居民日常生活紧密结合。随着经济发展水平的提高，人们对精神生活以及社交生活的品质要求越来越高。图书馆正是能够满足人们较高精神生活需求的理想场地。结合我国目前的国情，社区图书馆可以在家庭心理建设、幼儿学业辅导、家庭技能分享、书友会等方面开展多元的活动，从

而让社区居民对社区图书馆产生一定的依赖，便于日后数字素养教育的开展。

（四）部分老人及弱势群体成为"数字遗民"

信息障碍将会阻断部分老人和弱势群体提升数字素养的意愿，这些人将会主动脱离数字社会，成为"数字遗民"。不要因这一部分群体的比例较小而忽视其重要性，随着我国步入"中度老龄化社会"并且将在未来10年左右进入"重度老龄化社会"，老年人口的持续增长，使得"数字遗民"的总量逐年递增。而如果数字社会友好度不能与日俱增，将会产生"溢出效应"，对数字社会的发展产生负面影响。如近年来媒体多次爆出"老人无法挂号""老人无法购票""老人无法取钱"等事件，虽然这类事情在逐渐减少，但不可忽视大众对此类事件的看法，在评论中仍可以看到"老人装傻""倚老卖老"等词语。这充分说明了人们对问题本质的忽视，这种态度将会进一步加剧"数字遗民"现象。

（五）数字伦理教育迫在眉睫

高水平的数字伦理是数字人才在数字社会中发挥最大积极作用的保证。数字伦理对数字素养的其他层面有着直接的控制作用。一个人的数字技能高低并不能决定其在数字社会是向善还是向恶，只有提高数字伦理教育才能让数字社会向善发展。数字伦理在欧盟及联合国教科文组织所推荐的数字素养框架中属于高层次素养要求，但并不意味着只有提升低层次素养后才开始考虑高层次素养，并付诸行动。报告数据显示，"我国青少年网络素养平均得分3.54分（满分5分），刚刚处于及格线以上"。① 数字伦理的提高受到众多方面和因素的影响，如家庭、学习工作环境、社会等，且各个方面又包含众多因素，如家庭方面包括家庭收入、成员关系、家庭教育、家庭文化氛围等因素。因此，需要多层面的合作及合力，以确保公民数字伦理的提高，如

---

① 《〈未成年人网络素养 2020 年度报告〉正式发布》，https：//news. eol. cn/yaowen/202105/t20210531_ 2116185. shtml，2020 年 12 月 30 日。

加强家庭数字伦理教育，并与传统家庭教育相结合；加强社会宣传工作，让人们高度关注数字伦理对社会发展的影响；加强行业及企业的产品监管，通过产品导向使得用户的数字伦理得到正向引导等。

参考文献

白朝阳：《专访清华—布鲁金斯公共政策研究中心主任王丰：应对人口老龄化的关键在于激发经济活力》，《中国经济周刊》2013年第20期。

曾粤亮、梁心怡、韩世曦：《美国公共图书馆数字素养教育实践与启示》，《图书情报知识》2021年第6期。

惠良虹、冯晓丽：《中国大学生数字公民素养实证研究》，《教育评论》2021年第9期。

欧阳日辉、杜文彬：《2016~2021年中国公民数字素养研究报告》，载唐绪军、黄楚新主编《新媒体蓝皮书：中国新媒体发展报告No.12（2021）》，社会科学文献出版社，2021。

B.11
2021年西方社交媒体平台发展报告

漆亚林　王钰涵*

摘　要： 2021年，西方社交媒体平台不断探索更为全面的发展。在内容方面，西方社交媒体平台呈现出明显的音视频转向，Instagram、YouTube等平台纷纷推出短视频功能，Spotify和Facebook等平台开始探索复制Clubhouse音频社交模式的可能；同时，各平台还积极通过资金奖励、版权保护等方式吸引内容创作者。在营收方面，2021年西方社交媒体正在试图丰富既有的营收模式，不断对平台购物及直播业务展开探索。在治理方面，虚假信息和隐私问题仍然是平台治理重点，但是随着弗朗西斯·豪根对Facebook的揭露，对青少年用户的保护也成为各平台关注的焦点。

关键词： 社交媒体平台　短视频　内容付费　平台治理

一　西方社交媒体平台发展现状与热点聚焦

2021年6月，美国总统拜登签署新的行政令，撤销前总统特朗普对TikTok的禁令。9月下旬，TikTok宣布其月活用户突破10亿大关；截至2021年第三季度，TikTok在AppStore和Google Play上的下载量已经达到30

---

* 漆亚林，中国社会科学院大学新闻传播学院常务副院长，教授，博士生导师，主要研究方向为应用新闻学、传媒经济；王钰涵，中国社会科学院大学新闻传播学院新闻学硕士研究生，主要研究方向为社交媒体。

亿次，这是史上第五个达到该下载量的App，也是第一个非Meta公司旗下达到该下载量的App。① 根据云基础设施公司Cloudflare的数据，2021年TikTok超过谷歌成为世界上访问量最大的互联网网站。在TikTok的影响下，2021年各平台也开始以短视频内容为着力点，开拓吸纳用户和原创内容生产者的新路径。

尽管Facebook本身面临用户群年龄增长、美国年轻人使用Facebook的时长缩减等问题。但从整体来看，Meta家族依然实现了稳步发展。2021年12月，Meta旗下社交媒体平台（包含Facebook、Instagram、WhatsApp等）日活用户平均值达28.2亿，比2020年同期增长8%；月活用户达到35.9亿，比2020年同期增长9%。全球超过30亿用户使用Meta家族的社交服务，每天分享超过1000亿条消息，日均分享10亿多个故事。②

随着直播带货在中国的发展，西方社交媒体平台也纷纷试水电商领域，开始探索社交媒体作为消费平台的可能性，并围绕这一议题展开多元实践。

（一）平台博弈：音视频领域积极布局

在TikTok的影响下，西方主流社交媒体平台开始积极开发短视频功能，展开激烈竞争，提升日活及用户黏性以抢占市场份额。2020年8月，Instagram在美国、英国、德国等50多个国家和地区上架短视频应用Reels，扎克伯格表示，Reels已经成为Instagram上用户参与度增长最主要的促进因素。2020年底，Snapchat也正式推出短视频产品Spotlight，至2021年2月，该应用的月活用户达到1亿，平均每天都有超过17万个视频被上传到Spotlight。③ YouTube首席产品官尼尔·莫汉也宣布从2021年3月起在美国推出YouTube Shorts测试版，截至2022年2月，YouTube平台的Shorts话题

---

① 《Sensor Tower：2021年第三季度全球移动应用报告》，中文互联网数据资讯网，http://www.199it.com/archives/1354555.html，2021年12月17日。

② 施然：《怎样在社交媒体上"破圈"当"顶流"？走近Facebook算法新规》，德外5号公众号，https://mp.weixin.qq.com/s/aCafiJhnTYMq-4W_f43hFw，2021年2月18日。

③ 王涵：《3个月获1亿月活用户，Snapchat短视频新秀撼动TikTok霸主地位？》，德外5号公众号，https://mp.weixin.qq.com/s/6MA2xp3xvspm-ReS9yZtgA，2021年3月17日。

下有来自 1072 万个频道的 1.7 亿个视频。2021 年 8 月，Facebook 也推出了 Reels 功能，用户可以在平台上自主创作短视频。尽管各平台推出的短视频功能与 TikTok 高度相似，但尚未有应用能再现 TikTok 的神话。数据分析公司 App Annie 最新发布的研究报告《社交媒体应用的演变》显示，从安卓手机的数据来看，英美两国用户在 TikTok 上花费的时间已经超过 YouTube，其中，英国用户平均每月使用 TikTok 近 26 小时，远高于 YouTube 每月 16 小时的使用时间。

短视频功能本身也随平台升级而不断优化。首先，为满足烹饪、美妆、情境喜剧等多元内容生产的需求，短视频的时间限制有所改变。2021 年，TikTok 将平台中短视频长度延长至 3 分钟，Instagram Reels 的视频长度也从最初的 15 秒延至 1 分钟。其次，短视频平台推出便捷编辑工具以降低内容生产难度，进一步促进用户广泛参与。如 Instagram 开发字幕贴纸，该贴纸可以在视频录制时将语音自动转换为文字字幕，TikTok 推出美式英语和日语的自动字幕。最后，为提升自身的信息聚合能力、拓展平台功能，短视频平台开始推出小程序。2021 年 TikTok 宣布启动 Jump 计划，允许内容生产者将名为 Jump 的小程序嵌入其视频中，其他用户可以通过该程序连接相关网站和平台的信息。目前，包括学习应用程序 Quizlet 和被称为日本版大众点评的 Tabelog 在内的诸多平台已经与 TikTok 展开合作，BuzzFeed 也将参与 Jump 计划。此外，短视频的收看方式也超越小屏，呈现多屏化转向。2021 年，TikTok 致力于进一步扩大在电视屏幕上的影响力，TikTok TV 已经在亚马逊的 Fire TV、Google TV 的连接设备 Chromecast、三星和 LG 智能电视等设备上投入使用。

在音频方面，实行邀请制注册和仅限 iOS 系统使用的即时音频社交软件 Clubhouse 在 2020 年新冠肺炎疫情期间迅速流行。此后，各大社交媒体平台纷纷聚焦音频社交推出 Clubhouse 的竞品。2020 年 12 月，Twitter 测试音频直播室 Spaces，并在其中嵌入表情符号、推文共享及实时语音转录功能；2021 年 3 月，聊天软件 Discord 推出应用 Stage Channels，截至 2021 年 10 月，已有超过 100 万个 Discord 社区运行该应用；2021 年 6 月，Spotify 的现场音频应用程序 Greenroom 和 Facebook 的社交语音应用 Live Audio Rooms 先后上线，Live Audio Rooms 允许听众在他们最喜欢的节目中创建剪辑。面对音频社交领域日益激烈的竞争，Clubhouse 于 2021 年 5 月正式发布 Android 版应用程序，并于同年 7 月宣布该应用开放注册，不再仅限受邀者使用。

（二）创作者之争：着力优化内容生态

各大社交媒体平台在音视频领域广泛布局的同时，积极展开对优质内容创作者的鼓励与吸纳。2021 年西方主流社交媒体平台着力通过更为直接的经济支持来激励优质内容生产、优化平台内容生态。

第一，各大平台纷纷推出创作者基金。2020 年 TikTok 宣布启动 2 亿美元的创作者基金向内容生产者支付视频费用，开创创作者基金先河。2021 年 5 月，YouTube 正式宣布创建 Shorts Fund 基金，表示将在 1 年内提供 1 亿美元的创作者奖励。同年 8 月，YouTube 宣称每月将向 YouTube Shorts 上热门视频的创作者支付 1 万美元的资金支持。为维系内容生产者的忠诚度、保障内容的原创性，YouTube 还规定从其他短视频平台上重新上传及带有水印的视频没有获得该奖励的资格。Meta 也迅速采取相关行动，吸引优质内容创作者使用本公司服务。2021 年 7 月，Meta 宣布投入 10 亿美元激励创作者的内容生产，这笔钱将以不同方式奖励给使用 Meta 产品的创作者；11 月，Instagram 宣布开启 Reels Surprise 奖金计划，计划每周奖励 150 名美国创作者最高 1 万美元的奖金；Facebook 则表示将对音乐家及 Horizon VR 平台上的优秀创作者支付费用。相较于 YouTube 和 Meta 对头部内容生产者的看重，Snapchat 则推出能够更广泛吸引用户参与的 Spotlight Challenges 项目。该项目旨在奖励部分使用特定镜头制作视频、做特定活动或在内容中播放特定声音的创作者，平台会从观看次数最多的合格视频中选取 3~5 名创作者，给予其 1000~25000 美元的现金奖励。项目发布初期，Snap 每天为此支付 100 万美元。在 Spotlight Challenges 的推动下，2021 年 7 月，Snap 表示 Spotlight 的每日使用量环比增长了 49%。

第二，西方主流社交媒体平台持续探索用户与创作者之间的直接支付工

具，拓展创作者收入来源，保障平台内容活力。一方面，社交媒体平台批量化推出打赏功能。2021年5月，Twitter推出Tip Jar功能，支持用户向自己喜欢的作者打赏，但目前只有特定群体如创作者、记者、专家和非营利组织等可以接受资金。7月，YouTube宣布Super Thanks功能进入测试环节，用户可以通过该功能对他们喜爱的账号打赏，平台将从中抽取30%的分成。10月，TikTok进行打赏工具测试，拥有超过10万粉丝的、信誉良好的成年用户可以对该工具进行申请，普通用户可以对这些账户进行1~15美元的打赏。与YouTube的分成模式不同的是，目前TikTok上用户对创作者的打赏全部转入其个人账户。另一方面，平台不断探索UGC内容付费的可能。2021年2月，Twitter推出名为Super Follows的支付功能，粉丝量超过1万且过去30天内发布至少25条推文的成年Twitter用户可以向其粉丝收费。目前平台规定的三种订阅价格为2.99美元/月、4.99美元/月和9.99美元/月，在用户个人收益超过5万美元后，平台将从中抽取20%的收益。TikTok和Instagram也开始探索付费订阅服务，并于2022年1月启动测试。内容生产活力的提升有助于维系平台中的用户黏性。

第三，2021年NFT（非同质化代币）的应用为创作者的收入增长提供了更多的可能。2021年3月，Twitter联合创始人、时任首席执行官杰克·多西将自己发出的第一条推文以NFT的形式拍卖，出售价格超过290万美元；2021年5月，观看次数超过8.8亿次的YouTube现象级视频"Charlie Bit Me"同样以NFT的形式拍卖，其售价超过76万美元。在此背景下，社交媒体平台纷纷在NFT领域开展进一步探索。目前，Facebook和Instagram的团队正在研究在用户个人资料界面展示NFT的新功能，YouTube首席执行官苏珊·沃西基表示，YouTube正在探索将NFT作为创作者的另一个收入来源的方式。而基于NFT作为数字资产所有权不可分割、不可替代、可验证、可交易等特性，① NFT还可能在未来的内容版权保护方面发挥重要作用。

---

① 秦蕊、李娟娟、王晓、朱静、袁勇、王飞跃：《NFT：基于区块链的非同质化通证及其应用》，《智能科学与技术学报》2021年第2期。

（三）新闻生产：版权合作与业务开拓

随着社交媒体平台成为当下新闻获取最重要的渠道之一，媒体与平台之间长期以来存在的版权问题在 2021 年得到了更为明确的处理。2021 年 2 月，澳大利亚通过《新闻媒体和互联网平台强制议价法案》，要求 Facebook 和 Google 等科技巨头对出现在其平台上的新闻进行付费；2021 年 7 月，法国反垄断监管机构因 Google 与法国新闻出版商之间的版权纠纷对 Google 处以 5 亿欧元的罚款。在此背景下，2021 年社交媒体平台与媒体就新闻相关业务签订多项协议。法国电视集团 M6 与 Snapchat 建立合作伙伴关系，以便在社交媒体平台上提供其节目的摘录；面临巨额罚款的 Google 也在 2021 年 11 月与法新社签署五年合作协议，向法新社的新闻内容付费，并在与其事实核查等项目上进行合作。

同时，社交媒体也在寻求平台新闻生产的新路径，时事通讯成为诸多平台的着眼点。2021 年 1 月，Twitter 宣布收购荷兰时事通讯出版公司 Revue，Revue 将作为 Twitter 旗下的一项"独立服务"继续运营，推动平台付费时事通讯发展。6 月，Facebook 进入订阅时事通讯领域，推出 Bulletin 服务，允许作者将免费和付费的时事通讯发送到订阅者的收件箱或在 Facebook 上共享，加拿大记者、作家马尔科姆·格拉德威尔、美国记者艾琳·安德鲁斯等人已经与 Bulletin 签约，未来 Bulletin 的内容将涵盖体育、金融、科学、医学等一系列主题。社交媒体在时事通讯领域的发展不仅有助于独立作家接触更广泛的受众及平台内容生产的专业化，还有助于平台规避版权纠纷。

（四）多元营销：作为电商平台的社交媒体

广告是社交媒体平台最重要的收入来源之一。2021 年 Meta 总营收额达 1179.29 亿美元，其中广告业务营收达 1149.34 亿美元。[①] 在开屏、信息流

[①] 《Meta 财报：2021 年 Q4 Meta 净利润 102.85 亿美元　同比下降 8%》，中文互联网资讯网，http://www.199it.com/archives/1386610.html，2022 年 2 月 4 日。

等广告形式之外，当下社交媒体平台也在探索更为多元的营销方式。

第一，各大社交媒体纷纷对平台购物功能进行探索。Facebook 早在 2016 年就上线了在线售卖功能 Marketplace；2020 年，Facebook 和 Instagram 进一步推出 Shops 功能，企业可以建立免费店面，并由 Shopify、BigCommerce 和 Woo 等第三方服务为其提供支持。Snap 在 2020 年收购购物应用 Screenshop，并在 2021 年更新 Scan 功能，根据用户浏览精准推送相关商品。Twitter 则采取相对复合的方式进入平台购物领域，一方面，Twitter 测试新型卡片格式推文，推文可以集合产品细节如产品名称、商店名称和产品价格等信息，并直接链接到电商平台产品页面；另一方面，Twitter 试运行新功能 Shop Module，该功能允许企业在个人资料顶部添加购物部分，访客可以浏览其产品，并在不离开平台的情况下进行购买。TikTok 通过更为简单的链接实现平台购物功能，2021 年 8 月，TikTok 试行新的应用内购物体验，TikTok Shopping 允许来自美国、加拿大和英国的精选商家使用购物标签和产品链接来销售 Shopify 店面的产品。

第二，随着新冠肺炎疫情期间直播的迅速发展，西方主流社交媒体平台开始探索直播带货。2021 年 11 月，Facebook 宣布测试"创作者直播购物"功能。11 月 8 日，被称为图片版 Twitter 的 Pinterest 上线直播购物节目 Pinterest TV。该节目于美国东部时间周一至周五下午 6 点在平台播出，内容涵盖时尚、美容、家居、美食等诸多主题。美国东部时间 11 月 28 日晚上 7 点，Twitter 进行名为 Cyber Deals Sunday 的首次购物直播，美国歌手杰森·德鲁罗担任主播。

第三，社交媒体积极在平台购物中融合 AR 技术。Snapchat 的母公司收购了专门为品牌创建和管理 3D 产品的公司 Vertebrae，品牌可以将商品的视觉效果和其他信息上传到 Vertebrae，由 Vertebrae 制作产品的 3D 版本，用户可以从 Snapchat 中访问这些产品，并与其进行 3D 交互。Snapchat 还与 Gucci 合作，让用户通过平台虚拟试穿限量版运动鞋以促进商品销售量的提升。Instagram 推出 AR Try-On 功能，购物者可以在购买前体验 NYX、Urban Decay、Lancôme 等品牌的部分产品。

第四，社交媒体作为商品口碑营销场域的重要性不断凸显。Twitter 首席财务官西格尔表示，现在许多用户会在 Twitter 上进行搜索后再决定购买产品。GWI 报告也显示，消费者使用社交媒体获取更多品牌信息的比例达到 45%。[①] 社交媒体平台中庞大的用户数量及强大的信息聚合能力已经对当下的商品营销和品牌口碑产生了现实影响。社交媒体抓住这个发展契机，寻求将平台内社交功能及电子商务功能进一步整合的新路径。2021 年 11 月，Meta 推出小组商店，用户可以向小组成员询问他们对某样产品的体验及相关建议，平台实时展示提及的产品并自动推送同类热门产品。

二 西方社交媒体平台治理路径

（一）聚焦内容：打击虚假信息与仇恨言论

在 2020 年新冠肺炎疫情全球大流行的背景下，社交媒体平台中有关新冠肺炎及疫苗的错误信息屡禁不止；随着 2020 年美国总统大选接近尾声，Facebook 上的极端主义错误信息和煽动性内容层出不穷。2021 年，内容依旧是社交媒体平台治理的焦点。

平台对虚假信息的治理主要依赖于事实核查和信息清理。Twitter 推出事实核查程序 Birdwatch，允许特定用户以添加注释提供上下文的方式对内容进行检查，纠正错误信息。同时，Twitter 与美联社、路透社展开合作。这两家新闻机构负责为 Birdwatch 的事实核查提供反馈，并在事实存在争议时为平台提供更权威的信息。TikTok 在事实核查人员无法验证的可疑信息视频上标记"注意：视频标记为未经验证的内容"的警告，并在用户分享这些视频时再次警告用户该信息尚未得到确认。YouTube 则对于政治领域及涉新冠肺炎疫情的错误信息采取了一系列举措。2021 年 1 月，YouTube 表示任

---

① 《GWI〈社交媒体趋势报告〉：谁是当前第一？谁最受年轻人欢迎？》，腾讯媒体研究院，https://mp.weixin.qq.com/s/_EaqMcOU1YWeI5v5SJdG_A，2021 年 8 月 5 日。

何发布选举视频错误信息的频道都将受到限制和打击，这些用户暂时不能上传视频，其中包括特朗普的账号；9 月，YouTube 进一步表示将对平台中涉及已获批新冠肺炎疫苗的有害信息和错误信息进行删除，多名反对疫苗者在 YouTube 上的账号已被封禁。

对于仇恨言论的治理集中在两个维度。一方面，平台对于发送仇恨言论的用户进行提示。如 TikTok 推出能够在用户发布"不恰当或不友善的评论"之前警告用户的弹窗，Tinder 推出"Are You Sure?"的功能以检测内容的攻击性。另一方面，部分平台表示对冒犯性语句及经常使用冒犯性词语的人进行屏蔽和禁用处理。2021 年 Instagram 推出多项新工具，用户不仅可以自动过滤包含冒犯性词语、短语和表情符号的消息，还可以拉黑骚扰者创建的任何新账户，Instagram 将禁用反复发送仇恨信息的账户。

Facebook 公民诚信组织（Civic Integrity Group）前产品经理弗朗西斯·豪根对 Facebook 的揭露成为 2021 年下半年的爆炸性新闻事件。弗朗西斯·豪根对外发布的数万份关于 Facebook 内部运作的机密文件显示，尽管公司在技术上处于全球顶尖水平，但公司可能只会对平台上 3%~5% 的仇恨内容和 0.6% 的暴力和煽动性内容采取行动。Facebook 以及旗下的各类应用程序上的仇恨言论、分裂性政治言论和错误信息正对世界各地的社会产生影响，并引发种族暴力。澳大利亚则推出相关立法，要求社交媒体公司对其平台上发布的诽谤性评论负责，这可能会让科技公司未来面临诉讼。澳大利亚总理斯科特·莫里森表示，立法将要求 Meta 旗下的 Facebook 等公司在收到投诉时披露用户的详细信息，如电子邮箱地址或手机号码。对社交媒体平台上虚假信息和仇恨言论的治理需要更为明确的规章制度及外部力量的监督，而政府机构将在其中扮演更为重要的角色。

（二）关注青少年：政府制约下的多方协作

2021 年 Instagram 率先采取策略对平台上的青少年用户进行保护。3 月 Instagram 引入限制青少年和成年人之间互动的新政策，禁止成年人直接向非粉丝的青少年发送消息，青少年用户向"可疑"成年人发送信息时，也会收到安全提示。

在 Instagram 的新策略尚未展示明显成效时，Instagram 及其母公司 Meta 受到了严格审查。弗朗西斯·豪根在国会作证称 Facebook 内部研究表明 Instagram 可能对年轻人的心理健康产生负面影响，13.5% 的少女表示，Instagram 会强化她们的自杀念头；17% 的少女表示，Instagram 会使饮食失调更为严重。[1] 还有研究指出，7% 的青少年在 Instagram 上遭遇过欺凌，而 40% 的欺凌发生在私信中。[2] 受 Facebook 的影响，Snap、TikTok 和 YouTube 也在 10 月接受了国会质询。

面对弗朗西斯·豪根的指控、舆论压力及政府的审查，Instagram 在 2021 年底实施了更多的举措。Instagram 负责人亚当·莫塞里表示，平台测试了 Take a Break 功能。该功能会提醒用户在平台上花费时间过长，并建议用户进行休息。Instagram 在 2022 年 3 月推出新的家长控制功能，父母和监护人能够查看青少年在 Instagram 上花费的时间并设置时间限制，在青少年用户举报他人账号时也会通知他们的父母。

（三）隐私问题：用户保护与数据获取并存

2021 年社交媒体平台针对用户隐私保护出台新策略。Twitter 用户不能在未经允许的情况下分享他人的私人信息，如照片、视频，当个人或授权代表不同意发布时，平台将对这些信息进行删除，但公众人物、媒体报道人物及出于公共利益的帖子除外。

但这并未触及平台获取用户隐私并借此牟利的问题，因而很难让诸多监管机构满意。2022 年 1 月法国监管机构对谷歌和 Facebook 分别处以 1.69 亿美元和 6700 万美元的罚款，称这些公司让用户难以拒绝用于追踪其数据的 cookies，并责令这些公司用三个月时间来创造一个用来拒绝 cookies 的简化

---

[1] 《Facebook 吹哨人亮明身份：他们牺牲社会利益赚取利润》，新浪科技网，https：// baijiahao. baidu. com/s？id=1712759720530419782&wfr=spider&for=pc，2021 年 10 月 5 日。

[2] Alex Heath，"Facebook's Lost Generation，the Verge，"https：//www. theverge. com/22743744/ facebook-teen-usage-decline-frances-haugen-leaks，2021 年 10 月 25 日。

解决方案。Meta 则在英国被起诉，并面临着至少 23 亿英镑（合 31.5 亿美元）的索赔，理由是该公司有超过 4400 万用户的数据被用于牟利。欧洲其他监管者针对欧洲公民的用户数据传送到美国也在起草新的立法，并出台相应的指导。而 Meta 显然不想就此妥协，Meta 在其年报中警告称，如果无法将用户数据传回美国，将考虑在欧洲关闭 Facebook 和 Instagram 两项服务。

三 西方社交媒体平台的前景展望

2021 年西方各大社交媒体平台试图通过功能拓展探索全面发展路径，其影响力和营收总体呈现增长状态。在经历了近 20 年的发展后，当下社交媒体平台的影响不仅局限于内容和生活领域，而是全面融入政治、经济、文化领域。从政治维度来看，2016 年和 2020 年美国总统大选中均出现有关候选人的政治广告及社交机器人。从经济维度来看，全球十家最大科技企业的市值总额已超过 10 万亿美元；按生产总值来算，它们加在一起相当于全球第三大经济体。①

面对社交媒体平台带来的广泛影响，各国政府纷纷采取干预措施。俄罗斯已经着手对 Twitter 上的信息进行限制；英国针对 Facebook、Twitter 等科技巨头发布《网络安全法》草案，以立法形式对其行为进行制约；美国总统拜登也让大批打击垄断者加入政府。2021 年 12 月，Facebook 在美国遭遇两起大规模的反垄断诉讼，面临被拆分的风险。可以预见的是，来自政府和监管机构的有关隐私、垄断的诉讼和法案将不可避免地伴随 2022 年西方社交媒体平台的发展而增加。

2021 年 10 月 28 日，Facebook 宣布将部分品牌更名为 Meta，试图抢占发展元宇宙的先机。尽管扎克伯格大力推销元宇宙这一概念，但元宇宙似乎并未迅速取得想象中的成果。2022 年初，Meta Platforms 财报显示，

---

① 《科技巨头影响力不受限的时代即将告终?》，纽约时报中文版网站，https://cn.nytimes.com/technology/20210421/global-tipping-point-tech/，2021 年 4 月 21 日。

Facebook 的日活用户出现了至少十年来的首次下降。[①] 虚拟社交的发展还需要更多的时间投入和资金支持。随着苹果在 2021 年发布新的隐私功能，要求 iPhone 机主明确选择是否允许像 Facebook 这样的应用程序在其他应用程序上追踪其信息，西方社交媒体平台的广告收入和市值也将受到冲击，这已经在 2022 年初的股市上得到体现。

参考文献

施然：《怎样在社交媒体上"破圈"当"顶流"？走近 Facebook 算法新规》，德外 5 号公众号，https：//mp. weixin. qq. com/s/aCafiJhnTYMq－4W＿f43hFw，2021 年 2 月 18 日。

《Facebook 测试短视频功能，旗下两大产品与 TikTok 展开厮杀》，https：//baijiahao. baidu. com/s？id＝1708875319600425114&wfr＝spider&for＝pc，2021 年 8 月 23 日。

王涵：《3 个月获 1 亿月活用户，Snapchat 短视频新秀撼动 TikTok 霸主地位？》，德外 5 号公众号，https：//mp. weixin. qq. com/s/6MA2xp3xvspm－ReS9yZtgA，2021 年 3 月 17 日。

秦蕊、李娟娟、王晓、朱静、袁勇、王飞跃：《NFT：基于区块链的非同质化通证及其应用》，《智能科学与技术学报》2021 年第 2 期。

《GWI〈社交媒体趋势报告〉：谁是当前第一？谁最受年轻人欢迎？》，腾讯媒体研究院，https：//mp. weixin. qq. com/s/＿EaqMcOU1YWeI5v5SJdG＿A，2021 年 8 月 5 日。

[①] Laura Forman：《扎克伯格效应在社交媒体领域逐渐消退》，华尔街日报中文版，https：//cn. wsj. com/articles，2022 年 2 月 7 日。

B.12
2021年中国地市级媒体融合发展报告

郭海威[*]

摘　要： 2021年，中国地市级媒体紧盯政策制度变化、技术发展态势、价值引领使命，初步构建形成集内容多样性、渠道丰富性、服务精准性、技术先导性等特征于一体的地市级媒体融合发展格局，地市级媒体融合发展活力持续迸发。然而，跟风布局求大求全、融合发展定位模糊、技术应用不精不深、人才支撑有待强化、评价体系尚不健全等仍是地市级媒体融合发展中的重点、难点，亟待解决。基于此，未来应在顶层设计、立场定位、要素协同、话语体系、传播格局、人本导向等方面蓄力，推动地市级媒体在新高度上守正创新，加快实现"融为一体、合而为一"。

关键词： 地市级媒体　媒体融合　高质量发展

　　媒体融合作为一项国家战略和系统工程，多元主体在政策引导下协同深耕，推动媒体融合不断在纵深化发展方面取得新的突破。《关于加快推进媒体深度融合发展的意见》明确指出，完善中央媒体、省级媒体、市级媒体和县级融媒体中心四级融合发展布局。将地市级媒体融合作为媒体融合国家战略的重要组成部分纳入其中，具有特殊意义。作为现代传播体系建设中不可或缺的一环，地市级媒体融合的相关政策尚不明晰，缺乏顶层设计与统筹布局，地市级媒体融合在自我摸索中前进并取得一定融合进展，但是也面临

---

* 郭海威，博士，中国社会科学院新闻与传播研究所助理研究员，主要研究方向为新媒体、智能媒体。

来自体制机制、资金、人才、技术等方面的困难与障碍，如何找寻适合地市级媒体的深度融合路径，在新发展阶段、新发展格局下更显紧迫和必要。本研究基于实地调研，聚焦 2021 年我国地市级媒体融合发展，兼顾政产学研用多重视野，旨在从理论与实践双重视角出发，梳理总结我国地市级媒体融合发展的现实图景，并以动态、发展的思维提出可行性解决方案，以期为我国地市级媒体融合高质量推进提供参考。

一　地市级媒体融合发展现状

2021 年，地市级媒体积极发力布局融媒体传播，依托既有资源优势及区域禀赋，紧盯政策制度变化、技术发展态势、价值引领使命，顺应并把握数字化、智能化、移动化发展趋势，初步构建起集内容多样性、渠道丰富性、服务精准性、技术先导性等特征于一体的地市级媒体融合发展格局。

（一）立足自有原创优势，构建多位一体内容生态

全媒体时代，媒体融合创新发展对内容生产供给侧结构性改革提出了新的要求。2021 年，各地市级媒体充分依托自有原创优质内容优势，凝心聚力打造精品力作，推出了一批体现正确导向、深受用户喜爱的融媒体内容产品，内容建设作为媒体竞争力重要支点的角色愈发突出。一方面，地市级媒体聚焦内容生产提质增效扩容，围绕建党百年、"十四五"开局、全面建成小康社会、载人航天、新冠肺炎疫情防控等重要节点、重大事件，以及本地资源禀赋，创作出系列高水平优质主旋律作品，以传统图文、海报、H5、自制 MV、短视频、直播等全媒体形态传播主流价值。如《昆明日报》、《攀枝花日报》、《开封日报》、鸡西电视台、松原广播电视台等媒体入驻抖音等短视频平台，以本地化、贴近性、小切口赢得广泛关注，新闻舆论"四力"提升效果显著。另一方面，地市级媒体充分依托各类新媒体应用，形成覆盖多样化内容平台的传播矩阵，形成集成化、一体化的内容生产与传播生态。同时，针对不同内容平台，地市级媒体加快探索原生内容创新，以网络化、

年轻化语态同用户建立紧密联系，推动增强融合传播的感染力与引领力。以华东地区（江苏、浙江、安徽、福建）为例，该地区地市级广电媒体在抖音、微信公众号、云听等平台开设账号比例均接近或超过90%，在央视频、头条号、微博等平台开设账号比例均接近或超过70%，形成广泛的用户覆盖（见图1）。

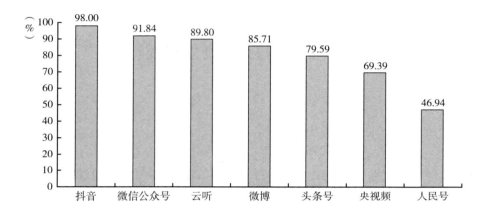

图1 华东地区地市级广电新媒体平台覆盖率

注：统计时间截至2022年3月10日。
资料来源：我国地市级媒体融合发展研究课题组。

（二）注重技术创新引领，融合传播应用成效显著

2021年，围绕智能媒体建设，地市级媒体从可持续发展、高质量发展视角出发，深化新技术、新媒体应用布局，强化对人工智能、大数据、AR/VR等技术的引进利用，地市级媒体智能化运行水平及安全保障能力得以有效提升。一是扎实推进自有新媒体平台建设，主要以地市级媒体移动端为切入口，基于融媒体数据共享，建强用好地市级融媒体中心，在服务媒体内部运行与外部用户过程中，探索搭建媒体内容数据库与用户数据库，并促成二者高效对接，促使地市级媒体传播力建设稳中有进。如《三峡日报》《长江日报》等借力大数据、云计算等技术应用，以丰富的功能搭载，增强融媒

体建设过程中的交互性功能。[①] 二是以自有技术平台或研发中心为支撑，面向多元用户提供技术应用支持，推动地市级媒体融合发展成效落地，为新传播格局及现代传播体系建设贡献力量。如《邯郸日报》的天工指数研究中心，以大数据等技术为引领，聚焦城市服务、文化产业等方向，有力驱动区域发展升级。三是地市级媒体充分运用人工智能、大数据等前沿技术，持续推进内容生产与传播的智能化转向，创新内容呈现样态，致力于打造创意新、强交互、沉浸感、年轻态的融媒体内容产品，优化用户体验，提升传播效能。比如，昆明报业传媒集团推出的 AI 主播、写稿机器人表现抢眼；2021 年全国两会期间，《成都日报》推出可视化新闻产品《成都，有数》，以新型科技力量打造高品质、新形态原创内容。

（三）发力信息服务聚合，持续扩大资源连接网络

2021 年，地市级媒体继续推进信息服务聚合，结合本地化、差异化、互补化发展策略，强化资源整合与汇聚能力，同时以新型传播渠道为支撑，加快完善拓展资源连接网络，推动实现地市级媒体融合发展与转型升级，地市级媒体愈发深刻嵌入区域经济发展、社会治理、政务服务、党建引领等社会子系统运行过程。立足融合发展，依托技术支撑与功能升级，地市级媒体持续向更广泛的行业领域延伸拓展，发力教育、智库、智慧城市建设等板块，不断提升信息服务整合、数据监测、决策咨询、技术服务等能力，并取得一定突破。2021 年，伊春市融媒体中心、鹤岗市融媒体中心、白山市新闻传媒中心相继挂牌，完成地市级媒体融合改革，进一步巩固和增强地市级媒体的资源连接与集纳能力，逐渐形成涵盖电子证件绑定、医保、户口、出入境等多项功能的信息服务平台，有效提升办事效率，节约大量人力成本、时间成本。截至 2022 年 3 月，苏州广电打造的综合便民平台"无线苏州"下载量已达 1300 万次，辐射政务服务、生活服务、新闻资讯等，构建形成

---

① 黄楚新、陈伊高、雷婕妤、赵艺颖：《蓄力与突破：华中四省地市党报媒体融合现状》，《中国记者》2022 年第 2 期。

多样化信息服务生态系统。同时，围绕乡村振兴、共同富裕等国家重大战略部署，一些地市级媒体及时调整优化融合发展布局与方向，以直播带货、5G慢直播、特色IP打造等形式助力区域发展，如哈尔滨广电旗下"掌上蓝网""冰城新闻"集结贴近本地群众的信息服务，满足群众差异化服务需求。

（四）探索新型经营模式，构建多元融合经营系统

面向高质量发展，地市级媒体在2021年积极克服困难，基于既有经营经验优势，以新发展理念为引领，兼顾自主开发与创新应用，加快探索新业态、新模式，形成集版权交易、广告营销、产业拓展等多元化经济模式于一体的融合经营生态系统，自我造血机能得以增强。版权交易方面，地市级媒体将原创优势转化为高品质网络内容IP，通过与商业内容平台开展合作，进一步规范优质IP的版权经营模式，成为地市级媒体营收的重要组成部分。广告营销方面，一些地市级媒体在融媒体平台建设过程中，探索将广告经营模式创新与融媒体产品创新相结合，推动广告投放模式、投放平台及广告形态迭代升级，以用户行为数据为参照，使广告产品与用户需求有效对接，创新广告营销理念。从2021年地市级媒体广告营销实践来看，其正愈发精准化、品牌化、长效化，如徐州报业传媒集团、大连新闻传媒集团、荆州广电、衡阳广电等都进行了有益探索。产业拓展方面，一些地市级媒体探索设立MCN机构，服务于短视频与直播IP孵化、新媒体账号运营等，为客户提供融媒体传播、直播带货、短视频创作等培训，并不断向婚恋、电商、教育、美妆等垂类领域延展，充分释放融合经营潜力，如南京"奇迹畅娱MCN"、无锡"锡有MCN"等典型案例。为加快实现经营绩效提升、版图扩大，跨界融合经营理念在地市级媒体发展升级过程中的引导作用不断增强，推动地市级媒体将内容生产、渠道分发、技术服务等比较优势迅速转化为商业价值。

（五）推进体制机制改革，切实提升融媒管理效能

为更好解决生存与发展问题，地市级媒体着力推进体制机制改革创新，以一体化、系统性为发展方向，基于各自发展程度与特色，在组织架构、管理体制、运营机制、保障机制等方面加快改革创新步伐，为地市级媒体融合发展提供了有力支撑。人才是媒体的核心竞争力，聚焦人才引进与培养，地市级媒体加大人员配备、人才精准引进、人才交流等方面的创新改革力度，在多层次人才梯队建设、全媒体人才队伍培训、多元化考核激励、多种类人才交流等方面取得显著成效，助力打造全媒体人才队伍。如延边州融媒体中心对记者队伍开展年度定期考核及不定期培训，绍兴市新闻传媒中心将员工绩效与薪酬体系、激励体系相挂钩，突出业绩导向，激发人才创新创造活力。围绕管理体制创新，地市级媒体在融合发展过程中积极融入数字化、信息化、智能化建设进程，以新技术应用为支撑，建立完善的融媒体管理体系，持续强化和提升内容创作能力、经营创新能力、服务保障能力、风险应对能力，推动建立完善的现代企业制度，为媒体融合高质量推进持续蓄力。比如，南京广电、扬州广电等基于媒体网络化、移动化发展态势，不断调整优化融媒体组织架构体系，形成资源高效配置与有机协同，助力融媒管理效能提升。

二 地市级媒体融合面临的难点

2021年，地市级媒体融合在摸索中不断前进，并逐渐进入深水区，其所面临的阻碍与挑战也愈发凸显，亟待梳理总结重点和难点议题，从而找寻具有针对性的解决方案。基于地市级媒体融合发展经验，厘清发展困境，正视不断变化的现实情况，从而准确把握地市级媒体融合发展所处历史方位，是加快推进地市级媒体深度融合进程的当务之急。

（一）跟风布局求大求全，陷入资源错配误区

融媒体中心与新媒体传播矩阵作为地市级媒体融合发展的基础性框架，其重要性不言而喻，做好前瞻性、全面性、系统化建设布局有助于增强地市级媒体整体传播效能。然而，在具体实践中，部分地市级媒体虽积极主动推动融合进程，但是前期未对自身发展现状、发展需求、应用前景、潜在风险、成本预算等进行科学评估，着眼于快、大、全、广，导致发展基础难以匹配发展规划、成本投入与投资回报差距过大，从而出现资源错误甚至无效配置等问题，进一步增加地市级媒体融合发展压力。这一问题在部分地市级媒体融合实践中随处可见，如对东北三省（黑龙江、吉林、辽宁）地市级广电媒体的调研发现，虽然三省地市级广电积极布局新媒体平台，但是除微信公众号活跃度在90%以上，央视频、人民号、抖音等的活跃度在40%左右，微博的活跃度则为14%（见图2）。一些新媒体账号活跃度低，加之浏览量、交互性不高，导致传播效果不强，难以匹配传播成本，从而造成一定程度上的资源浪费。

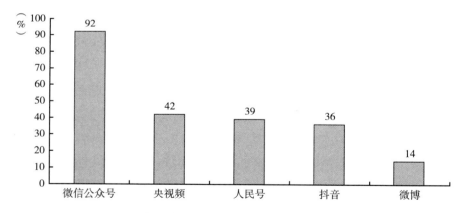

图 2　东北地区地市级广电新媒体平台活跃情况

注：统计时间截至 2022 年 3 月 10 日。

资料来源：我国地市级媒体融合发展研究课题组。

同时，一些地市级媒体在融合发展过程中，由于贪大求全，原创能力难以满足多元化渠道的传播需求，从而出现大量转载其他信源信息的现象，如此虽确保了全媒体、多渠道的传播覆盖，但是难以真正吸引和留住用户，反而可能稀释自有优质内容，对媒体传播力、影响力提升作用甚微。如何平衡好媒体融合转型成本与收效、避免盲目布局而造成资源浪费，是地市级媒体在今后融合发展过程中需要重点关注和思考的议题。

（二）融合发展定位模糊，业务特色难以凸显

新传播格局下，媒体竞争力的提升离不开优质的内容与服务，如何在复杂多变的传播生态中占据主导地位，于地市级媒体而言是一场长期考验。2021年，地市级媒体的融合探索不断向深向细向实，在流程再造、组织结构调整、内容创作、渠道分发等方面均取得了一定进展。然而，就融合发展目标而言，融合发展定位模糊、特色业务不突出、品牌影响力不大依旧是摆在地市级媒体面前的一道难题，其中既有传统惯性思维与僵化逻辑的限制，也有面对新形势、新变化的经验空白，导致部分地市级媒体在发展过程中"为了融合而融合"，使媒体融合浮于表面，而非立足自身发展实际，缺少融合理念创新，未能凸显比较优势，区域特色难以体现。较之中央、省级、县级的媒体融合发展模式，地市级媒体具有其特殊性，一是针对地市级媒体尚未出台专门的政策文件，地市级媒体融合发展方向、目标、定位等仍在不断探索当中；二是不同地市级媒体由于所依托资源、面对用户群体、服务对象等的不同，其融合思路与模式也呈现出一定的差异性，缺少可供参考的融合样本。基于现有媒体融合发展格局，地市级媒体要于夹缝中求生存，着力对自身发展环境进行精准把脉，进一步明确发展定位，打造长板，量身打造具有较强针对性、科学性、前瞻性的融合发展模式与路径。

（三）技术应用不精不深，亟待开发新型产品

新技术应用作为媒体融合的重要驱动力，基于自身迭代升级，高效赋能媒体融合创新，助力媒体在内容创作、渠道分发、服务配给等方面的个性

化、精准化、智能化演进。综观 2021 年地市级媒体融合，紧盯技术演化态势、强化技术嵌入应用、尝试新型传播形态的发展景观愈发鲜明，沈阳广电、合肥广电、厦门广电等多家地市级媒体主动求变，将 5G、人工智能、大数据、AR/VR、4K/8K 等技术有机嵌入融媒体产品创作、分发等环节，在传播场景开拓、传播效果提升方面取得一定突破。但由于受到技术应用门槛、内容创作成本等因素影响，部分地市级媒体虽在新技术应用方面有所进展，但是整体利用效率不高，多是逢重大活动、重大事件推出系列新型内容产品，未能形成常态化创作机制，技术应用的精度、深度、广度有待拓展，技术赋能媒体融合的潜力未被充分激发。媒体融合过程中，新技术应用要着重凸显其工具性、中介性与载体性，弱化其自身的符号性、象征性意义，具体到地市级媒体融合，既要积极拥抱新技术，也要结合自身发展所需找准技术应用的创新点、切入点，突出技术的实用性，有意识地使技术为生产力、生产效率提升所用，而非陷入技术崇拜的迷思。如探索用短视频、5G 慢直播、无人机等全方位、多视角展示地域特色，使其成为常态化传播机制，对于地市级媒体融合效能提升、增进与用户的亲近感等具有重要的推动作用。

（四）人才支撑有待强化，创新创造活力不足

地市级媒体融合的高质量发展推进离不开全媒型、专家型人才队伍的有力支撑。尤其在智媒时代背景下，地市级媒体融合对人才提出了新的要求，而人才需求方面存在专业化、全能型人才稀缺问题。目前，部分地市级媒体融合人才支撑不足问题主要体现在三个方面：一是人才队伍迭代缓慢，人才结构不合理，未能形成多样化多层次的人才梯队，现有从业人员在技术应用、理念重塑、认知革新等方面难以及时适应传播生态变化，如佳木斯、七台河等地市级党报媒体长期面临人员年龄结构失衡等问题。[①] 二是人才流失严重，部分地市级媒体在考核、晋升、薪酬等机制创新方面存在不足，难以

---

① 曹月娟、黄楚新、沙子瑞、王珍珍：《东北三省地市级党报融合发展现状、问题及对策》，《新闻论坛》2021 年第 6 期。

激发人才活力，造成部分优秀人才流失，一定程度上削弱了媒体自身的竞争优势。三是复合型、全能型人才引进面临困难，面对媒体数字化、智能化、移动化转型，地市级媒体对具有交叉学科背景和融合传播能力的人才需求更为迫切，但由于薪资待遇、发展前景等难以满足人才期待，其吸引力较弱。在此形势下，地市级媒体限于人才短缺，在优质内容创作、多元化经营、现代化管理等方面面临挑战。

（五）评价体系尚不健全，难以把准前进方向

新技术驱动下，媒体格局与舆论生态不断发生深刻转变，地市级媒体融合发展环境始终处于动态变革之中，然而由于缺乏政策指导及具有代表性的融合样本，地市级媒体融合无标准可依、无经验可循，难以准确把握未来融合发展方向，进而容易导致地市级媒体融合多走弯路、险路，影响舆论引导、价值引领等功能发挥。建立健全地市级媒体融合评价标准体系，是助力理顺思路、厘清逻辑的必要选项，也是推进地市级媒体融合走向纵深的必然举措。需要明确的是，这一评价标准体系并非局限于具体的融合指标，更应包括完善的政策体系、规则体系，其指向的是地市级媒体融合发展的整体框架。基于对2021年我国地市级媒体融合调研发现，由于缺少具有针对性、指导性的评价体系，部分地市级媒体面临着融合理念认识不深、盈利模式不清晰、区域特色不凸显、融媒体建设重点不明确、用户核心需求把握不准、社会效益与经济效益失衡、媒体内部与外部联动不紧密等一系列问题，搭建规范、科学、专业、全面的评价体系势在必行。在健全地市级媒体融合发展评价体系过程中，应始终对可能出现的舆论安全风险、意识形态安全风险、经营风险、技术风险等保持高度警惕，坚持以鲜明的底线意识防范和化解风险。

三　地市级媒体融合高质量发展实现路径

面向未来高质量发展，地市级媒体应在系统认识融合发展深刻影响的基

础上，前瞻融合发展态势趋向，从既有经验中找依据、找思路、找方法、找答案，坚持理论联系实际，以理论之思回应实践之问，以理论创新引领实践探索，切实提高运用科学理论指导地市级媒体融合实践、推动媒体融合发展的能力，助力构建以马克思主义新闻观为引领，体现出鲜明时代特色的地市级媒体融合发展的理论体系与实践解决方案，推动地市级媒体在新的高度上守正创新，加快实现"融为一体、合而为一"。

（一）强化顶层设计统筹，建立健全"四梁八柱"

推动地市级媒体融合高质量发展，应首先着力构筑指导其融合发展的整体框架，继而将其置于相关政策、规则、制度之下，确保地市级媒体融合发展有标准可依。数字化、智能化、移动化传播背景下，媒体融合所处传播格局与生态变革不断加快，围绕地市级媒体融合的顶层设计亦应坚持动态发展思维，做到因时制宜、因势制宜、因地制宜，持续丰富制度供给，筑牢地市级媒体融合发展的"四梁八柱"。着力推进地市级媒体融合前瞻性、引领性制度建设，瞄准智媒时代媒体融合发展方向，把握地市级媒体在当前及今后的发展趋势、发展可能，研究制定高质量融合发展的可行性预案，以宏观视野和未来眼光为地市级媒体融合发展把舵定向。着力推进地市级媒体融合激励性制度建设，针对不同主体、不同阶段、不同环节设置差异化激励机制，充分激发激活各方参与融合创新的主动性、积极性、创造性。着力推进地市级媒体融合规制性制度建设，以前期媒体融合发展经验教训为现实基底，进一步明确和划清地市级媒体融合发展的边界、底线，规范地市级媒体融合发展秩序。

（二）锚定使命坚定立场，充分占领传播高地

地市级媒体与其他各级媒体一样，肩负着引导和服务群众的使命任务，尤其在复杂多变的传播格局下，其责任更显重大。新传播环境下，地市级媒体融合应始终保持清醒的政治头脑，对意识形态领域的潜在风险及问题时刻保持高度警惕、重点防范、及时研判，做到"上接天气、下接地气"，牢牢

掌握在舆论场中的主动权、主导权，要以地市级融媒体中心建设为抓手，发挥好主力军作用，加快挺进、占领、巩固舆论引导与主流价值引领的主阵地和主战场，占领传播高地。要积极适应、清醒认识用户等多元主体对新闻舆论工作介入和影响程度加深这一现象，借力新技术应用实现自我赋能，进一步强化地市级媒体的舆论引导、主流意识形态培育等重要职能，切实履行和完成好维护主流意识形态安全稳定任务。依托媒体本身及所在地域资源禀赋，积极做好重大主题宣传工作，深化地方传统文化等区域 IP 挖掘包装，弘扬正能量，于新视角、新切面中展示地域特色、时代精神、中国力量，推动提升地市级媒体在各级主流媒体中的权威性地位与社会影响力，确保其在凝聚社会共识、引导社会舆论、引领主流价值过程中靶心不偏、焦点不散、力度不减。

（三）对标对表超前部署，推动要素协同创新

全媒体传播视域下，面对中央、省级、县级等媒体融合发展所取得成效，地市级媒体融合显得更为迫切。地市级媒体融合发展涉及多个部门、多种要素，包括内容建设、阵地建设、政治建设、机制建设及技术平台建设，要实现地市级媒体融合发展高质量推进，就应提升融合发展布局的针对性、可操作性。应致力于科学统筹地市级媒体融合所涉各项关键要素，明确职能分工，在要素有机协同中形成推动地市级媒体融合发展的重要合力，以差异化、精准化的要素整合与配置方案助力融合创新实践，从而发掘地市级媒体融合发展的新路径、新方向。要坚持对标国内外各级媒体融合成功案例，基于自身发展实际，设定融合发展时间表、路线图，兼顾历时性与共时性发展视角，注重要素协同的由内而外、内外联动，结合媒体发展规律与新传播规律，调整优化地市级媒体运行的体制机制，排除地市级媒体融合发展与转型升级的内外部障碍。其中，应坚持内部资源盘活与外部资源整合并举，奋力打造一批叫得响、传得开、留得住的融媒体内容产品，培植具有较强感召力、影响力的融媒体品牌，推动形成强大聚合力与引领力。

（四）打造新型话语体系，全面深化价值引领

随着媒体融合加快向纵深迈进，信息传播格局也不断迎来新的变革，多元主体愈发深刻介入信息传播过程中，并深度参与信息编码和解码，舆论场中话语表达更加丰富多样。具体到地市级媒体，面对个性化、差异化的用户个体及群体，要做好对象化传播，需要着力探索推动传播话语体系创新，以多样化表达为用户所理解、认可、接受，从而更好地凝聚社会共识。一方面，要基于地市级媒体的新媒体平台布局及各平台用户轨迹数据，综合人与技术的双重创新性、创造性，实施差异化的表达策略，从而高效契合特定用户群体的信息接收与理解习惯。另一方面，要紧跟发展形势、聚焦传播所需，探索打造具有强烈时代感、年轻态、网络化、智能化的传播话语体系，并将其与区域表达、民族表达相结合，构建分众化、区域化传播格局，推动传统表达方式向新型话语体系转型升级。创新话语表达应始终坚持好主流媒体的责任担当，不断强化底线思维、红线意识，确保新型话语风格在主流价值框架之内，坚决摒弃流量思维和眼球效应，从根源着手防范不良社会思潮趁机渗透、涌入，扰乱社会舆论秩序，带来意识形态安全风险。

（五）优化立体传播格局，完善现代传播体系

基于现有发展实际，聚焦高质量发展，地市级媒体融合应着力推进优化立体传播格局，完善现代传播体系，准确把握、积极适应传播理念、传播渠道等的动态变化，统筹好做好融合共生的新型传播生态布局，以新技术应用为支撑，打造多维度、立体性、综合性的传播网络，进一步拓展和扩大地市级媒体传播所覆盖范围，奋力推动主流舆论阵地的巩固壮大。应着力统筹和协调好线上传播与线下宣传，坚持差异发展、同步推进，努力构建网上网下同心圆，探索将主流价值传播与政务服务、商务服务、社会治理等有机连接，使地市级媒体融合传播成效更好拓展和触达线下。应着力做好同中央级、省级媒体及其他平台端口的无缝衔接，避免追求大而全，要立足实际、注重实效，探索在现有传播矩阵布局上做好减法，结合自有基础及区域禀

赋，以"一招鲜"明确特定功能定位，强化和凸显比较优势。同时，地市级媒体应主动置身于国内外媒体融合发展的整体视野之下，主动融入新型传播格局，延伸传播网络，及时借鉴、吸纳先进技术、理念、经验、设计，助力地市级媒体融合布局持续向好向优。

（六）坚持人本导向理念，筑牢高质量发展根基

媒体融合发展的成效达成关键在人，能否坚持和凸显人在媒体融合进程中的主导性，决定着融合发展成败。推进地市级媒体融合高质量发展，应奋力筑牢以人为本的导向根基，从而汇聚更大力量。一方面，要在媒体内部坚持以人为本，建立高效灵活的选人用人以及人才培训机制，做好人才供给侧与需求侧的有效对接，探索构建适应地市级媒体自身发展所需的人员组织架构，打造具有行业竞争力的人才队伍，采取政策倾斜、完善激励机制等举措。另一方面，要坚持以人民为中心，进一步强化引导群众、服务群众意识，集聚全媒体之力推动精品作品打造、优质服务供给、广泛社会连接，在增进共识、强化认同方面下功夫、花力气，更好连接党心与民心，于地市级乃至更大区域推动扩大主流价值影响力版图，讲好地方故事、中国故事、时代故事。聚焦高质量发展，地市级媒体应秉持并持续强化人本导向，为解决新发展问题、实现新发展目标、满足新发展需求、探索新发展模式提供坚实的基础。

参考文献

黄楚新、吴梦瑶、许悦：《迭代与升级：西南四省区地市级党报媒体融合发展调研》，《媒体融合新观察》2021年第6期。

王晓红、倪天昌：《论媒体深度融合背景下主流价值传播的守正与创新》，《电视研究》2021年第12期。

郭海威、黄楚新、贺文文、任博文：《摸索与超越：我国西北五省区地市级党报媒体融合状况》，《科技与出版》2022年第1期。

B.13
2021年中国县级融媒体中心发展报告

李一凡　陈伊高*

摘　要： 2021年，在国家政策引领和各省份紧密部署之下，我国县级融媒体中心建设不断走稳落实，"新闻+"模式成为新增长点，技术赋能、跨界融合趋势明显，同时县级融媒体中心积极参与基层社会治理，助力乡村振兴。然而县级融媒体中心建设中的合而未融、人才困局、区域差距、协同局限等问题依然存在，未来应坚持稳中求进工作总基调，聚焦数字治理，创新用人机制，强化区域统筹协同，开拓多元经营格局，持续推进县级融媒体建设提质增效。

关键词： 县级融媒体中心　媒体融合　数字治理　乡村振兴

2021年是国家"十四五"开局之年，是全面深化改革的关键之年，也是县级融媒体中心建设的重要窗口期。在此背景下，我国县级融媒体中心建设不断纵深推进，从最初的机构重组、平台搭建、模式探索阶段逐步迈向质效合一、平台融通的2.0阶段。① 截至2021年3月，县级融媒体中心挂牌数量已超过2400个。② 各县级融媒体中心依托既有改革基础，不断深化体制

---

* 李一凡，中国社会科学院新闻与传播研究所博士后，主要研究方向为新媒体、媒体融合；陈伊高，中国社会科学院大学新闻传播学院博士研究生，主要研究方向为新媒体、媒体融合。

① 黄楚新、陈智睿：《2021年我国媒体融合发展盘点》，《青年记者》2021年第24期。
② 《乡村基层主流舆论阵地！全国县级融媒体中心挂牌超过2400个》，https：//baijiahao. baidu. com/s？id=1694636469395332482&wfr=spider&for=pc，2021年3月19日。

机制改革，以"新闻+"推动服务升级，以数字技术赋能基层治理，以跨界协同实现资源聚合，以多元服务助力乡村振兴，为县域经济社会发展注入了新的动力活力。

一 2021年县级融媒体中心建设的总体态势

（一）政策引领持续强化，县级融媒体建设走稳落实

2021年，有关县级融媒体中心建设的政策文件和规划决策更加落到实处，从国家顶层设计到各省广电局、网信办全面参与主导、紧抓落实，对各省县级融媒体中心的建设进度、运营资质、政策保障等均给予了整体性把控和全方位部署。

2021年4月，国家广电总局制定《2021年推进广电媒体深度融合发展工作方案》，要求广电机构狠抓落实，明确媒体深度融合任务书、时间表和路线图。在此项政策引导下，北京、吉林、江苏、安徽、福建、山东、四川、青海等省广电局积极谋划制订媒体深度融合发展三年行动计划，把县级融媒体中心建设放置在区域媒体融合发展的整体框架之内，确定系统目标并落实工作规划。江苏广电局着力推进纵向衔接、横向合作的省市县三级融合发展布局；福建广电局支持县级融媒体中心开展制播能力建设、新媒体运营、主播人才队伍建设、助农兴农直播带货等各项工作；湖北广电局在全省开展媒体融合调研，指导帮助近20个县级融媒体中心加快技术平台建设。国家广电总局还先后指导湖北、陕西、京津冀、江苏、湖南、苏州等多地创建媒体融合发展创新中心，从政务资源共享、智慧城市建设、产学研打通等不同定位全方位赋能县级融媒体中心发展。

与此同时，为适应互联网时代舆论环境和传播生态的变化，进一步规范信息网络传播视听节目的管理，国家广电总局督促指导全国县级融媒体中心《信息网络传播视听节目许可证》核发工作，2021年全年已向全国县级融媒

体中心共发放许可证超过 2000 张。① 云南、安徽、湖北、湖南等多省份已全面完成全省县级融媒体中心《信息网络传播视听节目许可证》核发工作。在落实网络意识形态工作责任制方面，自 2019 年起，全国各省网信办深入推进全省县级融媒体中心互联网新闻信息服务许可工作。截至 2021 年底，河北、安徽、云南等省份已完成《互联网新闻信息服务许可证》全省全覆盖，山东、湖南、福建、重庆等地正有序开展此项工作，许可工作的落实有效壮大了基层主流思想舆论，推进了县级融媒体中心的规范运营。值得关注的是，国家网信办 2021 年 10 月公开发布的最新版《互联网新闻信息稿源单位名单》中将 10 家县级融媒体中心纳入 1358 家稿源单位名单，这是县级融媒体中心首次被列入互联网稿源名单，这一举措在加强互联网新闻信息管理的基础上，进一步丰富了互联网新闻信息的基层供给，更强化了县级融媒体中心在网络主流舆论阵地建设中的重要地位。

（二）"新闻+"模式成行业共识，体制机制改革不断深化

在 2021 年的县级融媒体中心建设实践中，"新闻+政务服务商务"的运营思路全面渗透县级融媒体中心的战略规划、平台运营、内容生产各个环节，成为县级融媒体中心当前的主要运营模式和重要发展增长点。各县级融媒体中心明确自身定位，以"新闻+"模式作为推进媒体深度融合的基本逻辑，在巩固壮大主流舆论阵地的基础上，拓展平台服务功能与基层群众建立广泛链接，并着力探索多元经营模式，增强造血机能，为县级融媒体中心的高质量发展注入强大内驱动力。浙江全省 90 家融媒体中心中已有 88 家建有"新闻+政务+服务"移动客户端；湖南省 123 家县级融媒体中心探索搭建"媒体+政务商务服务"综合服务平台，在客户端设置餐饮、生活缴费、停车住宿、税务、就医等生活服务功能；安吉融媒体中心以"新闻+"理念为指引，融合技术优势推进"新闻智慧+"，探索智慧产品研发推广、文创旅

---

① 《广电总局扎实推进广播电视媒体融合发展工作》，http://www.nrta.gov.cn/art/2022/1/30/art_3556_59477.html，2022 年 1 月 30 日。

游等方面多元发展。

2021年，各县级融媒体中心持续深化体制机制改革。尤其是一些改革先行单位尝试在原有改革基础上进一步完善顶层设计、调整组织架构、创新经营管理机制，为深度融合发展破除制度壁垒，谋求未来可持续发展。安吉融媒体中心推行第二轮体制机制改革，以"事业单位性质+企业化实质"为基，形成党委统筹下编委线、经管线、行管线三线并行的总体格局，确立统一舆论导向、统一信息枢纽、统一服务入口的三大定位；尤溪县融媒体中心将"新闻+政务服务商务"运营模式作为根本方向，继续深化内部融合，优化调整内设机构，新设立融媒资讯中心、品牌传播中心、综合服务中心三个全新部门，推动内容生产、媒体服务和融媒体改革事业的全面发展；溧阳融媒体中心再度打破体制壁垒，依照"事业单位性质、企业化管理"的原则改革薪酬制度，改革后领导班子试行年薪制，职工年度绩效基准水平调整至100%～300%，薪酬全力向一线倾斜，大大鼓舞了职工干事创业的热情。

随着体制机制改革的持续推进，县级融媒体中心由事改企的改革探索也初显成效。深圳龙岗融媒整合原龙岗区新闻中心、广电中心、广播电台等单位完成"事改企"机构改革，并正式挂牌成立深圳市龙岗区融媒文化传播发展集团有限公司，打造全国首个纯国企模式的县区级融媒体；与之类似，北京经济技术开发区融媒体中心为摆脱事业编制下办企业的种种限制，正式挂牌至尚亦城（北京）科技文化集团有限公司，由事业单位整建制转为企业方式运营。事改企改革有效破解了县级融媒体中心事业单位性质下人才流动、考核评价、管理流程等方面的种种限制，实现了管理、人事、产品、渠道多链路的应融尽融。

（三）技术赋能平台建设，数字化推进基层社会治理

在县级融媒体中心走向深度融合的过程中，5G、大数据、云计算、人工智能等前沿技术正深度融入县级融媒体的平台建设之中，持续赋能内容生产、传播分发、媒体服务等融媒体业务全链条全流程。公开数据显示，至

2021 年，全国已有 19 个省级云平台为本省县级融媒体中心提供云服务。[①]与此同时，各省还以技术要素为创新支点，搭建覆盖全省的信息共享网络，借新技术为县级融媒体中心融合传播破局。湖南广电局围绕"5G+AI"技术推出一键自动化生成的"5G 智慧电台"，累计为全国 177 家县级融媒体中心提供服务；江阴市融媒体中心与江苏广电荔枝云共建全媒体生产指挥中心，将"5G+4K+8K+AI"技术理念融入策、采、编、发全流程，以 AI 播报、机器人写作等智慧传播手段赋能县级融媒体传播创新；江苏广电推出"全 5G 覆盖、全云端生产、全方位共享"等新技术应用，实现全点位 5G 网络覆盖，第一时间通过荔枝云县融平台向全省县级融媒体中心分享两会新闻。

伴随国家治理持续向基层下移，县级融媒体中心不断以智能技术拓展服务场景，以数字化优势重建本地用户连接，提高基层治理效能。数字化、智慧化治理平台的应用成为 2021 年县级融媒体中心参与基层治理的突出亮点。如四川日报全媒体全新发布的"四川云"2.0，推出智慧党建、智慧社区、川观智库、云上群众路线四大服务模块，打造社会治理智慧平台。智能技术在县级融媒体平台的落地应用极大地丰富了县级媒体生态，赋能县级融媒体中心的平台建设和媒体功能拓展，也有效推进了基层治理的智慧化进程。

（四）跨界跨域多方协同，联动全域资源共享共创

跨界别、跨区域、跨层级、跨媒体的协同合作，是 2021 年县级融媒体中心建设的突出特征，有效提升了县级融媒体中心的融合传播效能和平台运营实力。

首先，基于新闻宣传的跨媒体融合传播。2021 年，围绕新闻宣传主业，跨媒体融合传播模式成为县级融媒体中心唱响主流价值、壮大基层舆论的重要手段。尤其是在建党百年、抗疫等重大主题报道活动中，各县级融媒体中

[①] 《2021 年度中国广播电视行业十大科技关键词评选结果公布》，http：//www.nrta.gov.cn/art/2022/1/29/art_ 113_ 59433. html，2022 年 1 月 29 日。

心多采取跨层级、跨区域的全方位联动传播方式，以资源共享打通传播通路。成都市广播电视台联合市内 22 家县级融媒体联合策划推出"誓言有声"成都市县融媒大型全媒体新闻活动，全网总点击量超过 5000 余万次；"新湖南云"联通县级融媒体中心报道袁隆平院士逝世消息，3 天内推出原创融媒体产品 300 多件，全网总点击量 200 余亿次。在跨媒体合作中，县级融媒体中心也尝试与国有企业内设媒体建立合作，如丰台融媒中心与中国运载火箭技术研究院新闻中心合作推出"媒体融合联动协作体"机制，聚焦内容报道、公益宣传、主题活动策划等方面全方位推进深度融合。县级融媒体中心的内容生产能力、平台优势加上国企内设新闻机构的独家资源优势，有力推动了优质内容的创新创作，也为跨媒体融合模式走出一条新路。

其次，基于资源共享的跨区域协同发展。跨区域、跨层级搭建媒体资源共享平台，建立不同层级媒体与县级融媒体中心的协同发展机制，是我国建立完善四级融合发展布局的题中应有之义。2021 年，不少省级媒体通过搭建线上共享平台和融媒共享联盟的形式展开全省县级融媒体中心的联动合作。山东广播电视和网络视听节目共享交易平台与 95 家县级融媒体中心互联互通，实现节目上传下载、应急广播、节目交易等功能；江苏县级广播电视节目共享平台发挥平台节目资源储备优势，为县级融媒体中心无偿提供电视剧播映权；浙报集团融媒共享联盟联合全省县级融媒体中心在原创内容、传播、技术、人才等方面展开全方位协同合作。在跨区域协同的实践中，以直播、短视频为切入点的合作日渐成为趋势。2021 年 1 月，四川广播电视台联合省内县级融媒体中心成立"四川短视频联盟平台"，联动全域资源，在内容共享、联合报道、人才培训等方面深入合作。

最后，基于产业合作的跨界资源共享。2021 年，县级融媒体中心尝试联合各行业主体展开跨界合作，延伸产业链条，在优势互补中实现价值共创和资产增值。溧阳融媒体中心与二更、北京七展、南京城墙砖等文化创意品牌机构建立合资公司、品牌工作室，以借船出海的方式提升生产力、服务力和竞争力；江阴市融媒中联合 7 家国有企事业单位，投资成立大数据公司，打造大数据管理和服务平台，变数据资源为经营资产；尤溪县融媒体中

心与电影公司合办 3D 电影院、与地产公司经营地产销售等，打造多产业多渠道的产业经营格局。

（五）直播嵌入百姓生活场景，全方位助力乡村振兴发展

2021 年，中央一号文件《中共中央　国务院关于全面推进乡村振兴加快农业农村现代化的意见》再次提到"建强用好县级融媒体中心"，[①] 县级融媒体中心建设成为国家全面推进乡村振兴、加强新时代农村精神文明建设的重要着力点。在新冠肺炎疫情防控常态化的大背景下，县级融媒体中心尝试"直播+"模式拓展媒体服务场景，打破县域商品销售的地理阻隔，助力疫情期间经济复苏。广东清新区融媒体中心打造"清新 MCN"机构，将直播间搬到田间地头，建立农产品电商产业链闭环；河北香河融媒体中心以直播方式推介香河景泰蓝、香河肉饼、香河家具等特色产品，助力地方经济复苏。集中平台优势、全方位调动媒体资源赋能乡村经济、传播乡村文化，是 2021 年县级融媒体中心助力乡村振兴发展的一大亮点。邳州融媒体中心在客户端汇集各类公共服务资源，开设助农平台，策划市长直播为农产品代言；尤溪县融媒体中心以全媒体传播推广地方朱子文化，设建朱子文化非遗展示体验馆，打造非遗文化沉浸式体验场景。直播的直观性、社交性、开放性为县级融媒体服务拓展、产业运营等提供了无限可能，直播泛在化趋势日渐成为县级融媒体推动深度融合的新常态。

此外，与新时代文明实践中心融合共建的模式，也为 2021 年县级融媒体中心拓宽宣传渠道、助力乡村振兴打开了崭新局面。内蒙古全区 103 个旗县级融媒体中心全部实现与新时代文明实践中心、党群服务中心和便民服务中心的功能性贯通；长兴传媒集团发挥"双中心"平台优势，开发新时代文明实践云平台，截至 2021 年 7 月，云平台志愿者达 6.6 万人，开展志愿服务活动 8

---

① 《中共中央　国务院关于全面推进乡村振兴加快农业农村现代化的意见》，http：//www.gov.cn/zhengce/2021-02/21/content_ 5588098.htm，2021 年 2 月 21 日。

万余次。① 随着各地"两中心"共建步伐加快，制度红利将持续释放，进一步打通宣传群众、教育群众、关心群众、服务群众的"最后一公里"。

二 当前县级融媒体中心面临的主要问题

（一）合而未融：体制壁垒尚存，传统理念难以转变

体制机制问题始终是束缚媒体融合发展的根源所在。在国家顶层设计的强力推动下，我国县级融媒体中心建设在较短时间内走过了机构整合、重新挂牌的"物理融合"阶段，步入由"合"到"融"的深化改革时期。高速推进的背后，因体制问题引发的组织架构不清、业务流程不畅、责权利不明等诸般问题也随改革的深入而逐一显现。

一方面，多元利益主体带来的历史遗留问题正成为不少县级融媒体中心持续深化体制改革的关键动因。部分县级融媒体中心以县级广电和内部报刊两大传统媒体平台为主体，融合政府网站、客户端等县域公共媒体资源组建而成，不同平台之间在管理运营、组织人事、资源配置、工作流程等方面存在天然壁垒，其生产运营思路也有着明显区别，从分头运营到融合并行，理念上的巨大差异势必会干扰融合步伐。另一方面，一些融媒体中心工作人员依然沿用传统媒体的生产经营理念，难以适配融媒体传播的要求，主要表现为官本位思想与企业化运营的矛盾、传统媒体生产理念与全媒体生产流程的矛盾、单一广告经营思路与多元化产业经营的矛盾等。

（二）人才困局：内生动力不足，融合人才难以匹配

随着县级融媒体建设逐渐走向深入，人才问题成为制约县级融媒体中心发展的首要瓶颈。无论是改革先行者还是组建完成的新平台，一定程度上都

---

① 《浙江长兴传媒集团——"两个中心"一体化 文明服务"一站式"》，https：//www.chinax wcb.com/info/573042，2021年7月9日。

面临存量老化、增量不足、活力不够等人才困境。首先，人员老化、融合型专业型人才短缺的现象普遍存在，现有人员素质难以匹配融媒体平台的运营需求，甚至在一些县级融媒体中心，一线运营部门尤其新媒体运营团队的核心力量长期处于兼职状态。其次，由于缺乏灵活的人才引进机制和管理用人制度，人才引不进、留不住、用不好的问题依然是一大困扰。在整体增量不足的情况下，大部分县级融媒体中心并未建立起科学的内部培训体系，全媒体运营人才、管理人才、技术人才的缺口在短时间内难以补上。最后，内部活力不足，员工缺乏创新创业热情。建立科学精细且符合融媒体运营需求的考核激励机制，是当下县级融媒体中心建设的共识。但从现状来看，大部分单位的激励机制和奖惩制度仍存在建而不全、考而不精的问题，囿于事业体制带来的人员身份差别，员工的工作成效未能直观体现在个人待遇上，不断消磨员工干事创业的热情。

（三）区域差距：地区差异显著，建设模式盲目复制

当前阶段，因各地政策环境、经济水平、人口基数、舆论生态等因素的差异，县级融媒体中心建设呈现出区域发展不平衡、融合步调不统一的局面。总体来看，长三角、东南沿海、北京等地区的县级融媒体中心以及全国百强县所设融媒体中心整体发展速度较快、融合程度较高。如浙江的安吉和长兴、江苏江阴、广东顺德等地区的融媒体中心普遍建立了科学高效的组织架构和运作体系。相比之下，中西部地区的县级融媒体中心建设则相对迟缓，大多数仍处于机构整合、平台搭建的改革初级阶段，亟待提升融媒体内容生产效能、拓展平台服务功能。此外，县级融媒体中心建设中仍存在盲目化、套模板现象，一些融媒体中心热衷于从样板单位复制改革模式，未能结合本地实际制定有针对性的改革方案，以至于改革出现水土不服、合而不融的尴尬局面。

（四）协同局限：资源共享不畅，统筹协同尚未实现

2021年，各县级融媒体中心积极探索中央、省级、市级、县级媒体共

联共建、云端共享的协同机制，但从联动效能来看总体上处于初级阶段，离真正意义上的资源互通、统筹联动仍有一定距离。第一，探索建立上下级媒体联动机制的县级融媒体中心仍是少数，发展相对落后的县级融媒体中心多处于租用技术平台等基础建设阶段。第二，平台资源尚未完全打通。目前的上下级联动大多集中于技术平台共建、内容资源共享等层面，并未触及数据资源的整合联动、服务资源的上下贯通以及产业资源的区域联通。第三，统筹协同网络中县级融媒体中心多处于被动地位。目前，部分县级融媒体中心已同中央级、省级、市级媒体建立了稳定协作关系，但县级融媒体中心并非处于协同网络的核心位置，而是作为被服务方，享受着平台的开放资源供给。上级平台未开放的功能和资源，县级融媒体中心则无法获取，难以实现个性化的本地资源转化。

三　县级融媒体建设的对策建议和趋势展望

（一）紧抓政策机遇，壮大基层主流舆论阵地

2022 年 2 月 28 日，中央全面深化改革委员会第二十四次会议强调，"改革工作既要蹄疾步稳、纵深推进，又要有新气象、新面貌"，[①] 这一重要指示也为我国县级融媒体中心深化改革明确了目标、划定了方向。县级融媒体中心要深刻领会中央全面深化改革工作部署，贯彻落实稳中求进工作总基调，明确自身作为基层信息枢纽的功能定位，打通舆论传播和社会服务的"最后一公里"，使自身改革更好地对接发展所需、基层所盼、民心所向，不断巩固壮大基层主流舆论阵地，更好地引导群众、服务群众。

从全面推进走向提质增效，从"建强"到"用好"，不仅是县级融媒体改革的持续深化，也是媒体功能的不断延伸。"建强"意味着机构建设的创

---

① 《习近平主持召开中央全面深化改革委员会第二十四次会议》，https：//baijiahao. baidu. com/s？id＝1726021684527166058&wfr＝spider&for＝pc，2022 年 2 月 28 日。

新、创先、创优，"用好"意味着平台功能的活用、巧用、善用，两者相辅相成、互为支撑。具体而言，县级融媒体中心不仅要持续深化改革，充分打通体制机制、人才、技术、产业等资源的有效链接，充分释放平台机能活力，更要以深改促深融，将自身发展深刻嵌入我国经济社会发展大局。2022年中央一号文件指出，要将新时代文明实践中心和县级融媒体中心等平台作为基层宣传教育的重要载体支撑，"创新农村精神文明建设有效平台载体"，再次从政策高度强调了县级融媒体中心在县域社会发展和精神文明建设中的重要地位。

面对新形势，县级融媒体中心应主动对接时代语境，积极融入我国乡村振兴发展进程。一方面，发挥县级融媒体中心贴近性和本地化的优势，拓展传播渠道、创新传播话语，以深度报道、网络问政、党群活动等更具互动性的方式传播主流声音、聆听基层呼声、回应群众关切，推动党的思想舆论宣传不断向基层延伸。另一方面，要在"融"字上下功夫，不断探索"新闻+"模式的无限可能，聚集平台资源优势和服务功能，丰富乡村精神文化生活、提升乡村公共服务水平、助力乡村社会治理、赋能乡村经济发展。同时探索县级融媒体中心与新时代文明实践中心、党群服务中心、便民服务中心等多中心功能贯通，积极开展对象化、分众化、主题化宣传教育，弘扬和践行社会主义核心价值观，将县级融媒体中心建设成为传播信息、凝聚共识、汇聚民心、服务群众的乡村文明宣传主阵地。

（二）聚焦数字治理，打造县域智慧服务平台

随着新基建的加速推进以及数字技术不断向基层"下沉"，数字化治理将持续深入县域基层，推进县域公共服务和发展决策迈向数字化、智能化。县级融媒体中心应乘势而上，以5G、大数据、云计算、人工智能等新技术推动自身智能化转型，全方位打造数字化、精细化、开放化的智慧服务平台，融入数字乡村、智慧城市建设，使自身成为基层治理现代化的核心支撑系统。

一方面，深入群众生活，推动基层治理与群众需要同频共振。县级融媒体中心要以自身平台适配智慧农业、智慧教育、智慧文旅、智慧社区、智慧

政务、智慧家居等应用场景，提升平台数字化服务水平。如安吉融媒体中心以大数据技术为依托，研发落地基层公共事务"智管家"、田园综合体"云计算"、基层乡村智治"一张图"等服务，为乡村发展提供数字支持。此外，要以数字化管理创新基层治理方式，形成多元主体参与的社会协同治理模式。可尝试引入积分管理制度，将社区治理关键环节的成效直观呈现为用户的积分，以积分激发基层群众自我管理、自我服务、自我教育、自我监督。如湖南省宜章县将"网格化+户积分"管理功能模块化植入融媒体客户端，引导群众广泛自治。①

另一方面，县级融媒体中心要以智慧平台为依托，聚合县域信息资源实现共享、互动，帮助地方政府精准对接民情、民意、民心，推动基层决策科学化和公共服务智能化。尤其要强化数字平台在公共卫生、自然灾害、事故灾难、社会安全等突发公共事件中的应用，以大数据、可视化方式为基层政府提供决策参考。例如，山东省兰陵县搭建"兰陵首发"平台推进政务公开，以大数据直观呈现全县群众诉求的趋势性变化，让县委、县政府对县域实时热点和突发事件进行科学预判，有效提高了决策的准确度和客观性。

（三）创新用人机制，推动人才队伍转型升级

人才资源是县级融媒体发展的核心资源。在媒体深度融合阶段，锻造一支结构合理、优秀高效、充满活力的融媒体人才队伍，是县级融媒体中心建设的当务之急。

一是要从根源入手，深化人事制度改革，建立适合融媒体人才发展的体制机制。在管理方式上，进一步打破身份界限，由身份管理转向岗位管理，推动全体人员同岗同酬、同工同酬、能上能下。在运行模式上，建立工作室为内部员工提供创新平台，帮助单位发现人才，助力人才快速成长。在晋升渠道上，建立首席制、领衔制等岗位聘用制度，打通人才晋升通道。此外，

---

① 蔡骐、刘瑞麒：《推进媒体深度融合 讲好湖南乡村振兴故事》，https://hnrb.voc.com.cn/hnrb_epaper/html/2021-12/02/content_1552066.htm，2021年12月2日。

要建立灵活的人才引进制度，为高端人才、紧缺人才、专业人才的引进建立宽松政策，以绿色通道引进，以特殊待遇扶持；要综合运用项目用工、外部合作、特聘特约等非正式、流动性用人方式，在特殊时期为单位弥补人才缺口，缓解资金压力。

二是要细化考评机制，深化薪酬改革。建立以岗位奉献、绩效考评、动态管理为核心的薪酬管理体系，在加大移动端考核比重的基础上，完善考核标准细则，最大限度体现多劳多得、优绩优酬，激发人才创新创业动力。如江苏省沛县融媒体中心细化绩效考核标准，划分出月度绩效工资、年度绩效、专业岗位绩效、业务绩效、超额绩效、专项嘉奖绩效等6个不同类别。

三是要完善人才培训体系。除外出培训、专家授课、参观学习等传统培训方式外，县级融媒体中心要不断创新人才培训方式，推动原有人员向创新型、复合型人才转变。培训方向上，紧扣政策需求和融媒体发展方向，探索农村电商人才、专业主播人才、全媒体运营师、互联网营销师等多元人才培训体系；培训模式上，可尝试到改革先行单位驻地实习的方式，通过切身实践提升专业技能；培训内容上，结合员工个人特质开展针对性业务培训，消除人员在转型融合期的本领恐慌，推动人才队伍再造；培训管理上，发挥省级平台资源优势，建立省级人才数据库推进融媒体人才的分类培训、分级管理。

（四）完善协同机制，提升平台资源集聚效能

县级融媒体中心要想打破自身资源局限，需建立上下联通、区域联动、资源集约、协同高效的统筹协同机制，构建区域媒体协同发展新格局。

具体而言，要以纵向互通、横向互融的方式打通资源获取渠道，破除媒体间的层级和地域壁垒，构建统分结合、互为支撑、纵横联通、协同发展、充满活力的融媒体业务体系。从纵向来看，县级融媒体中心应积极融入四级媒体格局，建立跨层级统筹协同机制，集聚区域的内容、数据和用户资源，打造区域性融合传播和资源聚集平台，发挥规模效应。从横向来看，要加强跨地区的媒体协作，从宣传联盟、产业联盟等粗放协作模式转变为优势互补、资源集约的精细化区域协作。同时探索建立资源互通、利益共享的区域

媒体长效协作机制，推动传播、产品、技术、运营、服务、产业等全链条互融，合力提升县级融媒体平台的资源集聚效能和区域影响力。

（五）推动跨界共融，开创多元产业经营格局

当下阶段，单一传统的盈利模式已经不足以支撑县级融媒体中心的可持续发展。县级融媒体中心要转变经营思路，以平台为支点、以服务谋合作，延伸"媒体+"产业链条，打造多元、跨界的产业经营新格局。

一方面，要优化经营结构，完善多元化产业布局。充分发挥融媒体内容优势、平台优势、服务优势，推动形成产品全媒化、服务多样化、行业细分化的融媒体产业链条。如成都高新区融媒体中心打造新媒体实验室，孵化互联网企业 30 余家和新媒体账号 100 余个，实现资金流水 5000 万元以上；安徽省蒙城县融媒体中心的"广电+乡村治理"综合服务平台利用广电光纤网络优势助力全县信息化建设，第一个五年合同期网络服务可收益 1.27 亿元。另一方面，应紧跟国家区域一体化战略方向，以跨界、跨行业融合理念整合区域产业资源，借助市场化、集团化模式推进区域产业资源与融媒体业务深度融合、灵活适配，搭建区域产业共融平台，实现高效率、集约化、规模化的产业协同发展，推动县级融媒体中心社会效益和经济效益双提升。如长兴传媒集团多年来深入房产、汽车、医疗、教育等垂直领域，借平台优势与各行业共创价值，以可观创收反哺新闻主业。

在多元融合经营模式成为重要发展方向的同时，县级融媒体中心未来中也要时刻警惕多元经营中潜在的财务风险、法律风险以及公信力被稀释的风险，创新发展的同时平衡好社会效益和经济效益，着力打造新闻事业与融媒产业协同的高质量发展新局面。

参考文献

黄楚新、许可：《展望 2021：传媒业发展十大关键词》，《中国广播》2021 年第

3 期。

胡正荣、蒋东旭：《全媒体传播体系与四级融合新发展格局》，《中国编辑》2021 年第 5 期。

黄楚新、黄艾：《超越链接：我国县级融媒体中心建设的 2.0 版》，《编辑之友》2021 年第 12 期。

传 播 篇
Communication Research

B.14
中国移动播客市场发展报告[*]

刘友芝　翁丽　曾舒迪[**]

摘　要： 新冠肺炎疫情之下，移动播客成为继音乐、视频、音频、短视频与直播之后我国互联网新媒体应用的"新风向"，吸引新老互联网平台、内容生产者、MCN机构、用户共同"入局"，国内移动播客市场迎来新一波爆发式复兴增长"元年"。总体来看，当下我国移动播客市场仍然处于初步复兴的发展阶段，市场发展尚不成熟，潜在发展空间与现实挑战并存。中国移动播客市场有待于在规范管理和精细运营之间进一步寻求持续复兴的发展空间。

关键词： 移动播客　新兴媒介　移动互联网

---

* 本文属于国家社科基金项目"以资本运营推动传统媒体与新兴媒体产业融合一体化发展研究"（项目编号：15BXW018）的后期研究成果。

** 刘友芝，武汉大学新闻与传播学院教授，主要研究方向为新媒体、媒体融合；翁丽，武汉大学新闻与传播学院硕士研究生，主要研究方向为新媒体、媒体融合；曾舒迪，武汉大学新闻与传播学院硕士研究生，主要研究方向为新媒体、媒体融合。

一　中国移动播客市场发展特征

（一）平台功能特征：新老互联网平台推出垂直型播客功能入口

2020 年新冠肺炎疫情突袭而至，移动播客成为全球互联网应用的"新风口"，也成为我国互联网"下半场"市场环境下少有的潜在的用户红利增量发展空间，市场嗅觉敏锐的国内新老互联网平台，相继推出体现自身优势和特点的手机客户端播客平台型功能入口，以快速抢占新兴的移动播客市场阵地。2021 年，播客领域动作不断。2021 年初，荔枝平台推出独立的"荔枝播客"App；2021 年 3 月，百度的播客 App"随声"也正式上线。与此同时，蜻蜓 FM 开始内测独立播客产品群岛，腾讯 TME 旗下的懒人畅听（酷我和懒人合并）、字节跳动旗下免费小说网文收听的长音频平台番茄畅听App 上线，B 站收购猫耳 FM，中央广播电台推出包括"播客"功能在内的多功能音频平台——"云听"App，等等，众多新老互网平台和传统媒体网络电台纷纷推出播客平台功能型的 App 产品入口。

从移动播客平台功能型产品创办的市场主体和播客业态的布局方式来看，总体可划分为四大类：第一类是以新兴"小宇宙"App 为代表的垂直型纯移动播客平台，成为国内首款纯垂直化的"泛用型播客"App。第二类是各大综合性音频平台①，如喜马拉雅、荔枝、蜻蜓 FM、酷我畅听、企鹅FM、懒人听书、猫耳 FM 等相继推出"播客"功能，甚至将"播客"功能从原综合性音频 App 中独立出来，另外上线为独立的子"播客"App，如荔枝平台推出的独立的"泛用型"的"荔枝播客"App。第三类是非音频类平台推出的"播客"产品功能或独立推出子"播客"App，如以头部短视频为代表的字节跳动和快手，综合类阅读平台咪咕阅读 App 也新增"播客"

---

① 综合性音频平台特指提供音频播客节目、付费内容、音频直播、网络电台、有声书等全类型音频内容或服务的综合性音频平台，具备大而全的特征。

甚至上线子"播客"App。第四类是传统主流媒体推出多功能音频平台，如2020年中央广播电台的"云听"新增上线"播客"功能，2021年9月湖南广电上线了全国首个播客电台，将旗下湖南旅游广播FM106.9进行改版，24小时轮播入驻的播客节目。

2020年以来，众多新老互联网平台或媒体，通过独立方式推出垂直型"播客"App，或在原综合性平台产品基础之上新增、嫁接或融合"播客"新功能，为我国移动播客的内容创作生产者和听众搭建了便利化的各具特色的多元化播客服务平台入口，极大地丰富了我国播客内容创作者及用户"上传"和"托管"的播客节目的平台分发和托管渠道，拓展了播客听众获取自己喜爱播客节目的平台功能入口，成为我国移动播客内容生态建设的上游行业"龙头"。对于播客创作者而言，当下主要的播客分发渠道是小宇宙（96.9%）和喜马拉雅平台（89.1%），其次是Apple Podcasts，播客主要托管在喜马拉雅平台，占72.8%，在其他选项以自建托管平台、小宇宙为主。

（二）内容生产特征：个性化的播客主体与互动性的内容生产

1. 播客主播：主体性与个性化

播客节目的生产，首先表现为突出播客主播的主体性和内容风格的个性化。播客主播可以自发选择单人录制、多人聊天或是以访谈的形式进行节目的制作，拥有充分的自主性，不会受到平台以及听众的约束，越来越多的名人也开启了个人播客频道。同时，不论是单人还是多人形式的播客节目，播客主播们在录制节目的过程中往往是从个人体会或感悟出发，从主导者的角度传达自己的观点或意见，没有镜头的"束缚"让他们更能直接地表达真实感受，节目的录制与暂停或结束、上传等也全权掌握在主播手中。目前，播客创作者主要集中在影视、出版行业，其次是互联网从业者、学生，占比53.7%。[①] 录制的节目类型也多种多样，如采访类，以采访为主的播客节目主持人采访嘉宾，听众可以从嘉宾回答中获得独特的专业知识与经验；独白

---

① 播客先声：《2021中文播客创作者报告》，2022年2月18日。

类，仅仅是播客主播进行纯内容的分享节目，主要是对着录制设备阐述自我想法或者观点；非虚构的故事类，创作者可以就有关现实情况进行讲述，如新闻事件、历史事件……此外，还包括剧院形式的表演、组合式对话等。

2. 播客内容形态：聚焦口语化的社会文化与生活类话题

当下播客内容生产的表现形态，以口语化的多人聊天、清谈、访谈形式为主导，多元化节目形态并存。PodFest China 2021 年的调查报告显示，在听众喜好的内容呈现形态上，多人聊天和清谈是最受欢迎的，其次为嘉宾访谈，主播的单人讲述排第三位，排最后的是叙事、故事和带表演性质的节目。

从播客节目的话题来看，大多聚焦与播客听众现实生活相关的社会文化与生活类话题，在聊天清谈节目类型中，以双主持的播客节目为主，占比42.8%，播客类型以社会文化类为主，在播客节目类型中占比超过一半，在播客节目占比23%的其他选项中，有36.7%的播客选择了生活类，其次是体育（13.3%）和个人成长（13.3%），[①] 这是因为当下播客用户多为厌倦了"短、平、快"且缺乏内涵深度的节目的一线、新一线城市的年轻化高学历知识群体，近85%的人能接受超过 30 分钟的节目时长，且大多数用户都抱有开阔视野、学习知识技能、补充兴趣爱好的收听目的，文化性、话题性、互动参与性，成为吸引当下年轻的中高学历用户群体选择与收听播客节目的主要内容呈现特征；彰显了播客节目的数字音频版文化沙龙特征。

3. 播客内容的生产过程：突出情感互动性

播客作为一类音频式的应用，与传统的广播、电台、听书等存在一定的差异。它在节目制作上更加精良、获取听众的形式更便捷，人们可以随时收听、下载所需内容，收听节目的同时也更容易引发情感共鸣。在这样的"听觉盛宴"下，人们更容易产生互动性体验，将自我带入其中。同时，播客听众通常在通勤、驾车、做家务等生活场景中随意收听，这些情景下的声音内容也更容易在内容制作者与听众之间建立起有温度的感情联结。

---

① 播客先声：《2021 中文播客创作者报告》，2022 年 2 月 18 日。

半小时及以上的节目时长使得听众在长时间的节目收听中更容易沉浸其中，仿佛置身在主播所描绘的世界里，同时又仿佛在和主播面对面地沟通交谈，从心灵上产生共鸣。同时各大播客平台所具备的评论功能，使得听众可以借助评论与主播交流、探讨，不同听众也可以在评论区针对他人的评价发表自己的观点形成互动，听众与听众之间、主播与听众之间都形成了沟通交流的通道，在这种互动交流中也形成了粉丝群体自发组建播客社群互动交流的情形，具备某种社交的功能属性。目前，播客平台互动渠道以小宇宙为主。

4. 播客内容的生产方式：UGC+PGC 模式的多元发展

国内播客内容生产逐步由草根播客的 UGC 转向机构化的 PGC 生产方式，内容制作的机构化与机构的专业化并存。PGC 生产方式下，越来越多的播客跳出个人、小团队层面，逐步成为体系完备的播客团队，以打造自身播客内容 IP，专注播客内容生产的国内播客制作公司大多是由早期苹果平台播客的优秀内容创作者创建而成，实现从 UGC 到 PGC 的蜕变，生产出更多优质的播客内容，如今播客市场吸引到了更多专业媒体、学者和咨询机构的加入，更沙龙化和专业化的播客内容生产市场正在形成，如《人民日报》、《新京报》、红杉中国、《三联生活周刊》及中金研究院等。2021 年，《新京报》制作了 29 档播客节目并分发在喜马拉雅平台上，某一档最受欢迎的节目的播放量超过了 6500 万次。[①]

（三）用户结构特征：年轻化态势凸显，高学历群体聚集

独特的内容生产特性，首先吸引了年轻的中高学历用户群体收听播客节目，播客有望成为继网络音乐、有声书、广播剧之后移动音频家族的"新宠"。

播客作为音频类平台，其用户结构与音频用户规模调查内容相似，从年龄、性别、学历、职业四个方面可以清晰地看到中文播客的用户特征，

---

① 《过去的 2021，"播客"悄然复兴》，https://36kr.com/p/1569660115292039，2022 年 1 月 14 日。

PodFest China 调研显示，中文播客听众的年龄主要集中为 22~35 岁的青年群体，呈现出年轻化态势；《2021 播客听众调研报告》也表明，听众主要集中为年轻群体，18 岁以下听众较少，与 46 岁以上人群的数量接近；通过与"职业"分布进行匹配，占比第二高的学生主要为大学生群体；从性别比重看，虽然男性听众占比高于女性听众，但总体差异并不明显；从学历来看，听众集中为本科及以上学历水平，播客的大学本科学历用户占比达到 60.1%，研究生及以上学历用户占比达到 26.3%；播客听众的行业主要集中在 IT 互联网行业，占比 18.9%。

从整体来看，听众呈现出高学历、年轻化特点，同抖音、快手等火爆的短视频用户低学历的特征恰好形成相反的情况。相较于那些短、平、快的视频内容来说，受众对音频内容显然抱有不一样的期待，中文播客听众们关注的话题也是多种多样，从社科文卫、政治经济到个体经验、情感等社会生活的各个层面。其中，近 85% 的人能接受超过 30 分钟的节目时长，且大多数用户都抱有开阔视野、学习知识技能、补充兴趣爱好的收听目的。从长远角度出发，年轻一代对新生事物接受度高，他们网龄较长、忠诚度高，有利于培养使用习惯，对于推动播客发展而言潜力巨大。

（四）商业化初探：MCN 机构助推国内播客内容行业商业化

中文播客数量近两年迅速攀升，商业化是维系播客内容行业尤其是播客内容创作者和播客制作机构内容持续生产的经济基础，播客用户消费者不排斥播客节目中自然植入广告的营收模式和广告投放的性价比，使播客的商业价值被更多的广告主所认可，目前正在探索广告的盈利模式，原声定制播客节目和品牌播客值得关注。[①] 根据《2021 年中国网络音频产业研究报告》中的问卷调查的结果，原声定制类的播客节目不容易被听众注意到其中的广告宣传，融入播客内容的原声定制的播客节目最容易被用户所接受，因此也更有可能对用户产生预期的广告效果。此外，对整个企业品牌进行宣传，向

---

① 《2021 年中国网络音频产业研究报告》，http://news.sohu.com/a/523204684_445326，2022 年 2 月 16 日。

消费者传达品牌的价值主张的播客品牌广告也是播客内容变现的重要方向。[①]

国内播客制作的商业化进程逐渐向机构化、产业化方向发展，此前播客中为数不多的 MCN 机构就是通过该路径转变成新的播客品牌。MCN 机构为更多的播客产出提供了巨大的支持，为发掘更多有潜力、优质的播客不断进行创新与尝试。播客经纪公司从播客管理、播客商业化、播客培训等方面针对旗下播客节目进行一体化运营，协助个人播客主及企业播客主策划各具特色的个人节目及品牌营销性播客节目，为各播客主对接广告资源，并以此获得收益。截至 2021 年，国内已经成立了 JustPod、津津乐道、声动活泼、深夜谈谈、冠声文化、小黄鱼等专业播客经纪公司及播客公社、日谈公园、深夜谈谈等播客广告服务机构，其中声动活泼在 2019 年获得了数百万元人民币的投资，Justpod 公司仅 2021 年 1~7 月的总收入就已经达到了上千万元。以上数据说明播客在中国的发展势头正盛，但从播客行业整体的商业化进程和态势来看，目前我国播客行业尚处于初步探索阶段，盈利模式以广告探索为主，绝大多数的播客创作者面临商业化的现实"难题"。

二 中国移动播客市场存在的问题

聚焦当下国内播客市场内容生态和商业生态，市场总体发展尚不成熟，各方市场主体都面临着挑战。因而播客行业经过两年的初步复兴发展之后，再次面临现实挑战，市场开始"趋冷"，并且面临规范发展与监管等问题。

（一）平台方：头部音频平台独当一面，"小众"播客平台难以突围

在美国，75% 的成年人都清楚播客是什么，而在国内，播客仍然属于一个新兴的领域。从听众常用渠道的排名看，前三名收听平台依次为喜马拉

[①] 《2021 年中国网络音频产业研究报告》，http：//news.sohu.com/a/523204684_445326，2022 年 2 月 16 日。

雅、网易云音乐、小宇宙；在传播路径上，播客内容依赖于微信公众号的推广、微博转发等方式的二次传播，但受到时长等因素的限制，热门播客内容并不能像热门短视频那样能做到"病毒式传播"。国内各个播客平台发现这一缺陷并做出了相应改进，如在各类社交媒体平台投放播客广告，或邀请明星入驻吸引用户下载和收听，荔枝播客就曾在微博上投放广告来进行推广，但由于收听习惯的欠缺、视频行业的不断挤压，中文播客市场由创作者主导迅速转向平台主导后的拥挤与迷茫，尚且处在"小众"层面的播客难以在竞争激烈的局面中"杀出重围"。

风云变幻的现实市场中，国内移动播客还未走出"小众"，众多平台纷纷离场。除了头部流量音频平台外，截至 2022 年 2 月，小宇宙、荔枝和汽水儿为播客当下仅存的常态化运营客户端。作为国内较早的、主要的中文播客平台，蜻蜓 FM、喜马拉雅 FM、网易云音乐等聚合类音频平台聚集了大量播客听众，国内头部音频形势大好无可厚非，但在激烈的竞争中，近年来上线的播客平台难以走到播客市场的舞台中心，开始淡出用户的视线，2021年，隶属于快手的皮艇、蜻蜓 FM 旗下的播客群岛、百度推出的随声（后更名随音）和腾讯还未问世的播动，都被暂缓或搁置……"小众"播客的影响力还有待进一步提升。①

（二）内容创作方：节目的持续规律更新与商业变现成为现实难题

目前，播客创作者以一、二线城市为主，北京、上海的创作者接近一半；内容偏社会化、生活类，播客内容创作类型较为单一，这一部分早期播客创作者当下面临持续、规律性更新与商业变现的两大难题，两者的影响相辅相成。

在国外，无论是播客，还是视频，乃至图文，都是以付费订阅作为主要收入来源，其次才是广告收入。付费订阅这种模式需要公众有极高

① 《告别"元年"，播客进入"冷静期"》，https：//baijiahao.baidu.com/s？id＝1725722628 809073504&wfr＝spider&for＝pc，2022 年 2 月 25 日。

的版权认知，以及配套的行政法规约束。而在国内，这种版权认知显然不足。虽然版权法律制度政策体系与时俱进，如 2021 年 3 月 1 日起施行的《中华人民共和国刑法修正案（十一）》，对《刑法》第二百一十七条涉及侵犯著作权或者与著作权有关的权利的情形所涉内容做出修改；2021 年 6 月 1 日起实施的新修改的《著作权法》，着眼于解决实践中的突出问题，特别是新技术发展带来的一些新课题，加强信息网络传播活动中的版权保护……但长期以来，国内消费者的版权意识薄弱，倾向于追求变相的"免费消费"；广告成为目前播客用户和广告主可以接受的商业变现模式，根据艾媒咨询发布的《2021 年中国网络音频产业报告》，播客在公关广告上的商业模式可以细分为口播广告、贴片广告、原声节目、品牌电台、节目赞助等。

然而，由于平台或 MCN 机构、营销服务商的内容与广告商业化服务体系尚未健全，相当一部分早期播客创作者缺乏有效的配套服务。根据播客先声的《2021 中文播客创作者报告》，播客节目持续更新成为难题，超过五成的播客节目更新不超过 20 集，喜马拉雅平台订阅少于 100 的超过 50%，同时，创作者更新播客频次以每周更新、每两周更新为主（57.1%），21.8%的播客节目还是无规律更新，[1] 节目数据表现并不乐观，商业化前景也不明朗，目前部分创作者可能选择停更播客。

国内移动播客虽显示出强大的商业潜力，但如何拉动受众为产品买单，让更多的主播能够以播客为主业而非副业，是决定这一行业能否成熟、成功的关键。

（三）用户端：群体结构小众化，内容消费门槛高，订阅习惯尚未形成

当前我国移动播客听众主要集中分布在北上广地区，青年群体且受教育程度比较高，这一需求端用户的特征优势与劣势并存。

---

① 播客先声：《2021 中文播客创作者报告》，2022 年 2 月 18 日。

首先，用户群体结构的小众化，当下我国移动播客用户规模仅占国内互联网用户的 8.7%，与当下我国移动播客听众的年轻高学历的圈层化密不可分。其次，这一用户群体的内容消费门槛高，表现为对内容质量要求高，《2021 播客听众调研》显示，影响听众收听的因素中，话题吸引度最高，86.5%的听众会根据感兴趣的话题收听节目，听众的播客内容偏好集中在文化题材，其中影视占比最高，其次为历史；文学、娱乐、艺术等占比均在30%以上，其他吸引元素依次为内容充实、听感舒适、观点独到。这一内容质量要求，无疑提升了内容创作者进入播客的门槛。近一半的用户会因节目内容更新迟缓、节目质量欠佳而停留在了浏览与尝试的边缘甚至直接放弃收听。最后，这一用户群体的订阅习惯未形成，目前大多数的中文播客听众用户并没有养成订阅播客栏目的习惯，在一定程度上影响了播客节目的影响力和传播范围。

（四）播客平台：规范化发展与监管中存在漏洞与隐患

近两年，播客平台在发展过程中，已逐步暴露出一些规范化发展与监管方面的漏洞与隐患问题，主要表现为以下几个方面。

一是平台审核机制存在功能设计缺陷与隐患。目前，我国众多平台上线的"播客"内容服务产品，从业态形式和媒介技术服务功能来看，分为两大类：一类是垂直细分型的专门化独立运营的移动播客产品，使用国际通行的 RSS 订阅模式，又称为"泛用型播客"；另一类是栖息在综合性平台之上的非独立型平台型播客产品，播客制作者需要将内容上传到平台服务器，然后经过审核和编辑发布后用户才能收听，在不同平台型播客订阅的节目需要来回切换。对于前者"泛用型播客"而言，用户只需添加播客制作方的RSS 地址，就可以直接与制作方建立端对端的订阅关系，用户可以自行把所有的播客地址收纳到一个客户端来收听。从平台的内容把关机制来看，"泛用型播客"客户端基本上是一种去中心化的播客手机客户端，缺乏平台基本审核机制基础之上的内容安全保障，存在平台审核机制的功能设计缺陷与隐患。对于后者平台型移动播客产品，其理论上是一款"中心化"播客手机客户端，但同样在平台的内容审核和编辑把关机制等方面存在漏洞。

二是播客平台内容成为新的舆论传播场域。如前所述，当下我国播客听众以一线、新一线城市的年轻高学历用户群体为主，其对于播客内容的偏好集中为泛文化内容，以社会文化与生活类题材为主，包括当下社会的公共议题，以及影视、文学、音乐、艺术、历史等。与此同时，话题特征存在亚文化圈层属性，一部分传播亚文化的听众往往在评论区进行图片和文字的二次创作和互动讨论，容易导致评论区的言论极化与舆论风险，这是平台、内容创作者、相关监管部门等需要重视的新现象和新问题。2022 年，与播客内容、平台职责有关的争议也备受关注，有专业人士预估 2022 年或许有更多播客创作者会因播客内容而被诉讼。[1] 如著名音乐人 Neil Young 和头部播客创作者 Joe Rogan 就因播客中的疫苗言论而产生矛盾，Spotify 也被迫改进相关的审核规则。小宇宙审查并删除部分播客节目也已引起了不小争议。

三是在播客平台的商业化进程中，逐步利用听众求新求异的亚文化圈层特征推行当下流行的"盲盒"消费主义模式。如荔枝宣布与玩具和收藏品公司泡泡玛特（Pop Mart）合作，创建一个名为"Pop Park"的品牌频道，重点关注流行文化。荔枝还一直在组织离线活动，让听众与播客主持人见面。[2] 此外，泛文化内容极易引起播客创作者扎堆生产同类题材的内容，造成内容生产同质化，甚至出现版权"盗版"等监管层面的现实困境。

三　中国移动播客市场的应对策略

长远来看，我国播客市场需要以两大思路予以应对，即完善优化存量市场、拓展新的增量市场，具体应对策略如下。

---

① 《告别"元年"，播客进入"冷静期"》，https：//baijiahao.baidu.com/s？id＝1725722
628809073504&wfr＝spider&for＝pc，2022 年 2 月 25 日。
② eMarketer，"Global Podcast Listener Forecast 2021－2025，" 2021 年 10 月 22 日。

（一）打造专业化、规范化的品牌播客平台

平台是互联网时代各方市场主体聚合的中心。受到播客自身发展历程和用户使用习惯等因素影响，用户收听播客大多会选择一些集合型音频平台上，如喜马拉雅、荔枝及网易云音乐等，但播客并不是平台的主营业务，只是其中之一的内容品类。播客要实现持续发展，离不开专业化、规范化，并扎根在播客领域的专业类平台。类似于小宇宙 App、荔枝播客 App 及苹果的 Podcast 这类专业化平台，应优化自身、加强品牌管理，不断提升品牌的知名度，开发用户下沉市场，真正实现移动播客的全面繁荣。

（二）MCN 与平台：多元化的内容生产与营销扶持服务

优质的平台内容是在线音频播客平台维持活力的关键，当下的中文播客内容，在内容题材与受众上明显倾向于吸引高学历知识精英和中产阶级，播客平台应加大对 UGC 创作者的扶持力度，刺激创作者创作高质量的音频播客内容；平台应拓展内容题材和节目类型，既可解决当下内容持续更新的现实难题，也可以维系存量用户并带动增量用户的市场拓展。

2021 年以来，国内主流音频平台推出了一些内容激励计划，为孵化更多优质播客创造了条件。国内有 TME 旗下 QQ 音乐、酷我音乐及酷我畅听发起的"第 0 期播客计划""声浪计划"等扶持计划。QQ 音乐打造的国内首个"手机端一站式播客创作工具"上线，不仅支持手机快速导入，还有音频自动转文字、一键降噪等功能辅助剪辑，试图让播客的创作更轻松。2021 年，喜马拉雅播客训练营正式上线，由喜马拉雅平台方、播客创作者、第三方服务机构组成导师阵营，带领学员了解学习播客创作全流程，邀请资深播客创作者进行点评，并为优秀学员提供流量扶持。在平台和第三方服务机构的多元化内容扶持服务下，由专业制作机构、媒体、自媒体和业余播客制作者所提供的内容类型和题材、话题范围将大大拓展，并逐渐带动播客用户规模增长。

（三）内容生产的精细化运营，拓展市场深度和广度

播客内容类型和题材的多元和丰富，将为播客行业的持续发展提供坚实的内容供给保障，但随之而来的将是播客内容市场的激烈竞争。加强精细化运营将成为平台、自媒体和第三方服务机构（MCN 和广告营销服务商）有效拓展市场的创新路径。

一是内容生产的精细化运营。中文播客需尽快打破惯性思维，突破音频市场中音频综艺和有声书占据主流地位的不利局面，吸引越来越多的优质创作者，借助精品和深度内容，确立特色化内容生产方向，让播客的影响力在主流层面不断扩大。同时，还需要了解国内外互联网发展现状与趋势，在播客内容生产的选题、功能定位及媒介技术应用等方面更体现用户消费需求和心理，制作能引起用户情感心理共鸣的精细化播客内容，丰富播客内容的媒体表达方式。

二是内容分发与传播的精细化。首先，内容分发平台的精细化运营，既注重打造头部优质内容，也要注重对垂直领域的持续探索，形成大咖主播与垂直领域特色主播共同发展的格局，构建更加稳固、更加和谐的平台内容生态圈。其次，平台内容的运营模式需精细化，既要迭代产品以满足需求，也要确保个性化的运营，探索更多的内容分发渠道，提高内容的触达效率，让音频播客平台收获更多优势用户。最后，要根据用户的不同使用场景，智能推送与其情境相适配的播客内容。根据播客用户精神空闲的时间长短安排推送不同节目市场的内容，注意区分上班通勤、做家务、跑步、午休、睡前等不同情境。进一步根据用户不同情境智能推送适配的播客节目类型和题材，如在通勤情境，上班路上推送引发人思考的深度播客节目，下班路上推送休闲娱乐、让人放松的播客节目。加强播客对用户的新媒体互动性营销。对于听众来说，公众号基本为节目标配，甚至期待高于粉丝社群，54.8%的听众认为节目应该配套公众号；40.7%的听众认为节目应该配套粉丝群，而听众对于直播、短视频等需求略低，占比在15%以下。未来还可以充分利用数字营销，为用户打造个性化、场景化的广告，提高播客节目广告投放的精确度，以增强营销效果。

（四）完善变现体系，挖掘播客的多元潜在商业价值

从现实看，播客当前的商业变现模式还处在初级阶段，需要进一步完善商业化变现体系，挖掘播客的多元潜在商业价值。

一是拓展播客的潜在广告商业价值。2021年三八妇女节，NEIWAI（内衣品牌）选择与小宇宙App中的播客节目《随机波动》开展相关合作，探讨职场与生活中当代女性的成长经历和思考。[①] 小宇宙App除了精准锁定泛文化对谈类节目、深度营销垂类用户之外，还应有效对接企业品牌播客。

二是拓展粉丝经济商业类别，包括周边产品、线下活动（购票）、产品种草、节目付费等4种形式。数据显示，听众选择程度最高的是周边产品，占比为51.2%，对于线下活动（购票）、产品种草、节目付费3种方式的倾向程度分别为48.5%、46.7%、45.0%，对于粉丝会员和实体店的消费倾向程度略低，分别为21.4%和20.6%。[②] 对于周边产品开发，荔枝播客平台进行了探索性尝试，荔枝平台六成以上用户是"90后"群体，具有亚文化圈层特征，是最受商家用户青睐的我国"消费主力军"。2021年6月，荔枝平台与泡泡玛特（Pop Mart）合作创建"Pop Park"的品牌频道，通过激发年轻群体好奇心，从个人爱好到生活课程、旅游和宠物护理等各个方面拓展与播客亚文化内容相关的周边产品售卖的营收模式。此外，目前以黑水电台为代表的播客，已经形成基于粉丝经济的付费节目、粉丝周边、线下实体店等。小宇宙单平台粉丝超1万的播客《大小电台》持续深耕挂耳咖啡周边，包括用户付费、版权业务、线下活动等类别，实现创收。总体而言，虽然部分播客平台已初步形成多元化商业变现体系，但均尚处于初步探索阶段，播客市场的商业化道路与内容体系建设仍然任重道远。

---

① 《播客，是品牌营销的下个风口吗?》，https://new.qq.com/rain/a/20211022A06P7F00，2021年10月22日。

② 播客公社：《2021年播客听众调研报告》，2021年3月20日。

参考文献

樊丽、林莘宜：《"耳朵经济"背景下播客内容新样态探索》，《中国出版》2021 年第 24 期。

王正祥：《出版机构播客运营和发展对策研究》，《编辑之友》2021 年第 10 期。

史林娟、聂艳梅：《耳朵媒介的崛起：音频播客的广告价值与发展路径》，《中国广告》2022 年第 3 期。

B.15
2021年中国短视频行业发展报告

于 炟*

摘 要: 本文从概况、聚焦、问题及趋势四个维度对2021年中国短视频
行业进行研究。在数字经济发展的背景下,2021年短视频用户
活跃度与黏性持续提升;商业规模继续扩张;头部抖音阶段性领
先,平台马太效应加剧;垂类内容壮大,带货成常态;短视频治
理进入2.0阶段。聚焦行业内部,有两个突出特点:一是平台高
举高打扶植品牌,拓展品类,加速建设电商基础生态系统;二是
微短剧品质向好,在多元变现的探索中商业化加速。然而,随着
短视频产业高速发展,短视频侵权纠纷日益白热化,二创侵权成
为焦点。展望2022年,发展自营电商、加速推进本地化服务将
是头部平台重点业务发展的共同选择,技术赋能内容生产将推动
短视频竞争进入新阶段。

关键词: 短视频 短视频平台 直播电商

一 2021年中国短视频行业概况

2021年,在移动互联网用户争夺的激战中,短视频头部平台的影响力、
市场规模和内容生产持续扩张,直播电商成为商业化的新引擎,行业治理进
入新阶段。

---

* 于炟,博士,北京广播电视台高级编辑,主要研究方向为视听新媒体研究、媒体融合和影视
传播。

（一）用户活跃度与黏性持续提升

2021 年，在移动互联网全面进入存量时代的背景下，短视频用户活跃度与黏性仍在持续提升，使用时长占比增势迅猛，短视频成为移动互联网应用中的头号"时间黑洞"。据 CNNIC 第 49 次《中国互联网络发展状况统计报告》，截至 2021 年 12 月，我国网民规模达 10.32 亿，其中短视频用户规模 9.34 亿，使用率高达 90.5%。根据第三方机构 QuestMobile（以下简称"QM"）的监测数据[①]，中国移动互联网用户规模逼近饱和，连续几年增长乏力，而短视频行业用户规模保持稳步增长（见表 1）。截至 2021 年 12 月，短视频月活用户达 9.2 亿，同比增长 5.5%。在互联网巨头对用户使用时长争夺加剧的背景下，短视频用户使用时长继续强劲增长，2021 年 12 月用户月人均使用时长 53.2 小时，同比增长 25%；短视频使用时长占大盘总时长的比例持续攀升，增长势头迅猛，截至 2021 年 12 月其使用时长占比已从年初的 17% 增长至 26%，且超越即时通信成为占据用户网络时间最长的应用，其中快手、抖音的单日人均使用时长均超过 100 分钟，强势挤占其他互联网应用的时长份额。在中国移动互联网用户见顶的趋势下，短视频仍是一块突出的流量高地。

表 1　2016 年 12 月至 2021 年 12 月短视频月活用户与移动互联网月活用户对比

单位：亿，%

时间	短视频月活用户 MAU		移动互联网月活用户 MAU	
	MAU	同比增长率	MAU	同比增长率
2016 年 12 月	2.09	27.3	10.2	17.8
2017 年 12 月	4.28	104.8	10.85	6.4
2018 年 12 月	7.31	70.8	11.31	4.2
2019 年 12 月	8.23	12.6	11.39	0.7
2020 年 12 月	8.72	6.0	11.58	1.7
2021 年 12 月	9.2	5.5	11.74	1.4

资料来源：根据 QuestMobile 数据研究院提供的数据整理。

[①] 本文所引用的 QM 数据，除注明出处以外，均来源于 QM 数据研究院。此节引用数据，包括图表源自 QM，故不一一注释。在此感谢 QM 研究院给予的数据支持。

（二）商业规模继续扩张

在疫情下，数字经济加速发展，短视频平台广告营销和直播电商规模双双实现增长，短视频商业规模持续扩张。根据第三方机构艾瑞咨询的数据，① 2020年短视频整体商业市场规模近2211亿元，其中广告收入为1336亿元，约占六成。在互联网广告市场萎缩的趋势下，相较于前两年的超高速增长，短视频广告在2021年增速放缓。但与其他广告类型相比，短视频广告在移动互联网广告市场中占比逐年上升，2021年占比增长到23.6%，位居第二，与电商广告共同占据移动广告的头部地位；从增长幅度看，2021年短视频广告"一枝独秀"，增长率达18.6%，市场份额持续扩大；而除电商广告外的其他类型广告如搜索引擎、在线视频、社交等的增长率均出现不同程度的下降。从上市互联网巨头公开财报数据看，2021年第三季度腾讯广告收入增长5.4%、阿里营销收入（主要为广告）增长仅为3%、百度广告收入增长为4.2%，爱奇艺则同比下降9.8%。② 2021年短视频平台广告收入预计近1970亿元，接近2020年短视频整体商业规模。

2021年短视频直播电商规模增长高歌猛进。自2019年短视频直播电商异军突起以来，近两年商品交易总额（以下简称"GMV"）以远超传统电商的增长水平持续扩张。艾瑞数据显示，2020年中国直播电商市场规模1.2万亿元，2021年预计达22679亿元，年增长率为197%，③ 其中，短视频直播电商交易规模不断扩大，尤以头部平台的贡献最大。公开资料显示，2021年抖音、快手带货直播场次超7500万场，同比增长100%。④ 快手2021年

---

① 《2021年中国网络广告年度洞察报告—产业篇》，https：//report. iresearch. cn/report/ 202109/3844. shtml，2021年9月14日。

② 黄青春：《字节越"跳"赚钱越猛》，https：//lmtw. com/mzw/content/detail/id/210332/key word_ id/9，2022年1月24日。

③ 艾瑞咨询：《2021年中国直播电商行业研究报告》，https：//report. iresearch. cn/report/2021 09/3841. shtml，2021年9月。

④ 《果集数据：2021直播电商年度数据报告》，http：//news. sohu. com/a/521025335_ 1205 02162，2022年2月7日。

前三季度GMV共计4397亿元，超过2020年全年3812亿元的总量，2021年第三季度实现GMV1758亿元，同比增长86.1%，预计全年GMV将超6500亿元。抖音2020年电商GMV逾5000亿元，而2021年前八个月已达6000亿元；抖音2021年第四季度电商销售额相较于第一季度增长258%，带货主播增长204%，品牌直播销售额增长329%，品牌自播号增长430%，[①] 预计2021年抖音GMV将突破万亿元规模。直播销售量、直播场次、品牌店播、达人达播等数据表明，短视频直播电商仍处于高速增长阶段。

（三）头部抖音阶段性领先，平台马太效应加剧

2020年头条系和快手系的用户规模、商业规模优势持续扩大，双寡头占据行业头部，平台马太效应初显；2021年用户整体继续向头部集中，平台马太效应日益加剧，抖音优势扩大明显。从用户规模看，抖音持续扩张，而快手却增长缓慢甚至乏力，头顶"短视频第一股"光环的快手与抖音之间的差距加大。根据QM监测数据，从月活跃用户（MAU）看，截至2021年12月，抖音月活用户6.7亿，同比增长25.4%，快手月活用户4.1亿，同比不增反降，增长率为-7.1%；抖音极速版月活用户2亿，实现大幅提升，已追平快手极速版（见图1）。从日活跃用户（DAU）看，抖音全年平均DAU为4.11亿，快手全年平均DAU为2.26亿。抖音自2018年用户数量反超快手以来，用户规模的"护城河"愈加坚固。从商业化看，在快手占优的电商领域，抖音加码闭环电商建设，2020年GMV逾5000亿元，尽管主要为第三方跳转交易，但作为开展电商业务不到一年的新入局者，抖音增长势头强劲。目前"抖快"双峰对决还在进行中，胜负未见最终分晓，但抖音在用户争夺、商业竞争中已实现阶段性领先。总览短视频平台的其他阵营，尽管互联网大厂对短视频的投入还在继续，但用户流失较2020年更加显著，百度好看视频、腾讯微视的用户规模继续大幅减少。腾讯已宣布将微视App与腾讯视频整合，这个2013年最先进入短视频赛道、后被腾讯寄

---

① 飞瓜数据：《2021年短视频及直播营销年度报告》，飞瓜数据微信公众号，2021年1月19日。

予厚望的短视频平台自此彻底黯然离场。

　　未来短视频格局最大变数仍在头部。在短视频用户天花板日益临近之时，2020年初上线的视频号在腾讯的重磅加持下势头汹涌。2021年腾讯官宣"要让视频号成为个人和机构新官网"的目标，经过全年十多次频繁改版，视频号与公众号双向打通日益深入。尽管官方并未公布具体的用户数据，但从2021年的直播数据来看，视频号用户规模已进入头部队列。虽然视频号在内容、商业等方面与"抖快"尚有差距，但作为承载微信战略功能的视频号将是未来格局演变的最大变数。

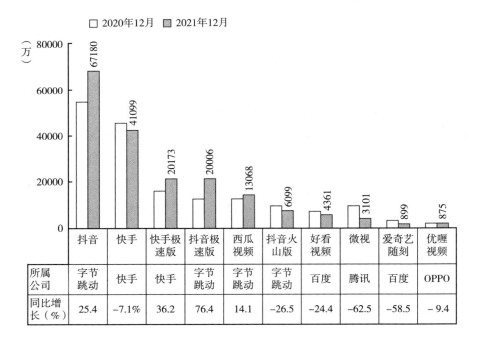

图1　2020年12月和2021年12月短视频平台月活用户TOP10排名

（四）垂类内容壮大，带货成常态

　　2021年短视频平台内容发布量保持良好增长态势。第三方机构新榜的数据显示，各平台全年视频发布规模呈上升趋势，平均单账号月均发布作品数 12 个。

2021 年垂类内容规模壮大。从播放量增长情况看，各大平台泛知识类内容高速发展，抖音泛知识内容播放量同比增长 74%，成为最受用户欢迎的内容之一，播放量占平台总播放量的 20%，泛知识直播超 100 万场。[①] 泛知识同样是快手增长最快的内容品类之一，快手通过"光合新知新职"计划、"快手新知播"三个月大型直播活动，促进平台泛知识类别壮大。好看视频通过"轻知计划"等也在扩大泛知识类内容创作力量。从发布量增长突出的类别看，不同平台各有侧重，快手集中在泛生活类别，运动、健康、文化类增长明显，运动类增长与快手布局赛事等体育赛道相呼应。抖音商业营销类、企业类、汽车类、萌宠类短视频发布量增长显著。微信视频号的泛资讯同样有亮眼表现，民生类、时事政务类、运动类短视频发布量位列前三。从账号涨粉情况看，泛娱乐类仍然持续领跑各平台，但美食类优势逐步凸显。美食、时尚类短视频吸粉能力均居"抖快"平台的前 5 位。快手涨粉 TOP5 的类别是游戏、时尚、搞笑、娱乐、美食，抖音涨粉 TOP5 的类别为时尚、娱乐、美食、才艺、情感。

短视频带货成为常态。内容和电商进一步融合，短视频直播带货月场次走势持续攀升，各平台带货视频内容发布量增多。新榜数据显示，抖音带货视频发布量全年增长 3.5%，快手带货视频全年增幅达 12%。此外，各大平台发力"本地生活"，抖音、快手、视频号、B 站创作者发布"探店"内容的账号下半年逐月走高。

（五）短视频治理进入2.0阶段

随着短视频行业的高速发展，短视频治理体系逐渐走向成熟，2021 年短视频治理进入 2.0 阶段。

第一，短视频治理从行业规制进入国家法律体系。2021 年，《民法典》《未成年人保护法》《著作权法》《个人信息保护法》《数据安全法》等多部

---

① 抖音：《2021 抖音泛知识内容数据报告》，网络视听生态圈公众号，2021 年 10 月 13 日。

法律正式实施，在有关短视频的条款中，国家从版权保护、未成年人网络保护、数据治理、平台治理、内容管理等不同方面进行立法，短视频法治体系得以建立健全。

第二，监管范围更加立体、全面。2021年以前短视频监管重点围绕内容、版权以及广告经营等层面展开。2021年中宣部、国家网信办、广电总局、工信部、发改委、市场监管总局等多部门出台30多个涉短视频监管的规范性文件，涵盖内容、平台、从业人员、用户数据、版权、算法、账号、广告、税收、语言文字等短视频产业、行业的各个层面。治理范围扩容是短视频作为全民应用的必然要求。

第三，短视频管理的主流化、精细化。2021年《关于网络影视剧中微短剧内容审核有关问题的通知》明确将微短剧视同网络影视剧，由广电总局对其实施备案、审核等分类管理。2021年全国开展文娱行业综合治理，短视频被列入重点行业。继中宣部《关于开展文娱领域综合治理工作的通知》后，广电总局印发《关于进一步加强文艺节目及其人员管理的通知》，其中对短视频内容的选题取材、角色选取、表达方式提出了基本要求。同时，按照《关于进一步加强"饭圈"乱象治理的通知》《关于进一步加强娱乐明星网上信息规范相关工作的通知》《关于进一步严格管理切实防止未成年人沉迷网络游戏的通知》《加强文娱领域从业人员税收管理的通知》等文件要求，对于短视频平台偷逃税、劣迹艺人、网络游戏、"饭圈"等进行管理。新修订的《网络短视频内容审核标准细则（2021）》针对短视频内容失范、创作侵权的各种问题，提出100条更为精细化、可操作的要求，为平台内容审核提供更为具体和明确的操作指南。

第四，平台规制全面强化。《关于进一步压实网站平台信息内容管理主体责任的意见》明确平台是内容管理的第一责任人，对于平台在完善内容管理规则、健全内容审核机制、严防违法及不良信息传播、确保信息内容安全等方面的职责提出具体工作要求。除内容管理主体责任以外，《关于加强互联网信息服务算法综合治理的指导意见》提出对平台算法进行规制；《常见类型移动互联网应用程序必要个人信息范围规定》明确短视频平台不得收集个人信息。对平台在算法、用户信息等层面进行规制，在一定程度上回应了社会关切。

二 短视频行业亮点聚焦

（一）平台扶植品牌，拓展品类，加速建设电商生态

2020年短视频直播电商呈现爆发式增长，成为短视频商业化的一支生力军，快速变现的商业驱动促使"抖快"强化直播业务和电商平台全面建设，从小分队打法迈向集团军作战。在互联网广告整体萎缩、短视频广告增速放缓的趋势下，电商成为支撑短视频商业的新引擎。2021年头部平台将业务重心向直播电商偏移，高举高打扶持品牌。在薇娅等头部主播偷税被罚并全网封号后，品牌企业快速反应，开始布局自播，2021年平台电商基础体系建设明显加快。

抖音高举"兴趣电商"旗帜，闭环电商生态战略的推进明显加快。继2020年抖音电商"去第三方平台化"之后，抖音在支付、物流、供应链等全面发力，试图完成上下游环节的全链条布局。2021年初抖音自建支付系统完成；3月推出全新的电商直播买量系统"巨量千川"；同时支持直播、短视频带货，为商家搭建广告投放一体化平台；4月抖音提出"兴趣电商"概念，启动三大扶持计划；8月抖音小店升级为抖音商城；12月定位于潮流时尚的独立电商平台"抖音盒子"App正式上线。在物流方面，字节跳动先后投资跨境物流企业、仓储物流企业、物流机器人企业等多家物流科技公司，并成立两家物流服务公司，陆续接入中通、圆通、韵达等主要物流公司。这些措施旨在打通抖音电商的全链路，实现闭环交易。在供应链方面，和快手相比，抖音第三方品牌商占比较大，2021年面对快手对品牌的争夺，抖音持续加码品牌商建设。为吸引优质商家，抖音开启品牌号"百大增长计划"，增加"品牌专场"直播次数，从培训、服务商体系、专项扶持等方面提供运营支持。同时推出商家在抖音电商的四大经营阵地，即FACT矩

阵，分别为 F（Field）商家自播、A（Alliance）达人矩阵、C（Campaign）营销活动、T（Top-KOL）头部大 V。品牌商可以基于不同阶段需求，灵活分配资源与营销投入，促使 GMV 持续增长，最终实现抖音电商总量稳定高效的持续增长。2021 年抖音直播重心转向品牌店播，明星带货明显减少，相较于 2021 年第一季度，第四季度抖音品牌自播号增长 430%。

快手 2021 年在保持电商私域属性的同时也在加速引入品牌商家，并进一步削弱家族势能。基于"老铁"和"老铁经济"发展起来的快手，私域流量被视为核心竞争力。2021 年上半年快手提出"信任电商"概念，随后公布 2021 年电商的三个关键词——大搞信任、大搞品牌、大搞服务商。此战略是通过"品牌"把主播和"老铁"之间的信任转移到平台上，试图以品牌打通公域与私域。而品牌的进入离不开专业的服务，专业化的服务商是品牌和快手之间的桥梁。因此，快手不仅把其电商核心 IP "116 购物狂欢节"更名为"116 品质购物节"，还首次针对服务商制订专门的激励措施。除了扶植品牌自播外，在分销层面，快手宣布将"好物联盟"升级为"快分销"，品牌成为此次"供给侧改革"的主角。"好物联盟"是快手 2020 年推出的一个为主播、商家提供中介撮合服务的分销、分账工具，升级为"快分销"后，系统主打货品分层，以精准匹配实现精细化运营，目的是调整平台的供给结构，扶植品牌货品和商家，同时淘汰劣质商家，可以说"快分销"是快手分销体系供应链基石。为"大搞品牌"，快手提出品牌经营方法论"STEPS"：品牌自播（Self-operation）、公域流量（Traffic）、分销合作（Elite-distribution）、私域经济（Private domain）、渠道特供品开发（Specific supply），加紧推动品牌在快手扎根。通过品牌自播加分销这套组合拳，快手旨在打造电商优质供应链。

品类拓展是 2021 年短视频直播电商的突出特点。除服饰、美妆个护、食品、数码家电等传统品类外，本地生活、虚拟商品等新兴品类开始大量涌入，本地生活中的团购从短视频探店延伸到直播，推动短视频直播电商向更完善的全品类电商平台拓展。此外，平台的跨境商品全球购发展迅速，抖音自 4 月起每个月举办一场"全球寻宝，一直好奇"全球购进口周主题活动，首次在黑五之际推出"黑五狂欢节"。

值得注意的是，无论是快手的"信任电商"还是抖音的"兴趣电商"，现阶段的电商生态并不牢靠，但双方都在加速补齐短板，完善生态，最终目标是所有短视频用户从"刷刷刷"转化为直播间的"买买买"。

（二）微短剧品质向好，生态初具，探索多元变现

在存量竞争时代，成本投入小、用户留存高的微短剧成为 2021 年各大头部平台的重点内容板块。2019 年"快手小剧场"上线，标志竖屏微短剧这一独立内容形态的诞生。经过几年的发展，微短剧开始走向从量到质的提升，向精品、多元、专业的方向发展，同时积极探索多元变现途径。

2021 年，各平台以精品战略为导向，加大对微短剧创作的扶持力度，如快手"星芒计划"、抖音"新番计划"、微视"火星计划"等，通过平台分账、合作定制等方式加强对优质短视频生产的激励。此番扶持，平台不只是单一唯流量的砸钱投入，而是通过微短剧生产建设产业链，专业化改造内容生产方式，促成赛道繁荣。一方面，与网络文学平台合作，如快手与米读小说、中文在线等合作，抖音牵手同系的番茄小说，打造微短剧 IP 内容库。微短剧走向网络内容 IP 的影视化发展方向，不仅是解决版权、内容源的途径，而且经过娱乐消费检验的网文也是收割视频流量的基础。另一方面，平台吸引优秀的影视制作机构、MCN 机构及明星加盟，以专业制作力量提高平台微短剧制作水平，实现从量到质的提升。相比快手领先布局，抖音 2021 年才正式入局微短剧赛道，但很快就将短剧设立为单独的一级入口，并测试短剧付费。抖音以"全年产出 30+部 S 级精品微短剧"为目标，在开放网文 IP 授权的同时，与真乐道文化、华谊创星、五元文化、唐人影视等头部机构合作，吸引明星加盟，金靖、陈赫主演的《做梦吧！晶晶》，走的就是明星+喜剧路线，以提升微短剧的专业品质感。快手于 2021 年 10 月将"星芒计划"升级为"星芒短剧"，从内容题材、创作生产、商业合作三方面为短剧创作者和机构提供全方位的权益和扶持。2021 年主要短视频平台均有精品爆款涌现，快手的《这个男主有点儿

冷》、抖音的《做梦吧，晶晶》等成为典型代表。快手官方数据显示，截至2021年10月快手短剧日活用户达2.3亿，总播放量7700亿次，创作者规模增速逾32%。

微短剧生产方式专业化带动内容向题材多元、制作精良、品类类型化方向发展，微短剧精品化、影视化成为大势所趋。青春、励志、爱情、职场、女性、悬疑、惊险、仙侠、甜宠、乡村、家庭等题材更加多元；服化道与内容呈现上更加精细、精致；类型上逐步形成连续剧、单元剧的各自特点。但总体而言"逆袭""霸总""重生""穿越"等模式化、套路化的倾向明显。

经过用户和流量积累，2021年微短剧积极探索多元变现途径。分账是目前变现的主流方式，如快手平台上，每获得千次有效播放，创作者就可获得15~20元不等的现金分账。微短剧付费也是各家平台积极推进的方向，快手最早尝试短剧付费模式，抖音2021年底上线短剧付费功能。但从收益看短剧付费仍处于发展初期。此外，平台也在短剧的广告、品牌冠名等方向积极探路。随着竞争加剧，短剧低成本优势不再，探索更加多元的变现方式成为行业共识。2021年微短剧商业化进程在加速。

三 短视频发展中存在的新问题

短视频侵权问题一直处于风口浪尖，影视侵权尤甚。近年来以"爱优腾"为代表的长视频平台打击短视频影视侵权的行动日益密集。2021年长短视频平台版权纠纷有白热化趋势。

2021年长视频平台联合数十家影视机构，发表抵制短视频侵权的声明，随后500多名艺人加入，二度联合抵制，"低质洗脑短视频像猪食"话题蹿上热搜。国家监管层面，中宣部版权管理局和国家电影局相继发声，继续加大对短视频领域侵权行为的打击力度，坚决整治短视频平台以及自媒体生产运营者未经授权复制、表演、传播他人影视、音乐等作品的侵权行为。国家网信办《互联网用户公众账号信息服务管理规定》明确短视频平台对公众账号生产运营者影视切条侵权情况的管理责任。市场监管总局要求互联网平台经营者应当建立有针对性的知识产权保护规则和相应治理规则，履行知识产权保护责任。特别是新修订的《网络短视频内容审核标准细则（2021）》对二创做了明确规定：未经授权不得自行剪切、改编电影、电视剧、网络影视剧等各类视听节目及片段。2021年推进短视频行业版权保护和创作的规范化是行业建设重点。

从平台层面看，平台设置侵权申诉渠道，加大侵权投诉审核的人力投入。根据短视频平台公布的数据，2021年上半年抖音审理近4万起侵权举报，下线2万多条侵权视频，永久性封禁2000多个违规账号。快手同样下线2万多条侵权违规视频，封禁2000多个违规账号。

尽管如此，短视频侵权视频仍然大行其道、屡禁不止，抖音、快手、B站等依然存在大量的二创短视频，即使新修细则公布后，各平台上的影视剪辑账号依然在正常更新发布。究其原因，一是市场需求大。自短视频兴起以来，影视剪辑类是平台的主要品类和重要的吸粉内容之一，生产者搬运内容难度低、花费小、几乎零成本，而这种免费提供的、没有广告烦扰，同时又能在几分钟内快速便捷、及时了解各类最新影视剧情的短视频，非常受用户的欢迎和追捧，因此影视剪辑内容给各平台都带来高黏性用户和持续的流量。二是维权难度大。短视频侵权的维权难度大，比如移动端取证难，主体定位难，损害证明难；维权周期长，环节多；维权费用、时间成本相对较高；维权收益低、赔偿低。三是侵权界定难、立法难。尽管新修细则为二创侵权问题定了调，但短视频版权仍未有相关立法，细则的作用更多在于促进行业自律。关于短视频版权到底如何有效立法规制，众说纷纭，对于二创侵权的界定，一直备受争议。对于是否侵权很难找到可行的判断标准，比如判断是否构成"合理使用"很难形成统一标准。于是，侵权短视频像野草一样，"野火烧不尽，春风吹又生"。

短视频侵权问题表面上是版权之争，本质是长短视频平台之间的利益冲突。因此解决的核心在于形成一个各方利益有效分配的机制。首先，需要主要利益方，特别是长短视频平台，改变抢蛋糕思路，放弃对立，建立一个基于合作的商业模式。除了打击侵权，长视频可以建设性的积极作为，加强授

权，比如形成售卖、分账等多种形式的授权机制；对于短视频平台，除了下架侵权视频外，更需要通过技术系统建设，构建完善的授权、结算系统，像推进商业化一样，主动承担起有序合规创作生态的建设责任。只有当短视频创作者、作品权利人、长短视频平台之间形成一个平衡、有效的利益分配机制，在共生共赢的模式下分好蛋糕，才能彻底解决短视频的侵权顽疾。短视频侵权问题的彻底解决任重道远。

四　短视频发展的新趋势

（一）完善自营电商生态，加速推进本地化服务

2020年以来，掌控全民流量的短视频头部平台四处开疆拓土，加速商业化进程。在商业化驱动下，2022年自营电商闭环生态建设、加速推进本地生活服务将成为头部平台的重点业务。

本地生活服务是短视频边界扩展的一个方向。2020年字节跳动商业化部成立专门拓展本地生活业务的"本地直营业务中心"，以自营方式开展本地服务；快手2020年7月上线本地生活入口，但一直未着力投入，尚处于发展早期。2021年第三季度，本地生活服务成为短视频流量的新入口，特别是团购从短视频探店延伸到直播，成为获客新渠道。2021年抖音团购快速发展，在开拓本地化的过程中，一方面着力吸引本地商家批量入驻。流量补贴和零佣金是抖音团购打动商家的法宝，于是诱人的"超低价"团购套餐频出。目前抖音"本地"板块下，已有美食、休闲娱乐、游玩、住宿及丽人五个类别的优惠团购与热门榜单，是微缩版"美团"。另一方面，以现金返现方式鼓励用户拍摄探店视频。2021年12月团购关联视频同比增加70%。对于新的流量和未来商业的增量，2021年底快手宣布与美团正式达成战略合作意向，用户可以直接点击短视频中的美团小程序下单。面对广告增长趋缓、政策监管下游戏和教育收入受挫的大环境，本地生活是继电商后拉新促活、增加变现途径的业务。因此，尽管"抖快"对于"本地生活"

256

的打法不同，但无疑都将是其加速推进的重点业务。除内容外，短视频平台在其他方向的连接能力变得至关重要。

（二）技术赋能内容生产，短视频竞争进入新阶段

未来，技术将扮演重要角色。视频超清技术、元宇宙等将赋能内容生产，将短视频竞争引向新阶段。2021 年抖音宣布支持 2K 播放，快手全面支持全景 4K 视频和直播播放，B 站已上线 8K 超高清视频画质。各大平台升级底层技术，视频画质集体升级，这将带动短视频步入超清时代。此外，"抖快"纷纷升级内容创作工具，快手发布云剪、云直播，主打智能化；抖音上线剪映专业版 2.0，加速内容生产工具的技术迭代。2021 年元宇宙引爆风口。元宇宙概念下，虚拟偶像柳夜熙在抖音一战成名，光速走红。虚拟人在大热的元宇宙概念下，很快引发一波流量。元宇宙概念点燃虚拟人 IP 火焰，短视频进军元宇宙或成短视频赛道的下一个流量高地，而垂直化、细分化仍然是此类内容的一个发展方向。

参考文献

陈林：《2021 短视频政策法规盘点》，国家国电智库微信公众号，2021 年 12 月 30 日。

算法电商研究院：《2021 抖音电商年度数据报告：向新而生》，https：//lmtw.com/mzw/content/detail/id/210728/keyword_ id/9，2022 年 2 月 9 日。

何西窗：《自制综艺、发力短剧：抖音、快手加速奔向长视频?》，娱乐独角兽微信公众号，2021 年 11 月 30 日。

B.16
2021年中国剧本杀年度发展报告

郭　淼　王立昊　柴文茂　师俊艳*

摘　要： 本研究聚焦2021年度剧本杀行业发展现状，梳理相关城市剧本杀市场情况，分析剧本杀从作品开发到线下运营的产业运作模式，并通过网络数据与线下问卷调研相结合综合分析剧本杀游戏中青年玩家的游戏参与需求和内容反馈情况。目前，剧本杀行业发展中面临版权乱象、游戏主持人专业技能不足等问题；在内容上，暴力、凶杀、灵异等相关主题易对青年玩家形成错误的价值导向；在游戏时长上，强制时间和线下监管的空缺可能导致游戏玩家过度沉溺。未来剧本杀行业的发展将会在技术、内容和地区合作上向纵深推进，需对剧本杀内容准入与行业规范监管并重，挖掘剧本杀的文化传承、输出以及主流价值观宣传的更多功能，引导剧本杀行业向善发展。

关键词： 剧本杀　线下游戏　作品开发

2021年是剧本杀游戏发展元年，剧本杀从线上到线下的布局开始进入大众视野，成为破圈成功的亚文化新业态。作为一种新兴的线下游戏，剧本杀正逐步取代KTV、影院等传统娱乐行业，以现实桌游互动的形式重塑娱

---

* 郭淼，博士，西北政法大学新闻传播学院副院长，副教授，主要研究方向为网络政治传播、环境传播、舆情监测与研判；王立昊，西北政法大学新闻传播学院硕士研究生，主要研究方向为新媒体；柴文茂，西北政法大学新闻传播学院硕士研究生，主要研究方向为新媒体；师俊艳，西北政法大学新闻传播学院硕士研究生，主要研究方向为新媒体。

乐产业的市场格局，在同小说、影视剧和文旅产业跨界合作过程中展现出了巨大的发展潜力，成为数字时代线下产业中的"新秀"。

一 2021年剧本杀发展现状

（一）线下市场井喷增长，重塑传统娱乐行业

1. 剧本杀的引入与市场规模扩张

剧本杀原型为英国的"谋杀之谜"，是一类真人角色扮演游戏。游戏中通常会有一名玩家在其他玩家不知道的情况下扮演凶手。在游戏主持人的引导下，玩家通过多轮搜证、讨论、推理，最终票选出凶手，并破解凶手的作案动机和作案手法。剧本杀在国内的兴起源于 2016 年芒果 TV 播出的《明星大侦探》，一款由明星参与的推理探案综艺节目。在普通玩家的游戏参与需求下，剧本杀线上线下市场开始扩张。据艾媒咨询统计，2019 年剧本杀行业市场超过百亿元；2020 年受疫情影响市场规模依然逆势增长，市场规模达到 117.4 亿元；2021 年行业规模达到 170.2 亿元左右。随着门店增加和线上玩家涌入，预计 2022 年剧本杀市场规模将达到 238.9 亿元。[①]

市场扩张的背后是大量资本注入。线上剧本杀优先获得投资，实体门店紧随其后。2018 年线上剧本杀"我是谜"App 率先获得数千万元融资，"百变大侦探"和"推理大师"也先后获得投资。2021 年剧本杀线下门店开始获得大量投资，以"来闹 LIENOW"和"洛阳卡卡"为代表，分别获得千万元投资。伴随市场扩张和多方投资，线下门店数量迅速增加，2019 年剧本杀线下门店数量从 1 月的 2400 家发展到 12 月的 12000 家，2021 年增至 30000 余家。[②] 剧本杀市场的井喷增长使其突破小众文化限制，除了游戏玩

---

① 艾媒咨询：《市场规模超百亿！74 页研究报告剖析剧本杀行业发展现状及趋势》，艾媒咨询公众号，2021 年 4 月 13 日。

② 《央视财经："剧本杀"迎来井喷期，国内市场规模破 100 亿元》，https://k.sina.cn/article_2953054937_b0040ad901900srkq.html？kdurlshow=1&mod=r&r=0，2020 年 12 月 29 日。

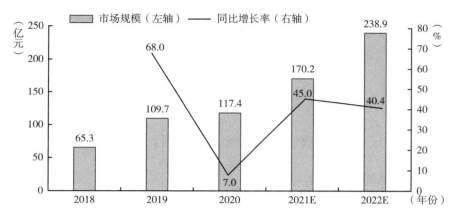

图1　2018~2021年中国剧本杀行业市场规模及预测

家外，越来越多青年群体成为剧本杀创业者或从事 DM 和写手相关工作，剧本杀正重塑线下娱乐产业的市场格局并影响青年一代的娱乐生活方式。

2.悬疑+场景：剧本杀的游戏特征

游戏化是剧本杀的根本属性。在游戏设计上，剧本杀既不同于传统的网络游戏，也区别于一般的文学作品，是一种文学作品游戏化的改造。在游戏过程中，一桩谋杀案的发生会调动玩家的好奇心，背后离奇曲折的故事由玩家填充。玩家在游戏中扮演彼此陌生的角色，需要结合已有信息，在多轮推测中找到"凶手"。凶手玩家则需要通过语言或行为上的误导，掩盖自己身份不被其他玩家发现。在游戏场景上，剧本杀分为盒装本和实景本，前者没有特定场景，后者会根据剧本准备相应道具，玩家在拿到剧本后需要更换角色服装。实景本提供单独的房间，摆放符合时代背景的各种道具，再将不同的线索置于其中。实景剧本相较于桌面剧本成本和花费相对较高，但提升了玩家的沉浸式游戏体验。

游戏化的叙事特征能在一定程度上摆脱现实逻辑的束缚，为玩家预设一个更加离奇、曲折和快节奏的故事情节，提升玩家的推理欲望。实景剧本带来的沉浸式体验则能够帮助玩家从现实世界脱离，进入"游戏世界"。玩家不仅是在进行一次游戏，也是在体验另一个时空维度的生活。但复杂的推理环节与沉浸式游戏场景也在强化玩家的游戏沉溺，长时间的游戏体验容易使玩家走向沉迷虚拟角色扮演、忽视现实自我提升的另一个极端。

（二）具身式互动成为青年社交新宠

1. 以青年为主的玩家群体

据艾媒咨询数据，剧本杀在中国消费者偏好的线下娱乐方式中排名第三位，占比 36.1%，仅次于"看电影"与"运动健身"，成为人们线下娱乐的"新宠"。其中，青年群体是剧本杀消费的主力军，美团研究院数据显示，20~35 岁的剧本杀玩家占总体人数的 83.86%。[1] 青年群体的消费能力较为可观，在一线城市，剧本杀玩家们消费单价以 140 元为主，新一线城市的单价在 95 元左右，青年玩家能够承担这一价位标准。[2] 同时，青年群体的社交需求较大，无论是学生还是工作群体，基于维护现实社交圈的诉求都会加入剧本杀游戏拼场。沉浸式体验也是青年选择游戏的重要因素，玩家在剧本杀中体验他人经历，拓宽人生可能性，一些主打"情感""沉浸"的剧本，会以"好哭"作为宣传亮点，吸引玩家"掏心又掏钱"。

值得注意的是，35~50 岁的玩家占比为 10.33%。[3] 他们或是公司企业团建中的较年长者，或是家庭中的家长，也有可能是乐于接受新事物的中年人。剧本杀在面向青年群体的同时也在吸引其他年龄段人群加入，多元化破圈已成趋势。

2. "在场感"的具身互动

社交媒体的出现将现实人际关系拓展至线上，但线上关系缺少现实的纽带支撑。相较于线上虚拟互动，剧本杀以具身互动的方式，将玩家的关系再次拉回现实，成为青年群体维系和拓展人际关系的新渠道。具身性与"离

---

① 艾媒咨询：《市场规模超百亿！74 页研究报告剖析剧本杀行业发展现状及趋势》，艾媒咨询公众号，2021 年 4 月 13 日。

② 《并不便宜的"剧本杀"，靠什么俘获年轻人》，新京报公众号，2021 年 1 月 31 日。

③ 《36 氪研究｜2021 年中国剧本杀行业研究报告》，https://36kr.com/p/1122210116644873，2021 年 3 月 4 日。

身性"相对，强调身体知觉具有主动性，身体是知觉与环境互动的中介。保罗·杜里什认为具身互动是人与计算机系统的交互作用，人们在计算机系统建构的世界中借助可触摸计算与社会计算等技术来实现与周边物理环境和社会环境的真实互动。剧本杀身体在场的线下仪式不同于一般意义上的具身互动，是基于现实场景，在同一空间进行游戏的新型互动模式。现实中面对面的互动更利于玩家间的情感交流，特别是在拼桌游戏中，剧本杀成为陌生玩家间交流的契机，有利于拓展青年群体的线下社交。

具身互动的游戏方式既能够巩固熟人关系，也是陌生人之间"破冰"的手段。玩家基于游戏内容的互动交流减少了目的性社交的尴尬，在剧情推动下可以了解其他玩家的性格、说话方式，也为一些表演欲较强的玩家提供了"飙演技"平台，玩家的社交关系在这一过程中得以建立。同时，线上的"离身"社交缺乏共同的交流环境，剧本杀"线下"的具身互动成为在场感体验的推手。在"真实"的氛围下，玩家能体验不同的人生境遇。例如剧本《商女恨》将"淞沪会战"后汪伪政府管辖的上海作为演绎舞台，在不影响玩家推凶和抉择的同时极大丰富剧本的完整度和情感内核，使玩家在体验剧情的基础之上产生强烈的情感共鸣与历史代入感。[①]

3. XR 与 VR 技术应用的真实环境营造

XR 技术即"扩展现实"，是虚拟现实技术（VR）、增强现实技术（AR）和混合现实技术（MR）的统称。XR 技术目前已应用于剧本杀，为玩家在视觉上塑造接近真实的场景。这些场景既有借助 XR 技术呈现的现实场景，也有依据剧本中内容构建的虚构场景。青年群体是新技术的早期使用者，XR 技术的使用为剧本杀增加了科技感、新鲜感元素，有助于吸引青年玩家。2021 年初，虎牙直播联合优酷和小黑探推出全国首档沉浸式剧本杀直播综艺——《最后赢家》，将剧本杀与 XR 技术结合，获得观众好评。[②]

---

① 燕道成、刘世博：《青年文化视域下"剧本杀"的兴起与发展趋势》，《当代青年研究》2021 年第 6 期。

② 《我们体验了 VR 剧本杀：它具备线下娱乐爆款的一些特质》，新浪 VR 公众号，2021 年 7 月 5 日。

伴随着线上节目的成功，VR技术开始在部分剧本杀门店中得以应用，并被部分核心玩家所接受。VR技术与剧本杀的结合减少了店面的装修成本，玩家仅需佩戴头显就能体验到真实的场景布置，在虚拟环境中搜集证据。VR技术也为玩家提供了丰富的选择，VR设备创造出各种虚拟场景使玩家在同一个房间内体验到多种游戏环境。此外，VR技术也为剧本创作者提供了更多的想象空间，创作者可以将故事背景设定在各种虚构环境中，创作更多的科幻赛博游戏场景，通过VR技术向玩家展演，进一步提升玩家游戏体验。

（三）开发运营分离，闭环产业链形成

剧本杀行业在近两年的发展探索中逐渐成熟，形成了开发和运营分离的产业运行模式。上游的剧本创作者通过签约或买断的方式将剧本出售给发行商，发行商对剧本进行包装和宣传卖给实体店面，最终玩家在店面中消费游戏剧本，形成完整的闭环产业链。

1. 上游：剧本创作者

在剧本杀行业的运营中，剧本内容的创作是核心环节。根据美团数据，消费者在选择剧本杀门店时最看重的条件分别是DM的专业度、剧本质量和商户评价口碑，剧本逻辑是否通畅是影响玩家游戏体验的主要因素。[①] 小黑探数据显示，截至2020年末行业内的剧本杀创作者有4000~5000人。创作主体既有个人，也有团体组织，前者大多由网络小说家、影视编剧或文学工作者转型而来，他们主要与线上App或发行商合作，发售自己的剧本。[②] 后者选择与一些大IP合作，在爆款游戏或影视剧作品的基础上，将其改编为剧本杀。《王者荣耀》《庆余年》《盗墓笔记》《仙剑奇侠传》等IP都已衍生出剧本杀作品，其中由知名IP改编的剧本杀作品《庆余年》首次发布就

---

① 《"杀疯了"的剧本杀，如何敲开年轻人的门?》，刺猬公社公众号，2021年6月12日。
② 《Z世代娱乐消费系列研究　剧本杀：具有强社交属性的线下娱乐消费场景》，https://m. hibor. com. cn/wap_ detail. aspx? id=d716449f480baf2c096f7c04afedda9e，2021年7月1日。

确定了在近 600 家门店限定发售。① 剧本创作者与发行商之间主要有三种交易模式。第一种是买断，这种模式的稿费价格从 5000 元到 20 万元不等；第二种是分成，发行方按照销售额与创作者七三分或者六四分，一般创作者分成比例为 20%~40%；第三种是有专门的发行商签约作者。② 多元创作主体为剧本杀提供了丰富的作品来源，也为其同各行业领域的跨界合作创造了机会。

2. 中游：剧本发行商是连接关键

剧本杀发行商连接剧本创作者和门店。发行商先聚集和签约剧本创作者，再向门店出售剧本，在整个产业链中扮演中介角色。发行商首先会筛选剧本，在选题和内容方面向创作者反馈意见，再从剧本质量、内测评价等维度决定剧本销售模式，一些高质量剧本会以限门店甚至限定城市的方式发行。剧本杀发行商分为线上和线下两种。小黑探是目前最具代表性的线上剧本发行平台，旗下的"黑探有品"是专业提供主体剧本分发和交易的综合型服务平台。截至 2020 年末，"黑探有品"已上架 3500 个剧本，上架剧本覆盖率达到 95%。除"黑探有品"，发行平台还有"买本本""GoDan 淘宝"等。③ 线下剧本杀发行是以展会的形式呈现，在会场上创作者、店主与玩家交流剧本，也可以进行"试跑"，在剧本发行前体验游戏、交流经验。以 2021 年 6 月 7~9 日在青岛举办的"本墨青岛"展会为例，累计共有 126 家发行商和 1500 家店铺参展，共计 324 个剧本参与测评。④ 线上线下联动发行促成游戏剧本与玩家的连接，为剧本杀市场的持续扩张起到重要的推动作用。

3. 下游：剧本杀门店、从业者与玩家

线下门店是游戏玩家消费的落点。商家通过提供 DM（游戏主持人）、游戏场景与剧本实现盈利。剧本杀门店具有准入门槛较低的优势，

---

① 《剧本杀能出大 IP 吗？》，刺猬公社公众号，2021 年 4 月 25 日。

② 《剧本杀，未来娱乐主赛道？》，财经与法 V 观公众号，2021 年 12 月 9 日。

③ 《36 氪研究丨2021 年中国剧本杀行业研究报告》，https://36kr.com/p/1122210116644873，2021 年 3 月 4 日。

④ 《Z 世代娱乐消费系列研究 剧本杀：具有强社交属性的线下娱乐场景》，https://m.hibor.com.cn/wap_detail.aspx？id=d716449f480baf2c096f7c04afedda9e，2021 年 7 月 1 日。

创业者可以将民房或写字楼装修为营业场所。据艾媒咨询数据，圆桌剧本杀的前期投入为10万~12万元，开店成本远低于KTV、密室逃脱等其他娱乐项目。2021年行业内规模较大的剧本杀门店包括"我是谜"（全国共43家）、"剧本部落"（全国共24家），区域内质量较高的门店有哈尔滨的"毛利侦探事务所"，全市共有8家分店。伴随剧本杀的热度上涨，餐饮与文旅等行业分别与剧本杀结合，推出多种剧本杀模式。在北京、上海、成都等城市，涌现出与山庄、景区、民宿、剧场等文旅场景结合，包含住宿和旅游项目的"剧本杀"。一些景区结合自身特色，开发剧本杀产品，如浙江台州府城景区的《临江十二时辰》和浙江天台山龙穿峡景区的《白鹤遇仙记》。这些景区以地区神话传说或故事为背景，为玩家提供更好的沉浸式体验。[①]

从上游剧本的剧本创作到中游的平台包装发行再到下游的门店消费，剧本杀形成了完整的闭环产业链，产业运营朝着集约化和专业化发展。在此机制下，创作者能够专注于作品开发，优质剧本得以产出与推广，连锁门店能更好地保障玩家的游戏体验。完整的产业链也推动了剧本杀的跨界融合，在与文旅、餐饮和影院等行业合作中提升商业价值，促进剧本杀行业的持续发展。

二　剧本杀发展中存在的问题

（一）版权乱象，规范管理亟待加强

剧本杀核心是剧本，行业持续发展的关键在于优质剧本的输出，版权问题是制约剧本创作的重要因素。游戏剧本一般可以分为三种类型，最普通的"盒装本"不限量销售，每本售价以几百元居多，大部分店铺都会选择此类作为主要流通剧本。"城限本"在每个城市出售3~5本，每本价格在2000

---

① 雷旻：《社交"新宠"剧本杀会是下一个风口吗?》，清元宇宙公众号，2021年3月22日。

元左右，这类剧本的地域性较强。"独家本"在每个城市则只有 1 本，价格通常在 5000 元以上，部分实景"独家本"甚至可卖出上万元。

随着市场对剧本的大量需求，盗版剧本开始出现。有的商家为了节约成本购买复刻剧本或者电子版本再打印使用，一些剧本创作者抄袭影视剧、小说、动漫的情节或者模仿已有剧本的"核心剧情""关键角色"等。商家购买一个剧本需要几百元到上千元，一本限定剧本则需要上万元，但在一些线上交易平台，用不到 10 元就能购买到 1600 本剧本，有些店铺还能月销 1000 多件，店铺中单一产品月流水过万元。① 12426 版权监测中心数据显示，《舍离》《千秋赋》《大山》等 60 余部游戏剧本在 7 家主流电商平台累计监测到疑似盗版售卖链接 5418 条。版权侵权对优质 IP 的负面影响很大，也损害了作者的权益和写作激情。目前，剧本杀行业针对盗版现象的维权依据和途径尚处于模糊阶段，在法律和行业内均未形成对侵权问题的问责与处罚机制。未来剧本杀的新技术与新业态越来越多，如何推动其规范、有序、健康发展，保护文化创意产业版权，是亟须解决的问题。

（二）暴力、凶杀、灵异内容的价值误导

青年玩家热衷于剧本杀主要是为了体验寻找真相的过程，以及发现作者暗藏线索的惊奇和破解棘诡的激情，而出于满足"短、平、快"和对感官刺激的要求，部分商家和编剧作者会主推惊悚、凶杀主题类剧本。数据显示，南京市剧本杀 3100 多个商家中，新街口商圈就有 1100 多个，经常同一栋楼内有多家店铺。很多门店的热门题材都带有惊悚、灵异元素，不少沉浸式剧本杀、密室逃脱的游戏场所被装修成荒废古宅、诊所、坟场等诡异风格。同时，剧本杀以凶杀为主的游戏内容与主流价值观产生较大偏离。游戏中，常见的剧情是多个玩家在不同时间点对死者进行伤害，其中一名玩家的作案手法是致命伤。在作案过程中，各种残忍血腥的杀人手法被详细描述。为提升游戏难度，一些机关杀人或化学制毒的高智商犯罪也

---

① 《让年轻人"又爱又恨"的剧本杀还能火多久》，《中国青年报》2021 年 6 月 25 日。

出现在游戏剧本中。编剧通过突出矛盾冲突来增强剧本吸引力，引导玩家体验快意恩仇，这种解决问题的方式和手段严重违背现实法治社会的规则。对于长期沉浸在剧本游戏中的玩家来说，以凶杀为主的剧本情节会对青年玩家的成长产生误导性的教化影响，且这种影响是长期的、潜移默化的，形成青年玩家对外部世界的认知偏向。当青年玩家遇到挑战、情绪低落时，依然不知该如何化解，容易导致"游戏中越得意，现实中越无力"，入戏越深，想脱离越难，最终影响身心健康。此外，一些模仿校园情景的剧本杀游戏，剧情内容与现实校园生活差异较大，误导未成年人在现实中的正常社交。有些剧本杀门店会推出"带你的暗恋对象/男女朋友来玩"的广告语，在游戏中设置拜堂成亲的桥段，这种内容容易导致低龄玩家产生错误的婚姻恋爱观。

（三）强制游戏时长的过度沉溺引发虚拟社会化

剧本杀的游戏时长具有一定强制性，一场剧本杀游戏时间多为 4~6 个小时，也有部分时间在 6 个小时以上。游戏时间内玩家必须全程投入，一个玩家的线索拖沓会导致整个游戏失败。剧本杀的强制时间战场和单线程游戏模式与移动端时代的碎片化时间相反，虽保证了玩家深度沉浸的游戏体验，却真实影响了玩家现实时间的支配。在对剧本杀玩家游戏时长的接受度调查中，"2~4 小时"占比最高，但在游戏中玩家却被动接受了超额游戏时长，并不会从中途退出，在较长时间和较高的游戏频次下演化为游戏成瘾。

除了强制游戏时间，剧本杀在角色设置上采用去边缘化形式，满足青年玩家体验不同角色、实现自我身份认同的需求。在游戏剧本中，每一个角色对剧情发展和推理都起到关键作用，即使玩家扮演角色的身份地位有差异，但每个玩家在游戏中都能获得参与感和存在感。玩家在每场游戏中都在体验一个全新的"人生"，借助游戏发挥疏解身份焦虑的功效。但是，强制游戏时长和去边缘化的角色设定也导致玩家走向过度游戏沉溺、忽视现实自我的改造，形成一种负向的虚拟社会化结果。据新闻报道，一名 17 岁女生体验

恐怖剧本杀《绣花鞋》后，一直处于焦躁不安的状态，沉迷于角色行为的怪异对话，甚至分不清虚实，只能通过药物和心理治疗进行恢复。[①] 2018 年世卫组织发布的新版《国际疾病分类》明确将"游戏障碍"加入成瘾性疾患，其中大多数病人都合并有情绪障碍，他们会产生不安、抑郁等情绪。现实中，人们经常会忽视因游戏成瘾而产生的精神问题，对剧本杀游戏可能引发的过度沉溺问题需要及时予以规制。

（四）营业场所管理落实不到位易引发安全问题

线下营业场所的安全隐患也是剧本杀行业存在的一大问题。线下门店为压缩成本、追求利润，门店基础设施存在不完备情况，部分营业场所消防通道被占用、灭火器缺失、消防喷淋年久失修。美团数据显示，剧本杀行业的连锁化程度较低，78%的商户仅开出单店。[②] 开店选址上，大部分密室及剧本杀店家开设在商住两用房屋、综合性商场内，密室的物理空间又相对封闭，有些店铺电线裸露、缺乏逃生通道，而一些劣质的装修材料和可燃道具的存在都在无形之中增加了消防安全隐患。目前在密室内因设备故障、灯光昏暗导致的人身伤害类事故在全国常有发生，线下门店的设施规范问题对青年玩家的人身安全构成威胁，亟须对营业场所进行整改。

此外，商家对游戏人员管理的缺失也易引发对玩家人身安全的侵害。剧本杀游戏中陌生人拼场是常见的社交手段，但这一过程中拼场对象的身份难以确定，一些不法分子会借助剧本杀对其他玩家在游戏中途或游戏结束后进行猥亵和性侵。据 1818 黄金眼报道，2020 年杭州一女孩团购了一家推理馆的剧本杀套餐，而到达门店后却只有她跟另一名男性玩家在场，男性玩家在游戏中对女生进行猥亵，该女生向店家反映无果后只能选择报警。剧本杀线下门店管理落实的不到位严重影响玩家的正常游戏参与，相关部门需要介入管理与监督。

---

① 《"剧本杀"再也不能"随便杀"》，现代快报公众号，2021 年 11 月 20 日。
② 《年轻人"新宠"剧本杀，还能火多久?》，新京报公众号，2021 年 11 月 21 日。

三 剧本杀未来发展展望

（一）行业未来——版权保护与跨界合作纵深发展

1.版权保护与责任归属

在剧本创作的上游环节，游戏剧本侵权是当下面临的主要问题。针对剧本杀版权乱象，法律层面应将以游戏为主要形式的剧本内容纳入著作权法的保护范围。《中华人民共和国著作权法》第三条规定，著作权作品包括以文字作品为形式创造的文学和艺术作品。[①] 剧本杀以游戏为核心的文字作品从严格意义上来讲不属于文学艺术作品，但以盈利为目的的版权侵犯真实影响该行业的健康发展，需将这种游戏化的特殊作品纳入著作权法的保护范围，加强对盗版作品的打击力度。从行业自身来看，需要探索一体化、流程化的生产消费模式，打造更多剧本杀专业品牌，减少个体商户对剧本的复制与外流。在下游市场消费环节强化对玩家的责任归属，玩家在参与游戏前需签署游戏剧本版权保护承诺书，建立行业黑名单机制，对违反游戏剧本版权保护的商家和个人予以警告和处罚。

2.从IP改编到作品输出双向"破圈"

在游戏剧本创作上，影视文学作品的IP改编是剧本杀的一大趋势，但是对影视剧文学作品的IP改编并不能限于简单的游戏化处理，需要在符合用户期待、保留IP内核的基础上进行二次创作，让玩家有"意料之外"的新鲜感和震撼感。这种IP改编能和影视文学作品互为补充，使游戏玩家通过剧本杀实现电影内容的线下体验。影视文学作品的IP改编是剧本杀游戏内容创作的重要输入源，游戏剧本本身也可以成为剧本杀跨行业发展的输出源。目前剧本杀行业并没有出现真正的IP，但随着市场化竞

[①] 《中华人民共和国著作权法》，http：//www.npc.gov.cn/npc/c30834/202011/848e73f58d4e4c5b82f69d25d46048c6.shtml，2020年11月19日。

争推动专业内容的生产会出现越来越多优质的游戏剧本，剧本杀在影视剧、网络游戏和线下商品营销的破圈将成为可能。2021 年剧本杀游戏《年轮》《悬崖边上的根号 3》被改编成网剧，成为剧本杀行业出圈的重要尝试。目前剧本杀对影视文学作品的引入和输出还处于初级阶段，未来二者的跨界合作还会继续深入，影视文学作品的观赏性和互动性并存成为未来趋势。

3. 从实景游戏到文旅融合沉浸升级

剧本杀游戏的跨界发展不仅体现在作品创作的上游环节，随着玩家沉浸式游戏需求升级，剧本杀消费的下游环节也在同其他行业展开合作。随着行业发展，"文旅＋剧本杀"成为未来趋势。文化和旅游部 2020 年 11 月出台的《关于推动数字文化产业高质量发展的意见》指出要发展沉浸式业态，支持文化文物单位、景区景点等运用文化资源开发沉浸式体验项目，开发沉浸式旅游演艺、沉浸式娱乐体验产品。① 剧本杀作为具身互动的沉浸式演艺游戏，将剧本内容和实体场景结合，同与游戏场景相适应的旅游景区展开合作或开发剧本杀主题景区，符合国家旅游文化产业发展的政策要求，有利于推动地方旅游业的业态升级和创新发展。国内部分地区已经出现大型实景剧本，2020 年 11 月海口剧本杀联盟在海口观澜湖火山温泉谷上演的实景剧本杀《人间不值得》吸引了大批游客关注。山东水浒影视文化体验园景区结合水浒文化特色推出的《十字坡迷案》以黑店十字坡凶杀案故事为原型推出的剧本杀游戏获得了游客好评。随着"文旅＋剧本杀"的推广，未来剧本杀行业将呈现盒装剧本、XR 沉浸剧本和实景剧本并存的多元发展局面。

（二）监管方向——内容准入与行业规范并重

1. 建立游戏作品内容准入机制

剧本杀的核心是"杀"，凶杀环节是每个游戏剧本常见的剧情内容，整

---

① 《文化和旅游部关于推动数字文化产业高质量发展的意见》，http：//www.gov.cn/zhengce/zhengceku/2020-11/27/content_ 5565316.htm，2020 年 11 月 27 日。

个游戏过程围绕推凶推进，但是以暴力犯罪为主题的游戏内容偏离主流价值观，对青年玩家形成的误导性影响需要及时予以规制。政府文化部门应在游戏剧本流入市场前进行内容审查，建立游戏作品内容审核机制，对涉及严重暴力、色情、凶杀和灵异等内容的作品予以抵制。尝试建立新的游戏主题与游戏流程，改变将凶杀和推凶作为必选项的游戏传统，在正能量的剧情故事中设置人物矛盾，减少暴力犯罪等以迎合玩家情绪刺激需求的低质量剧本创作。同时要积极组织商家及社会各界举办剧本杀创作大赛，通过规定作品的主题引导创作者生产符合社会主义核心价值观的高质量游戏剧本，最大化发挥民间力量净化剧本杀游戏内容，同时推动此类活动常态化。通过政府文化部门对剧本杀游戏作品的准入监管和对行业规范的正向引导，实现剧本杀行业健康向善发展，发挥剧本杀游戏对青年玩家群体正确的价值导向作用。

2. 线下游戏数字化防沉迷体系构建

青年玩家在剧本杀游戏中的过度沉溺与强制游戏时长和未被限制的游戏场次直接相关，规制玩家的过度沉溺需要建立线下游戏数字化防沉迷系统。当前国家对网络游戏中未成年人的游戏时间有着严格限制，2021年8月国家新闻出版署的《关于进一步严格管理切实防止未成年人沉迷网络游戏的通知》规定，所有网络游戏企业仅可在周五、周六、周日和法定节假日每日20~21时向未成年人提供1小时网络游戏服务。[1] 网络游戏作为依托于互联网平台的线上产品在运行过程中防沉迷系统能够被强制实施，但作为线下游戏的剧本杀在游戏时间上难以做到跨地区跨门店的统一监测和管理。后疫情时代，健康码常态化为线下游戏管理提供了方案，可以设置"游戏码"和线上平台连接，对玩家的游戏数据实行线上实名制记录，限制玩家特定周期的游戏场次和游戏总时长。同时，对防沉迷主体的界定应突破未成年人这一群体，适当提高年龄划限。从创作者角度来看，可以对不同剧本难度分级，简化低级别剧本的推理流程，满足玩家的短时游戏需求，发挥剧本杀作

---

① 《国家新闻出版署关于进一步严格管理切实防止未成年人沉迷网络游戏的通知》，http://www.gov.cn/zhengce/zhengceku/2021-09/01/content_5634661.htm，2021年9月1日。

为桌游的趣味属性，防止青年玩家的过度沉溺。

3. 线下门店安全保障与绿色发展

剧本杀线下门店存在的非规范化运营对游戏玩家产生诸多安全隐患，营业场所的基础设施问题和拼场社交中对游戏人员的管理亟待规范。各地市场监督管理部门应对剧本杀门店进行按期检查，对营业场所不符合安全标准的剧本杀门店督促整改。工商部门应建立剧本杀线下门店行业运营许可标准，对安全设备、安全通道等严格要求。同时，对剧本杀商家组织游戏活动的过程进行监管，2021 年上海市文旅局出台的《密室剧本杀内容备案管理规定》提出，密室剧本杀行业经营单位不得以表演、游戏方式呈现恐怖、残忍、暴力、低俗等摧残工作人员或消费者身心健康的行为。① 剧本杀线下门店的游戏场景和游戏设计环节中对玩家有害的内容应予以取缔。在对消费人群管理上，由于"拼场社交"是玩家参与游戏的重要部分，对拼场人员的身份登记和信息公开是必要的，玩家在参与游戏前有权获知拼场人员的相关情况，这里的身份信息应与上文提到的"游戏码"链接，确保信息真实完整。将剧本杀线下门店的安全隐患问题责任落实到商家，加强对游戏玩家身心健康的保护，促进行业绿色发展。

（三）功能开掘——文化传承与主流价值教育的时代使命

剧本杀在线下游戏市场的快速扩张和跨行业破圈突围中已改变过去的亚文化状态，在对文学作品的改造和输出过程中其本身作为一种文化产品在深刻影响着当下的文化生态。习近平总书记在中国文学艺术联合会讲话上提出，要挖掘中华优秀传统文化的思想观念、人文精神、道德规范，把艺术创造力和中华文化价值融合起来，把中华美学精神和当代审美追求结合起来，激活中华文化生命力。② 剧本杀游戏在剧本创作上不仅要对有害内容进行规

---

① 《上海拟出台密室剧本杀新规：禁止从业人员表演游戏方式恐怖、残忍、暴力、低俗》，https：//baijiahao. baidu. com/s？id＝1716642998956113514&wfr＝spider&for＝pc，2021 年 11 月 17 日。

② 《铸就中华文化新辉煌　习近平对文艺工作者提出五点希望》，https：//baijiahao. baidu. com/s？id＝1719177916316147081&wfr＝spider&for＝pc，2021 年 12 月 15 日。

制，还要积极承担起传承中华民族优秀文化的历史使命。一些以真实历史事件为题材的游戏剧本在弘扬传统文化、进行主流价值教育方面起到了典范作用。《和平饭店》剧本以抗日战争为背景还原珍珠港事件后中国、日本、美国间复杂的国家关系，通过谍战游戏的方式提升玩家对历史的感知。《寻找〈共产党宣言〉》以新文化运动为背景，玩家在扮演接受马克思主义影响的进步青年解决游戏矛盾的过程中能够深刻领会红色精神的时代意义。在中国共产党百年征程的历史长河中，"党史+剧本杀"具有很大的拓展空间和发展潜力，创作关于中国共产党百年奋斗的游戏剧本，让青年通过游戏学习党史、感受不同时期中国共产党的建设征程，对于提高当代青年的文化自信具有重要意义。对剧本杀游戏教育功能的开掘除了在作品创作上凸显主题，在游戏形式上可以突破以盈利为目的的产业化运行模式，推动剧本杀游戏进校园，开发更多简化版的益智游戏剧本，更好地发挥剧本杀对青年群体主流价值观的教育功能，促进青年在健康游戏娱乐中发展为积极向上的社会化个体。

2021年剧本杀行业虽飞速成长，但就阶段来看仍处于初级发展阶段，行业规范尚未明确，游戏人群还在迅速扩大。不能任其野蛮生长，它对青年认知产生的引导、规训等作用，需要予以高度关注。如何在新生事物的成长阶段进行有效规制与引导，推动以剧本杀为代表的游戏对青年群体的社会化发挥向善功能，营造良好的游戏环境，仍需进行更多的思考。

参考文献

《中华人民共和国著作权法》，http：//www.npc.gov.cn/npc/c30834/202011/848e73 f58d4e4c5b82f69d25d46048c6.shtml，2020年11月19日。

胡克非：《市场规模破百亿，比密室逃脱更火的剧本杀能玩多久?》，http：//www. inewsweek.cn/finance/2021-01-22/11647.shtml，2021年1月22日。

《国家新闻出版署关于进一步严格管理切实防止未成年人沉迷网络游戏的通知》，http：//www.gov.cn/zhengce/zhengceku/2021-09-01/content_5634661.htm，2021年9月1日。

B.17
2021年中国视听新媒体技术
应用创新发展报告[*]

高红波　郭　京[**]

摘　要： 2021年，我国视听新媒体技术应用创新能力显著提升。5G网络建设稳步推进、广电全国一网进入实质性整合阶段、高清和超高清频道纷纷开播，夯实了视听新媒体技术应用创新发展的"新基建"。广电网络公司紧跟"广电5G"建设步伐，发展新业务，开拓广电企业转型新赛道。此外，AI、XR等技术助力网络视听行业开启内容表达"新场景"。面向未来，顶层设计不断明晰技术应用逻辑，主体竞合持续拓展媒体业务边界，优质项目引导成功经验规模落地，智能应用发展促进管理模式升级等，这也将会成为我国视听新媒体技术应用创新发展的主要趋势。

关键词： 视听新媒体　新技术应用　5G　AI　XR

2021年，是我国"十四五"规划的开局之年，坚持创新驱动发展战略，塑造产业、行业发展新优势依然是重中之重。进入新的发展阶段，视听新媒体以科技创新为支撑，驱动自身业务、服务能力提升的趋势愈加明显。随着

---

* 本文为教育部人文社科基金规划项目"技术哲学视域下的视听媒介进化研究"（项目编号：21YJA860004）、河南大学研究生教育创新与质量提升计划项目（SYL20050103）的阶段性成果。

** 高红波，河南大学新闻与传播学院教授，广播电视系主任，主要研究方向为广播电视与新媒体、传媒经济与文化产业；郭京，河南大学新闻与传播学院硕士研究生，主要研究方向为广播电视。

5G 基础网络建设的日益完善、有线电视网络整合的有序推进以及视听媒体技术应用能力的显著提升，我国视听新媒体进化发展的"新基建"变得更为坚实。广电网络公司以"广电 5G"建设为依托，积极扩展业务经营范畴，探索转型升级的新赛道，网络视听平台则创新应用 AI、VR、XR 等技术，变革视音频内容呈现形态，力图在多个维度上连接用户感官。本文拟从技术研发、实践应用、企业布局、行业环境等视角出发，梳理和盘点 2021 年我国视听新媒体技术应用创新发展的新动向，并分析和展望其未来的发展趋势。

一 科技创新打造视听媒体进化新基建

2021 年，电信运营商们秉持着"适度超前"原则，积极进行 5G 网络的建设工作，5G 基站建设数量达到新高，广电全国一网已进入实质性整合阶段。与此同时，我国高清、超高清频道纷纷开播、多项技术标准性文件颁布，科技创新是视听媒体进化发展的重要引擎，5G 网络的建设情况、有线网络的整合情况及行业对相关技术的应用能力等，直接决定着视听媒体技术应用创新的基本环境与发展空间。

（一）信息基础：5G 基站建设数量再创新高，前瞻布局6G 网络技术

5G 网络具备着高速率、低延时、广连接等重要特性，是新一代信息基础设施建设的核心内容，也是视听新媒体向超高清、智能化等方向发展的基础性条件。不同于 2G、3G 及 4G 网络低频段传输信号的方式，5G 网络主要工作于中高频段，传统宏基站难以满足 5G 信号覆盖的需求，所以 5G 网络的建设需要大量的小基站协同宏基站进行覆盖，5G 基站的建设密度切实影响着 5G 网络的实际部署。

自我国 5G 商用牌照正式发放以来，电信运营商们作为 5G 网络建设的主力军，积极建设 5G 网络，工信部数据显示，2021 年我国 5G 基站建设数

量相较于 2019 年（13 万个）、2020 年（71.8 万个）再创新高，截至 2021 年 12 月，5G 基站数量达 142.5 万个，全年新建基站数已超 65 万个，数据的不断攀升代表着我国 5G 基础网络建设步伐的持续加快。

与 5G 基站建设速度相应的是我国 5G 终端用户数量与网络覆盖面积。官方监测数据显示，截至 2021 年 12 月，我国 5G 终端用户连接数量已达 4.5 亿户，较上年同期增长了两倍以上。5G 网络覆盖方面已实现 100%覆盖地级市，县区覆盖率达 97%，乡镇覆盖率也达到了 50%，5G 网络覆盖的范围正在不断地由城市向乡村进行扩展和延伸。①

此外，2021 年 3 月，我国"十四五"规划纲要正式发布，明确指出要前瞻性布局 6G 网络技术的相关储备工作。外媒数据显示，截至 2021 年 8 月，我国 6G 专利申请量在全球范围内的占比已超过 40%，处于领先状态；美国 6G 专利申请量的全球占比为 35.2%，位居第二；日本、欧洲和韩国分别占比为 9.9%、8.9%、1.5%。

（二）融合基础：广电全国一网进入实质性整合阶段

"全国一网"整合方案的有效实施，是广电网络行业实现运营一体化、资源集约化发展的重要基础。广电行业拥有着以 700MHz 为代表的丰富的频率资源与优质的业务资源，加快形成以中国广电为牵引的广电"共同体"，能够使广电行业在网络融合的基础上发挥自身的资源优势、推动广电 5G 的建设和发展。

随着各省级子公司更名工作的顺利推进，中国广电也于 2021 年 7 月正式宣布已完成"集团"工商变更，并领取了营业执照，公司名称从"中国广播电视网络有限公司"变更为"中国广播电视网络集团有限公司"。② 在中国广电 2021 年 3 月召开的财务会议中，总会计师林京表示，下一阶段中国广电将侧重于建立统一的管理体制，创新经营管理模式，构建更为细化的

---

① 中国信通院：《5G"扬帆"发展指数（2021 年）》，https：//www. waitang. com/report/42274. html，2021 年 12 月 25 日。
② 《中国广电完成"集团"更名》，中国广电微信公众号，2021 年 7 月 2 日。

发展规划，重点推进广电5G与有线网络的相互赋能，促使行业走向高质量发展之路，①"全国一网"的逐步完善为广电5G工作的有序开展提供了重要的基础和保障。

（三）创新基础：高清、超高清频道纷纷开播，技术能力建设进展明显

技术的研发与落地应用状态彰显着我国视听媒体技术应用能力的提升，同时也为视听媒体进化搭建了全新的表达平台与发展环境。视听内容制作方面，我国高清、超高清建设发展势头良好，从宏观视角来看，我国电视频道正在保持着较快的速度向高清化方向发展。广电总局披露的数据显示，截至2021年9月，我国经批准开办的高清频道数量已经达到了917个，其中高清频道有909个，4K超高清频道有8个，多地省级电视台已基本完成了全频道的高清化播出，部分地级电视台也实现了75%以上的高清率。②

我国8K超高清频道的建设也在2021年取得了较大的进展，2021年12月底，北京广播电视台的"8K超高清试验频道"正式开播，这是我国第一个面向广大受众进行8K超高清内容传播的电视频道。频道力图集科技研发、技术验证、案例示范等于一身，发挥引导带动作用，促进8K超高清产业的发展。③

另外，2021年我国发布了多项视听媒体相关的技术标准性文件，并且参与了国际性技术标准的制定工作，这既是对行业相关工作有序开展的重要引导，也是视听媒体技术能力快速提升的有力证明。国内方面，2021年，广电总局发布了多项与视听媒体技术有关的标准性文件，内容涉及多项不同

---

① 《中国广电召开财务专项工作组会议》，http：//www.cbn.cn/art/2021/3/30/art_93_18943.html，2021年3月30日。

② 《全国电视频道高清化发展形势良好》，http：//www.nrta.gov.cn/art/2021/10/14/art_114_58168.html，2021年10月14日。

③ 《全国首个！北京广播电视台冬奥纪实8K超高清试验频道今日正式开播》，http：//www.dvbcn.com/p/129008.html，2021年12月31日。

技术,具体而言有 VR 视频制作参数、云平台总体架构、网络视听收视大数据技术规范及区块链内容审核标准等。国际方面,最有代表性的事件是中国广电以 5GNR 广播为载体引领了国际标准的制定工作。2021 年 2 月,中国广电受 GIT 国际峰会邀约,参与编写的《5G 演进白皮书》(*5G Wireless Evolution White Paper*)正式发布,中国广电编写的 5GNR 组播广播技术架构是其中的重点章节,2021 年 6 月,由中国广电带头向 3GPP[①] 提交的 5G 组播广播在 Rel-18 的演进方向也获得审议通过。[②] 中国广电作为我国广电 5G 建设的重要带头人,积极参与国际性标准制定,将我国视听媒体领域的科研成果和应用推向国际。

二 "广电5G"开拓广电企业转型新赛道

2021 年是广电行业完成"全国一网"整合后正式运营的第一年,强调与广电网络整合同步发展的"广电 5G"建设工作也有了重要进展。"广电 5G"是以增强广电行业创新能力、构建更加智能高效的传播体系为目的而建设的有广电特色的 5G 精品网络,中国广电作为"广电 5G"网络建设的主要力量,2021 年动作频频,在基础网络建设、相关技术研发与资源应用等方面均有进展。

网络建设方面,2021 年 1 月 26 日,中国广电与中国移动正式签署了"5G 战略"合作协议,这标志着 700MHz 5G 网络的共建共享工作正式启动,双方将发挥各自技术优势、资源优势,加快提升 5G 网络的覆盖率,促使 5G 技术赋能有线电视网络的发展。[③] 技术研发方面,2021 年 11 月 8~10 日,

---

① 3GPP(Third Generation Partnership Project)意为第三代合作伙伴计划,移动通信行业内的标准化组织,成立于 1998 年 12 月,主要工作内容是制定全球范围内通用的移动通信系统技术规范与技术报告。
② 《破局而立!中国广电曾庆军详解 5G NR 广播新场景》,http://www.dvbcn.com/p/127477.html,2021 年 10 月 26 日。
③ 《中国广电与中国移动启动"5G 战略"合作共建共享 700MHz 5G 网络》,http://www.cbn.cn/art/2021/1/26/art_93_18614.html,2021 年 1 月 26 日。

中国广电启动了 5G NR 广播技术的能力验证工作，在广电总局科技司的指导下，顺利完成了"相约北京"冰球测试赛的直播工作，观众通过手机或VR 设备便可实现对场内多机位拍摄内容的自由选择，且不会出现因观众并发数高而卡顿的情况，此次 5G NR 广播技术在商用场景中的能力验证是全球首次，这对后续技术的研发与应用有着重要意义。[1] 在广电 5G 资源的有效应用方面，中国广电的创新举动主要体现在入局电信领域，积极推进广电192 号段的放号运营工作，2021 年 9 月 23 日，中国广电携 5G 建设新成果参加了第十七届深圳文博会，于展会期间开启了广电 5G 内部友好用户 192 号段的放号测试工作，并表示将会根据具体的测试情况，适时开启商用放号。[2]

随着"广电 5G"建设工作的有序推进，在交叉领域中寻找新业务、在现有环境中开发新产品成为有线网络筑高行业竞争壁垒、开辟全新赛道的重要思路。"广电 5G"网络建设工作进程明显加快，与电信运营商共建共享5G 网络的方式，不仅能够有效降低广电网络行业的运营成本，也能够帮助广电网络经营主体快速获取用户资源，为广电网络行业扩展业务经营范围提供了基础性动力。

在纵向升维现有产品、丰富完善产品生态方面，"智慧广电"业务的优化升级是各广电网络公司重点关注的内容，有 4 家广电企业的相关举措较具代表性：①歌华有线（股票代码：600037）。2021 年，歌华有线坚持创新发展理念，切实发挥科技与资本双轮驱动的作用，构建智能化、融合化的新型"智慧广电"业务生态体系，借此提升企业的竞争力。歌华有线表示会紧跟广电 5G 发展动态，推进相关技术的研发与应用，重点关注 5G试验承载网、IPv6 等技术的研究工作，建设数据中心，不断升级政企数据网，服务智慧城市、智慧社区建设。②广西广电（股票代码：600936）。

---

① 《中国广电完成全球首个 5G NR 广播技术商用场景系统能力验证》，http：//www.cbn.cn/art/2021/11/11/art_ 93_ 27269.html，2021 年 11 月 11 日。

② 《中国广电 5G "192" 内部放号测试启动，董事长宋起柱再次明确未来建网目标》，http：//www.dvbcn.com/p/126611.html，2021 年 9 月 26 日。

2021 年，广西广电以技术创新为支撑所打造的"壮美广西·智慧广电"工程、国家文化大数据体系建设及网络视听产业基地等智慧广电新项目，已作为重点项目被列入当地的"十四五"发展规划。为持续创新创优，广西广电表示将密切关注行业发展动态，积极开展广电 5G、8K 超高清等技术的研究工作，优化智慧广电"生态圈"，打造更为完善的智慧广电服务体系。③吉视传媒（股票代码：601929）。2021 年，吉视传媒自主研发的 I-PON 技术已形成了规范的标准体系，具备着进行超高清视音频内容传送与社会化信息传输的技术能力。此外，吉视传媒研发的 700M 5G 数据卡已顺利完成测试工作，并发布了基于有线电视网络传输的"首个 8K 视频方案"与"首个 8K VR 传输方案"，技术优势使吉视传媒能够全面优化有线电视网络在政务、教育、家庭等场景中的产品渗透能力与智慧服务能力。④东方明珠（股票代码：600637）。2021 年，东方明珠以"智慧城市"建设为核心，协同推进 5G 业务的发展，如东方明珠与华为共同完成了全球首个 5G 700MHz 执法仪的测验工作。另外，为保证公司后续业务的顺利转型，东方明珠积极开展了 700MHz 频段的清频工作，且设立了"智慧广电网络安全生态创新研究国家广播电视总局实验室"为广电网络生态健康发展提供技术支撑。

三 "AI+XR"激活网络视听表达新场景

截至 2021 年 12 月，我国网络视频（含短视频）用户规模达 9.75 亿，较 2020 年 12 月增长 4794 万，占网民整体的 94.5%。其中短视频用户规模为 9.34 亿，较 2020 年 12 月增长 6080 万，占网民整体的 90.5%。① 网络视听平台拥有着庞大的用户群体，是视听新媒体内容传播的重要渠道。随着 5G 网络的快速发展与用户消费能力、审美水平的提升，内容逐渐不再是网

---

① 中国互联网络信息中心：《第 49 次〈中国互联网络发展状况统计报告〉》，http://www.cnnic.net.cn/hlwfzyj/hlwxzbg/hlwtjbg/202202/t20220225_71727.htm，2022 年 2 月 25 日。

络视听平台唯一的竞争要素，视频呈现方式与观看形式的创新同样重要，利用 AI、VR 甚至 XR 等新技术提升用户观看过程中的感官体验，在虚拟与现实之间开发全新的视听表达场景，是 2021 年网络视听媒体技术应用创新发展的重要表现。

Quest Moblie 发布的《2021 中国移动互联网年度大报告》数据显示，2021 年 12 月，各大网络视听平台当月月活用户量最高的是爱奇艺，月活用户高达 4.81 亿，紧随其后的是腾讯视频，月活用户为 4.45 亿，优酷视频及芒果 TV 的月活用户分别是 2.4 亿和 2.04 亿（见图 1）。

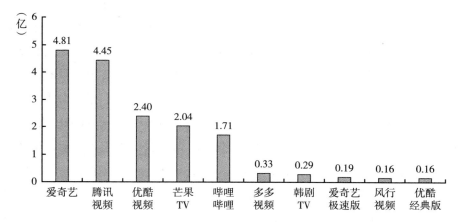

图 1　2021 年 12 月在线视频 App 行业月活跃用户规模 TOP10

资料来源：Quest Mobile 研究院。

作为在线视频头部平台中唯一的上市企业，爱奇艺月活用户量明显领先，体现了广大用户对其内容生产、创作传播等能力的认可。一直以来，爱奇艺坚持以优质科技结合优质内容的理念，在网络视听领域创造自身独特的商业价值。鉴于此，梳理爱奇艺官方网站公布的 2021 年度新闻动态，分析爱奇艺平台实施科技创新驱动战略布局自身娱乐版图的新思路与新举措，并结合腾讯视频、优酷视频及芒果 TV 等同样具备较高用户渗透率的平台的有关科技创新具体实践，解读 2021 年我国网络视听行业中新媒体技术应用创新的逻辑理路。

2021 年，爱奇艺着力于发展视音频内容与用户感官的多维度连接能力，在原有 AI+VR 技术布局的基础上，创新应用了 4K、XR 等技术，强调以科技创新为基础，推动受众更加接近"真实"与"自由"，相关技术的研发与实践应用为用户提供了更加真实的体验场景与更多维度的互动空间。

相关技术研发创新方面，①爱奇艺自制 4K 超高清转播车完成交付。2021 年 6 月 21 日，爱奇艺宣布首辆自制 4K 超高清转播车"A-1"正式交付。这辆车承载的是爱奇艺按照国际 A 级标准自主研发的一整套超高清直播系统。该车空间较大，可同时容纳 50 位工作人员，且支持全流程的 4K HDR 制作，视音频讯道非常丰富，超高清转播车的搭建是爱奇艺发展视频平台超高清视听内容的关键环节。① ②旗舰级 VR 硬件设备奇遇 3 发布。奇遇 VR 设备经历两轮迭代升级后，拥有细腻屏幕质感、先进交互方式和丰富娱乐内容的奇遇 3 于 2021 年 8 月 31 日正式发布。奇遇 3 使用了目前性能最优的移动 VR 芯片，结合爱奇艺自主研发的交互系统"追光"6DoF，能够实现毫米级精准的定位。爱奇艺智能 CEO 熊文表示，为用户打造更为自由、丰富的虚拟世界是奇遇 VR 系列的重要任务，这个目标很宏大，但奇遇 3 的出现意味着爱奇艺已经迈出了第一步。② ③研发自由视角拍摄系统。2021 年 9 月 23 日，爱奇艺推出了自主研发的自由视角拍摄系统。在拍摄制作的过程中，该系统能够实现对相机阵列的智能调节，有效缩减对焦时间，提升制作效率，而观众也能够在这一智能化的制作系统中，实现观看视角的空前自由，自由视角所带来的互动方式，丰富了观众的观看体验。③ ④推出 IQDubbing 配音平台。爱奇艺自主研发的 IQDubbing 配音平台与传统的 AI 配音系统有所不同，不仅可以实现"一人分饰不同角色"，还能够使所输出的

---

① 《爱奇艺首辆 4K 超高清转播车正式交付》，https：//www.iqiyi.com/kszt_phone/news2021062101.html，2021 年 6 月 21 日。

② 《旗舰级 VR 硬件奇遇 3 发布，爱奇艺发力打造娱乐"元宇宙"》，https：//www.iqiyi.com/kszt_phone/news20210901.html，2021 年 8 月 31 日。

③ 《爱奇艺推出自研自由视角拍摄系统：相机参数设定从 4 小时到 20 秒》，https：//www.iqiyi.com/kszt_phone/news20210923.html，2021 年 9 月 23 日。

声音素材带有感情色彩。①

在实践应用场景创新方面，①虚拟演唱会。2021年3月26日，由爱奇艺承办的女子偶像团体THE9的"虚实之城"虚拟演唱会正式开播，"跨时空""虚拟空间""XR技术""黑科技"等词语成为这场云演出的热点标签，舞台表演部分全程使用XR技术支撑，多机位、实时化渲染的方式令粉丝能够无死角、沉浸式观看演出。② ②虚拟乒乓球对战。2021年4月24日，中美"乒乓外交"50周年纪念活动在北京举行。在活动举办过程中，中美双方分别派出前运动员梁戈亮与朱蒂，以爱奇艺奇遇VR设备为基础，开展了一场别开生面的VR乒乓友谊赛，爱奇艺自研的6DoF VR手柄变身成为乒乓球拍，通过奇遇VR强大的交互算法系统，精准捕捉两位运动员的动作，最大限度地还原了真实的比赛感受。③ ③虚拟偶像。2021年10月28日，爱奇艺出品的真人剧情作品《梦见狮子》开播，其中的一大亮点便是虚拟偶像小茉莉的参演，小茉莉在其中扮演了梦境版的刘戏蟾。这是国内首个虚拟偶像参与演出的真人剧情作品，是古风与二次元之间次元壁的突破，也是虚拟与现实交汇、融合的全新表达场域。④ 爱奇艺副总裁杨晓轩表示，虚拟偶像与用户之间实现真正交互的关键在于"共情"，换言之，就是用户是否能够同频感受虚拟偶像的情感变化，⑤ 因此，互动技术的创新发展将会成为推动虚拟偶像发展的重要力量。总之，在体验感、互动性等内容成为提升用户喜爱度、活跃度重要增量空间的情况下，AI、VR、XR等技术手段的创新应用，是爱奇艺破局重塑视听媒体内容表达方式的有力支撑。

---

① 《技术助力爱奇艺出海提速这次让AI当上了"配音演员"》，https：//www.iqiyi.com/kszt/news2021122201.html，2021年12月30日。

② 《XR舞台、大屏连线、粉丝共创……THE9这场演唱会让"未来的娱乐"在今天呈现》，https：//www.iqiyi.com/kszt_ phone/news2021040701.html，2021年4月7日。

③ 《回望历史共叙友谊 爱奇艺奇遇VR助力中美乒乓外交50周年纪念活动》，https：//www.iqiyi.com/kszt_ phone/news20210424.html，2021年4月24日。

④ 《国内首次！爱奇艺虚拟偶像小茉莉出演真人剧集〈梦见狮子〉》，https：//www.iqiyi.com/kszt_ phone/news202110293.html，2021年10月29日。

⑤ 《爱奇艺杨晓轩：共情是虚拟偶像打造的关键 下半场需要更聚焦长期主义》，https：//www.iqiyi.com/kszt_ phone/news2021112604.html，2021年11月26日。

平台自身技术研发创新与应用能力的强弱，对视听内容制作、作品传播效能的影响显而易见。在强调与用户进行互动、建立连接，进而提高用户沉浸感、活跃度的整体基调下，优酷、腾讯及芒果 TV 平台也较为重视相关技术的研发工作。比如，2021 年优酷视频创新发展"自由视角"技术，革新用户观看体验，并将其应用于《这！就是街舞》第四季，实现了总播放量的翻倍提升。[①] 腾讯视频于 2021 年成立了腾讯在线视频 BU，[②] 提出了"以科技和艺术驱动的视频娱乐引领者"的平台建设愿景，并表示未来将会集中力量投入视听媒体领域相关技术的研发工作中，通过科技赋能内容创作与传播。[③] 在 2021 年度全国广播电视媒体融合先导单位、典型案例、成长项目的评选中，芒果 TV 与其自制的"光芒"超高清云制播平台分别被评为先导单位与典型案例，《乘风破浪的姐姐》第二季 4K 纯享版便是应用了"光芒"制播技术，这一云制播系统的研发与应用将成为芒果 TV 开启 4K 超高清产能提升的全新起点。[④] 综合来看，各平台技术研发与案例应用侧重点有所不同，但本质上都是借新技术之势，开拓视听媒体内容全新的表达形式与多样化的场域空间。

四　中国视听新媒体技术应用创新发展趋势

2021 年 10 月 8 日，国家广播电视总局发布《广播电视和网络视听"十四五"发展规划》，强调"科技创新"对于广电行业发展起到的引领支撑作用，表示要促进 5G、人工智能等新一代信息技术革命成果与广电行业的融合。为加快推进广播电视和网络视听行业向更加开放、融合、智慧的方向发

① 《自由视角技术体验优化实践》，阿里巴巴移动技术微信公众号，2021 年 11 月 29 日。
② 在线视频 BU（全称为 On-line Video Business Unit，OVB）是由腾讯视频、微视、应用宝组合而成的综合性视频平台。
③ 《会员涨价、齐怼短视频、抵制饭圈恶习……上半年的长视频市场有多热闹》，https：//lmtw.com/mzw/content/detail/id/202955/keyword_ id/，2021 年 7 月 5 日。
④ 《喜报！芒果 TV 及"光芒"超高清云制播技术获评 2021 年度全国广播电视媒体融合先导单位、典型案例》，芒果 TV 微信公众号，2021 年 12 月 9 日。

展，充分发挥科技创新对行业转型升级的驱动力量，广电总局科技司于2021年10月20日发布了《广播电视和网络视听"十四五"科技发展规划》，以科技创新为核心，全面阐释了广播电视与网络视听行业技术应用的现状，指出了当前行业发展所面临的机遇与挑战，并进一步明确了以科技创新为根基，实现广播电视和网络视听行业走向高质量发展的原则、目标和主要任务。以上规划的发布，对于科学研判我国视听新媒体技术应用创新发展趋势具有重要意义。

面向未来，我国视听新媒体技术应用创新发展的主要趋势如下。

（一）思路为先，顶层设计不断明晰技术应用逻辑

顶层设计是从宏观视角出发，对管辖范畴内各要素发展进行统筹性思考，设定具有前瞻性、全局性的管理方案与战略目标。我国视听新媒体技术应用的发展是一个在创新中不断调整的过程，这里的调整除源自实践反馈外，顶层设计方案的更新对视听媒体技术应用思路有着较大的影响，决定着领域内技术应用发展的重点方向与具体目标。2021年，是我国正式步入"十四五"时期的第一年，立足于新的发展阶段，国家广电总局及时出台我国广播电视和网络视听发展的"十四五"规划。随后，各省份也纷纷出台了区域性发展规划。通过梳理国家广电总局及各省份的广播电视和网络视听"十四五"发展规划中与"技术"有关的内容能够发现，各省份规划中的具体实施内容不一但大体思路一致，均是以总局强调建设的"智慧广电"为核心内容展开的规划与部署，在运作思路上，"建设实验室""搭建精品网络""打造产业园""基地"等词语被频频提及，"高清、超高清频道""文化大数据"等作为广电行业重点孵化的技术产品，也多次出现在各省份的规划方案中。各省份出台的"十四五"规划，高屋建瓴地指明了广播电视与网络视听行业技术进化的具体路径。可以预见的是，未来视听媒体领域技术应用的发展方向将会在顶层设计方案的影响下更加清晰。

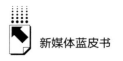

（二）融合为要，主体竞合持续拓展媒体业务边界

随着5G、AI、VR等新一代信息技术的深入发展，视听媒体领域的技术环境发生变革，原有的媒体竞争格局被打破，各经营主体正在积极调整自身发展思路，接受新环境、拥抱新变化，试图在广泛的合作中寻找5G时代的生存法则。2021年初，中国广电与中国移动跨界联姻，正式启动5G网络共建共享计划，开创了电信行业、广电行业全球范围内首个融合发展案例，这一举动赋予了视听媒体领域各竞合主体整合、融合发展全新的思考空间。[①]中国广电、中国移动分属于不同行业，双方在5G网络建设中拥有着各自独特的资源优势，开创性地进行跨界融合，实现了中国广电与中国移动"1+1>2"的资源基础与发展效能。于中国移动而言，广电700MHz频段的使用权能够进一步丰满中国移动畅想构建的5G精品网络蓝图，于中国广电而言，共建共享可以最大限度减少5G网络建设所需的基础资金，从而使注意力更加集中在广电5G特色化产品、体系的孵化上，共建共享合作成果将广泛服务于行业转型发展与社会效益提升。以跨界合作、融合为关键词进行行业观察，网络视听行业也存在同样的发展思路。比如2021年4月23日，爱奇艺与北方广电网络达成合作意向，表示将以"有线网+互联网"的方式为广大用户提供丰富的直播、点播内容。[②] 2021年，腾讯视频在运营十周年之际宣布成立腾讯在线视频BU，将腾讯旗下视频板块业务合并，开启一体化运营模式。借用酷开科技曾提出的"无界空间"理念去看待2021年行业内已然出现的多个跨界融合"先导案例"，能够发现视听媒体领域中各竞合主体正在着力于打破行业壁垒，以"拓展业务""创新服务""资源共享"等为目的，推动行业朝着"无界空间"的方向持续发展。

---

① 《中国广电与中国移动启动"5G战略"合作共建共享700MHz 5G网络》，http://www.cbn.cn/art/2021/1/26/art_ 93_ 18614. html，2021年1月26日。

② 《共同探索5G、VR视听融合新场景，北方广电网络与爱奇艺签约》，http://www.dvbcn.com/p/122549. html，2021年4月6日。

（三）案例为源，优质项目引导成功经验规模落地

创新是推动行业发展的核心动力，新技术为视听新媒体发展提供了重要的支撑力量，而新技术应该如何"更新"、视听媒体又应怎样"借势"等问题则需要由行业中不断推陈出新的优质案例提供"答案"，优质的技术应用案例为视听媒体行业技术应用发展提供着愈发完备的行业解决方案与相对明晰的技术应用思路。为更好地发挥优质案例的引领、示范作用，推动成功经验的规模化落地，设立重大项目、举办重要赛事等方式成为激发行业创新活力、快速建立优质"项目库"的重要举措。2021年，我国积极举办了多个与视听媒体技术创新相关的重要赛事、重大项目申报及典型案例推优工作。比如2021年3月10日，国家广播电视总局发布举办我国"首届广播电视和网络视听人工智能应用创新大赛（MediaAIAC）"的通知，围绕内容审核、效果评估、智能推荐、智能剪辑、视频修复及智慧广电终端等广电行业智能化发展的热点场景，向全国多个相关单位征集优秀的人工智能应用方案，并表示该赛事的举办目的正是在于激发行业科技创新活力、挖掘典型案例，为行业提供可借鉴、可参考的发展方案。[①] 又如2021年10月，工信部、广电总局等6个部门共同发起了"百城千屏"超高清落地推广活动，鼓励有条件的地区、城市建设超高清公共大屏，宣传与展播党建、冬奥、文旅、时政等方面的内容，加速超高清视频产业的发展。[②] 另外还有从2019年起开始进行的"广播电视媒体融合先导单位、典型案例、成长项目"评选活动，中国广电带头研发的5G NR广播技术便被选入了2021年的成长项目。[③] 越来越多与技术应用创新、融合发展创新有关的优质项目评选活动的出现，为

① 《国家广播电视总局办公厅关于举办首届广播电视和网络视听人工智能应用创新大赛（MediaAIAC）的通知》，http：//www. nrta. gov. cn/art/2021/3/10/art _ 113 _ 55361. html，2021年3月10日。

② 《六部门关于开展"百城千屏"超高清视频落地推广活动的通知》，https：//www. miit. gov. cn/zwgk/zcwj/wjfb/tz/art/2021/art _ f3d0987e12194a62bc0948edd0e9c22a. html，2021年10月19日。

③ 《2021年度全国广播电视媒体融合先导单位、典型案例、成长项目征集和评选结果发布》，http：//www. nrta. gov. cn/art/2021/12/10/art_ 114_ 58834. html，2021年12月10日。

视听媒体领域技术应用提供了更具有针对性的"参考答案"。面向未来，以收集优质项目、促进行业发展为主要目的的赛事、活动及项目评选工作将会更加丰富且更具针对性，强化优秀案例的"样板"作用，为视听新媒体技术应用能力提升、思路创新提供动力。

（四）运营为本，智能应用发展促进管理模式升级

如前所述，"视听媒体行业的发展，离不开不断成熟的新技术与推陈出新的新产品"，新技术的应用使视听媒体在传播效率、质量等方面有所提升，媒体传播格局也不断发生着变化。"但也正因如此，视听媒体尤其是网络视听媒体对行业内的版权保护问题提出了新要求，新平台、新产品、新业态需要匹配的是全新的运营管理方式，新技术将毫无疑问地成为版权保护的核心力量。"① 为促进媒体内容传播生态的持续健康发展，各平台都在不断增加版权保护方面的技术投入。比如 2021 年 6 月，爱奇艺表示自主研发的 DRM 密钥保存、读取系统获得了中国专利优秀奖。爱奇艺 DRM系统能够起到保护视音频内容在移动互联网络传输的过程中不被窃取的重要作用，爱奇艺平台的多部作品已应用了该技术。专利奖的颁发既肯定了爱奇艺在版权保护方面的创新能力，也彰显了社会各界对数字版权保护问题的重视程度。② 为加快推动与版权保护有关的新技术体系的研发与应用，国家广电总局于 2021 年 4 月发布了《基于区块链的内容审核标准体系（2021版）》，从实际业务发展层面出发，梳理了以区块链技术为基础的内容审核标准体系的基本架构。③ 在强调内容为王的视听媒体领域，不论新技术与视听媒体传播相结合带来的传播格局如何变化，内容资源与版权保护始终是维持行业健康、有序发展的关键所在，加快研发与数字版权保护有关

① 朱丽娜：《版权为文娱行业高质量发展深度赋能》，《中国新闻出版广电报》2021 年 10 月 28 日。
② 《爱奇艺自研 DRM 技术斩获国家级专利奖 持续为内容创作者提供更高等级版权保护》，https：//www. iqiyi. com/kszt_ phone/news20210629. html，2021 年 6 月 29 日。
③ 《基于区块链的内容审核标准体系（2021 版）》，http：//www. nrta. gov. cn/art/2021/4/2/art_ 3765_ 55657. html，2021 年 4 月 2 日。

的技术应用系统、促进行业管理模式升级，将成为视听新媒体技术应用创新发展的重要趋势。

参考文献

《广播电视和网络视听"十四五"发展规划》，http：//www. nrta. gov. cn/art/2021/10/8/art_ 113_ 58120. html，2021 年 10 月 8 日。

《广播电视和网络视听"十四五"科技发展规划》，http：//www. nrta. gov. cn/art/2021/10/20/art_ 3713_ 58260. html，2021 年 10 月 20 日。

朱丽娜：《版权为文娱行业高质量发展深度赋能》，《中国新闻出版广电报》2021 年10 月 28 日。

B.18
2021年中国"媒体+旅游"
经营模式创新发展报告

曹月娟　赵艺灵　沙子瑞*

摘　要： 2021年，在媒体深度融合发展过程中，我国"媒体+旅游"经营模式仍是媒体跨产业融合的重要发展方式之一。"媒体+"和"+旅游"政策支持、后疫情时代旅游内需增长、区域化产业生态发展要求使我国主流媒体与旅游产业融合发展具备广阔的前景。我国主流媒体在媒体融合过程中已形成四级媒体布局，并且在"媒体+旅游"经营模式创新中，已形成较为模式化的经营方式，分别是"产业架构"经营模式、"渠道贯通"经营模式和"内容生产"经营模式。但是，我国主流媒体在"媒体+旅游"经营过程中也存在一些问题，主要体现为市场研究薄弱、缺少旅游业务孵化和忽略区域平台建设等。我国主流媒体应从树立"媒体+旅游"经营理念、加强市场开发研究力度、创新旅游产品体系和打造区域产业生态四个方面努力，继续创新"媒体+旅游"经营模式，提高我国主流媒体产业化发展水平。

关键词： "媒体+旅游"　媒体融合　主流媒体　旅游产业

我国主流媒体融合转型发展过程中，技术对媒体内容生产及形态呈现的

---

* 曹月娟，浙江传媒学院新闻与传播学院讲师，博士，主要研究方向为媒体融合、传媒经济；赵艺灵，浙江传媒学院新闻与传播学院硕士研究生，主要研究方向为数字媒体；沙子瑞，浙江传媒学院新闻与传播学院硕士研究生，主要研究方向为新媒体。

影响尤为明显。在媒体转型发展的背后,我国传媒业态正在发生巨大变革,传统媒体转企改制、资本扩张推动传媒业边界拓宽,传媒领域与非传媒领域的界限逐渐模糊,媒体融合迈向体制、技术、产业、区域等多要素的深度融合阶段。当前,传统媒体产业化发展主要是与文化、体育、旅游、广告等领域的跨界融合,"媒体+"产业融合发展有助于我国主流媒体对接市场和社会资源,拓宽自身盈利模式,从而实现我国主流媒体事业与产业有机统一。旅游业作为"媒体+"产业融合发展中的重要领域,主流媒体可以提供旅游业发展所需要的资源开发、统筹、推介等服务,国内旅游业内需增长也为主流媒体跨产业融合发展提供了广阔的空间,"媒体+旅游"经营模式未来具有广阔的发展前景。

一 我国"媒体+旅游"产业融合发展前景可期

政策推动及产业发展环境是我国"媒体+旅游"经营模式具有广阔的发展前景的关键。主流媒体应抓住机遇,发挥体制、专业、渠道等优势,优化经营结构,实现产业多元化延伸。

(一)"媒体+"与"+旅游"政策双向推动

目前,传媒产业与旅游产业发展呈现出一些共同点,即产业边界逐渐模糊、以用户流量为基础、注重用户体验、前期投资巨大,产生的综合效应强大。2014年以来,媒体融合政策和旅游相关政策都注重跨产业融合,以此优化产业生态,实现产业化升级。2020年9月,《关于加快推进媒体深度融合发展的意见》指出,主流媒体需探索建立"新闻+政务服务商务"运营模式,创新媒体投融资政策。"+商务"运营模式的提出意味着主流媒体需增强市场竞争意识,加快打造自身特色品牌。2020年10月,《关于深化"互联网+旅游"推动旅游业高质量发展的意见》指出,旅游业要加快形成开放、共享发展新模式,全面推进"互联网+旅游"高效高质发展。"+旅游"是其他产业与旅游业的主动融合,相比"旅游+",是更加科学有效、可持续性的融合方式。2021 年 3 月，文化和旅游部、国家发改委、财政部颁布《关于推动公共文化服务高质量发展的意见》，强调文旅部要积极协调配合宣传、发展改革、财政、广电、体育等部门，在规划编制、政策衔接、标准制定和实施等方面加强合作。政策支持主流媒体与旅游业从整体规划到实施过程加强合作，形成推动公共文化服务高质量发展合力。这些政策的出台为主流媒体与旅游产业融合发展提供了顶层设计支持，主流媒体与旅游产业对接资源、合力发展多元业务有利于促进经济结构转型升级。

（二）后疫情时代旅游内需增长

由于受到全球疫情影响，中国进入疫情防控常态化阶段，本地游、城市周边游、乡村旅游以及体验式旅游将成为未来发展趋势。2021 年，旅游业发展相较 2020 年有所恢复，国内旅游总计 32.46 亿人次，国内旅游收入共 2.92 万亿元。[①] 在疫情防控常态化体系逐步完善后，国内旅游市场具备广阔发展空间。2021 年，旅游业从广度和深度上均加快国内旅游目的地开发，游客对独特的自然生态需求增加，并且在常规景区中更加注重新奇的心理体验。[②] 在此背景下，我国主流媒体，特别是地市媒体和县级融媒体，在城市周边游、乡村旅游需求增长中，可以利用自身地域、专业、平台等资源，进行旅游资源开发、景区服务、旅游产品创新等业务探索，与旅游产业加强合作，探索小众旅游玩法，甚至自主架构旅游产业体系。

（三）区域化产业生态发展趋势

2016 年召开的全国旅游工作会议，正式提出全域旅游概念，指出要变革旅游发展模式，旅游产业发展从"景点旅游"向"全域旅游"阶段转变。

---

① 《从 2022 年政府工作报告看文旅产业发展》，https：//mp. weixin. qq. com/s/G5r4uixNw6Gz ZCg3MrnZxA，2022 年 3 月 6 日。
② 《向内而生：中国旅行服务业发展报告 2021》，https：//mp. weixin. qq. com/s/QyQHCTTd GWtWUzEaXC59kw，2021 年 11 月 30 日。

全域旅游是将规划的整片区域视为功能完整的旅游景区来建设,[①] 如以明月山景点连接的川渝六区县签订合作协议,在一系列协议的框架下打造"明月山"全域品牌形象。全域旅游围绕旅游景区,将区域内生态资源、公共服务、文化等相关产业结合起来,有助于实现区域经济一体化,提升区域整体实力。"媒体+旅游"产业融合发展,是实现全域旅游转型的重要方式,有助于发挥区域经济一体化效能。且随着"新闻+政务服务商务"模式发展,媒体能够在提供旅游综合信息服务的同时,提供城市建设、政务服务、生活交通等周边信息服务。主流媒体可以为区域内公众提供综合的、智慧的、全方位的综合信息和服务,巩固主流媒体引领地位。因此,"媒体+旅游"经营模式在满足媒体深度融合目标、适应国内外环境前提下,又能够助推旅游产业发展规划,推动主流媒体市场化发展。

二 我国"媒体+旅游"经营模式发展现状

我国在媒体融合发展过程中已形成四级媒体融合发展布局。在"媒体+旅游"经营实践中,中央、省级媒体和地市媒体、县级融媒体的发展侧重点虽各不相同,但在经营过程中,主要围绕产业、渠道、内容创新产业融合经营模式以实现"媒体+旅游"融合发展。

(一)"产业架构"经营模式

中央、省级媒体产业融合发展市场化转型起步较早,我国部分中央、省级媒体的非传媒类产业营收已经超过传媒主体营收。[②] 分析天眼查企业经营数据发现,90%以上的中央、省级媒体均进行了跨产业融合实践,大部分集中为与文化、娱乐、体育等产业的融合。同时,分析统计2021年媒体旗下在营的旅游业务公司发现,共有十个省份的省级媒体自主成立或投资成立了

---

① 《2016年全国旅游工作会议召开》,http://www.gov.cn/xinwen/2016 - 01/30/content_5037517.htm,2016年1月30日。

② 曹月娟、赵艺灵:《2022年我国报业发展的五大趋势》,《中国报业》2022年第1期。

旅游业务公司（见表1）。"产业架构"经营模式是传媒集团通过投资直接入局旅游产业，将旅游产业纳入传媒集团产业结构，具备"产业架构"经营模式的传媒集团已拥有较为完善的渠道和内容经营模式。

表1 中央、省级媒体自主成立或投资成立旅游业务在营公司名单

类别	媒体及在营旅游业务公司名称
中央级媒体	中央广播电视总台及中广国际旅行社有限公司、中国旅游报及中旅报新媒体技术有限公司
省级媒体	吉林日报社及吉林青旅投资有限公司、浙报集团及杭州浙湘七彩文旅投资管理合伙企业、浙江广电及浙江交通旅游传媒有限公司、山东广电及山东广电国际文化旅游有限公司、湖南报业集团及张家界黄龙古寨旅游投资有限公司、湖南广电及湖南芒果粉丝旅行社有限公司、南方报业传媒集团及广东易格文化传播有限公司、海南日报报业集团及文昌迪力旅业发展有限公司、四川报业集团及四川安仁欣闻文化旅游发展有限公司、贵州日报及贵州日报当代融媒体集团文旅体品牌传媒有限责任公司、云南报业集团及云南就爱去旅游文化传媒有限公司、宁夏报业集团及宁夏报业传媒集团旅游有限公司

注：统计时间截至2022年3月1日。
资料来源：统计自天眼查。

在架构产业经营模式体系中，中央、省级媒体通过成立公司直接开展旅游信息商务服务，形成了较为完整的旅游产业链。在中央级媒体中，中央广播电视总台投资成立的中广国际旅行社有限公司主要从事商务旅游业务，包括旅游票务、客运服务、旅游产品开发和销售等。中国旅游报打造的第一旅游网是一个旅游行业资讯平台。平台上既有国际国内旅游城市、美食等图片，也提供攻略分享、行业数据、投资建议等诸多服务。

省级传媒集团对旅游产业的布局更加多元化，涉及旅游产业的开发、景区管理、住宿和餐饮服务、旅游活动承办、旅游产品设计销售等诸多方面。例如，四川日报旗下四川安仁欣闻文化旅游发展有限公司的经营范围既涉及游览景区管理、风景名胜区管理等服务，也包括博物馆、艺术表演场馆管理等服务。湖南报业集团旗下的张家界圣地文化旅游发展有限公司的经营范围覆盖全面，涵盖了从景区开发、运营、配套服务到景区文创产

品生产销售的全过程。在完善旅游产业链过程中,部分省级媒体确立"泛旅游"产业发展定位,进行"+旅游"产业布局,目的是以优质内容、优质资源和资本推动"媒体+"产业迭代升级。例如,南方报业传媒集团旗下的广东易格文化传播有限公司,是打通媒体界、文游界、创投界的"泛旅游"产业集成机构,也是南方报业传媒集团的重点转型标杆型企业,除了旅行社业务以外,也开展红色文化传承与党建现场教育、研学教育、景区开发投资等业务。

地市媒体和县级融媒体与中央、省级媒体在资金等综合实力上存在差距,因此并不以"产业架构"经营模式为主,但是,也有部分地市媒体和县级融媒体已投资成立了旅游业务公司。2003 年,山东省济宁市广播电视台为探索市场化道路,注册成立了济宁市广电国际旅行社有限公司,简称济宁广电国旅。济宁广电国旅背靠电视台资质,获得当地出境游资质,从而能够开展国内外旅游业务。2011~2012 年,湖北十堰日报传媒集团先后成立湖北武神国际旅行社有限公司和湖北灵秀旅游开发有限公司,主要开展国内外旅游和旅游景区开发业务。2016 年 2 月,浙江丽水日报社成立丽水日报文化旅游发展有限公司,经营范围包括旅游景区开发,文化旅游项目投资、建设、运营和管理,旅游、演出业务,旅游信息咨询,旅游综合体项目建设等。在公司成立后,丽水日报随即开展"浙江省报业跨地区旅游协作"联建工作,与全国 100 多家媒体共同成立"中国报业旅游联盟",并组织开办了丽水市诸多对外合作旅游项目。县级媒体旅游产业架构以安吉县级融媒体中心为代表,2017 年,安吉县级融媒体中心自主成立浙江新绿传媒科技有限公司,从事休闲农业和乡村旅游资源的开发经营、旅游开发项目策划咨询以及酒店管理等业务。安吉新绿传媒开发的"游视界"平台整合全国县市的景点、酒店、线路及特产资源,提供攻略、游记的内容指导和分享,涵盖酒店预订、门票购买、特产购买的一站式旅游服务。①

---

① 黄楚新、黄艾:《超越链接:我国县级融媒体中心建设的 2.0 版》,《编辑之友》2021 年第 12 期。

（二）"渠道贯通"经营模式

传统媒体在优化业务结构过程中，通过作为旅游业的供应商、代理商和服务商来打通媒体与旅游业的合作渠道。保持渠道畅通是传统媒体产业化顺利发展的保障，不仅需要传统媒体树立市场竞争思维，还需要破除内部体制壁垒。"渠道贯通"分为内部打通和外部打通两方面。

内部打通是指传统媒体整合内部业务部门，如旅游广告部门、旗下旅游刊物和专业人员，成立专门的旅游业务部门或工作室。例如，浙江日报成立浙报传媒旅游全媒体中心，服务于旅游机构和旅游主管部门，为其提供品牌策划、宣传和活动执行等旅游解决方案。重庆日报集团在转型过程中专门成立重报旅游事业部，整合报社所有媒体的旅游媒体平台、人员以及其他资源，统一管理和运营。

外部打通主要是指传统媒体与旅游产业在开发旅游配套产品、打造商务平台、项目推广、品牌服务等方面实现合作，最终目的是促进旅游产品销售。在旅游配套产品中，媒体扮演供应商角色，依靠自身优势提供住宿、设计和生产旅游文创商品等。在省级媒体中，湖南报业集团下的洪江古商城文化旅游产业公司依托洪江古商城"西南大都会""中国第一古商城"等美誉，设计、开发、销售旅游产品，以自有资金对旅游基础配套设施进行投资、建设，致力于将洪江古商城打造成全国知名的旅游目的地。在地市媒体中，山东省济宁市广电借助不动产资源，打造广电精品酒店，进一步提高非媒体业务收入。广东佛山电台自主开发了自助声导游系统，旨在为自由行游客提供导游讲解服务，涵盖粤语、普通话、英语语音讲解，并通过 LBS 和 H5 定位技术，使游客可以定制个性化旅游景点线路。

在商务平台建设中，媒体通过将旅游业务商引入自有平台或建立旅游一站式电子商务服务平台，以自身流量促进旅游产品销售。例如，浙江日报报业集团天目新闻内设"浙里好玩"服务小程序，提供景区、酒店、民宿、美食等 13 个子分区，用户可以直接在天目新闻客户端购买产品。"浙里好玩"以辐射浙江全省旅游为定位，将各地市的深度旅游攻略分类组成单独栏目，并提供优质景区、等级民宿等优选服务。"就爱去"客户端是云南日报旗下云南就爱去公司打造的旅游电子商务服务平台，以低价和优质旅行套餐、寻找结伴出行伙伴为特色，试图成为一个立足于云南省的时尚旅行客户端。同时，云南日报还获得了丽江市文旅局旗下文旅丽江客户端的经营权，就爱去公司行使代运维职责。

在项目合作中，传统媒体还与新媒体、互联网、技术公司合作推广旅游项目和开发旅游相关配套产品。例如，浙报传媒与携程合作整合数据与媒体资源，就浙江智慧旅游信息与系统建设开展深度合作，目的是依托大数据打造智慧旅游目的地城市系统。[①] 江苏宜兴市充分发挥广电的资源优势，市融媒体中心与宜兴市文体广电和旅游局合作拍摄宣传视频，围绕宜兴创建国家全域旅游示范区主题，利用"无锡惠游 e 购节"直播平台、抖音等媒体平台，线上推荐和宣传精心甄选的宜兴旅游产品，增强宜兴旅游产品曝光度。扬州报业传媒集团在扬州举行了战略合作项目集中签约仪式，其中包括"特色小镇"旅游项目的签约，这意味着扬州报业传媒集团开始向旅游领域进行深入的跨界融合创新。[②]

在品牌服务中，主流媒体主要以打造地区旅游品牌为目标，联合地区内外传媒资源，为旅游产业提供品牌策划、品牌传播等服务，包括举办旅游节、开展生态体育赛事等。2016 年 6 月，贵州日报成立全域旅游品牌国际传播中心，目的是为贵州旅游提供活动策划、全媒体传播等解决方案。[③] 县级媒体在旅游品牌建设中也扮演着重要角色，各地县在乡村旅游发展中结合当地特色资源，以打造旅游节的方式将节庆文化与乡村旅游相结合，促进乡村旅游特色品牌的建立。海南省白沙黎族自治县"端午嬉水"等民俗游、甘肃渭源县"渭水文化旅游节"、丽江华坪县新庄村旅游节等，都是地区通

① 《携程与浙报战略合作探索智慧旅游新模式》，https：//m. traveldaily. cn/article/88410，2015年 1 月 20 日。
② 《扬州报业传媒集团战略级合作项目集中签约仪式》，http：//www. yznews. cn/p/113444. html，2016 年 9 月 8 日。
③ 《贵州全域旅游品牌国际传播中心在贵阳揭牌成立》，http：//www. gog. cn/zonghe/system/2016/06/15/014966048. shtml，2016 年 6 月 15 日。

过县级媒体联合其他主流媒体以及新媒体平台辐射新闻报道的典型案例，其凭借独特的自然文化资源吸引了大量游客，基于生态观景、民俗活动、鲜果采摘、文艺演出等休闲活动，为游客提供多样化体验。

（三）"内容生产"经营模式

"内容生产"是"媒体+旅游"应用最为广泛的经营模式。"内容生产"经营模式的核心是为旅游业和用户提供旅游信息，创收的主要来源为传统广告收入。随着主流媒体与旅游业跨领域融合发展逐渐加强，"内容生产"也从原来的传统广播电视节目推介，扩展为全媒体生产、智库生产、推出旅游精品线路等多内容生产形式。

传统旅游广播电视台顺应移动化发展趋势，积极在原有广播电视节目基础上进行创新。浙江电视台经济生活频道整合全省旅游资源，在全国首推旅游短视频 App "诗画浙江"。河北省广电的交通广播节目《992 乐行天下》，开办"乐行天下全景直播"抖音号进行直播，截至 2022 年 3 月 1 日，共发布抖音作品 68 条，累计 7.3 万粉丝。湖北宜昌市夷陵区融媒体中心也积极开展旅游直播，与宜昌三峡环坝旅游发展集团合作的《云端三峡》大型山水实景直播，通过云上夷陵、新华社现场云、央视新闻+、中新社、长江云平台运营合作体及全省 100 多家县级云上平台同步直播，全球数百万观众在云端共同欣赏了三峡人家的媚动与原生态歌舞的风采。① 云上夷陵是夷陵区融媒体中心创办的客户端，截至 2022 年 3 月 1 日，客户端下载总量已经超过了 20 万。

除了推出短视频、直播等形式的旅游内容外，媒体还打造专门的旅游资讯客户端生产旅游信息。云南日报就爱去旗下的"文旅头条"客户端，专注于文旅行业新闻资讯原创和聚合分发，其定位为云上移动文旅新闻发布厅，是文旅领域的意识形态高地和舆论引导新阵地。客户端涵盖了目的地、

---

① 《酷炫！云端三峡全球首秀，湖北大型山水实景直播上线！》，https://m.thepaper.cn/baijiahao_ 8654717，2020 年 8 月 8 日。

大理文旅、国内游、旅行社、精品景区、出境游、旅游小镇、乡村旅游、红色旅游、酒店民宿、智慧旅游、文旅智库、游舆及康养旅居等32个垂直类子栏目,体现了"文旅头条"打造旅游资讯的专业性。"文旅头条"同时开通了抖音号、人民号、头条号、百家号等账号分发旅游资讯,云南省文化和旅游厅微博账号内容也大多来自"文旅头条"。

创建旅游智库是为了整合旅游行业、高校、政府、媒体资源,发布研究报告为旅游相关部门和企业提供规划、决策、投资建议。中国旅游媒体智库是目前国内第一个媒体类行业智库,由大众日报、浙江日报等全国30家省级党报共同发起成立。[①]云南就爱去、南方报业集团广东易格文化旗下的智库也是省级媒体创建智库的典型。在地市媒体中,媒体旅游智库建设不多,地市媒体主要与其他机构合作开展旅游行业调研工作。新疆阿拉山市文体广旅局与主流媒体、旅游企业、市场中介、疆内重点旅游地市合作,发布跨区域旅游产品的调研报告,旨在发现新疆全域旅游发展中的问题。

宣传旅游精品线路也是生产旅游信息的典型内容之一。旅游精品线路有助于区域内多个临近景点协同发展,是推进全域旅游的重要方式。例如,广州市文化广电旅游局自2022年1月起先后推出了3批累计81条"读懂广州"系列文化旅游精品线路,每批发布后都会动员广州市主流媒体进行矩阵式推广。各地县也积极宣传乡村旅游精品线路,如杭州萧山区在2021年发布红色经典之旅、古村新颜之旅、长风破浪之旅、智能科技之旅等十条旅游精品路线后,《萧山日报》、萧山广播电视台、萧山网等媒体第一时间发布资讯,并联合政务媒体、自媒体进行宣传,为萧山区铺设农文旅融合发展道路。

综上,我国四级主流媒体在"媒体+旅游"跨界探索中已逐步形成创新发展经营模式,基于市场化思维,积极开展从内容盈利、渠道盈利到产业盈利的三级经营实践。研究发现,省级媒体走在"媒体+旅游"产业融合的最前列,已经有近50%的省级媒体投资或自主成立旅游公司,将旅游产业纳

---

① 《旅游媒体智库在济南揭牌 致力媒体与智库的融合发展》,http://www.china.com.cn/opinion/think/2016-09/22/content_ 39348173. htm? f=pad&a=true,2016年9月22日。

入集团产业架构，成为非传媒类创收的一部分，并且与地市、县级媒体形成了较大差距。地市、县级媒体投资成立旅游公司的案例较少，主要依托渠道合作和内容生产与旅游业进行合作。

三 我国"媒体+旅游"经营模式发展中存在的问题

我国中央、省级媒体在媒体融合发展过程中一直处于引领地位，"媒体+旅游"经营模式的创新亦是如此。与中央、省级媒体相比，我国地市、县级媒体在理念、体制、平台、技术、人才等方面还存在差距，但是中央、省级媒体在"媒体+旅游"经营中也忽视了一些问题，主要体现在以下几个方面。

（一）具备跨界意识，但市场研究体系薄弱

我国主流媒体虽然具备与旅游产业合作意识，开展多方面、多层次业务合作，但是对"媒体+旅游"经营模式的研究体系薄弱，体现在缺乏市场调研、专业研究团队和效果评估三个方面。虽然主流媒体通过合作创建旅游智库，但是针对"媒体+旅游"产业融合市场调研和全域旅游融合的研究报告数量均较少。特别是地市、县级媒体，在媒体旅游智库建设上较落后，缺乏专业人才队伍进行媒体产业化方面的研究。在效果评估方面，虽然中央、省级媒体积极架构旅游产业，提高了非传媒类收入，但是缺乏盈利情况和融合效果报告。信息公开有利于有效发现"媒体+旅游"模式发展中的经营问题。市场研究体系的完善不仅可以为"媒体+旅游"提供更加精确的规划和专业的研究团队，还能为"媒体+"跨产业融合提供战略指导。

（二）整合媒体资源，但缺少旅游业务孵化

我国一部分媒体为整合现有旅游资源，将原有旅游期刊与新成立的旅游经营部门、人员合并，或是成立旅游公司，将原有旅游业务与公司合并。比如广西日报集团旗下《南国早报》的旅游业务分属不同部门，2017年后其将旅游新媒体平台和旅游企业合并管理，这一举动有利于破除体制机制障

码，提高"媒体+旅游"经营效率。虽然主流媒体顺应现代化企业管理趋势，较重视业务部门的整合，但是较少设立专业的旅游业务孵化部门。旅游业务孵化部门可以为媒体提供旅游创新服务，包括旅游产品和旅游项目的孵化。旅游业务孵化部门具有创新引领、开拓市场的作用，对于与旅游产业融合程度较深的省级媒体来说，可以提高其市场竞争力，对于地市、县级媒体而言，可以帮助媒体开展新的旅游合作项目，逐步提高地市、县级媒体"媒体+旅游"经营发展水平。

（三）注重旅游宣传，但忽略区域平台建设

我国主流媒体注重发挥联动宣传效应，扩大旅游宣传声量，但是在一定程度上过于注重旅游信息的发布，而缺少与用户的互动，缺乏商务、服务渠道意识。首先，媒体缺乏作为旅游业经销商的思维，为此，主流媒体可以利用自身平台流量来搭建旅游商务栏目或程序。其次，在已开展商务平台建设的媒体中，存在一定的招商问题和定位问题，导致实际销售效果不佳。这一问题的根源是媒体尚未真正确立"媒体+旅游"的商务定位，忽略了区域平台建设。区域平台建设在一定程度上是对地域进行垂直细分。特别是对于地市、县级媒体而言，立足于本地用户和游客群体，可以方便用户寻找特色产品。最后，许多地市媒体在客户端提供商务分区，却缺乏互动、分享和旅游攻略信息的提供。旅游产品的购买通常会参考旅游攻略、用户购买评价等信息，但是目前主流媒体一站式商务服务平台建设缺乏。

（四）创新媒体技术，但缺乏旅游产业应用

我国媒体虽然积极创新虚拟现实、人工智能、大数据、超清视频等技术在新闻领域的应用，但忽略了与现代信息技术和传媒人才传统优势的结合，未开发出与旅游业应用相关的创新性产品、服务。以广东佛山电台开发的自助声导游系统为灵感，传统媒体可以开发虚拟导游进行旅游景区讲解。在产品创新上，媒体对云旅游、交互式产品、定制化产品、旅游文创产品的开发和创新还有所欠缺。在旅游大数据服务中，极少数省级媒体上线了旅游舆情

功能，包含旅游景区人员流动和疫情等信息，大部分媒体还没有开发出旅游大数据产品。在旅游设施、旅游服务管理中，主流媒体对发展后疫情时代的自助旅游的意识还不够，可以进一步开发景区自主旅游系统服务。总之，主流媒体需深入研究自身优势，结合现代信息技术、自身资源与旅游产业发展实际，不断推进旅游产业技术创新应用。

四　我国"媒体+旅游"经营创新发展对策

针对我国主流媒体在探索"媒体+旅游"经营模式中存在的问题，下文针对主流媒体提出四条"媒体+旅游"创新发展对策。

（一）树立"媒体+旅游"模式经营理念

研究发现有一大部分媒体并未开展旅游业务合作，只是停留在传统的旅游推介层面。特别是对地市媒体而言，要解决地市媒体空心化问题，技术发展并不是唯一路径，产业化发展道路至关重要。主流媒体，特别是地市媒体需要树立"媒体+旅游"经营理念，创新发展模式。为实现资源统合，2018年文化部和国家旅游局合并后，多省地市进行了文旅局、广播电视局、文物局合并，部分地级市合并成立了文化旅游广电体育部门，这有助于统筹规划地市文化业、旅游业和广播电视领域事业协同发展，拟订发展规划并组织实施。在顶层战略设计支持、地方旅游和乡村旅游发展下，"媒体+旅游"产业具有巨大的发展潜力。主流媒体要树立起"媒体+旅游"发展理念，进行现代化管理，打造一批与旅游产业融合发展的典范媒体，为行业提供经营参考。实力不足的地市媒体也应从渠道合作入手，与旅游业进行项目合作，开发地区旅游特色资源、特色产品，并与旅游业进行商务合作，逐步确立起适合自身发展的经营模式。

（二）加强"媒体+旅游"市场研究

主流媒体想要真正参与旅游市场竞争，需要加强对"媒体+旅游"市场的研究力度。第一，开展行业调研，注重竞品分析。媒体需要深入分析旅游市场、新媒体旅游平台的功能问题，从而确立自身定位和优势，把握发展方向。第二，定期举办"媒体+旅游"融合创新、经验分享会，邀请旅游企业、互联网企业等参加，评选优秀融合案例。第三，重视媒体行业智库建设，结合政、产、学、研观点，定期发布"媒体+旅游"研究报告，包括"媒体+旅游"相关政策、行业规范、相关理论研究，并注重技术应用，开展旅游舆情评估等项目。第四，评估经营效果，在经营创新过程中，对具有可行性、突破性的产业融合发展方式进行研究分享。

（三）创新"媒体+旅游"系列产品体系

主流媒体在当地旅游品牌特色基础上，结合技术、人才，创新"媒体+旅游"系列产品体系，是打通旅游产业链的重要方式。首先，主流媒体可以为旅游景区提供媒体展示服务、景区管理服务，主要包括以新技术手段展示景区内容的产品、旅游讲解产品、代管理游客信息系统的产品，以及信息化、沉浸式住宿产品等。其次，媒体可以建立一体化、一站式旅游商务服务平台，包括旅游资讯分享、旅游攻略、住宿预订、景区门票购买、组团旅游等产品，并开通评价功能，优选商家入驻，以划分等级的方式为游客提供优质服务。再次，以旅游品牌特色为理念，设计、制作、销售旅游周边产品等。最后，媒体可以打造"云旅游"系列产品，为没有办法到达现场的公众提供沉浸式线上旅游体验。

（四）打造"媒体+旅游"区域产业生态

"媒体+旅游"经营是以全域旅游为发展目标，在统合区域内产业资源中发展的。主流媒体需要树立起区域化发展思维，在与旅游产业融合过程中充分考虑区域产业生态，加强与区域内文化产业、互联网产业、体育产业、娱乐产业等的合作，形成"媒体+泛旅游"发展理念。打造"媒体+旅游"区域产业生态，需要从以下几方面发力。第一，要继续推出旅游精品线路，发挥旅游景区经济联动效应。第二，要在此基础上加强网络营销宣传力度，

与各级、各类媒体合作，开展旅游线路等宣传。第三，注重区域合作，联合举办旅游活动，策划旅游项目、旅游节，以当地民俗、文化特色吸引大量游客。第四，要积极与体育、娱乐产业探讨旅游景区生态建设的可行路径，将休闲、康养、娱乐等要素融合，增强旅游目的地的综合吸引力。

参考文献

曹月娟、赵艺灵：《2022 年我国报业发展的五大趋势》，《中国报业》2022 年第1 期。

黄楚新、黄艾：《超越链接：我国县级融媒体中心建设的 2.0 版》，《编辑之友》2021 年第 12 期。

产 业 篇

Sector Reports

B.19

2021年中国新媒体产业发展报告

郭全中　范　婕*

摘　要： 得益于相对较高的经济增速，虽然面临系统化的严监管政策，我国新媒体产业依然取得了较高的增速，然而新媒体产业整体以及各分行业的增速都在放缓。由于底层逻辑发生了显著变化，我国互联网企业的营业收入、净利润，尤其是市值与美国互联网企业的差距在快速拉大，未来有可能进一步拉大。为了应对新形势，互联网巨头积极布局元宇宙产业的同时，加快出海步伐。

关键词： 新媒体产业　平台经济　元宇宙

---

* 郭全中，管理学博士，中央民族大学新闻与传播学院教授，主要研究方向为基于互联网的产业融合、传媒经济与传媒管理等；范婕，中央民族大学新闻与传播学院新闻与传播学硕士研究生，主要研究方向为传媒经济与传媒管理。

2021 年，我国新媒体产业的外部经济环境向好，但政策环境出现很大的不确定性，互联网产业的底层逻辑已经发生根本性变化。其结果是新媒体产业依然保持较高增长速度，但是增速开始放缓且未来会面临更大困难。

一 新媒体产业发展的经济环境稳定但政策变化大

在经济环境方面，我国稳定复苏的经济为新媒体产业发展奠定了坚实的基础；在政策环境方面，互联网产业正处于严格的规范治理中；在新市场方面，老年市场成为新的增长点。

（一）宏观经济稳中有进持续向好

在全球疫情仍在持续、世界经济复苏困难的背景下，我国经济处于平稳运行的阶段。2021 年，在疫情防控常态化背景下，我国经济继续保持恢复发展。根据国家统计局的数据，全年国内生产总值为 1143670 亿元，同比增长 8.1%，增速为近三年最高，但第四季度仅增长 4.0%，增速不断下滑；全年人均国内生产总值为 80976 元，同比增长 8.0%；居民人均可支配收入增长 8.1%。2022 年预期目标 GDP 增长 5.5%左右。虽面临较为严重的下行压力，但国民经济仍然保持韧性增长，相对良好的经济环境为新媒体产业发展奠定了坚实的基础。

（二）技术升级助力数字化转型

据中国互联网络信息中心（CNNIC）发布的第 49 次《中国互联网络发展状况统计报告》（以下简称《网络报告》），截至 2021 年 12 月，国内累计建成并开通 5G 基站数达 142.5 万个，全年新增 5G 基站数达到 65.4 万个，为互联网产业提供了更多新可能。同时，VR、AR、MR、人工智能、区块链等智能技术创造出许多新产业形态，新媒体产业随之迎来了全面的数字化转型升级。一批最先掌握核心技术的互联网企业，如字节跳动、腾讯、百度等，通过对产品进行改造升级，架构起技术壁垒，形成更稳固的竞争优势。

（三）互联网用户数量增速放缓

1. 中国互联网用户规模首次破十亿

在互联网基础资源加速建设、数字应用基础服务日益丰富、一体化政务服务水平不断提升等背景下，我国互联网用户规模迈入十亿大关。《网络报告》显示，截至 2021 年 12 月，我国网民规模达 10.32 亿，较 2020 年 12 月增长 4296万，互联网普及率达 73.0%。其中，网民使用手机上网的比例达 99.7%。虽然互联网用户增长缓慢，但十亿用户的庞大规模，昭示着我国已经进入鼎盛的数字社会发展阶段，并为推动新媒体产业的可持续发展提供了基础动力。

同时，2021 年人均上网时长保持较高速度的增长。截至 2021 年 12 月，我国网民人均每周上网时长达到 28.5 个小时，较 2020 年 12 月增长 2.3 个小时，这充分说明互联网已经深度融于人民的日常生活。其中，短视频、网购和直播为流量最大的项目，全年分别约有 8.88 亿、8.12 亿和 6.38 亿网民有所接触。

2. 互联网需继续寻找新的流量突破口

2021 年互联网用户的数量较 2020 年 12 月提升约 4.3%，增加值较前几年有所放缓。由此可见，由于人口增速下降和互联网渗透率的提高，互联网面临着流量增长的瓶颈，未来应在盘活存量上发力，进行产品和服务等的创新升级，以寻求"增量+存量"的双重突破。

3. 银发群体显示出强大活力

据《网络报告》，截至 2021 年 12 月，我国 60 岁及以上老年网民规模达1.19 亿，占比 11.5%，互联网普及率达 43.2%。自 2016 年以来，我国 60岁及以上网民数量持续增长。随着互联网的普及、文化反哺和移动平台的适老化改造，老年群体的触网意愿和上网能力不断加强，数字鸿沟得到一定程度的弥合，能独立完成出示健康码/行程卡、购买生活用品和查找信息等网络活动的老年网民比例已分别达 69.7%、52.1% 和 46.2%。银发人群愈发深刻地参与数字生活的方方面面，对新闻资讯、生活、娱乐等新媒体产品逐渐培养出使用习惯，带动银发经济崛起。

（四）政策环境出现显著变化

近些年来，虽然我国支持互联网产业可持续发展的政策没有发生根本性变化，但是 2020 年以来，我国开始加强对互联网企业尤其是互联网平台企业的规范治理。一是《关于平台经济领域的反垄断指南》正式发布，并开出了一系列巨额罚单。二是国家发改委就《市场准入负面清单（2021 年版）》向社会公开征求意见。其中，就传媒业务，不仅集中列出了非公资本禁止准入的 6 种类型，如禁止从事新闻采编播发业务等，而且列出了限制准入的 6 种类型。三是游戏版号自 2021 年 7 月就暂停发放。政策环境的显著变化，有利于我国互联网产业的长期可持续发展，但是在一定时期内会对互联网产业带来巨大影响，需要互联网企业尤其是互联网平台企业采取各种措施来适应。

二 新媒体产业分行业发展情况分析

除了受政策影响而一落千丈的 K12 在线教育外，2021 年大部分产业持续增长，但增速有所下降，同时元宇宙爆发出前所未有的活力。

（一）互联网广告营销市场稳步复苏，广告收入破5000亿元大关

据中关村互动营销实验室发布的《2021 中国互联网广告数据报告》（以下简称《互联网广告报告》），从整体来看，2021 年我国的互联网广告和营销市场虽受到了新冠病毒变种侵袭和经济下行的一定影响，但发展仍向好，合计收入约为 11608 亿元，较上年增长 11.01%。

1. 广告收入突破5000亿元大关，但增速首次跌破10%

据《互联网广告报告》，2021 年，我国互联网广告收入突破 5000 亿元大关，达到了 5435 亿元人民币（不含港澳台地区），同比增长 9.32%，而相较前五年均在 10% 以上的增速，2021 年的增速为近五年最低（见表 1）；互联网营销市场规模约为 6173 亿元人民币，较上年增长 12.36%，广告与营

销市场规模合计约为 11608 亿元，较上年增长 11.01%。整体来说，2021 年互联网广告市场呈现在困境中稳中求进的特点。

表 1 2017~2021 年我国互联网广告收入和增速

单位：亿元，%

年份	收入额	同比增速
2017	2975.15	29.06
2018	3694.23	24.21
2019	4367	18.20
2020	4972	13.85
2021	5435	9.32

资料来源：根据 CNNIC 和中关村互动营销实验室的数据资料整理。

2. 互联网广告收入产业格局巨变，电商和视频收入仍占鳌头

《互联网广告报告》显示，2021 年，在互联网广告收入行业占比中，个护和母婴品类增幅达 58.7%，五年内首次反超食品饮料成为第一大品类。此外，食品饮料、网络及通信、数码电子产品类广告收入占比分别为 29.18%、7.71%、3.25%，较上年均实现了增长。而受"双减"政策的影响，教育培训类广告收入由 2020 年全市场第一的增幅 57.1%骤然变为降幅 69.64%，广告收入仅占 4.7%，成为 2021 年降幅最大的产业；同时，全年房地产行业受到了较为严格的监管，广告收入出现近五年内的首次负增长，降幅为 47.3%。

从平台类型收入占比来看，2021 年，具备直接交易属性的电商广告以 36.75%的份额牢固居于第一位，具备强劲的发展势头；借助短视频发展的东风，强互动性的视频广告收入占据第二位，同比增长 30.28%，且占比从 2020 年的 18.17%上涨到 21.66%，电商广告和视频广告收入合计占比 58.41%；搜索广告占比有所下降，从 2020 年的 11.76%降至 10.43%，但依旧占据第三位；社交收入取代新闻资讯收入成为第四名，但两者占比均有所下降，社交收入占比从 2020 年的 9.80%降至 9.77%，新闻资讯收入占比则

从 2020 年的 10.76% 降至 8.73%；分类广告收入占比 4.50%，2020 年则为 3.90%。

3. 互联网企业广告收入头部效应增加

互联网头部企业拥有庞大的用户数据库、强有力的技术支持和雄厚的资金储备，因而瓜分了绝大多数的广告份额，同时受整体经济状况的影响，2021 年的头部效应相较 2020 年更加显著，阿里巴巴、字节跳动、腾讯、百度四家头部企业的广告市场份额合计占比 78.2%，TOP10 企业的广告市场份额占比由 2020 年的 92.42% 升至 94.85%。而在行业 TOP5~10 企业中，美团点评和快手表现强劲，广告收入持续大幅增长，有望成为第二梯队的领头羊。整体来看，当前互联网企业依然呈现寡头垄断的格局，而监管部门已着手治理垄断现象，政策收紧短期内对互联网广告业有显著影响，长期内有利于互联网广告行业的健康可持续发展。

表2　2020~2021 年国内主要互联网公司广告收入和增速

单位：亿元，%

公司	2021 年		2020 年		2018 年 数值
	数值	同比增速	数值	同比增速	
阿里巴巴	2536.00	19.69	2118.88	21.37	1383.93
字节跳动	2500.00	42.86	1750.00	25.00	500.00
百度	952.00	20.97	787.00	-6.73	819.12
腾讯	—	—	823.00	20.00	580.79
快手	—	—	219.00	194.60	17.00
芒果超媒	54.53	31.75	41.39	23.55	24.10
B 站	45.00	144.17	18.43	125.58	4.63

资料来源：根据中关村互动营销实验室的数据资料与互联网公司财报资料整理。

（二）游戏总收入近3000亿元，增速大幅放缓

1. 我国游戏总收入仅增长6.4%

据中国音数协游戏工委（GPC）与中国游戏产业研究院发布的《2021

年中国游戏产业报告》（以下简称《游戏报告》），2021年，中国游戏市场实际销售收入为2965.13亿元，较上年增收178.26亿元，同比增长6.4%。但由于2021年全年缺乏具有影响力的新游戏产品，以及受宅经济效应递减、游戏版号暂停发放等因素影响，该项增幅较上年的20.71%下降了14.31个百分点，为近三年来最低。

2. 未成年人防沉迷工作有效开展，用户结构趋于健康合理

据《游戏报告》，2021年国内游戏用户规模为6.66亿，同比增长0.22%，用户数量趋于饱和。在用户结构方面，2021年9月23日，为贯彻中央宣传部《关于开展文娱领域综合治理工作的通知》和国家新闻出版署《关于进一步严格管理切实防止未成年人沉迷网络游戏的通知》的有关精神，中国音数协游戏工委联合213家会员单位共同发布了《网络游戏行业防沉迷自律公约》，使国内游戏市场的用户结构趋于健康合理，推动了游戏行业的可持续发展。

3. 自主研发游戏仍为国内游戏市场销售收入最大的贡献者

据《游戏报告》，2021年自研游戏国内市场销售收入为2558.19亿元，较上年增收156.27亿元。但同游戏总收入走势类似，该项收入较2020年的增速为6.51%，为近8年来最低增速。

4. 我国游戏海外收入保持稳定增长，出海范围更广

《游戏报告》显示，2021年我国自主研发游戏海外市场销售收入为180.13亿美元，较上年增收25.63亿美元，同比增长16.59%，虽然增幅同比减少约17个百分点，但在近5年内仍属于较高的水平，我国的游戏出海份额正稳步上升。

同时，我国游戏产业出海的国家和地区范围更广泛，美国、日本、韩国仍为主要出海国，收入占比分别为32.58%、18.54%和7.19%，但其合计占比逐年下降，其他地区占比逐年上升，我国游戏产业正不断开拓全球新兴市场。在出口海外的自研移动游戏中，消除类、多人在线战术竞技类和模拟经营类表现较为突出，成为除策略、角色扮演、射击三类游戏之外的几类热门游戏，这说明我国出海游戏的类型日趋多元化，而自主研发游戏出海，为中

华文化的有效输出提供了又一渠道。

5. 移动游戏、客户端游戏和主机游戏实现增长，网页游戏持续萎缩

中国移动游戏市场销售收入为 2255.38 亿元，较 2020 年的 2096.76 亿元增加了 158.62 亿元，同比增长 7.57%。移动游戏市场的收入自 2014 年以来不断攀高，达到一定高度后增速整体上呈现下降趋势，用户量也趋于饱和；而由于全平台发行模式的兴起和客户端类新产品的出色表现，客户端游戏销售收入为 588 亿元，相较 2020 年增加了 28.80 亿元，为近三年首次出现增长；主机游戏市场实际销售收入达 25.80 亿元，同比增长 22.34%；由于缺乏创新和用户使用习惯的迁移，网页游戏市场持续萎缩，2021 年实际销售收入仅为 60.30 亿元，比 2020 年减少了 15.78 亿元，同比下降 20.74%，已连续 5 年下降。

6. 移动游戏产品 IP 作用显著

据《游戏报告》，在收入前 100 的移动游戏产品 IP 类型中，自创 IP 游戏占比最高，达到了 42.46%，客户端游戏、小说和主机/单机游戏改编而来的产品分别占据 32%、8.33% 和 8.27% 的收入。在未来存量市场的竞争中，原创 IP 将是一大影响因素，尤其是在国内游戏版号自 2021 年 7 月以来尚未新发的背景下，没有原创 IP 的长线开发与运营，游戏公司就难以获取长效发展动力。

7. 游戏投融资市场火热

尽管游戏市场增长较为缓慢，但 2021 年的游戏投融资呈现井喷态势。天风证券研究所报告显示，2021 年上半年游戏行业的投融资数量就达到了 141 笔，同比增长 156%。其中，上半年腾讯在游戏行业的投资总金额超过了 100 亿元，投融资的大部分去向为游戏内容开发商。

（三）直播行业发展势头正盛，直播电商规模突破12000亿元

1. 在线直播发展前景依然广阔

根据艾媒咨询的《2021 年度中国在线直播行业发展研究报告》（以下简称《直播报告》），2021 年中国在线直播用户规模为 6.35 亿，同比增长

8.2%，仍然保持较高的增长速度，预计 2022 年将达到 6.60 亿。在线直播用户群体以中青年为主，27~39 岁的用户占比超过六成，该部分人群也是购买力较强的群体。随着政策监管愈发严格和细节化，未来直播行业的规范化程度将不断提高，5G、VR 等技术在直播间的应用也拓宽了直播行业的应用场景，直播行业的增量空间有望扩大。

2. 直播电商规模突破12000亿元

据《直播报告》，2021 年，中国直播电商市场规模达到 12012 亿元，同比增速为 25%，预计 2022 年、2023 年的增速分别为 19.5% 和 15.6% 左右（见表3），说明我国直播电商继 2020 年的高速发展之后，已经迈入了稳步发展的赛道。其中，商品满足自身需求（63.2%）、商品优惠力度大（61.7%）和主播种草（56.9%），成为中国在线直播用户参与直播购物的三大动力。

表3　2017~2021 年直播电商规模

单位：亿元，%

年份	GMV	同比增速
2017	190	—
2018	1330	600.0
2019	4338	226.2
2020	9610	121.5
2021	12012	25.0
2022E	14354	19.5
2023E	16594	15.6

资料来源：根据艾媒咨询《2021 年度中国在线直播行业发展研究报告》整理。

3. 大主播因偷税漏税受罚，官方品牌直播间喜好度上升

《直播报告》显示，截至 2021 年 12 月，中国直播电商相关企业数量达到 5.8 万家，有 79.3% 的在线直播用户更喜欢观看品牌官方直播间，远大于名人直播间 58.1% 和素人直播间 28% 的喜好度。2021 年，头部带货主播薇娅因偷税漏税而被封，在一定程度上降低了名人主播的信誉，也给具有官方认证的品牌直播间提供了机会，另外官方专业性、正品保证等也是导致企业

直播间喜好度上升的原因。

4. 跨境直播电商加速兴起

跨境电商产业的快速发展，以及海外疫情的加重和防控不当，推动跨境直播电商成为新的潮流和增长点。据艾媒咨询数据，2021年中国跨境直播电商市场规模达到360亿元，较2020年的240亿元增长50%，预计2022年市场规模将超过1000亿元，同比增长率高达210%。自2020年3月亚马逊开始向中国卖家开放直播权限以来，中国的跨境直播电商便依靠国内直播带货产业的成功经验进入了快速发展阶段。2021年12月，TikTok Shop正式宣布向中国卖家全面开放入驻，中国跨境直播电商将迎来发展的转折点，2022年将是中国跨境直播电商的元年，跨境电商平台的开放和可观的营销回报率让跨境直播电商充满着无限的可能性。

（四）电子竞技游戏市场增速放缓，但发展前景仍十分广阔

根据《游戏报告》，由于疫情对线下电子竞技活动的制约和防沉迷系统的部署落实，2021年中国电子竞技游戏市场实际销售收入为1401.81亿元，同比增长2.65%，增幅较上年缩减约42个百分点，为近五年来最低增速。尽管如此，2021年EDG在英雄联盟总决赛上夺冠，掀起了一波社会讨论和关注电子竞技的热潮，电竞的社会影响力直线上升，再加上电竞项目进入亚运会，2022年电子竞技游戏市场有望迎来大幅增长。另外，移动电竞表现不俗，据艾瑞咨询数据，中国移动电竞市场持续平稳增长，2021年市场规模达到1168.5亿元，同比增长31.3%，预计2022年将达1256.3亿元。

（五）网络音频高速发展

网络音频产业包括有声书广播剧、播客、音频直播和知识付费类音频。随着移动音频收听场景的多元化和付费用户的增加，网络音频产业仍处于高速发展的阶段，根据艾瑞咨询的《2021年中国网络音频产业研究报告》，2020年网络音频的市场规模为123亿元，2021年达到173.1亿元，增长率

为近三年最高，达40.7%。网络音频投融资规模趋于稳定，头部效应显著。月活最大的喜马拉雅于2021年9月向香港联交所提交上市申请，蜻蜓则于2021年获得近亿级别和数亿级别的战略投资。

（六）K12教育受挫，终身教育平台兴起

1. 多家公司关停K12业务

2021年受国家"双减"政策的影响，中国的K12教育市场遭受重挫，多家头部平台关停了K12业务。网易在2021年9月底宣布要在2021年底之前逐步关闭K9精品课业务，2021年第四季度有道业务整体收入13.34亿元，同比增长20.5%，营收增速明显放缓；2021年9月13日，新东方在线旗下的全资子公司东方优播CEO朱宇在个人朋友圈表示，东方优播决定全面关闭K12业务；12月7日，一起教育科技宣布将于12月31日停止K12阶段的学科类校外培训服务，同日，DaDa宣布将于2021年12月31日24:00全面停止所有外教服务。

2. 在线综合性终身教育平台获得发展机会

相较之下，综合性终身教育在新职业层出不穷、终身学习观念普及化的背景下快速发展。据艾瑞咨询数据，2021年中国综合性终身教育行业市场规模将达到2993亿元，其中在线综合性终身教育市场规模占比近40%。

（七）元宇宙成为新风口

依托NFT、XR、AI、区块链、人工智能、云计算等技术，元宇宙实现了商业化的落地，在2021年迎来了进阶式发展。

1. 国内互联网巨头纷纷进行布局

互联网巨头在2021年频繁地进行元宇宙相关技术产业的投资，甚至发布独家产品。字节跳动自2020年投资代码乾坤、收购VR公司青岛小鸟看看（Pico）后，2021年其旗下的火山引擎还与亮亮视野共同打造了一款AR透明光波导眼镜；腾讯通过代理Roblox中国版——"罗布乐思"、上线NFT艺术品等方式打造全真互联网；阿里巴巴投资了AR独角兽Magic，支付宝、

网易等分别上线了NFT作品——付款码和小羊驼三三纪念金币。

2.元宇宙发展带动许多相关产业的发展

首先，广泛应用于元宇宙新生态下的虚拟数字人蓬勃发展。据艾媒咨询数据，2021年虚拟偶像带动的市场规模和核心市场规模分别达1074.9亿元和62.2亿元，预计2022年将分别达到1866.1亿元和120.8亿元。作为连接元宇宙中"人—物—场"的孪生介质和元宇宙的核心组成部分，虚拟数字人活跃在游戏、文娱、传媒、金融产业里，据中国传媒大学和头号偶像发布的《2021中国虚拟数字人影响力指数报告》，2021年国内应用最广泛的为虚拟偶像、虚拟主播和虚拟员工，这三种职位中总体影响力指数最高的分别是柳叶熙、湖南卫视小漾和百信银行-AIYA。字节跳动、腾讯、网易、爱奇艺等互联网企业纷纷布局创造虚拟数字人产品，红杉、高瓴、中金等一线基金也陆续入场，万像文化、中科深智、次世文化等主营虚拟偶像孵化业务的公司在2021年进行了多轮融资。

其次，作为元宇宙基础设施的NFT、XR、AI、区块链、人工智能、云计算等产业进入了发展的快车道。据艾媒咨询的《2021年中国元宇宙行业用户行为分析热点报告》，2021年中国VR终端硬件市场规模为136.4亿元，AR终端硬件市场规模为208.8亿元，均达到了较大的规模；云计算产业规模达2109.5亿元，增长率为26.3%；2021年中国区块链支出达6759.8亿元，同比增长89.1%。技术借元宇宙发展的东风迎来崭新的发展机会，也直接推动了元宇宙产业的兴盛。

三 新媒体产业发展的新特征与新趋势

在短期和中期内，政策的强化监管将在较大程度上影响我国新媒体产业的发展，其增速将显著下滑，与美国等西方发达国家的差距进一步拉大，而从长期来看，政策的变化则有利于我国新媒体产业的健康可持续发展。在这种情况下，新媒体企业既要按照国家政策要求进行调整以实现规范发展，又要通过布局元宇宙、出海向实等策略来寻找新的增长点。

（一）严监管政策长期内有利于规范发展

2021年，扶持新媒体产业发展的总体基调不变，而针对互联网市场中出现的垄断、不正当竞争、泄露隐私等乱象，政府出台一系列监管政策并严格执行，目的是通过扶持与监管双管齐下，实现新媒体产业的规范健康发展。

第一，加大互联网平台经济反垄断力度和强度。2021年2月，国务院反垄断委员会发布《关于平台经济领域的反垄断指南》，揭开了2021年反垄断的序幕。随后，继2020年12月开出互联网反垄断首张罚单后，市场监管总局又多次对滴滴、阿里、腾讯等公司分别处以50万元人民币罚款，2021年4月，依照《中华人民共和国反垄断法》对阿里巴巴集团处以182.28亿元人民币罚款；10月，美团被处以其2020年中国境内销售额1147.48亿元3%的罚款，共计34.42亿元。

第二，对互联网企业进入传媒业务进行合规改造。根据国家发展改革委发布的《市场准入负面清单（2021年版）》征求意见稿，对于传媒业务，负面清单中不仅集中列出了非公资本禁止准入的6种类型，如禁止从事新闻采编播发业务等，而且还列出了限制准入的6种类型，散见于负面清单的相应条款中，如从事时政类新闻转载服务。在这种情况下，阿里系退出了芒果超媒、财新、36氪等传媒类业务。

第三，游戏版号发放已经暂停7个月以上。自2021年7月22日一批审批游戏名单被释出至今，虽然游戏版号仍然可以申请，但是没有任何新游戏获批版号。这对于游戏公司尤其是中小游戏公司来说，无疑是重锤打击。

此外，国家还出台了一系列的强监管政策和行动。2021年7月，工信部启动了互联网行业专项整治行动，针对扰乱市场秩序、侵害用户权益、威胁数据安全、违反资源和资质管理规定等4方面8类问题提出整治方向；2021年9月1日，《中华人民共和国数据安全法》正式施行，对大数据"杀熟"、诱导用户沉迷、过度消费、刷量控评及未成年人等特殊群体权益保护等予以依法监管和规范。

（二）元宇宙将成为互联网产业发展的新蓝海

在通信技术、交互技术、计算能力、核心算法等快速发展的情况下，元宇宙呈现出了巨大的潜力，基于此，Facebook、腾讯、字节跳动等互联网巨头纷纷采取各种方式布局元宇宙。但从发展实践来看，元宇宙尚处于初级发展阶段，面临着技术、内容、法律等方面的制约。从根本上讲，元宇宙起源于游戏又超脱于游戏，未来元宇宙将经历云游戏、数字孪生、虚实共生三个发展形态。

1.元宇宙产业发展天时地利人和

第一，已经具备了快速发展的良好基础。一是元宇宙发展的技术基础初步完备，二是元宇宙产业链雏形初现，三是互联网巨头大举进入元宇宙及相关领域。

第二，互联网经济亟须通过元宇宙向数字经济深化。一是移动互联网红利基本衰竭，移动互联网用户出现天花板，亟须寻找新赛道；二是消费互联网已经相对成熟，亟须把消费互联网的成功经验和数字化能力复制到产业互联网，实现数字经济的更好更快发展。互联网经济亟须向全面数字化的数字经济演进深化，而元宇宙无疑是有效路径。

第三，作为元宇宙的重要基础设施之一的NFT发展迅速。一是NFT解决了元宇宙中身份认证和确权问题，二是NFT可以实现元宇宙之间的价值传递。

2.元宇宙高速发展但也面临诸多难题

第一，互联网巨头积极布局元宇宙产业。互联网巨头几年前就开始布局元宇宙，采取自己打造、投资并购等方式，从游戏、社交业务到VR、AR、MR、XR等产业，从元宇宙平台到新产品和服务，进行了大量的探索和尝试。一是腾讯以"全真互联网"概念全方位布局元宇宙，成为我国布局元宇宙最广、最深的互联网巨头；二是字节跳动积极布局元宇宙；三是阿里巴巴、百度、网易等采取各种措施布局元宇宙业务。此外，米哈游已经组建了米哈游研究中心（逆熵工作室），目的是打造出《头号玩家》所描绘的虚拟世界。中国移动咪咕公司发布了元宇宙MIGU演进路线图以及首款消费级增强现实眼镜 Nreal Air。湖南广电将以国家广播电视总局 5G 重点实验室为基座，探索搭建芒果"元宇宙"平台。佳创视讯、中青宝、天下秀等游戏类上市公司也推出了与元宇宙相关的产品或概念。

第二，元宇宙当下存在泡沫且未来发展面临诸多难题。元宇宙作为一个极为复杂、去中心化、开放且不断演化的巨型系统，需要巨大的算力、先进的硬件设备以及相对苛刻的现实条件，而且需要全社会、所有机构和个体的参与，面临着技术、内容、标准和法律等方面的难题。

3. 元宇宙的未来：从云游戏到数字孪生再到虚实共生

元宇宙有着美好的发展前景，但尚需一个较长时间的演进过程，而从落地场景来看，元宇宙将依次经历云游戏、数字孪生和虚实共生三个阶段。其中，云游戏是元宇宙演进的初级形态，数字孪生是元宇宙的中级形态，虚实共生将是元宇宙的高级形态。

（三）互联网公司加快出海步伐

1. 社交媒体出海战绩亮眼

由于低门槛、娱乐性强等特点，以及国内企业在算法技术上的优势，社交媒体尤其是短视频媒体成为中国互联网出海最成功的代表，其中，字节跳动旗下的 TikTok 无疑是当下出海最成功的互联网平台，其在全球已有超过 10 亿的月活用户。2021 年 7 月，根据 Sensor Tower 数据，TikTok 已经成为第一个下载量超过 30 亿次的非 Facebook 应用。不久后的 8 月，日本经济新闻调查显示，TikTok 超过 Facebook 成为全球下载量第一的 App，自从 2018 年开始调查以来首次排名第一。同属短视频平台的快手海外版 Kwai 同样有着不俗的战绩。2021 年 4 月，根据快手财报，Kwai 的海外月活用户已达到了 1.5 亿，6 月 23 日，快手 CEO 宿华宣布快手的全球月活用户达到 10 亿。目前，全球仍有 32 亿人无法上网，在国内移动互联网红利殆尽、海外市场管制较为宽松的情况下，中国互联网企业走出国门仍有流量红利。

2. 游戏和直播电商出海前景光明

游戏方面，据《游戏报告》，2021 年我国自主研发游戏海外市场销售收入为180.13亿美元，同比增长16.59%，远远大于中国游戏市场实际销售收入6.4%的增速。2021年第三季度，腾讯本土市场游戏收入同比增长5%至336亿元，而国际市场游戏收入同比增长20%至113亿元，可以看出腾讯已经加强海外市场布局并已取得了实效。在国内发展火热的直播电商在海外也快速发展。TikTok也正在向直播电商行业扩张，据36氪独家信息，TikTok电商2021年GMV最高约60亿元，其2021年已在多个国家推出了TikTok Shop、TikTok for Business等，预计未来将创造更大的经济效益。

（四）中美新媒体产业发展差距快速拉大

强监管之下，我国互联网产业发展开始失速，与美国互联网产业的差距快速拉大，而未来一段时间内，两者差距将进一步拉大。

2020年之前，我国互联网产业与美国互联网产业的差距快速缩小，共同成为国际互联网产业的两极，而近两年来我国互联网企业与美国互联网企业之间的差距快速扩大。目前，美国互联网企业的营业收入、净利润情况都远远好于我国，且整体增速也超过我国；市值更是远远超过我国的互联网企业，具体如表4、表5所示。36氪的统计数据显示，截至2021年12月末，代表中概股指数表现的中概ETF已经从2021年初的85.6美元跌至40美元，直接腰斩。2021年，阿里巴巴股价下跌了46%，拼多多股价下跌了64%，滴滴股价下跌了57%。

表4 2021年第四季度美国主要互联网公司财报

单位：亿美元，%

公司	营业收入	同比增长	净利润	同比增长	市值
Alphabet	753.25	32.0	206.42	36.0	18100
微软	517.28	20.1	187.65	21.4	23100
苹果	1239.45	11.2	346.30	20.4	27800
奈飞	77.09	16.0	6.07	12.0	1700
Meta	1179.29	37.18	102.85	−8.33	6685

注：市值为美国东部时间2022年1月28日收市时。

资料来源：互联网公司财报。

表5　2021年第三季度中国主要互联网公司财报

单位：亿美元，%

公司	营业收入	同比增速	扣非净利润	同比增速	市值
腾讯	220.43	13.5	49.23	-1.7	5600
阿里巴巴	311.47	29.0	44.27	-39.0	3100
美团	75.59	37.9	-8.56	NA	1700
百度	49.54	13.0	7.88	-27.0	500
京东	338.54	26.0	7.74	-10.7	1100

注：①阿里巴巴、百度、京东的市值为美国东部时间2022年1月28日收市时；腾讯、美团的市值为2022年1月31日收市时。②美元兑换港元汇率按照1：8.0649计算。

资料来源：互联网公司财报。

整体来说，2022年互联网传媒业外部经济环境依然不乐观，用户规模见顶，游戏版号等政策尚存在很大不确定性，平台经济反垄断火力依旧，总而言之，互联网企业尚处于政策不适应期。可以预测的是，2022年，我国互联网传媒业依然处于强监管之下，其增速可能会进一步回落。

参考文献

国家统计局：《中华人民共和国2021年国民经济和社会发展统计公报》，http://www.stats.gov.cn/tjsj/zxfb/202202/t20220227_1827960.html，2022年2月28日。

《2021中国互联网广告数据报告》，https://new.qq.com/omn/20220113/20220113A04I5F00.html，2022年1月13日。

艾媒咨询：《2022年中国在线电影购票市场及消费行为研究报告》，https://www.iimedia.cn/c400/83885.html，2022年3月9日。

郭全中：《NFT及其未来》，《新闻爱好者》2021年第11期。

B.20
2021年中国网络视听产业发展报告

杨立平 李钦鹏*

摘　要： 在数字中国的建设进程中，网络视听产业发展在政策的引导促进下，展现出从网络化到数字化的新特征、新态势，不断成为最活跃、最受瞩目的网络产业业态之一。2021年，网络视听产业下的短视频、直播电商、网络音频、视听教育等细分产业逐步走向成熟，应用场景深化，技术融合发展，带来高额营收，亦在疫情期间优势凸显。在网络视听新媒体迅猛发展的同时，过度娱乐化、流量至上、营销漏洞及青少年权益与版权保护缺位等方面的不足也不容忽视，亟须解决。

关键词： 网络视听产业　数字化发展　媒体融合

国家"十四五"规划和2035年远景目标纲要强调，要加快数字化发展，建设数字中国。作为重要的信息产业，网络视听健康发展将推动数字中国建设迈向更高水平。在利好政策的引导下，我国的网络视听产业正展现出全新态势，从网络化到数字化、可视化、智能化，万物皆视听、皆智能的创新图景徐徐展开。

视听网站平台迅速发展、开拓市场的同时，短视频直播愈发火爆，各细分应用场景下的用户规模及使用时长、活跃度继续呈现增长态势。2021年，

---

* 杨立平，浙江传媒学院党委书记、研究员，中国电视艺术家协会网络视听研究中心主任，主要研究方向为网络视听；李钦鹏，中国电视艺术家协会网络视听研究中心副秘书长，主要研究方向为视听产业。

网络视听产业下短视频产品向"中长化"发展，嫁接农业、科普、文旅等内容板块；直播电商业务转型带来营收井喷和良好社会效益；依靠5G、AR/VR等新技术，网络音频产品实现互动升级，开发视频化呈现新赛道；疫情防控常态化时期，网络视听切实助力产学研在线教育一体化发展。同时，对于视听内容趋于娱乐化、电商营销频现监管漏洞及青少年视听保护缺位等问题征集建议。本研究认为，网络视听未来发展应将社会效益放在首位，注重主流价值观引导；对于各头部平台，应在完善技术支撑的基础上，加强网络营销监管。此外，网络视听环境下的青少年保护措施与分级管理也应尽早落地。

一　网络视听产业发展状况

2021年是中国共产党成立100周年，也是"十四五"规划的开局之年。党的十九届五中全会第一次向全国、全世界宣布了我国将在2035年建成"文化强国",① 随后"数字中国""视听中国"等战略也接连出台，为网络视听产业未来发展指明了方向。近年来，我国网络视听产业的数字化发展环境不断优化，用户规模增势不减，配套政策陆续出台，夯实了网络视听的发展基础。

（一）网络视听产业的数字化发展环境逐步完善

随着用户规模的攀升，网络视听产业发展在各个细分领域都更加重视用户体验和黏性培养，紧密结合用户社会生活，深化数字化创新升级。一系列政策相继布局网络视听服务新业态，热点问题也开始纳入法制化议程，保障产业持续健康发展。

1. 网络视听产业数字化融合发展态势形成

2020年9月，中共中央办公厅、国务院办公厅出台《关于加快推进媒

---

① 孟建：《网络视听："视听中国"战略的认知与阐释》，《视听理论与实践》2021年第2期。

体深度融合发展的意见》，再次为媒体融合工作吹响号角。同时，国家广播电视总局也将网络视听列为"十四五"时期"最为核心的工作"。2021年，在线直播、视频、音频等诸多领域的网络视听服务继续深耕社交平台，日益突破基础的互联网移动端，形成数字化产业发展全新模式，成为当下我国信息文化产业中最具融合属性和竞争能力的新兴业态之一。

数字化的网络视听深刻影响着人们的日常生活。在视频平台记录日常，在社交平台分享见闻，通过电商直播线上购物，借助甚至依赖网络视听产品获取新闻、感知变化、接受文教、凝聚社会已然成为公众生活常态。中国互联网络信息中心的数据显示，截至2021年12月，我国网络视听用户规模已达10.32亿人，网民对于网络视听服务的使用率高达95.4%。由于5G、大数据等新技术的持续赋能，网络视听传播与从业门槛大大降低，网络视听用户的使用与创作边界已经模糊，从高频使用转向主动参与，网络视听的内容生产机制、持续累积的用户数量和高互动性的传播方式带来了巨大经济价值。

2. 网络视听用户黏性增强，应用场景进一步拓展

网络视听以全时态、多层次、高渗透、沉浸式的独特优势成为用户黏性最高、人均单日使用时长最长的网络传播业态，据CNNIC统计，2021年全国网络视听用户总体规模达到10.11亿人。[①] 其中，短视频、综合视频、网络直播、网络音频等细分业态的用户规模和黏性与日俱增。网络视听也逐步打破媒介原始壁垒，不断加深与电商、科教、文旅等产业的联结，市场继续下沉，使用户乐于从隔屏观看到主动创作，形成内容生产下PGC与UGC的双擎动力，产业发展前景十分广阔。

5G高速信息时代，网络视听产品与高质量信息传播技术的嫁接越发成熟，5G+8K超高清、云制播/转播、多维沉浸视听等应用场景在2021年从概念走向落地，并驶入产业化、规模化的快车道。网络音视频服务聚合网络在线资源，运用新技术模块，加大力度对用户视听使用特征的多维分析，使用户画像更加准确，进而优化个性推荐，并结合更加成熟、便捷的AR/VR

---

① 中国互联网络信息中心：《第48次〈中国互联网络发展状况统计报告〉》，2021年8月27日。

技术设备,将视听场景立体化,极大地提升了用户的交互体验感受。

3. 政策布局网络视听产业各细分发展新业态

党的十八大以来,国家高度重视宣传思想工作和互联网建设管理工作,习近平总书记多次就互联网视听建设发展发表重要讲话、作出重要部署,加速推动了网络视听产业的数字化发展进程。从表1可见,多部门全方位完善网络视听各细分业态的政策规约,为网络视听产业健康发展提供了有力的制度保障体系。

表 1　国家各部门有关网络视听各细分业态的政策规约概览

出台时间	部门	政策文件	政策概要
2021 年 2 月	国家互联网信息办公室等七部门	《关于印发〈关于加强网络直播规范管理工作的指导意见〉的通知》(国信办发文〔2021〕3号)	为进一步加强网络直播行业的规范管理,促进行业健康有序发展,国家互联网信息办公室、全国"扫黄打非"工作小组办公室、工业和信息化部、公安部、文化和旅游部、国家市场监督管理总局、国家广播电视总局等七部门联合发布《关于加强网络直播规范管理工作的指导意见》
2021 年 3 月	国家市场监督管理总局	《网络交易监督管理办法》	为了规范网络交易活动,维护网络交易秩序,保障网络交易各方主体合法权益,促进数字经济持续健康发展,根据有关法律、行政法规,制定本办法
2021 年 4 月	中共中央办公厅、国务院办公厅	《关于加强社会主义法治文化建设的意见》	加强宣传解读,通过媒体报道、评论言论、理论文章、学习读本、短视频等形式,运用各类融媒体手段和平台,推动习近平法治思想深入人心
2021 年 5 月	国家互联网信息办公室、公安部、商务部、文化和旅游部、国家税务总局、国家市场监督管理总局、国家广播电视总局	《网络直播营销管理办法(试行)》	加强网络直播营销管理,维护国家安全和公共利益,保护公民、法人和其他组织的合法权益,促进网络直播营销健康有序发展,根据《中华人民共和国网络安全法》《中华人民共和国电子商务法》《中华人民共和国广告法》《中华人民共和国反不正当竞争法》《网络信息内容生态治理规定》等法律、行政法规和国家有关规定,制定本办法

续表

出台时间	部门	政策文件	政策概要
2021年6月	中共中央、国务院	《中共中央 国务院转发〈中央宣传部、司法部关于开展法治宣传教育的第八个五年规划（2021—2025年）〉》	扩大音视频普法内容供给，注重短视频在普法中的运用
2021年7月	工业和信息化部、中央网络安全和信息化委员会办公室	《关于印发〈IPv6流量提升三年专项行动计划（2021—2023年）〉的通知》	贯彻落实中共中央办公厅、国务院办公厅《推进互联网协议第六版（IPv6）规模部署行动计划》和《关于加快推进互联网协议第六版（IPv6）规模部署和应用工作的通知》（中网办发文〔2021〕15号）任务要求
2021年7月	工业和信息化部、国家互联网信息办公室、公安部	《关于印发网络产品安全漏洞管理规定的通知》	为了规范网络产品安全漏洞发现、报告、修补和发布等行为，防范网络安全风险，根据《中华人民共和国网络安全法》，制定本规定
2021年8月	中共中央办公厅、国务院办公厅	《关于进一步加强非物质文化遗产保护工作的意见》	推出以对外传播我国非物质文化遗产为主要内容的影视剧、纪录片、宣传片、舞台剧、短视频等优秀作品
2021年8月	文化和旅游部	关于印发《网络表演经纪机构管理办法》的通知	为加强网络文化市场管理，规范网络表演秩序，坚持正确的价值导向，治理娱乐圈乱象，制定了《网络表演经纪机构管理办法》
2021年9月	中共中央办公厅、国务院办公厅	《关于在城乡建设中加强历史文化保护传承的意见》	加大宣传推广力度，组织开展传统节庆活动、纪念活动、文化年等形式多样的文化主题活动，创新表达方式，以新闻报道、电视剧、电视节目、纪录片、动画片、短视频等多种形式充分展现中华文明的影响力、凝聚力和感召力
2021年9月	中共中央、国务院	《知识产权强国建设纲要（2021—2035年）》	打造传统媒体和新兴媒体融合发展的知识产权文化传播平台，拓展社交媒体、短视频、客户端等新媒体渠道

在政策的持续跟进和引导下，我国网络视听的前进方向更加明晰，高度融合的网络视听服务也将为更大规模的用户和市场带来体验感、获得感。值得注意的是，有关未成年用户的网络视听保护与平台规约开始正式纳入法制化议程。2021 年 3 月，国家广电总局发布《中华人民共和国广播电视法（征求意见稿）》，提议设立未成年人频道，对可能影响儿童身心健康的内容进行显著提示和专门播送，在全社会进行有关影视分级的立法讨论。[①] 国务院、中央宣传部、国家新闻出版署等部门也先后就未成年人网络视频、网络直播、网络社交等多项服务下发监管通知，并开展专项整治活动，取得了良好效果。

（二）2021年网络视听产业内容呈现新特色

进入新时代，网络视听行业坚决落实习近平总书记的重要指示要求，主动融入国家大局、服务国家全局，不断突破数字技术升级，提升用户视听新体验，通过精品化、定制化、个性化的移动平台，面向全球讲好贴近人心的新时代中国故事，在服务国家的战略中体现视听作为。2021 年，网络视听产业视听内容呈现出新的特色，满足了用户视觉、文化、信息等方面的需求。

1. 全局有我，视听表现力在主题实践中得到彰显

2021 年，网络视听继续发力，运用音视频等多元媒介方式生动鲜活地做大主流思想舆论。在抗击新冠肺炎疫情、推进乡村振兴、助力北京冬奥会等主题实践中，网络视听树立融入国家大局、服务国家全局意识，形成叫好又叫座的服务品牌。作为新视听媒体深入防疫服务的示范，青田传媒集团在疫情期间推出系列视听作品，在丽水方言、温溪方言、青田方言 3 种方言播报的基础上，与当地文曲艺工作者合作创作防疫知识"三句半"广播，打通了防控疫情宣传的"最后一公里"，构架多平台全媒体的传播和服务格

---

① 曹月娟、沙子瑞：《中国儿童影视分级管理的演变及趋势》，《中国广播影视》2021 年第 20 期。

局。青田传媒集团也因此荣获2021年浙江省网络视听"防疫抗疫先进团队"单项奖。此外，视听元素通过多屏全景展示了乡村振兴的历史进程，传递更多乡村故事，并拓展新渠道助力乡村发展迈入移动快车道；在北京冬奥会开幕之际进行全息布局，面向世界为奥运盛会积极造势，网络视听的主题表现力在落实服务国家全局的战略中不断提升。

2. 数字升级，精品佳作在国际传播中做出贡献

国际传播新格局下，网络视听的借船出海需要更加强劲的智能互联技术升级，以海外民众喜闻乐见的叙事和形式进行有效传播。2021年，网络视听数字化的强势突破为业界拓宽了国际传播思路，主流媒体CGTN利用天网技术对迁徙时长达17个月之久的云南"断鼻家族"象群展开马拉松式的全景跟踪播报，推出的"大象北游"天网直播引发全球网民"观象"热潮，不仅为云南带来国际曝光度，而且向海外民众展现了中国保护动物与生态的态度和努力。短视频领域，网络达人通过抖音国际版TikTok平台将中国文化精粹与中国人民的日常生活融入内容，基于网络社群传播，使极具东方韵味和烟火气息的视听佳作塑造出可信、可亲、可敬的中国形象。例如，以滇西方言演绎地方风土人情与美食文化的视频《火腿，云南菜的灵魂》，播放量超过3400万次，频登海外热榜，收获了海外民众对"中国元素"的青睐。

3. 古风焕新，"国潮类"视听引发文化传承新热度

2021年，以传统文化为创意原点，围绕富有古韵古风的中华文化核心内容，古风国潮类视听作品借助互联网思维和新兴技术，为观众带来沉浸式观感和深度互动感受，既吸引了年轻群体关注传统人文，也为历史文化的接续传承点燃了热度、焕发了生机。从2021年春晚一舞《唐宫夜宴》到"端午游"《洛神赋》的洛神水下飞天，河南卫视深耕传统文化IP，利用融媒体完善经典传统文化的年轻化表达，使得"中国节日奇妙游"系列作品"出圈"爆火，形成了传统媒体"用心、引领、创新民族文化"的视听品牌，实现了跨圈层、跨年龄传播，为文化传承提供了新的展示与传播路径。此外，淬炼传统文化内容的"国潮类"视听产品越发赢得年轻群体的喜爱，围绕国学、国漫、国乐等主要元素，腾讯视频等多家企业联袂举办"国潮馆"等线下视听体验活动,以传统文化为价值源头,用"年轻态"的表达方式讲述中国文化,广受好评。

4. 精品路线,中长视频传播策略激发新型文化消费

2021年,长视频完善精品、定制、个性化的网络视听品牌,激发出更加成熟的文化消费模式,坚持精品路线的传播策略也使中长视频得以与火爆的短视频分庭抗礼。诸如聚焦当代中国社会发展、展示真实生活的精品剧集《人世间》,不仅受到国内观众的热捧,其全球版权还被美国迪士尼竞购,实现了文化的良性输出。而由华策影视出品的中国古装剧《锦绣南歌》坚持精品化表达理念,在全球众多优质作品中脱颖而出,摘得第49届国际艾美奖"最佳电视连续剧",这也是第一部获此殊荣的中国电视剧(含港澳台地区),实现了中国电视剧全球顶级奖项零的突破,为中国电视剧长视频的高水准创作提供了参照。[①] 同时,在抖音平台,有关人文历史、卫生健康、"唐诗之路"等泛知识类科普中长视频、短纪录片大量涌现,在移动场景下的再中心化传播与科普,更有利于提升年轻群体的视听审美、接纳意愿及互动参与,随着视听精品内容的质量提升,网络视听平台的"知识风尚"正蔚成风气。

(三)短视频与多领域实现多元嫁接

作为互联网时代的媒介新形态,短视频凭借以秒计数的轻量简捷及强社交性的开放交互等特点,契合网络受众需求,在互联网移动传播的作用下向纵深发展。2021年,网络短视频的用户规模高达8.88亿人,成为网络视听产业最活跃的一大业务。

基于国家政策对互联网新兴产业的支持,新平台实施短视频战略蔚然成风。短视频产业带来的高额流量经济驱动更多社交、资讯媒体平台开发自身的独立短视频业务,抖音、快手两大头部平台受到来自新平台业务的冲击,

---

[①] 《中国首次!华策影视作品获"国际艾美奖"》,http://guoqing.china.com.cn/2021-12/22/content_ 77945999. htm,2021年12月20日。

头部长视频平台开启短视频战略,百度、知乎等内容资讯媒体强势切入,微信、微博也分得了属于自己的短视频流量。以微信"视频号"为例,自2020年1月内测开始,逐渐发展成为微信公众订阅号、服务号之后的新业务,主打上传短视频内容记录用户生活,且视频号的页面位置更加显眼,依托强社交关系的用户基础,创作、分享、变现能力得到提升,俨然成为微信的"视频版朋友圈"。中央广播电视总台5G新媒体平台"央视频"仅在2021年东京奥运会期间就收获了超过3亿的下载量以及百万规模的付费会员。不同类型平台的纷纷布局将为短视频行业成熟发展、有序竞争持续注入动力。

短视频中长化发展形成品牌。西瓜视频联合抖音、今日头条发布的《中视频2021发展趋势报告》显示,2021年中视频内容数量同比增长了98%。原本时长在几分钟内的短视频转向中长化发展,1~30分钟的中视频聚集了短视频碎片化和长视频高信息密度的双重特点,为网络视频的融合发展带来增量。时长的拉伸,意味着短视频的内容生产质量关更具挑战,曾经一些惯于蹭热点、切条搬运的低质量内容风光不再,富于原创专业性的中长视频持续供给精品内容,受到用户和市场的关注,如优酷自媒体视频平台"优酷号"积极开展原创征集计划,扶持Vlog创作发布,上线不久平台作品总浏览量就高达百亿次。

短视频嵌入不同领域助力社会发展。正如中国网络视听节目服务协会常务副秘书长周结所说,"短视频不只是娱乐,它已经与各领域叠加渗透,不仅对整个视听行业,甚至对国民经济、社会生活的方方面面都将产生影响"。短视频庞大的用户规模为产业孵化出多元多样的细分赛道,视频创作者得以深耕独立领域,提供高质量的垂直内容。游戏、科普、文旅、非遗以及卫生健康、扶贫助农等领域的结合渗透让短视频形态更加丰富,嫁接新领域的短视频在疫情期间为用户开阔视野、提供信息,也为扶贫工程、共同富裕创造出普惠价值。

(四)直播电商业务转型带来营收井喷

在大数据及人工智能等数字技术的驱动下,接入移动视听平台的销售场景更加真实且多元，准确的市场细分让越来越多的公域流量涌入各个直播间，电商产业和直播形式的双向融合不仅以更低的获客成本实现了快速变现的营收目标，而且为传统零售业的消费者提供了实时互动的崭新网购方式。历经技术迭代更新，"直播+电商"的线上可视化营销模式愈加精细化、私域化、碎片化，现已成为我国最主要的在线营销方式。2020年以来，受新冠肺炎疫情影响，更多品牌和传统零售业尝试向电商销售跨界，加大在直播电商方面的投入。经过一年的发展，网络直播在2021年强化了与各行业的有机链接，很大程度上化解了疫情带来的危机。视听化、数字化的移动直播不仅为营销带来复苏收益，也探索出直播电商的新模式。

2021年，疫情防控常态化阶段，电商直播继续发挥优势，培养优质带货主播，运营直播间私域流量。一方面，疫情反复使得居民的消费行为产生了习惯性的改变，打破时空限制的直播购物受到欢迎，观看直播、参与互动、下单抢购成为更多人的网购方式。抖音官方发布的数据显示，2021年"618好物节"期间，抖音平台的电商直播总时长接近3万小时，直播间总点赞数高达769亿次，总评论数也达到40亿次。另一方面，电商直播在2021年正式进入品牌直播的新阶段，闭环竞争下"人货场"的格局发生变革，国际品牌与国货踊跃入驻直播平台展开角逐，吸引头部主播选品带货，保证直播货源品牌质量、提升交易效率的同时，也为电商直播市场带来了营收额的井喷。据Quest Mobile数据统计，仅快手、抖音两大头部平台的直播电商市场2021年全年交易规模就已达到万亿元，直播场次逾7500万场，商品链接数近4亿个，发展势头迅猛。

在全面推进乡村振兴乘势而上的新阶段，数字视听技术同乡村传统产业的融合成为电商直播助农的新机遇，在交易规模提升的同时，电商直播也逐渐发掘出自身的社会效用。在头部主播的带动下，更多的乡村农副产品、特色公益商品走进网络直播间，电商直播让农民群体鼓起了腰包，也为乡村网络文化走向振兴贡献力量。此外，电商直播具有较强的粉丝经济效益，产业向助农方向的倾斜带来了农产品销售的发展机遇和经济增长点，线上线下的资源融合也将持续为乡村振兴战略助力。

（五）网络音频依托技术实现互动升级

2016 年以来，我国网络有声音频依托移动网络技术不断升级，整体市场规模保持稳步增长，2021 年网络音频市场收益超过 350 亿元。同时，越来越多的音频用户形成了多场景伴随性的收听习惯，2020 年以来在线音频月活跃用户规模始终在 6 亿人以上，加之 5G、AR/VR 等新技术的嵌入，激发音频媒体开拓更多类型应用场景，网络音频市场持续保持活跃。

目前，网络音频产业高速发展，产业结构以移动广播为主，还包括有声书、网络电台、音乐博客流媒体及音频直播等板块。不同于视频，在线音频以其独特律动与听觉亲近感，在网络视听市场中凭借差异优势焕发活力。在不同音频门类中，以主流媒体为代表，移动广播深耕传统的音乐、新闻、交通频率直播流节目，仍稳坐网络音频产业中的头把交椅，用户规模为 6.38 亿，[①] 从车载移动广播渗透到居家工作等多个情景，移动广播从耳机拓展到各种智能移动电台，培养用户形成新的收听习惯。在 AR/VR 等交互技术的刺激下，智能有声读物开拓出全龄化市场，从儿童启蒙、休闲听书到老年戏曲，发展日趋活跃，2021 年市场规模超 50 亿元。[②] 喜马拉雅在有声读物市场中居于第一梯队，占据网络音频市场的主要份额，根据用户多样而分散的使用需求，喜马拉雅提升信息传播技术，推出更具强交互性的 AR/VR 有声读物、实时音频直播栏目，购买经典音乐广播剧版权进行 AI 语音播送，并将"喜马拉雅有声图书馆"落地实体场景，用户通过现场即时扫码即可倾听人文科普、财经资讯等多领域优质音频内容，图文屏音等元素的有机结合提升了用户的互动体验。

此外，打造原创垂直差异化产品、开拓视频化呈现成为网络音频 2021 年发展中的一大亮点。为弥补音频单一线性传播的不足，延展视频

---

① 中国广播电视社会组织联合会等：《中国音频用户全景调研白皮书（2021）》，2021 年 10 月。
② 《2021 年中国网络音频产业研究报告》，https://baijiahao.baidu.com/s? id = 1720728146012185870&wfr=spider&for=pc，2022 年 2 月 16 日。

化的音频内容，扩展更多元的交互应用场景，别具一格的新型网络音频形态得以涌现。以网易云音乐为例，依托高黏度、大规模的忠实社区用户基础，率先在音乐平台上线在线音乐日志 Mlog 服务，布局"音乐+视频+直播"的个性化新玩法，鼓励原创音乐博主积极记录，并满足用户在听音乐的同时进行评论互动的需求，颇受好评，网易云音乐 MAU① 指数也迎来了新高。

（六）"教育+视听"在疫情期间彰显优势

线上远程教育主要涵盖学前教育、K12 教育、高等教育、职业教育及知识付费、在线阅读等内容。历经近几年的教育资源整合，目前，"教育+视听"模式加速突破，市场规模稳步扩大。新冠肺炎疫情期间，"教""学"双方为响应国家"停课不停学"的号召，从线下向线上迁移，"教育+视听"在疫情影响下及时发挥效用，使网络视听成为特殊情况下教育的重要载体。

随着新冠肺炎疫情防控常态化，网络视听教育显现出更加稳定的发展态势，国家教育政策的调整和变动则为行业发展提出了新课题。2021 年 4 月，党中央、国务院召开全国职业教育大会，发布了有关发展现代职业教育的改革政策。基于此，网络视听教育平台规划不同特色类型的现代职业教育课程，加强同校方、企业间的产教合作，推出优质职业教育在线直播课程，推动"十四五"时期国家高质量教育体系建设。新东方等网络教育平台以数字化转型驱动教学模式和治理方式变革，进行数字教学资源、融媒体教材的开发，加快搭建 VR 在线实训基地建设，助力职业教育的线上发展。7 月，中共中央办公厅、国务院办公厅印发了《关于进一步减轻义务教育阶段学生作业负担和校外培训负担的意见》，并发出有效减轻义务教育阶段学生过重作业负担和校外培训负担（即"双减"）的通知。"双减"政策的出台，意味着在线教育企业需要及时向非营利性质转型。一时间，学而思、好未来

---

① 即 Monthly Active User，在线音乐平台月活跃用户人数。

等教培机构开始申请非营利性在线教育办学许可证，加紧转型步伐。"双减"政策的逐步落地，也表明网络视听教育在遵循国家政策的前提下观势蓄力，朝着更加规范精细的方向发力。

互联网技术升级拓展了在线教育的发展边界，也让直播课程更加流畅清晰，海量文教资源得以整合。但值得注意的是，使用网络教育的受众中未成年人占据绝对比重，随着国家、社会、家庭对青少年教育的重视和对未成年人综合素质培养需求的增长，如何在纷杂的网络环境中保护未成年人接受正向引导，规避不良信息，成为网络视听教育发展进程中必须面临的关键问题，后疫情时代在线视听教育的现代化治理任重道远。

二 网络视听产业的发展瓶颈

2021年，中国网络视听产业尽管在各个细分赛道上表现不俗，但仍存在一些突出问题。流量思维下的音视频内容生产走向娱乐化，直播电商营销监管频现漏洞，以及对未成年群体的网络保护、内容版权缺位等不足之处需要及时予以关注和解决。

（一）追求爆款效应，娱乐内容泛滥

2021年，虽然网络视频进入高速发展的成熟期，但其应用范围多局限于娱乐层面，自媒体的大量涌入导致片面追求爆款效应的风气盛行，流量来得急退得快，低俗化、娱乐化、同质化的发展顽疾难以治理。

短视频的碎片化传播话语在专业性欠缺的自媒体创作过程中极易走向泛娱乐化，造成低俗色情、标题党等一系列不良内容的泛滥，影响受众的思维和行为，并对整个社会产生强大的侵蚀效应。短视频的使用门槛较低，用户素养参差不齐，在注意力经济蓬勃发展的当下，部分创作者为吸引受众，用夸张、猎奇的方式追求爆款，导致传播内容失当，污染网络环境。例如，"杭州来女士失踪"案件中就有不少用户在抖音平台上无端猜测，造成灾难新闻严肃性的严重消解。

短视频自媒体的乱象不仅是创作方对爆款利益的追逐，平台监管的缺位在客观上也助推了这一不良趋势。当下，国内互联网视频市场整体增速趋缓，各平台为争夺用户增量，不应盲目地以爆款作品作为单一的衡量标准，而应深入思考如何提升内容质量和自媒体的网络媒介素养，加强正向引导和监管，尽快摆脱短视频的娱乐化发展标签。

（二）电商门槛较低，营销显现管理漏洞

电商直播产业和数字化的营销体系使消费场景升级，但上涨的交易额背后也隐藏着发展危机和监管缺口。由于电商门槛较低，从业的主播素质良莠难辨，部分主播存在对产品了解不清、介绍模糊，与经营者存在纠葛，自行交易等情况，另外，电商直播的过度宣传、虚假营销、售后无门的现象时有发生，导致主播和商家信誉度不断降低。虚拟场景下，一些带货主播为吸引私域客流，不惜通过刷量和造假的手段进行不正当竞争，营造出高人气的假象。在直播电商的助农带货中，作为主要品类的农产品和食品在存储、包装和物流等流程存在监管盲区，产品品质打折扣、信息不透明、追溯困难等事件也呈上升趋势。

此外，有关部门的监管相对滞后，责任关系繁杂、权责边界不清引发的纠纷频频出现。网络直播带货平台作为服务提供者未尽其责，自我管理监督和平台内容生态审核把关缺位，加剧了网络直播环境的无序。从某些明星直播带货"翻车"，到知名主播雪梨、林珊珊因逃税被重罚、封禁，再到主播薇娅偷逃税的曝光，一系列头部主播深陷舆论风口。针对网络主播如何予以规范监管、规制成为促进"电商+直播"健康发展的当务之急。

（三）儿童保护欠缺，分级规约迫在眉睫

随着网络视听各细分领域的快速发展，互联网成为容纳各年龄层受众和各类信息的空间场域，而与此同时，我国未成年网民规模不断扩大，未成年

人的互联网普及率已于 2020 年底上升到 94.9%，[①] 首次触网年龄也趋于低龄化。受疫情影响，未成年人使用网络进行学习交往逐渐成为习惯，而缺乏网络素养的未成年群体极易受到不良内容的诱导和侵害，沉迷网络甚至损害身心健康。

在短视频领域，新鲜奇特、节奏轻快、搞笑诙谐的内容让越来越多的未成年用户刷手机、看视频"成瘾"，而一些擦边、煽动内容在大数据的瞄准性推送下还会引发未成年人的盲目模仿；在直播领域，一些游戏、唱跳、追星类直播间内，未成年观众盲目打赏的事件屡见不鲜；网络阅读领域，涉及儿童生理启蒙知识的内容一度引发讨论，而对于 AR/VR 数字交互阅读产品的过度使用，对未成年群体的视力及心理健康也造成负面影响。尽管各网络视听平台在监管部门的规约下陆续上线"防沉迷青少年模式"，尝试为未成年人提供特定内容，但平台的内部设限极易被破解，实际应用价值仍不理想。

（四）内容真假难辨，刺激网络非理性表达

商业化浪潮之下，通过虚假作秀博取流量依然是网络音视频传播中存在的痼疾，甚至被一些自媒体创作者视作"流量密码"，导致网络视听造假现象频发，污染网络空间。同时，由于 AI 技术加持的深度伪造、造假"套路"的层层翻新，虚假内容屡屡困扰网络视听的发展和监管。在音视频平台中，裹挟热点话题的情绪化表达成为网络视听的"流量富矿"，导致一些自媒体、网络达人铤而走险，通过摆拍、策划进行虚假内容创作、传播和营销。例如，2021 年 10 月，一批号称"会理石榴果农"的自媒体打着助农的幌子，靠博同情进行虚假直播营销，损害了网络互信。

热点事件中虚假视听内容所营造出的伪真实语境中，"眼见未必为实"的匿名评论区成为网络舆论的发酵池，激化了网民的情绪化参与、非理性表达甚至煽动网络暴力，造成不良社会影响。

---

① 共青团中央维护青少年权益部、中国互联网信息中心等：《2020 年全国未成年人互联网使用情况研究报告》，2021 年 7 月。

三 网络视听产业发展的策略思考

针对中国网络视听产业发展中存在的不足之处，国家有关部门、行业及社会各方需要共同努力，注重价值导向，加强平台技术监管，维护未成年群体的网络视听环境，不断促进产业良性发展。

（一）注重社会效益与价值观引导

2021年9月，在贯彻落实文娱领域综合治理部署、推动电视剧事业高质量发展座谈会上，国家广播电视总局明确要坚决抵制流量至上、"饭圈"乱象、"耽改"之风等泛娱乐化现象，短视频的未来发展中妄图以"打擦边球"、制造噱头来获得流量的方式注定无法延续，行业必须规避将关注度和传播量作为唯一指标的做法，更加注重网络媒体的社会效益，传递正确的价值观。

促进网络短视频的健康发展需要各方强化责任意识，凝心聚力塑造清朗的网络视听环境。短视频平台方要加强内容审核把关，对短视频创作者进行实名登记，健全用户投诉机制，并结合智能技术在视频内容上科学合理甄别，做好监督。对于内容提供方，针对受众注意力被泛娱乐化、低俗化内容分散的问题，可以邀请主流媒体入驻，为优质内容进行引流，发挥主流媒体"镜鉴作用"，为自媒体创作者提供规范传播行为的镜子，并在此基础上形成多元主体的涵化效果，共同构建正能量价值体系。2021年10月，国家广播电视总局开展网络短视频专项治理取得实效，共清理违规账号38.39万个，违规短视频102.4万条。12月，中国网络视听节目服务协会发布《网络短视频内容审核标准细则（2021）》，进一步增强了网络短视频的规范引导。政府部门也需要继续在网络视听传播环境、主体、内容等方面加强监管，促进行业健康发展。

（二）加强平台技术与营销监管

要杜绝电商直播营销中的乱象，既需要有关部门及时跟进，也需要平台

加紧技术攻关，落实自律自查。2021年，号称"史上最严"电商行业监管令的《网络直播营销管理办法（试行）》正式施行，针对直播营销平台，运营、营销人员等市场主体的行为和责任进行了更详细的规约。对头部直播间、主播及账号、高流量或高成交额的直播带货活动应当给予重点管理，让头部主播做好行业示范。同时，也需要同有关部门合作探索科学分类分级的实时动态管理机制，优化奖惩退禁办法，加大甄别和惩治虚假营销、偷税逃税行为的力度。对于行业而言，参与行业规范化标准制定、进行自我约束，也应是网络视听营销服务主体的应尽之责。2022年伊始，快手率先发布《电商短视频创作指南》，对发布违禁信息、不正当营销、发布虚假宣传信息、诱导互动等行为进行整治，利用大数据技术让电商市场更加透明，为其他电商平台相关标准的制定起到带动作用。

在国家"十四五"规划中，提升网络主播的能力素养、促进电商直播人才职业化发展、培养"互联网营销师"等网络视听新职业等一系列规划表明，电商直播还将持续在网络视听和多元领域发挥服务作用。同时，网络视听各平台也积极开展对创作传播者的准入资格审核、业务素质培训，这也对网络视听下电商产业的规范化治理提出新要求。

（三）青少年模式落地与分级实践

网络视听快速发展之下，未成年人保护问题日益受到重视，在呼吁各平台设置醒目的"防沉迷青少年模式"的基础上，相关部门加紧出台细则规约，助力青少年模式发挥实效，并开展网络视听分级实践，完善未成年用户网络视听权益保障体系。2021年9月，国务院、中央宣传部等部门先后下发《中国儿童发展纲要（2021—2030年）》《关于开展文娱领域综合治理工作的通知》，针对网络音视频、直播、社交等网络服务中涵盖价值导向问题的不良信息和行为进行严控，并对网络平台实名制和防沉迷措施落实不到位、诱导未成年人打赏消费等突出问题加大监管和整治力度。随后，行业内部也加紧部署，强化已有的青少年保护设置。例如，抖音发布的2021年度报告表示，平台内14岁以下用户已全部完成实名注册，并设置为青少年模式，同时推出青少年单向"订阅"功能，开启后未成年用户将无法对所"订阅"创作者进行评论、打赏等社交行为。网络阅读领域中，诸如南方分级阅读、小伙伴网等分级阅读网站为探索分级标准以打造儿童视听产品体系提供了有益参考。在未来，青少年模式与分级相关的规约和实践还将进一步细化，为未成年群体的网络视听权益保驾护航。

（四）加大知识产权保护力度

移动互联网传播的"微化"特征致使音视频内容易于复制，网络视听平台的粗放发展也导致版权侵权事件时常发生。一些自媒体未经授权便将音视频作品进行任意剪辑、切条搬运等，甚至为了博取流量自行剪辑拼凑，利用敏感话题一改作品原意，严重损害了音视频作品权利人的合法权益，引发一系列盗版侵权问题和纠纷。[①]

在新的媒体融合历史坐标下，作品权利人的署名权、复制权、修改权、保护作品完整权、信息网络传播权理应得到更好的保护。为此，网络视听行业既要加强音视频知识产权的保护意识，塑造"先授权后使用"的良性视听生态，净化和维护网络视听版权环境，同时，也要联合有关部门加紧整治侵权乱象，加大对侵权行为的惩处力度，引进区块链、人工智能技术进行AI版权识别和确权，并完善相关法律条例与行业准则，保障视听内容制作者的合法利益。

参考文献

王娟、郑浩、高振、邹轶韬：《"双减"背景下在线教育智慧治理框架构建与实践路径》，《中国电化教育》2022年第2期。

曹月娟、沙子瑞：《中国儿童影视分级管理的演变及趋势》，《中国广播影视》2021

[①] 《影视类短视频"先授权后使用"还有多远》，http://www.xinhuanet.com/politics/2021-04/15/c_1127331325.htm，2021年4月15日。

年第 20 期。

林沛：《2021 年广播电视与网络视听政策研究报告》，《中国广播影视》2021 年第 23 期。

李盛楠、马慧珍：《2021 年电视和网络视听市场报告》，《中国广播影视》2021 年第 23 期。

黄楚新：《中国媒体融合的新特点与新趋势》，《传媒》2020 年第 8 期。

B.21
省级党报集团新媒体产业
现状及发展趋势

——以江西日报社（报业传媒集团）为例

王宣海　刘　毅*

摘　要： 党报集团在产业经营上，主要依靠广告、印务、发行三大传统主业支撑发展。近年来，随着媒体深度融合的加快推进，商业门户网站及移动客户端已通过共建等形式大举向省级、市级、县级层层渗透。面对新兴媒体带来的冲击，党报集团传统的"三驾马车"经营结构单一且市场抗风险能力不强，依靠传统主业已很难维持发展。如何破解传统报业，特别是省级党报集团面临的挑战和行业困境？如何在新形势下实现省级党报集团抢占新媒体主流舆论阵地并进行运营创新？如何推动报业多元发展、合作共赢？近年来，江西日报社（报业传媒集团）不断深化改革，开拓创新，通过一系列"组合拳"，深耕细分赣鄱市场，拓展"传媒+"，报业发展多元化，走出了一条高质量发展的新媒体产业发展路径，为自身发展添加动力的同时，也为业界提供经验做法、启发思路，为省级党报集团多元发展、资源共享、转型升级探寻到了突破口和新机遇。

关键词： 省级党报集团　新媒体　广告　江西日报社

---

* 王宣海，江西日报社经营管理办公室（江西报业传媒集团总经理办公室）主任，高级记者，江西大江传媒网络股份有限公司董事长，主要研究方向为新媒体、传媒经营管理；刘毅，江西日报社记者通联部副主任，主任记者，主要研究方向为新媒体、传媒经营管理。

党报集团是党和人民的喉舌，宣传的主阵地，舆论的主战场。此前，省级党报集团的主要优势是对本地新闻等资源的了解和掌握，但随着时代的发展，传媒格局呈现网络化、移动化、视频化的深刻变化，商业门户网站及移动客户端已通过共建等形式大举向省级、市级、县级层层渗透，省级党报集团的"传统优势"逐步被消解，要更好地发挥舆论引导作用，更好地在激烈竞争中实现可持续发展，就必须大胆探索，加快推动省级党报集团在新媒体产业方面的布局和转型发展。

一 应对挑战：省级党报集团产业的发展现状

一直以来，省级党报集团在产业经营上，主要依靠广告、印务、发行三大传统主业支撑发展。但随着互联网的兴起，尤其是近些年移动互联网的迅猛崛起，省级党报集团都进入了媒体融合发展的深水区，挑战和压力接踵而至。不少省级党报集团观念转变滞后、改革创新意识不强，陷入了运营成本居高不下、受众逐渐流失等"困境"。

在应对新媒体的挑战方面，省级党报集团也进行了诸多尝试，从报纸电子版网站、短彩信、地方新闻门户网站、视频直播到如今的短视频、新闻客户端等。随着时代的发展、受众习惯的改变、媒体形态的日新月异，省级党报集团只有成为新型主流媒体，深化好内容供给侧改革，深耕细分好本土市场，构建好新型平台，拓展好数智多元化、多元数智化，做大"传媒+"，才能实现报业传媒经济的又好又快发展。

（一）产业依托

党报经过几十年的积淀形成了巨大的品牌效应，而通过多元拓展能够有效地把品牌效应转化为实实在在的商业价值。省级党报集团的品牌基础建立在"内容"之上，以内容为出发点，传媒产业方能找到依托。

与新媒体比较，省级党报集团传统的新闻报道内容缺少特色，"千人一面"是常态。在受众需求日趋多样化、个性化的今天，如何摆脱同质化，突出特色，在"同题报道"中胜出是省级首先要解决的问题。从受众角度看，新媒体通过海量栏目的设置、技术分析的定位、算法的精准推送不断压缩省级党报集团的发展空间，传统报纸的大众发行之路已趋饱和，实行受众的"细分"策略成为现实选择。"分众"传播，实现了内容的多样和特定的内容相辅相成，只有立足特定群体需求，省级党报集团才能突破纸媒有限空间的竞争，拓展产业发展的空间。

（二）产业形态

从形态上看，新的传播媒介和传播技术日新月异，省级党报集团要提升舆论引导能力，开辟产业发展的新蓝海，必须积极顺应媒体深度融合发展趋势，着眼建设全程媒体、全息媒体、全员媒体、全效媒体，全力推进传统媒体数智化转型，不断探索传统媒体与新兴媒体融合发展的新途径。从目前全国省级党报的总体情况看，互联网、手机媒体是进入新媒体产业门槛低的首选形态，但同样也有高淘汰率的风险存在。不少省级党报集团都知晓移动互联网时代媒体风口在哪里，但限于技术、资金、人才、平台、渠道等方面的束缚，普遍的做法是坚持新媒体自负盈亏的情况下，以其带动整个集团的新媒体建设和产业运营。

江西日报社（报业传媒集团）在全国门户网站刚刚兴起之时，于2000年9月创办了大江网，开启了新媒体数智化的发展之路。网站开始是把江西日报社旗下五报三刊的纸质内容转化为数字内容授权上网，并通过和各门户网站的转载协议扩大本地新闻的传播面，在产业运营方面主要是承接移动运营商"短信手机报"的内容制作，成为当时全国少数几个靠此盈利的报业门户网站之一。在智能手机功能不断升级、短信业务日渐式微后，大江网在网络广告、政务服务、视频访谈等多个方面进行尝试，在成功运营官方微博、微信、客户端的同时，带动报社集团旗下的传统报刊纷纷增设新媒体平台，为报社集团的产业发展奠定了良好的基础。报社集团旗下的大江网、江南都市报微信公众号粉丝量稳居江西媒体公众号前三；大江客户端、江西新闻客户端的下载量在省内名列前茅；新法制报的政务视频制作在江西本地享

有盛誉。2015 年 7 月 28 日，负责运营大江网、中国江西网、江西文明网的江西大江传媒网络股份有限公司（证券代码 833072）正式挂牌新三板，成为"江西互联网第一股"。目前，江西日报社（报业传媒集团）拥有集报网刊端微视云屏等于一体的新媒体传播平台。

（三）产业管理

党报集团以传统纸媒起步，多年来在传统新闻采编领域培养积累了大量人才，而在新媒体运营、文化产业发展等方面的人才相对缺乏。省级党报集团要实现新媒体产业发展的突破，一方面要突破人才瓶颈。对现有人才的挖掘和培养是大多数地方党报集团人才战略的主要方向，通过在职培训、考察学习、换岗锻炼等方式，不断强化既有人员对新媒体特点的把握，提升其运用新媒介开展各项服务的能力，逐步适应整个集团新媒体产业的发展。另一方面要加大资金技术投入，布局新技术新应用。就省级党报集团的产业管理而言，众所周知，省级党报集团既要做好宣传报道主责主业，树立正确的舆论导向，又要抓产业发展，既有事业单位的性质，也有企业运行的特点。面对市场开放、技术发展等外部环境带来的巨大挑战，省级党报集团必须积极推动内部管理体制的转型，调整简单的事业化管理模式，逐步建立事业化管理与现代企业管理相结合的管理模式。

二 顶层设计：省级党报集团新媒体产业发展的战略规划

省级党报集团由事业化管理转向事业与企业化管理相结合是时代发展的必然要求。在加快推进媒体深度融合发展的今天，省级党报集团强化政治意识、责任意识、大局意识，特别是顺应新媒体发展、健全新闻管理机制、对采编进行流程再造、建设新平台新矩阵，是坚持正确舆论导向、抢占宣传思想主阵地的必由之路。对于产业经营管理，要抓好社会效益与经济效益的结合，完善企业法人治理结构，建立健全权责明确、管理科学的现代传媒企业制度，特别是要结合党报集团特点，完善考核评价体系，建立更加科学合理的激励机制。

（一）建矩阵：一体化品牌化

新媒体时代，新闻内容的传播范围更广、形式更多样、互动更活跃，媒介格局、舆论环境、话语主体、传播方式等都在发生变化，微博、微信、App、网站等各种媒介形态相互融合，作为省级党报集团产业发展的基础，必须建立一体化、品牌化的新媒体矩阵，使党报集团各种资源的功能、技术、方式、价值得到全面提升。需要注意的是，新媒体矩阵的构建，不是简单的传播形态的更新、布局与集合，而更多的应该是在形成传播合力、优势共融的基础上，发挥各种新媒体的优势与特色，凸显党报集团的地域性，为产业发展增加体量和载体。

2020年，江西日报社制定《江西日报社（报业传媒集团）关于加快推进媒体深度融合发展的实施方案》，完善全媒体考核，将更多人财物投向互联网主阵地，打造江西日报社全媒体采编中心，大幅提升整个集团的内容生产能力、信息聚合能力和技术引领能力。

目前，江西日报社（报业传媒集团）已拥有报刊、网站、移动客户端、微博、微信、手机报、手机网、地铁户外传媒等9种媒介形态，建成了大数据中心，新媒体端口载体达122个，覆盖总用户超过7000万。江西新闻客户端及江西日报官方微博、江西日报微信、"赣鄱云"等平台形成了移动媒体新矩阵，其中"两微一端"用户总数为1300多万。此外，建成"赣鄱云"市级融媒体中心3个、县级融媒体中心70个，并与江西广播电视台的融媒体平台"赣云"一道组成省级融媒体中心。

此外，江西日报社（报业传媒集团）在新媒体矩阵的建设上突出重点和技术驱动。尤其是在产业布局方面，凭借江西日报社（报业传媒集团）的品牌影响力，不断跨界融合，实施"传媒+"战略发展思路，向文化旅游、教育培训、视频制作、智库、会展等行业拓展，创新了盈利模式，增强了报社集团的自身造血功能。经过一年多的孵化，形成江报培训、江报会

展、江报文旅、江报视频、江报智库五个产业模块，与新媒体矩阵紧密结合，相得益彰，推动了党报集团传统产业的优化升级，促进了各新媒体之间的深度融合发展。在短视频发展模式下，江西日报社（报业传媒集团）推出的反映脱贫攻坚题材的短视频《深山蝶变》被全网推送、上百家主流媒体转载；不少专题报道通过发挥视频等新媒体优势，提升了深度报道竞争力，如 2021 年《大南昌都市圈调查与思考》《赣鲁情深　血脉相连》等大型融媒体策划报道，创新项目制模式，并在纸媒稿件刊发的同时进行视频、客户端等新媒体形态的二次创作和传播，取得了良好效果，刷新了报社专题策划效果的新高度。在 2020 年江西文化强省推进大会上，《江西日报》打造了"文化的力量·江西文化发展巡礼" AR 特刊，这也是全国首张双连版 AR 报纸，充分实现了文化与科技进行深度融合的传播效能。

2021 年，全党开展党史学习教育。江西日报社（报业传媒集团）抓住契机，推出了"跟着党报学党史"系列红色培训活动，举办培训 107 场，参训人员 10260 人，收入高达 600 多万元。2022 年，报社集团以数字经济为抓手，与人民网合作，引进人民数据平台的江西整体业务落地，建设江西的大数据实训基地，培育"传媒+数据+教育培训"的产业新模式。聚焦千年瓷都景德镇国家陶瓷文化传承创新试验区和国际瓷博会，与景德镇新闻传媒集团进行战略合作，推动报社集团的会展经济做大做强，文化研学活动做活做优。

（二）"两分开"：改革体制机制

事业与企业化管理相结合，并不是采编、经营的"混搭"。前者是通过改革明确新闻采编与产业经营活动的界限，让两者协同高效运行。

2021 年，按照中宣部和江西省委要求，江西日报社（报业传媒集团）在全国省级党报集团没有成熟模式和经验的背景下，创新探索采编与经营"两分开"改革，实现了"组织机构、人员岗位、业务流程、财务核算、考核评价"五个方面的彻底分开。江西日报社"两分开"改革，是贯彻落实习近平总书记在党的新闻舆论工作座谈会上重要讲话精神，开展的体制改革和机制创新，也是江西日报社自身事业健康发展的迫切需要。

考虑到采编经营"两分开"的复杂性、艰巨性，江西日报社采取分步推进的思路在《江西日报》先行先试，对江西日报新媒体产业经营工作格局进行调整，经验成熟后再逐步向集团各子报刊网端推进。先将《江西日报》广告部的业务及人员整体转入江西日报报业有限公司，在集团层面设立事业部，专司经营工作，深耕精耕市场，实现了"让专业的人做专业的事"的目标。采编经营"两分开"改革后，事业部与报业公司之间既有竞争，又有合作，二者错位发展，协同配合，依托党报在新闻及新媒体发展方面的核心优势，从党和政府的决策部署、政策调整和中心工作中寻找合适发展机遇。

（三）"两加强"：实现协同发展

新媒体的发展打破了原有的新闻地域限制，扩大了受众的覆盖面，不论是新闻作品的传播还是产业经营的活动都不能再单独依靠媒体的固有资源。当今时代，采编与经营属于传媒的一体两翼，相辅相成。在媒体深度融合发展的过程中，只有进一步巩固党报的舆论阵地，发挥主流媒体在社会舆论中的主导作用，才能同时提升党报在市场上的话语权，充分释放党报的产业经营活力。可以说，新媒体时代党报集团媒体新闻采编和产业经营活动只有采取"两加强"的形式协同发展，才能不断提高新闻舆论工作水平，让产业经营做大做强，实现党报集团媒体自身的可持续发展。

江西日报社（报业传媒集团）出台了《江西日报社关于内容生产激励机制的规定（试行）》《江西日报社年度好稿评选办法》等系列文件，加大了对优质稿件、版面和新媒体作品等的奖励力度，做到"凡重大、必创新""凡精品、必奖励"，为加强新媒体采编提供制度保障。在"以作品论英雄"的工作机制下，《百年大党为何风华正茂》系列述评、《2021全国两会特刊》、《书写新答卷　奋进新征程》等一大批具有开拓性、创新性、引领性的精品力作不断被推出。

2021年，江西日报社（报业传媒集团）创新成立经营事业部，成为党

报产业经营创收业绩"稳增长、创新高"的主力军。例如，在深耕、精耕财经领域的基础上，细分成立了金融事业部；利用子报《新法制报》在政法新媒体方面的资源优势，成立了法治事业部等。财经、南昌等事业部营收双双超千万元，教育、健康等事业部也均实现营收任务量翻番。2022年，江西日报社（报业传媒集团）还将在采编经营"两分开""两加强"上持续发力，摸索更安全更有效的边界，探索改革发展的江报实践。

三 走向未来：省级党报集团新媒体产业发展的尝试与思考

在完成了基本的战略规划和顶层设计之后，省级党报集团必须因地制宜地结合人、财、物等资源现状发展新媒体特色产业，抢抓5G、大数据、移动视频、人工智能等契机，精准施策解决发展难题，从优化产业体系资源和各项相关配套设施入手，做实做细党报集团品牌优势。

（一）资源：是融合更是优化

新媒体的发展带来了崭新的传播形式、采编流程和运营观念。党报集团需要开启新兴媒体主导传统媒体融合发展的新模式，实现传统纸媒的"关停并转"和集团整体新媒体产业布局的优化重组。

2017年8月，江西日报社（报业集团）旗下的网站大江网和《信息日报》成功实现"一体化"运作。在融合发展的四年里，网站和报纸品牌影响力及经营收入实现双赢。2020年，《信息日报》实现收入1951万元，首次实现反哺网站利润200多万元，重回江西全省市场类报纸发行量排行榜第一名的位置，2021年《信息日报》创江西都市类纸媒发行收入的新高。大江网（大江传媒）影响力和传播力继续位列全国省级网站第一方阵，经营总收入继2017年突破亿元后，在疫情影响下仍保持高速增长。2021年10月，全国新闻出版深度融合发展创新案例征集活动结果揭晓，《"大江网（中国江西网）+信息日报"开启新兴媒体主导传统媒体融合发展新模式》

成功入选国家新闻出版署组织的传媒类创新案例。

"新媒体主导传统媒体"主要体现在：报网一盘棋，深度融合，增加新媒体平台的数量和穿透力，让符合读者需求的新媒体平台更多；采编和运营的流程再造、人员转型，让新媒体时代报纸发行回归市场价值，报纸内容紧跟用户需要，带动发行量提升；树立新媒体时代更加先进的营销理念，让报纸的营销模式一改以往售卖广告版面的思路，"以用户为中心"的新媒体思维深入报纸工作的方方面面。

如今，江西日报社（报业传媒集团）在大江网与信息日报社成功融合发展后，再次进行了"报刊+新媒体"的融合尝试，即《报刊精粹》和《新参考文摘》两家传统媒体平台与江报融媒（江西新闻客户端）融合发展，就目前来看，融合之后的产业经营效果还不明显，如何依托融合平台和人员做好产业经营还在摸索中。基于当前我国老龄化、多子化的发展形势，养老、育儿产业的潜在规模不断扩大，在"银发经济""宝贝经济"成为朝阳产业的趋势下，聚焦"一老一小"等群体，拓展以老年人和少儿为受众的媒体发行、广告市场、互动教育等将是一种可能的选择路径。

（二）品牌：是特色更是担当

如果说党报集团通过资源整合、平台再造和架构优化实现了传统报业在新媒体时代的"涅槃重生"，那么要进一步推动新媒体产业取得规模效益，就必须坚持品牌打造和营销。

党报集团的品牌打造是直接与目标受众和产业主力消费对象建立互动关系，在新媒体时代传播"去中心化"的形势下，党报品牌对于党报集团而言，其重要性只会越来越强，党报品牌将引领一切主业和多元产业经营活动。党报品牌又分"母品牌"和"子品牌"，如就江西日报社（报业传媒集团）而言，《江西日报》是母品牌，《信息日报》、"大江网"、"江西新闻客户端"、"法媒银·失信被执行人曝光台"等是"子品牌"。

党报品牌具有鲜明的政治性、权威性、地域性等特征，是在较长的时间内通过质量过硬的新闻报道产品、服务受众、赢得信誉的策划活动及持久的

品牌展示推广而建立起来的。江西日报社（报业传媒集团）在党报品牌方面正是围绕上述定位展开的。近年来，江西日报社（报业传媒集团）加大了对名作品、名专栏、名记者、名编辑的打造力度，连续十年获得 11 次中国新闻奖一等奖；开展了"首席记者""首席评论员"的评选，加大了新媒体策划报道的力度，在党的十九大和近年来全国两会等重大主题宣传中，江西日报社新闻报道屡获中宣部高度肯定。

党报品牌的定位打造必须充分彰显党报作为主流媒体的责任担当和为党为民的服务意识。作为省级党报集团，江西日报社（报业传媒集团）旗下的子报刊网端都从此入手，通过做大做强"子品牌"，形成党报集团新媒体产业的"星星之火"，不断壮大"江西日报社"的"母品牌"，形成新媒体产业发展的"燎原之势"。

2015 年，江西日报社（报业传媒集团）与省高院及 18 家银行联手打造江西"法媒银·失信被执行人曝光台"，成为中国新闻奖名专栏，其在全国首创人民法院、新闻媒体、银行金融机构三方通力合作、共铸诚信的新模式，成为江西社会诚信体系建设的一张亮丽名片，在全国创造了德法兼治、德法结合的可操作的"江西样本"。"大江法拍"作为平台 2021 年培育的新媒体项目品牌，在南昌多家法院开展宣传、非事务性工作，截至 2021 年已派驻法院工作人员 50 余人，为 2022 年的业务开展奠定了扎实的基础。

2016 年，江西日报社（报业传媒集团）聚合优势资源，依托自主研发的"赣鄱云"融媒体智慧平台，推进全省县级融媒体中心建设，发挥大数据、云计算的技术引领作用，将省市县媒体通过融合连成"一张网"，促使内容、用户、技术、数据、传播平台打通共享。现在，"赣鄱云"既推动江西的媒体融合工作在内容生产、管理模式、经营理念等方面实现了质的飞跃，又积极和各级部门开展"融媒中心+"、党端智媒云、空间设计、版权云、数字报、培训、研学、文创等业务合作，开创了合作共赢的新媒体产业发展新局面。

江西日报社（报业传媒集团）旗下大江网的舆情监测服务在江西省直单位中的影响力进一步提升，逐渐显现出品牌效应。2021 年，大江舆情监控综合指挥调度系统完成平台运营以来最大规模的新增数据采集收录工作，有效完善了平台对客户端、短视频、微信公众号等平台的数据采集基础,进一步深挖舆情服务在省直单位、县市区中的发展潜力。

2021年,江西日报社(报业传媒集团)旗下的《江南都市报》紧抓江西省大力优化升级营商环境的契机,推出了江西营商全媒体平台,成为江西日报社(报业传媒集团)的一张"新名片"。该平台积极开展全省营商环境公共服务系统的建设,是国内首个报网端联动、政企媒互动的营商融媒体平台,以助力政府效能提升、打造一流营商环境为重点,发挥媒体深度融合发展优势,构建覆盖省市县三级的服务网络,着力打造全球赣商普查数据系统(赣商之家)、江西重点产业项目库(永不落幕的网上招商引资平台)、江西营商舆情系统、全球赣商维权中心、江西营商智库等五大体系,在党委、政府决策参考、地方招商引资、产业数据服务、营商智库咨询、新闻舆论引导等方面提供更多优质服务。

2021年,江西日报社(报业传媒集团)旗下的江西手机报成功向江西全省1000万用户发送第一期"江西融媒手机报(5G消息)",同时也促进了江西日报社(报业传媒集团)5G消息产业生态的发展。江西手机报在全国率先运用5G消息报道全国两会,创新应用场景,获得5G行业、媒体、报社内部多方认可。江西手机报还与大疆慧飞无人机应用技术培训中心在航拍、植保、巡检、安防、测绘等应用行业技术人员培训、无人机应用、无人机表演等方面展开合作,以技术力量赋能媒体深度融合发展。

作为江西日报社(报业传媒集团)旗下的专业政法类报纸,《新法制报》充分发挥报纸和新媒体平台的公信力和影响力,以"新闻+政务+服务+商务"的模式,搭建多个平台,整合盘活资源,不断做大做强"公益律师""百万网民学法律"等品牌活动,实现多元化经营收入近千万元。《新法制报》不断推动自身政法专业媒体的品牌建设,加强与重点资源单位的合作,承办省委依法治省办官网法治江西网、官微"法治江西"、省委政法委官微"江西政法"、省反邪教办公室"四合一"、江西省公安厅交管局官微"江西交警"等新媒体平台,配合成熟的视频制作团队,形成了政法新媒体产业的完整链条。

（三）问题：是挑战更是机遇

江西日报社（报业传媒集团）近年来的新媒体产业发展中虽然取得了一定的成绩，但是也出现了一些亟待解决的问题，而这些问题是不少省级党报集团在新媒体产业发展中存在的共性问题。要解决这些问题，必须不断通过机制体制改革，突破技术和观念上的瓶颈，从全局的角度进行集中攻关。

1. 产业迎高速发展，人才储备显不足

多数省级党报集团的新媒体部门还是靠自营，因业务发展需求大，新媒体产业迎来了高速发展期。但相应地，产业经营、技术研发方面的专业人才储备不足的情况发生。以江西日报社（报业传媒集团）为例，目前和新媒体产业发展有关的主力人员还是传统都市类报纸、网站等单位的人才班底，虽然也通过招聘、引进等方式招募了新人，但新媒体产业从业人员培育周期长、见效不明显。新人也只能承担更多的支撑工作，能独当一面的新媒体产业经营人才匮乏。灵活的薪酬机制和人才梯队建设规划是针对人才不足和流失问题的应对之策，只有摆脱人员"编制"的困境，提供有竞争力和吸引力的待遇，营造新时代党报高大上的工作文化氛围，党报集团的人才才能源源不断地推动新媒体产业发展释放无穷的潜力。

2. 新项目推广不易，保增长根基不稳

面对激烈的市场竞争，外加媒体形态所能承载的广告量增长有限，省级党报集团想要保持较好的发展势头，只有不断策划、培育新的产业项目，做好既有及创新项目的运营工作，方能实现产业的可持续发展。但是，在大力培育新媒体产业的新项目时，受困于政策、市场竞争、地域发展、技术攻关甚至疫情等因素，一些省级党报集团的新媒体产业项目并不是都能迅速铺开，占领市场。新的项目推广中存在的问题如果长期得不到解决，省级党报集团新媒体产业的营收增长将难以得到持续保障。

3. 多元化同业竞争，差异化定位不明

省级党报集团的产业经营团队并不是单独的一支队伍，有时多个集团里的团队在承接新媒体业务之时难免出现竞争。这种竞争有利于激发团队整体

活力，但可能更多的是导致项目建设重复、人力资源内耗。究其原因，这与党报集团在产业布局上差异化定位不明确有关。为此，可以考虑从集团层面整体进行新媒体产业活动的大策划、大活动，整个集团内各方力量协同打造更多的集团品牌 IP，共享产业发展成果。

4. 考核模式不灵活，长远发展难顾及

"一年一考核""一年一指标"是不少省级党报集团对新媒体产业运营团队的考核模式，这种比较紧迫的时间压力虽然说在某种程度上有利于促进新媒体产业创新发展，但由于要优先"完成任务"，事关技术平台研发、完善与安全设施的投入等长期性项目将在这种考核模式下受到不利影响。这种现状会导致新媒体在技术安全、平台体验方面均出现各种问题的积累。而没有针对性地投入不太可能培育出"大项目""好项目"，容易错失发展机遇。未来省级党报的新媒体产业需要以一定比例的投入布局长远项目，为党报集团新媒体产业的可持续发展提供坚实的保障。

参考文献

黄楚新、许可：《"十四五"时期主流媒体的机遇、挑战与发展策略》，《中国编辑》2021 年第 9 期。

郭全中、刘翠霞：《我国新媒体产业新进展、新趋势瞭望》，《电视研究》2021 年第 7 期。

黄楚新：《构建全媒体传播体系的理念、路径与方法》，《全媒体探索》2021 年第 1 期。

B.22
人工智能驱动下广告产业创新模式研究

牛盼强　夏雪娇*

摘　要： 人工智能与广告的融合正在驱动广告产业模式的全面创新，未来
将会释放更大潜力，所以，这一问题具有重要研究价值。人工智
能驱动广告产业创新模式主要表现为外在的广告场景创新模式、
内在的广告方式创新模式，以及整体层面上广告生态创新模式。
从广告场景创新模式看，人工智能在广告运作的各个环节下都发
挥着重要作用；从广告方式创新模式看，人工智能的介入产生了
智能化搜索引擎广告、智能化视频广告和沉浸式互动广告；从广
告生态创新模式看，人工智能延伸和细化了广告产业链，形成了
新的广告平台化运营方式。

关键词： 人工智能　广告产业　智能广告

广告产业产生至今一直在不断寻求变革创新，而技术正是推动广告产业
创新的内在驱动力。技术驱动广告产业创新可以分为四个阶段：第一阶段是
大众传媒+广告，第二阶段是互联网+广告，第三阶段是大数据+广告，第四
阶段是人工智能+广告。在第四阶段，尽管现在人工智能（以下简称
"AI"）还处在探索期，但 AI 所需的数据、算力、算法已经具备基本条件，
越来越多的企业开始探索人工智能广告的更多可能性。

---

* 牛盼强，上海大学新闻传播学院副院长，主要研究方向为新媒体传播与媒介经济；夏雪娇，
上海大学新闻传播学院硕士研究生，主要研究方向为新媒体传播与媒介经济。

一　智能广告场景创新模式

人工智能技术的发展和广告产业的需求，让众多企业开始探索 AI 在广告产业中的应用场景。当前 AI 在广告产业的应用场景主要表现为基于自然语言处理的用户洞察，如 DMP 人群包、相似人群扩展；基于机器学习的创意生成，如视频后植入创意、语音合成与互动等；基于智能推理的广告投放，如点击率预估、OCPC 智能出价等。广告场景创新模式主要体现为以下六个方面的内容。

（一）品牌产品定位与概念优化

在新品牌创立或者品牌推出新产品时，需要一个清晰的定位，AI 技术可以帮助进行准确定位。例如时趣互动广告在服务某国际知名医疗保健品牌时，针对新推出的缓解痛经的产品，帮助其进行了准确的产品定位。如果利用传统方法做市场调研分析，不仅短期内难以获得大量数据，而且因为痛经类话题比较敏感，不适合做大规模的市场调研，小规模抽样的准确性又难以得到保证。但是通过时趣互动广告的 AI 技术能够在分钟级别的时间内，获得十万级样本数据，对痛经场景下的内容做聚类洞察，分析消费者态度和决策。[①] 此外，可以从用药、中西医等维度深度解析，提出该品牌需要结合既有优势做出基于中医古方进行科技化生产的产品定位。

除了产品的定位，产品本身的概念方向也是广告的重要决策之一。产品的概念包括原材料、产地、生产过程、香味、形态，以及使用场景、使用后的功效、用户感受等。了解消费者关注产品的哪一方面概念，有利于产品营销策略的优化与方向的指导。以美妆产品为例，功效是它们重要的产品概念，如抗老、抗皱、防晒、美白等。在对现有产品概念做分析时，可以利用

---

① 赵伟：《五个核心环节，AI 如何为营销人服务？》，https：//www.sohu.com/a/301010111_221477，2019 年 3 月 13 日。

自然语言处理（NLP）行业模型，输入现有的产品概念后，会按照场景、功效、特质、感受等进行数据搜集，并且结合全网关于产品的提及数据和消费者购买产品后的评论，分析产品各部分概念的消费者接受度以及效果预测，总结出产品概念的核心竞争力，找出品牌没有过多关注或者提及量不高但是上升趋势显著的产品概念。[1] 总之，AI 对于品牌产品定位和概念的优化，可以节省大量的成本，样本量级更高，结果也更精准。

（二）精细化多层次的用户洞察

AI 之所以智能的原因是想用户之所想，通过数据互联洞悉人的价值需求，以人为核心去思考问题，进而解决问题。借助于 AI 发现不同消费者的不同需求，进而满足多样化的需求，这就需要基于自然语言理解的大量数据获取、整理分类和分析，真正了解用户的内心需求，并且针对不同的用户属性采取差异化的营销方式。例如，时趣互动广告在为某美妆品牌做针对"熬夜场景"的营销方案时，前期就是通过 AI 技术发现此场景下用户的真实需求，不仅是熬夜人群在护肤保养上的黑眼圈、痘痘、暗沉等痛点，还包括他们关注的品牌和产品。基于这些层面的用户洞察，让策略锁定的范围更加精准。

AI 通过自我学习，整理海量用户数据，并将用户群体归类，精细化用户标签。移动互联让每个人都有了获取信息和发表言论的能力，慢慢表现出其独特个性。大数据能让受众的分类越来越细化，AI 技术的突破和数据处理能力的发展，会使这种细分的深度和广度实现新的飞跃。通过用户标签，计算机能够将用户可能感兴趣或与其相关的信息推送给用户，如淘宝、拼多多、京东等电商平台的商品推送。这些平台利用 AI 将用户的搜索内容、商品停留时间、消费金额、消费频次、购物偏好、退换货等情况进行追踪，通过算法对这些数据进行归纳分析，为用户打上标签，随着标签的逐渐增多，

---

[1] 赵伟：《五个核心环节，AI 如何为营销人服务？》，https：//www. sohu. com/a/301010111_221477，2019 年 3 月 13 日。

给用户推荐的商品也会越来越精准。AI 还实现了跨屏的数据联通，能够将不同终端的同一用户数据打通，准确识别用户，例如在 PC 端进行搜索之后，在移动端可以看到之前搜索过的相关内容推送。不仅仅是当下的标签，AI 通过机器学习，在用户的碎片化时间和多样化行为之下，可对自身数据库进行迭代，跟用户的行为习惯保持同步，有效降低营销成本。现在的 Look alike 相似人群扩展就是典型的用户洞察类算法。除了数据积累下的标签定位，还有认知智能的面部识别技术对消费者情绪的洞察，能够快速掌握消费者当时的心理活动以及情绪感受，结合已存在的数据可以更精准地洞察用户需求。

（三）个性化创意生成与测试

素材创意的好坏直接影响广告活动的效果，优秀的广告创意内容能够让用户快速对品牌或者产品产生兴趣，形成品牌认知，建立与品牌之间的联系，从而提高用户购买意愿。互联网时代媒体数量众多，广告的尺寸、格式、设备、大小等各不相同，人脑面对这种大规模的广告生产已经力不从心。2017 年"双十一"期间，阿里开发的"鲁班"系统为天猫制作海报 1.7 亿张，1 秒钟就可产出 8000 张，相当于 100 个设计师昼夜不停地工作 300 年。[①]"鲁班"的负责人提到，"鲁班"的可控式视觉生成是基于 AI 的机器学习技术，通过人工数据标注，让机器理解设计包括哪些元素，将设计经验、手法、风格等转化成数据，并且准备大量原始设计作品，整理归类让机器学习，在越来越多的训练中，"鲁班"就可以在有需求时产出最合适的作品。未来"鲁班"还可以通过深度学习，分析市场趋势，创造关键词，塑造情景，从而创作出有"创意点"的成果。

"鲁班"所代表的程序化创意，虽然还没有达到与人脑相匹敌的生动、人性和有内涵，但是这种广告生产方式能够满足基本的创意需求，极大地提

---

① 《今年淘宝海报 4 亿张！100 个设计师不吃不喝做 300 年才能完成？》，https://www.sohu.com/a/204044102_100057963，2017 年 11 月 13 日。

高生产效率、节约成本。并且程序化创意本身也在不断进步，除了生成创意还能进行多素材的测试，帮助广告人创作。如果某个词语在广告中的效果明显优于其他词语，AI 能够将结果快速交给广告设计师，辅助广告设计师进行决策。如果商家想要测试广告图片的点击率，AI 可以实时展示测试状态和结果，为商家优先展示最高点击率的图片。2018 年春节期间，京东与科大讯飞的讯飞 AI 营销云合作，以 AI 智能语音为核心趣玩新年营销，推出《新年话用心说》H5，通过用户的一句话可以识别出其性别和年龄，识别准确率高达 90% 以上。① 针对用户所关心的话题，通过讯飞大数据和语音云，为每一类用户定制专属新年关键词，赋予用户黑科技感，并在多个媒体上广泛投放，聚集了超高人气。

（四）购买受众式智能媒介投放

广告投放是联结广告活动前后的重要环节，适宜的广告投放能够让广告效果事半功倍。传统广告的投放通常需要人工进行筛选，评估和决策难度高，费时费力。但是通过大数据和 AI 自动投放，广告投放流程被简化，实时的竞拍机制，使匹配智能化，让广告投放实现从购买媒介到购买受众。传统的购买媒介模式下，如果想对大学生推销手机，一方面可以选择大学生出现频次较高的位置进行广告投放，如流行的综艺节目现场、学校周围的电影院等；另一方面也可以根据内容定位，当大学生在网络上浏览手机保养和手机选择等信息时就可以弹出手机广告。这两种广告投放都是基于大学生可能在哪里看什么。然而购买受众并不是购买他们在什么时候在哪里做什么等信息，而是基于他们本身的用户属性，能够减少内容定位、内容购买成本和时间。AI 可以根据用户属性细化用户群体，基于机器学习算法优化智能出价模型和点击率预估模型，让广告自动分发到不同媒体，选择最合适的投放时间、渠道、方式。总之，AI 自动化系统提升了广告的跨媒体能力和广告投

---

① 《京东 AI 黑科技，趣玩狗年新花样》，https：//www.docin.com/p-2151864725.html，2018 年 11 月 21 日。

放效率。

在当今的媒介投放中，关键意见领袖（KOL）是重要的选择因素，一般情况下品牌主在选择 KOL 时大多仅凭自己的经验或粉丝量，很难对其粉丝群体、效果转化等方面做细致分析。但是在 AI 的支持下，选择 KOL 不再是难事。例如，时趣互动广告创建了动态 KOL 基础库，通过 AI 技术自动识别广告活动，为 KOL 打上特征标签，与品牌目标消费者的属性、KOL 偏好等进行匹配，为用户推荐最合适的 KOL 资源和最佳的媒介组合。[①]

（五）效果分析：反作弊与广告监管

广告主经常会有"我投出去的广告到底有没有用"的疑问，一方面是因为传统广告缺乏客观全面的效果评估方法；另一方面也存在部分媒体售卖虚假劣质流量，欺骗广告主的现象。AI 技术的介入可以帮助解决以上难题。广告投放后，通过 AI 技术追踪广告路径，将可能反映广告效果的海量数据进行整理分析。首先，判断数据物理属性，分析访问时间和地址；其次，判断数据网络属性，分析 IP 地址和网络接入方式；最后，分析用户行为，最终获得广告投放的真实效果。[②] 这种呈漏斗式的反作弊方式，可以确保广告交易的透明公正，可以很大程度上规避人为的虚假流量和数据。例如，讯飞PureNet 反作弊系统就是利用 AI 建模提供分层流量过滤功能，之后机器深度分析用户行为路径以及接受广告的场景信息，获得准确的实际广告投放效果，帮助广告从业者尽快地发现问题和解决问题。

基于机器学习的广告效果分析方法在网络广告监管上同样有用武之地。传统媒体广告的审查总量较小，比如央视每年只有一万条广告需要审核，但是大数据下的互联网广告数量庞大，无法通过人工审查完成。例如，百度累积的广告物料已经超过了 30 亿次，每小时就有 25% 的广告主会更新物料，

---

① 赵伟：《五个核心环节，AI 如何为营销人服务？》，https：//www. sohu. com/a/301010111_221477，2019 年 3 月 13 日。
② 艾瑞咨询：《2018 年中国 AI+营销应用落地研究报告》，https：//report. iresearch. cn/report/201808/3259. shtml，2018 年 8 月 30 日。

每天就会有 4500 次的广告投放。① 人力对广告的监管不足，将会导致大量虚假广告、不文明广告泛滥成灾，对广告市场甚至消费者和社会造成严重影响。借助 AI 的广告效果追踪与分析，基于机器学习算法的类比学习、监督式学习等可以对违法乱纪的广告进行追踪，快速进行批量下架和修改等处理，还可以通过广告路径追踪到责任人。

（六）再营销：客户召回与激活

老客户对于品牌来说不仅有巨大的消费潜力，而且有助于传播良好的口碑。通过创造再营销场景的方式可以召回和激活老客户，提高其品牌忠诚度。创造再营销场景，最关键的是对用户的分层精细化营销和激励。通过用户漏斗分析，AI 可以对不同属性的用户进行自动化识别和归类，再针对不同的用户行为层级制定相应的营销策略。② 例如，在电商购物广告中，针对某一品牌的某一产品，最大用户层级的是广告曝光用户，AI 会提高用户洞察精准度，优化投放媒体、时间、位置等策略；对于第二层级产生点击的用户，则可以改变广告创意形式和内容，以便再次尝试唤醒用户；对第三层级已经加入购物车用户，可以推送与该产品相关的折扣或促销信息，激励其下单；对第四层级已经购买的用户，可以引导用户加入品牌交流社区，关注品牌店铺，或者推荐品牌相关联的其他产品。

二　智能广告方式创新模式

相较于广告场景创新模式，人工智能驱动下广告方式创新模式更聚焦广告内部的创新。下文把广告方式创新模式分为智能化的搜索引擎广告、智能化视频广告、沉浸式互动广告。

---

① 唐洁、黎艳：《人工智能影响下广告传播的创新》，《出版广角》2019 年第 17 期。
② 艾瑞咨询：《2018 年中国 AI+营销应用落地研究报告》，https：//report. iresearch. cn/report/201808/3259. shtml，2018 年 8 月 30 日。

（一）智能化的搜索引擎广告

搜索引擎广告目前仍然占据较大的市场份额。最初的搜索引擎广告是以雅虎为代表的人工进行目录分类，后来出现以百度和谷歌为代表的关键词搜索方式。现在在 AI 介入下，搜索引擎广告进入智能搜索引擎广告的新时代。基于认知神经网络、语义分析、模式识别等 AI 技术，可以准确识别用户关键词，根据关键词的概念分类标记，搜索相关信息，迅速结合用户有兴趣的领域在自身内容库中生成多侧面、强相关、个性化广告推送给用户。

除了对自身广告生产的优化，针对搜索引擎广告自身弊端，AI 也带来了新的解决方案。针对广告内容虚假、品牌信息虚假等问题，基于图像识别将广告页面的文字、图片等元素与商标库、风险词等数据库进行匹配，准确识别打击违法广告。在广告投放中，如有广告主恶意交换外链、发布外部链接，则可以通过绿萝算法跟踪此类广告的不良链接数目以及链接前后站点的相关性，如出现问题则降低该广告的搜索排名或者直接下架。[①] 广告主信誉不透明也是搜索引擎广告的痛点，针对这一问题，AI 引入第三方征信机构，打通多维度数据库，线上线下联合评测广告主信誉。

（二）智能化视频广告

智能化视频广告基于视频转写技术、视频打点技术、图像识别技术等使得视频广告的内容和形式得以实现跨越式发展。[②] 视频转写技术是指可以智能识别视频中人物谈论的内容，视频打点技术是指可以更多地分析视频全部内容包括台词画面等，图像识别技术是指可以准确识别出视频中出现的某种品牌。通常这三种技术的结合可以在视频中轻松植入并不生硬的广告，与视频当下的内容、场景有较强的关联性。影谱科技是国内在可视化技术领域的领先企业，其通过自主研发的网络视频互动技术、AI 影像识别、视频内容

[①] 艾瑞咨询：《中国 AI+营销市场研究报告》，http://www.199it.com/archives/808684.html，2018 年 12 月 22 日。

[②] 曾静平、刘爽：《智能广告的潜进、阵痛与嬗变》，《浙江传媒学院学报》2018 年第 6 期。

结构化等为原生视频的广告产业链提供媒体增值服务、数字化制作、系统开发支持等，在保留用户视频体验的基础上，将视频广告和视频内容融合的边界进一步拓展。它的智能计算技术直接通过像素自动计算视频广告位，浮层架设技术可以在不破坏原视频基础上增加拟真浮层，增加视频元素，云视窗实时植入技术可以一键完成文字图像影像的植入。[①] 例如，影谱科技的产品"植入易"可以依据品牌要求进行精准原生投放，形式多种多样，在热门综艺《爸爸去哪儿5》中，将舒肤佳、网易考拉、诺优能的品牌和视频内容完美结合，有效提高了品牌认知度，还获得了第五届 TopDigital 创新原生广告奖项。影谱科技的另一款核心产品"Video 易"则能够利用 AI 算法延伸视觉内容与用户产生互动，增加广告位，极大地缩短了与用户之间的距离。

（三）沉浸式互动广告

静态的广告传播形式过于生硬，用户难以产生参与感、互动感，也就无法形成品牌印象。在 AI 技术的支持下，更多的互动式广告开始出现沉浸感和互动感这种更吸引用户的有效方式。[②] 基于语音合成、语音识别等技术，将人机交互带入了广告中，是一种"沉浸式审美"，早期的宜家就是采取的这样的方式。在爱奇艺、优酷等视频 App 中，播放广告时，每过 5 秒就会向用户语音提出一个问题，用户可以语音回答这个问题，回答正确即可跳过广告，用户为了跳过广告会认真注意广告内容，强化了用户心中的品牌认知，广告变得生动而有趣，这种将被动接受变为主动交流的广告形式显然更容易被用户接受。[③]

智能互动广告不仅仅是简单的语音识别互动，在广告创意方面也会更个性化、多元化。智能互动广告在接收到用户的回应（手势、神情、语音、

---

① 秦爱梅、丁雨：《基于人工智能视觉的特定场景识别系统设计》，《现代电子技术》2017 年第 10 期。

② 赵若曦：《人工智能时代下智能化营销提升消费者消费体验策略研究》，《中国市场》2017 年第 11 期。

③ 韩思齐：《人工智能时代下营销活动的智能化》，《现代经济信息》2016 年第 5 期。

情绪、自拍等）之后，会根据用户本身的标签以及兴趣偏好，实时优化互动内容和形式，做到精准化互动。例如，360 营销与京东在"6·18 购物节"期间展开合作，通过语音引导，指引用户进行面部识别，展示多角度用户特征，将不同用户性别、特征与海量数据库做对比分析，自动生成千人千面用户画像，为不同用户定制个性化落地页创意，激发用户自发参与、分享，进一步扩大了"6·18 购物节"的影响力。

三　智能广告生态创新模式

随着 AI 与广告产业融合的深入，广告产业整体结构也在发生改变，传统的广告主、广告公司、受众的结构被彻底颠覆，新的生态系统开始形成，产业链上出现了更多新的角色和功能，传统的运作方式逐渐向平台运营转变等。

（一）广告产业链创新

1. 广告产业链的延伸和细化

广告主不再只是传统的企业品牌，还加入了电商服务商，如淘宝、京东、携程，还有很多的 3C 数码企业，如华为、小米、OPPO、VIVO 等，广告主的类型越来越丰富。第三方服务商为广告主提供了更多的定制化服务，除了传统的广告公司外，出现诸多在细分领域的服务商，以技术为驱动的信息服务商，如科大讯飞、商汤、影谱科技等；以数据收集、处理、应用等为核心的时趣、百分点等公司；专注智能投放的多盟、个维、有米等；专注于效果监测的艺恩、谷歌分析等。此外，还有许多综合性的 AI 广告服务商，如 360 点睛实效平台、阿里妈妈、百度、品友互动等。多元化的媒体渠道出现，如通信聊天的微信、QQ，社交网络的微博，综合资讯的今日头条，视频服务的爱奇艺、优酷，音乐音频的喜马拉雅，以及金融理财、电子阅读便捷生活等细分线上平台。媒体的细分是源于对用户生活场景的细分，未来针对更多垂直领域的媒体还会不断涌现。

2.广告产业链的协同和联动

在广告产业中，因为 AI 技术和大数据的介入使得产业链各个部分产生协同和联动效应，有效提升了广告传播效率和效果。广告主和广告服务商通过大量数据构建用户画像，精准化投放广告，AI 技术应用也需要海量的数据进行深度学习。由此可见，大数据和 AI 技术协同是 AI 广告产业的核心，也是推动广告产业创新发展的原动力。

传统广告产业走向智能化将不可避免地面临自己组建智能广告公司或者并购专业的智能广告公司的选择。除了并购，还有很多大型广告传播集团选择与智能广告公司建立战略联盟，实现合作共赢。规模较大的广告主拥有海量用户数据资源和自媒体资源，选择并购或者达成战略联盟能够将 AI 技术和大数据资源有效结合，广告代理能力能够得以快速提高，也能实现效益最大化，持续的合作更有利于智能广告公司的技术进步，广告主效率提升，并向智能化方向转型。对于广告服务商中的大数据管理公司而言，鉴于数据的驱动型，其大数据挖掘和分析业务有着重要的战略意义，为此应依托国内智能媒体强大的平台和资源，与智能媒体共同合作，实现数据资源内部的交换共享。

传统的广告主虽然有着较为丰富的客户数据以及以往的广告传播数据，但是由于对数据处理分析能力不足，不能把潜在的数据价值充分挖掘出来。在 AI 技术支持之下，广告主可以开发自有品牌的数据分析中心，但考虑到成本问题，更多的是交于第三方数据服务商进行挖掘和处理。数据服务商提供完整的数据采集、管理、分析服务，辅助广告主进行投放前的策略制定、投放中的精准化营销、投放后的效果反馈和资产回收，这就形成了产业链之间新的合作模式。

（二）广告平台创新

广告主在利用 AI 提升自身广告效率的同时，对于整个市场有了新的认识角度，观念上发生改变，不是简单地加入技术，而是从用户流量思维到用户经营思维的转变，挖掘数据价值，优化营销技术。并且广告主对于自身数据安全的意识也在提高，利用技术加强对用户数据隐私和企业数据资产的保护。广告企业组织架构也在进行优化升级，美团点评的广告部门从一个分支部门逐渐成为独立平台，紧密结合 AI 等技术，联合各个部门为商户提供越来越精细化的完整的数字营销智能化解决方案。在 AI 的影响下，企业多部门营销协作进一步打通，共同服务企业的用户经营。

移动互联时代媒体成为数据的直接产生地，媒体拥有更多的一手用户网络行为、个体属性的数据，但商业变现模式依旧以广告为主，而数据是媒体的核心资产，媒体对于数据的挖掘与应用也会比广告主更为直接和深入。在 AI 广告广阔的发展前景下，许多头部互联网媒体开始自主研发 AI 营销平台，利用自身在互联网行业的积淀，发挥其技术与数据优势，为广告主提供更为丰富、先进的服务体系。一方面，构建自身技术平台对于增加其本身的服务竞争力有重要作用，更容易取得广告主的信任；另一方面，媒体平台向第三方服务商转型，有利于自身商业模式与变现方式的拓展。

四　结语

综观广告产业的发展历程，每一次新技术和新媒介的出现都会驱动广告产业的重大创新，现在人工智能技术的出现和发展正在驱动广告产业模式的又一次全面创新。在 AI 技术发展的背景下，广告产业创新模式是丰富而复杂的。从广告场景创新模式看，无论在产品定位、用户洞察和生成创意场景，还是在媒介投放、效果分析和再营销场景，AI 都发挥着重要作用。从广告方式创新模式看，搜索引擎广告、信息流广告在 AI 的介入下，往更高效准确的方向发展，还出现了沉浸式互动广告等新的传播形式，拉近了品牌和消费者之间的距离。从广告生态创新模式看，新的广告生态系统开始形成，产业链上出现了更多新的角色和功能，平台运营取得了巨大发展。尽管 AI 为广告产业的创新带来了巨大的红利，推动了广告产业的进步，但当前智能广告仍存在很多问题，如存在过度精准定制、把关效果待提升、情感注

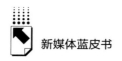

入不足、从业人员的职业信念受影响等问题。① 这些问题，有些源于现有的AI 技术不成熟，难以全面了解用户复杂的心理认知；有些源于制度变革跟不上 AI 技术的发展；还有一些是源于过多追求商业利益而忽视社会价值等。不论如何，未来人工智能将会给广告产业带来更多更大的价值和创新，这是大势所趋。因此，应注重趋利避害，大力开发 AI 技术，大力促进 AI 与广告产业的融合创新。

参考文献

唐洁、黎艳：《人工智能影响下广告传播的创新》，《出版广角》2019 年第 17 期。

秦爱梅、丁雨：《基于人工智能视觉的特定场景识别系统设计》，《现代电子技术》2017 年第 10 期。

赵若曦：《人工智能时代下智能化营销提升消费者消费体验策略研究》，《中国市场》2017 年第 11 期。

刘莹：《人工智能背景下广告业的问题与对策》，《视听》2019 年第 7 期。

---

① 刘莹：《人工智能背景下广告业的问题与对策》，《视听》2019 年第 7 期。

2021年中国网络广告发展报告

王凤翔[*]

摘　要： 2021年是"十四五"开局之年，我国网络广告发展稳中有进，广告消费需求趋于定制化，互联互通生态理念推动广告变局，反垄断与平台治理使平台广告进入调整阵痛期，广告企业出海形成国际传播影响力。同时，苹果系统升级及IDFA隐私政策的重大变化使我国广告业面临多重扰动，绿色消费与广告治理任重而道远。为构建网络广告发展新格局，应深化市场化战略，加强法治化建设，推动国际化布局，打造数字化纵深。

关键词： 网络广告　广告业　广告定制消费　广告标识符（IDFA）

一　现状与趋势

2021年是"十四五"开局之年，我国广告业发展面对新冠肺炎疫情、市场变量等风险，网络广告业"有效市场、有为政府"功能凸显，广告市场治理效能彰显，网络广告市场规模稳中有进，构建了我国网络广告发展新格局。

（一）我国互联网广告发展稳中有进，2021年市场规模为5435亿元，增长率为9.32%

2021年新冠肺炎疫情的影响依在，外加国际政治影响、对互联网平台

---

* 王凤翔，中国社会科学院新闻与传播研究所副研究员，中国社会科学院新媒体研究中心副秘书长，主要研究方向为数字广告、网络营销、新媒体与互联网治理。

的监管等因素，我国互联网广告市场规模仍然突破 5000 亿元大关。中关村互动营销实验室的《2021 中国互联网广告数据报告》显示，2021 年我国互联网广告市场规模为 5435 亿元，占全国广告市场规模的一半以上。2018 ~ 2021 年互联网广告市场规模的增长率分别为 24.17%、18.22%、13.85%、9.31%，呈现稳中有进发展态势（见图 1）。

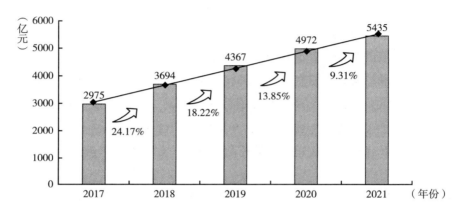

图 1　2017 ~ 2021 年中国互联网广告市场规模概况

资料来源：中关村互动营销实验室。

我国近几年广告市场规模占 GDP 比重基本维持在原有基点，而网络广告市场规模快速增长，占全国广告市场规模的比重不断增加。2020 年，中国、美国与全球的网络广告市场规模均超过各自广告市场规模的 50%，这种发展趋势将持续强化。由此可见，我国网络广告发展态势仍将稳中求进，符合宏观经济发展预期。

（二）AI、H5、元宇宙等技术及其构建的传播语境，提升广告表现力及消费临场感，实现广告消费需求进入定制化社会

AI 技术成为网络平台推动科技及其广告价值提升的重要动力。截至 2021 年底，腾讯在国内投资的 AI 公司达 82 家，小米系、百度与阿里分别为 81 家、64 家与 48 家，京东、字节跳动与美团分别为 38 家、18 家与 11

家。基于4G、5G应用的智能手机以及H5信息技术推动广告智能化，互联网平台与资本市场推动元宇宙VR、AR领域的生态建设，提升了互联网媒体及其广告的视觉传播与表达能力，也突破了互联网媒体及其广告传播阈限，增强了网络广告传播的有效性、实践性与实用性，推动了消费需求的飞跃发展与不断升级。在4G、5G与元宇宙语境下，游戏玩家通过"云试衣间"云推行试玩广告（playable ads），将游戏数据在云端与客户端之间直接串流，使"云试玩广告+云游戏"推动广告与游戏一体化，实现"广告即游戏"的传播场景及其变现。成为第三代互联网代名词的元宇宙风靡2021年，并帮助"游戏即服务"向"游戏即平台"转变，影响广告业生态发展。其中，腾讯游戏及其广告系统、字节游戏及其穿山甲广告系统等积极探索，取得了较好的传播效果。百度元宇宙App"希壤"2021年12月契合百度AI开发者大会并发布使用，蓝色光标为加强虚拟人率先布局，试图与百度深化"希壤"合作，增加了广告传播表现力与市场渗透力。

网络广告是基于信息技术的服务信息，大数据、算法、AI等以前所未有的技术赋能，外加元宇宙虚拟人的广告表现，构建了从以生产者为中心转为以消费者为中心的定制化社会形态，是我国网络广告发展与繁荣的新态势、新趋势。其中，我国庞大的消费市场、完备的工业体系、完善的信息基础设施与发达的物流系统，为新时代消费需求定制化打下了牢固的基础。推动我国网络广告实现个性定制与消费升级，在吸收海外广告发展繁荣的成功经验的基础上，中国式现代化优势成功强化了这种发展态势，真正形成了工业社会与信息社会消费需求的本质性区别。

（三）互联网公司深化自我规范与主体责任，我国网络平台广告发展进入调整阵痛期

媒体平台广告竞争激烈。中关村互动营销实验室数据显示，2021年我国电商广告占媒体平台广告的36.75%，而2019年、2020年分别为35.9%、37.02%。2021年视频广告、搜索广告、社交广告、新闻资讯收入占比分别为21.66%、10.43%、9.77%、8.73%，而2020年分别为18.17%、

11.76%、9.80%、10.76%。其中，2021 年电商广告、视频广告占比有所上升，搜索广告、社交广告、新闻资讯占比有所下降。

平台广告发展进入阵痛期。市场监管、宏观经济形势发生变化，2021年前三季度全国网络广告市场规模增速明显放缓，我国平台广告市场正在发生变局。4 月，国家市场监管总局以阿里巴巴在境内网络零售平台服务市场滥用市场支配地位垄断为依据，处以其 182.28 亿元罚款，同时要求阿里制定整改方案，并在 3 年内向总局提交年度自查合规报告。① 该处罚形成市场震慑力。Quest Mobile 统计数据显示，我国 2021 年第三季度网络广告市场规模为 1582 亿元，同比增速仅 9.2%，远低于第二季度 19.6%的涨幅。36Kr数据显示，BAT 等平台的广告经营脚踏"衰退区""危险区"，进入相对缓慢发展阶段，京东、美团、B 站等在潜力区，拼多多、快手、知乎、微博等视频短视频电商媒体、社交媒体在稳定区，我国平台广告未来发展的马太效应较为明显。

资本市场受到监管影响明显，BAT 市值降到近年来最低位。百度、阿里在 5 月出现市值负增长，腾讯在 7 月出现市值负增长，均在 9 月达到历史最低位。

拼多多、京东电商广告强势突起。2021 年中国电商交易总额达到 13.1万亿元人民币，阿里、拼多多、京东、唯品会等电商平台影响力大，是电商广告经营大户。财报与分析数据显示，阿里、京东、拼多多、唯品会与蘑菇街等 5 家企业的网络广告收入总和超过 4000 亿元，远超 2020 年的 2536 亿元。其中，阿里 2021 年前三季度广告市场规模超 2000 亿元，达 2162.95 亿元，而拼多多、京东涨幅较大，成为跨越 700 亿元大关的广告平台。拼多多年网络广告净营收为 725.69 亿元，年增长率为 51.33%，而 2020 年为479.54 亿元、78.84%。京东年网络广告营收为 720.80 亿元，年增长率为34.80%，而 2020 年为 534.73 亿元、25.29%。

---

① 《阿里巴巴被罚 182.28 亿元》，https://m.thepaper.cn/baijiahao_ 12142600，2021 年 4 月10 日。

百度、腾讯广告经营发展缓慢。与阿里相比，字节跳动广告市场规模位居第二，与阿里同属广告经营第一梯队，百度、腾讯属于第二梯队。自2017年以来，百度广告进入长徘徊发展期。2021年百度净营收为1245亿元，网络广告营收为740亿元，年增长率为0.15%。2021年腾讯广告收入为886.7亿元，年增长率为7.78%。百度、腾讯已经成为与拼多多、京东处于同一个广告发展水平序列的互联网平台公司，在2022年有可能被后者超越。

（四）通过深化互联互通生态理念与市场治理原则，维护网络广告的健康生态系统与良性市场公平竞争

为了给互联网这个新兴行业拓展发展空间，以往市场监管相对宽松，平台经济存在自在发展态势，平台广告逐步形成了以平台利益为中心、以资本利益为诉求的发展模式。如今互联网治理与广告监管方向逐渐清晰，即网络广告业发展必须以人民为中心，以维护消费者权益为准则，以互联网思维的创新发展为旨归。

互联互通是网络广告高质量发展的必然态势，必须加强对互联网平台的创新监管。为促进平台经济健康发展，必须系统深化互联互通的规则意识，2021年7月工信部加大对互联网平台间恶意封禁行为的监管力度，其中重点整治恶意屏蔽网址链接和干扰其他企业产品或服务运行等问题，包括无正当理由限制其他网址链接的正常访问、实施歧视性屏蔽措施等场景；9月工信部召开"屏蔽网址链接问题行政指导会"，提出有关即时通信软件的合规标准，要求限期内各平台必须按标准解除屏蔽。[1] 阿里、腾讯、百度等互联网平台采取开放支付应用与外部社交链接等，持续推进互通互联，加强内部流量转化，优化一体化生态建设，为广告发展提供了公平竞争与健康发展的市场语境。

---

[1] 《工信部释放新一轮互联互通信号》，https：//baijiahao. baidu. com/s？id＝1727622002824647362&wfr＝spider&for＝pc，2022年3月18日。

为促进网络广告与信息传播的健康发展，有关部门采取措施建设风清气正的网络广告空间。《中华人民共和国数据安全法》《个人信息保护法》《关于加强互联网信息服务算法综合治理的指导意见》等法律法规推动信息传播、新闻分发与广告行为更加规范、更讲法治。中央网信办集中开展"清朗"系列专项行动，2021年累计清理包括广告在内的违法和不良信息2200多万条，处置账号13.4亿个，封禁主播7200余名，下架应用程序、小程序2160余款，关闭网站3200余家。①

（五）我国传媒企业出海推动网络广告产品、品牌、技术、服务转型提升，形成国际传播影响力，推动"两个循环"积极发展

国家非常重视国际传播能力建设，互联网企业调整政策、优化布局、积极作为，推动我国传媒产业全球化与互联网产品国际化，主要表现如下。一是在海外加强关键信息基础设施建设。华为设立1000万美元专项基金，助力拉美地区技术创新和数字化转型。阿里云以巨资在东南亚与韩国建设云数据中心，为当地提供云计算与AI服务。腾讯云发布聚焦数字营销的"出海3+1"战略，以技术创新为出海企业提供智能营销方案。二是深化市场布局。全球速卖通开启"G100出海计划"，与100个"超级品牌"形成深度供给链接与合作，扶持1万个新锐品牌，推动我国供应链、品牌链出海，拓展国际新市场。2021年1月，字节跳动旗下Fizzo在新加坡、印尼上线，布局智能健康产业，深耕本地化服务；9月字节跳动在东南亚测试AI捏脸Pixsoul服务，在Google Play上线，布局元宇宙领域，加快我国互联网产品及其产业在国际化、社交化方面的战略进展。8月快手关停旗下海外短视频App Zynn，10月将独立的海外短视频App Kuai与App Snack Video合并为一款"拳头"产品。10月阿里推出专门针对北美市场的时尚在线零售平台AllyLikes。11月字节跳动推出针对欧洲市场的全品类电商平台Fanno。三

---

① 《网信办2022"清朗"系列专项行动聚焦十大重点任务》，http：//www.xinhuanet.com/info/20220321/2b65ff352b4b407cb11b0c01c84dc3a5/c.html，2022年3月17日。

是出海服务商深化自身能力建设。2月飞书深诺与美国社交新闻媒体 Reddit 合作成立"社区种草官拍档"，为出海企业提供深度营销与广告经营服务。7月飞书深诺升级飞书逸途，为出海企业提供 SinoBuild、SinoAds、SinOps 三大技术跨境营销解决方案，聚合媒体渠道与广告类型，形成跨境跨平台的技术解决方案与广告投放方案。10月蓝色传媒在脸书（META）策划"GO DAY 全球好物节"，搭建覆盖七国的营销主会场，帮助品牌触达海外目标消费者。这些出海行动意义重大，提升了互联网平台的海外传播活力，满足了海内外用户对美好生活的追求，实现了国内国际广告经营"双循环"的积极发展。

面对错综复杂的国际形势，我国互联网平台暂时规避地缘冲突，转向新兴发展市场，并大有作为。TikTok 退出印度市场，转向南美等市场，进一步使 TikTok 风靡海外 Z 世代，至 2021 年第二季度，成功以 4 年时间实现全球 MAU 达 10 亿，5 年时间里覆盖超过 150 个国家和地区，成为全球短视频第一梯队的龙头企业。2021 年快手以 50 亿元推动其深耕以巴西和墨西哥为代表的拉美市场的短视频 App Kuai 与深耕以印尼和巴基斯坦为代表的亚洲市场的短视频 App Snack Video 的海外扩张。其中，Kuai 成为 2021 年美洲杯赞助商，Snack Video 2020 年在印尼投放 1591 个广告素材，覆盖五大广告平台。欢聚时代旗下短视频 App Likee 虽受印度市场影响，但依然深耕印尼、俄罗斯短视频市场。这三家独立的 App 应用成为我国短视频出海的第二梯队。放眼全球，中国海外第一、第二梯队，也是全球短视频的第一、第二梯队，形成了我国互联网企业的国际传播力、海外影响力。

2019 年 1 月，TikTok 在美国首次测试广告业务，向欧洲广告公司介绍平台广告业务方案，主推信息流广告、挑战赛、开屏广告等广告形式。2021年，TikTok 搭建巨量引擎海外版 TikTok for Business 与星图海外版 Creator Marketplace，增进与 Shopify 的合作关系，并与广告巨头 WPP 形成全球合作伙伴关系，允许 WPP 客户使用 TikTok 平台工具提高广告投放效果，在印尼、英国和美国等地开展直播、电商与广告业务，全球直播收入约 10 亿元，广告收入近 40 亿美元（为 2020 年的 4 倍）。长远来看，随着直播电商成为 TikTok 电商业务的主要切入口，其全球直播 GMV 电商业务有望达到 1500

亿~4000亿美元。近期来看，随着TikTok广告报价和Ad Load的进一步提高，其全球广告市场容量将进一步扩大，达到300亿~500亿美元的全球广告市场规模是可期的。

二 问题与挑战

（一）新型主流媒体互联网思维与网络广告新生态建设任重道远

我国新基建日新月异，媒体融合纵深发展，随着媒体智能化、视频化、社交化，主流新型媒体建设面临巨大挑战。传统媒体技术相当薄弱，融媒体智能化难以有效推进，AI驱动内容建设难以为继，用户留存与商业变现面临挑战，机构媒体UGC创作难以执行，网络广告、网络营销的智能化方案与平台企业是天上地下之分。新型主流媒体互联网思维有待加强，完善科学的网络广告系统任重道远，真正形成网络广告话语权还有待时日。

（二）苹果操作系统升级及IDFA隐私政策的重大变化，使我国互联网平台与移动网络广告系统发展面临多重扰动

隐私保护成为海内外网络广告业发展必须面对的重大挑战。苹果系统跟随欧盟GDPR政策与谷歌安卓系统广告"隐私沙漏"政策，关闭苹果iOS端IDFA（广告标识符），进一步严格网络广告隐私政策。2021年4月，苹果iOS端升级ATT，关闭IDFA，以2018年对开发者免费开放的苹果SKAdNetwork为替代解决方案。IDFA是苹果与谷歌针对移动设备开发的广告标识符，在一定程度上也是苹果屏蔽IMEI的产物。Statcounter数据显示，截至2021年5月，苹果iOS端全球渗透率为27.8%，在中国大陆为21.4%。苹果iOS端关闭IDFA政策对全球与中国广告市场产生重大影响，主要表现如下。一是苹果操作系统升级及IDF变局对各国跨平台、跨生态、跨国家网络广告系统的精准投放、用户唤醒、广告归因与市场结算等产生重要影响，美国主流媒体认为是撼动全球互联网格局与网络广告业的"地震"。二是苹

果针对全球移动广告系统确立广告话语权,对全球广告隐私进行了利益界定,维护了其操作系统自身广告产品权益,如苹果商店搜索广告商业化,建设与深化自身广告联盟系统。三是在目前没有完美替代方案的情况下,我国国家市场监督总局推进实施的 CAID 系统与苹果 SKAdNetwork 方案成为重要的替代方案。尽管第三方替代方案是一种重要路径,但还需要时间熬炼与实践检验。四是形成广告市场"马太效应"。苹果 IDFA 调整政策的影响是全局性的,而对头部平台企业的广告系统与广告联盟是相对利好的,其可基于数据与算法形成先发优势,而海内外中小网络媒体、独立网络广告系统与第三方网络广告联盟将会受到较大冲击。

(三)网络广告异常流量与异常推广问题需警惕,绿色消费与广告治理任重而道远

我国社交电商直播渐成趋势,虚假广告、直播乱象、虚假宣传、数据流量造假等违法违规和不良行为比较严重,不利于形成广告传播与绿色消费的理性行为。秒针系统监测数据显示,从网络广告异常流量分布来看,2021 年网络广告异常流量占比为 10.1%,广告联盟为异常曝光重灾区,广告联盟的异常点击占比远高于其他媒体类型。其中,网络广告异常点击主要集中在网络广告联盟与门户资讯类媒体,分别达 29.5%、27.0%,网络广告异常曝光主要有网络广告联盟与垂直媒体,分别达 17.6%、17.4%。

TalkingData 数据显示,2021 年移动效果广告平均异常点击情况严重,点击率达到 77.5%,比 2020 年提升 20.8 个百分点;异常点击率最高月份达 86.1%,最低月份达 69.6%。2021 年应用推广广告方面平均异常率为 82.8%,以激活作弊手段形成网络黑产现象成为一种发展常态。其中,异常推广激活率最高月份达到 87.1%,最低月份达 76.5%。

(四)我国网络广告经营局势与发展趋势受到新冠肺炎疫情、中美关系、地缘政治、监管政策等影响

网络广告发展有自身的规律,同时也受到一定历史时期的特定事件影响。

新冠肺炎疫情在一定程度上影响了国内消费与网络广告经营，政策监管与市场治理有利于深化广告市场规范与网络广告生态建设；网上内容建设处于一个发展新阶段，通过网上内容建设推动网络广告发展与繁荣意义重大。国际形势风云变幻，对全球与我国网络广告市场影响较大。中美关系对我国网络广告海外经营影响较大，在中美贸易摩擦下我国互联网企业遭到一定打击，中美关系缓和推动 TikTok 等互联网企业在美国快速增长，并在全球形成一定的广告发展优势。中印关系、俄乌冲突等地缘政治因素成为影响我国互联网企业出海以及海外金融债券市场与网络广告市场的重要因素，应把握大局、随时而变，因地制宜、深耕细作，加强海外市场调研与海外文化本土化建设。

三 对策与建议

在 2021 年稳中求进的基础上，进一步契合我国新发展格局，推动我国网络广告的市场化、法治化与国际化，打造数字化纵深，以维护国家安全、网络主权与发展利益。

（一）深化市场化战略

"在所有的竞争性的市场经济体系中，广告是不可或缺的部分。"① 网络广告作为数字经济的新技术、新业态与新模式，决定着互联网平台与媒体的收入来源与市场地位，对互联网发展及其传播生态至关重要，并正在成为市场经济中的重要产业与技术力量。我国是全球第二广告大国，网络广告市场规模位居全球第二，正在走向广告强国与数字强国的康庄大道上，在新时代应该更加有所作为。一是尊重市场规律。加强网络广告资本市场建设，大力发展广告资本债券市场，发展中概股海外市场。推动 CAID 构建我国网络广告市场的信息基础设施与基于信息技术的第三方广告系统，支持实体经济发

---

① 〔美〕肯·奥莱塔：《广告争夺战：互联网数据霸主与广告巨头的博弈》，林小木译，中信出版集团，2019。

展，解放生产力、发展生产力，提升市场竞争力。二是满足用户需求。强化为用户服务的 C 位内容和微传播方面的建设，及时推进党媒平台的市场化改革。① TikTok 等互联网企业关注 Z 时代的诉求，因地制宜地推动广告经营本地化，在全球广告市场获得了巨大发展空间，这值得推广学习。三是遵循传播规律。抓住生产力和交往形式之间的矛盾是企业发展的动力，完善BAT 等平台企业的网上内容建设与网络广告系统，以信息传播推动技术、资本、市场与用户需求的内在统一与协调发展。

（二）加强法治化建设

法治化建设有利于推动我国网络广告健康良性发展。一是设置"红绿灯"，稳妥推进并尽快完成大型平台公司整改工作，通过规范、透明、可预期的监管，进一步推动我国平台建设与网络广告法治化建设。二是制定法律法规。完善互联网数据安全、隐私保护、广告技术等方面的法律法规，真正使平台企业、互联网媒体与广告公司做到有法可依、有法必依、违法必究。对网络广告新业态、新技术，应及时关注、加强研究，以法规形式形成有效管理，适当时候升级为法律规范。三是加强法律法规调研。加强对海外互联网法规、广告法律与规则等的学习与借鉴，深化国内调研，在人工智能、隐私保护、算法与网络知识产权等方面优先立法，形成行业规范、市场规范。四是加强企业主体地位与市场地位建设，形成行业自律规范。平台企业、新型主流媒体要主动积极开拓，提升广告市场主体的示范性与引领性，形成互联网行业及其广告业的行业规范力、自信力与驱动力。

（三）推动国际化布局

鉴于国际形势、美国广告业优势及其制定的全球化规则等话语权因素，我国网络广告产业发展在国际化布局上面临巨大挑战。我国互联网企业应积

---

① 王凤翔：《2020 年中国网络广告发展报告》，载唐绪军、黄楚新主编《中国新媒体发展报告 No. 12（2021）》，社会科学文献出版社，2021。

极突破，创新广告生态，布局全球广告市场，敢于斗争、善于竞争，为全球数字经济发展繁荣作出更大贡献。一是布局全球中概股市场。我国平台企业、广告企业既要加快布局美国股票债券市场，又要把中概股布局到欧洲、日本等海外优质股票债券市场，加强沪港通、深港通、沪伦通等方面的股票债券互动建设，形成平台企业与网络广告的全球性资本市场。二是深化与网络广告相关的全球规则建设。针对平台企业及其网络广告的算法、人工智能、元宇宙等，及时形成网络广告有效管理、科学监管等方面的"中国方案"，成为可供全球参考借鉴的网络广告治理等方面的中国经验。三是推动巨头企业积极走向海外。我国网络广告巨头及其企业平台在东南亚市场取得了较好的成绩，但仍需以更大胸襟主动开拓海外市场，加强在欧美市场的竞争，积极布局非洲、拉美市场。优化我国数字广告系统生态布局，完善广告产业链，探索我国全球化布局的网络广告新技术、新业态与新模式，推动形成我国发展新格局；坚持移动优先，推动国内短视频、游戏、直播、社交等平台媒体发展，形成海内外用户黏性与平台传播优势，通过视频、游戏、社交等平台广告系统，增强海内外新生代的使用度和亲近感。[①]

（四）打造数字化纵深

网络广告系统发展必须全面推进数字化建设，实现网络广告传播附加值。一是服务大局。网络广告系统建设面向世界科技前沿，服务国家重大需求，服务国民经济主战场，服务海外市场话语权争夺，推动我国网络广告的"内循环"建设与全球化布局，使互联网这个"最大变量"变成事业发展的"最大增量"。二是深化赋能。纵深推进实体经济服务，形成技术联动赋能、产业协同演进，为人民美好生活提供更高质量的"增值空间"。以网络广告系统的数字化框架体系机制，加快实现数字赋能，形成广告业的规则重塑、产业升级与全球认同，塑造我国网络广告话语权。三是政策联动。网络广告与互联网企业、新型主流媒体、网络信息技术密切相关，法律法规建设、市

[①] 王凤翔：《管窥数字广告系统国际化》，《中国社会科学报》2020 年 12 月 3 日。

场监管行为与部门主管应促成规则的一致性、行动的协调性、技术的规范性与治理的有效性，推动国家治理体系和治理能力现代化，构建新发展格局。

参考文献

王凤翔：《中国网络广告发展史（1997—2020）》，中国社会科学出版社，2021。

唐绪军、黄楚新主编《中国新媒体发展报告 No. 12（2021）》，社会科学文献出版社，2021。

〔美〕肯·奥莱塔：《广告争夺战：互联网数据霸主与广告巨头的博弈》，林小木译，中信出版集团，2019。

黄升民、刘珊：《重新定义智能媒体》，《现代传播》2022 年第 1 期。

陈刚、高腾飞：《数字服务化：回顾与展望》，《北京大学学报》（哲学社会科学版）2021 年第 1 期。

B.24
2021年中国数字文化产业
发展研究报告

温　馨　钟杏梅　张　婧　鲍宇辰*

摘　要： 技术发展既促进传统的文化产业数字化转型，也激发新的文化产业形态出现。2021年，中国数字文化产业政策导向不断明确、治理手段日益显效，产业发展愈加成熟规范。游戏、电竞、电影、电视剧、数字文博等领域，在弘扬主旋律和推动数字经济发展方面发挥积极作用，新技术、新应用为数字文化产业发展持续打开探索和想象空间。

关键词： 数字文化产业　文化产业　数字经济

作为首个明确提出数字文化产业概念的政策文件，《文化部关于推动数字文化产业创新发展的指导意见》将数字文化产业定义为"以文化创意内容为核心，依托数字技术进行创作、生产、传播和服务"。伴随互联网行业和新技术的不断发展，以此为特征的数字文化产业逐渐成为学习娱乐、弘扬主流价值、传播中国优秀传统文化、讲好中国故事的重要载体。

近年来，构成数字文化产业的类别亦不断丰富，除游戏、电影、电视剧、综艺等传统"数字+文化"领域外，电竞、数字文博等新兴领域也成为服务民

---

* 温馨，腾讯公司数字舆情部高级研究员；钟杏梅，腾讯公司数字舆情部高级研究员；张婧，腾讯公司数字舆情部高级研究员；鲍宇辰，腾讯公司数字舆情部高级研究员。

众精神文化生活的主渠道。本报告基于大数据和网络问卷调查,① 选取具有一定产业实践和群众基础的数字文化领域,分析其 2021 年以来的发展情况。

一 产业发展主要特征

(一)政策导向不断明确、监管引导措施逐步显效,为下阶段发展布局定调

近年来,面对各国博弈加码、经济增速放缓、疫情反复、代际成长变化等全球形势变化,主旋律弘扬、主流价值传播、文化出海等思想文化问题愈加被高度重视,政府相关促进、引导、监管措施不断增强,以实现国家文化软实力、影响力全面提升,强化国内发展和全球竞争底气,鼓励文化尤其是数字文化产业发展的信号愈发明确。2021 年,相关政策和监管措施密集出台,为产业健康有序发展护航。相关动作主要呈现以下两个方面的特征。

一是年初发布新的文化发展顶层设计,实现战略性谋篇布局。2021 年《中华人民共和国国民经济和社会发展第十四个五年规划和 2035 年远景目标纲要》,将"建成文化强国"纳入 2035 年远景目标,围绕"繁荣发展文化事业和文化产业"提出一系列要求。6 月,文旅部发布《"十四五"文化产业发展规划》,提出顺应数字产业化和产业数字化发展趋势,深度应用 5G、大数据、云计算、人工智能、超高清、物联网、虚拟现实、增强现实等技术,强调推动数字文化产业高质量发展。

二是逐步分项治理、垂直规范。2021 年,与数字文化产业强相关的文娱领域,综合治理动作不断,针对"饭圈"乱象、劣迹艺人、天价片酬、畸形审美、偷逃税、游戏沉迷等新情况新问题加大监督力度,出台《关于

---

① 网络问卷调查数据来自企鹅有调。围绕数字文化产业发展议题,企鹅有调面向全国 31 个省、自治区、直辖市网民展开定量调研,共收集 3108 份样本数据,超过在 95% 的置信度和 3% 的误差率条件下所需的最低样本数量,样本符合统计学有效性要求,文中涉及网络问卷调查数据均以此为准。

开展文娱领域综合治理工作的通知》《关于进一步加强"饭圈"乱象治理的通知》《关于进一步加强娱乐明星网上信息规范相关工作的通知》《关于进一步加强文艺节目及其人员管理的通知》《关于进一步严格管理切实防止未成年人沉迷网络游戏的通知》等,有效遏制极端粉丝等群体,以及行业法律意识淡薄、道德观念滑坡、政治素养不高等问题蔓延,净化文娱领域和社会风气,增强未成年人保护力度,为产业健康发展打下坚实的基础、凝聚社会共识。

（二）行业正能量动作不断、优质作品频出,弘扬主旋律凝心聚力

建党百年背景下,数字文化领域持续发挥内容创意、技术、传播优势,从多领域弘扬主旋律、时代声音,推出生动深刻、去说教化的优质作品,助力庆祝活动宣传,促网民爱国主义凝聚,推动社会正能量情绪不断涌动、充沛。2021年,国家电影、电视剧、游戏、综艺、智慧文博等领域的主要特征如下。

一是电影、电视剧等具有广泛群众基础的数字文化领域,成为展现百年奋斗、激发民众情感共鸣的最直接形态。比如,以《觉醒年代》《山海情》《大决战》《功勋》《扫黑风暴》《1921》《长津湖》《革命者》《中国医生》《悬崖之上》为代表的大批主旋律题材电视剧、电影,在卫视、院线、视频平台引发热潮,尤其是视频平台因可以复"刷",成为助力主旋律影视剧"出圈""长虹"形成爆款,并持续引发讨论的重要渠道。

二是游戏、综艺、智慧文博等实时互动性强的领域,结合自身特点丰富"献礼"产品形态。比如,在2021年ChinaJoy上,红色题材游戏成为亮点,推出《破晓》互动影音手游,玩家可以通过帮助地下党员摆脱特务追踪等游戏环节,身临其境地感受先烈精神、学习党史。除红色手游外,献礼综艺、红色云线路、红色文创也成为数字文化产业助力主旋律鲜活传播动作。

三是合力打破过往部分主旋律产品传播"刻板印象",形成众多"去脸谱化"的新时代精品力作。以主旋律影视作品传播为例,大数据分析网民相关讨论热词,围绕"爱国主义""理想和信仰""中国梦"等展开的情感

表达居多。"打破刻板印象""去脸谱化"等热词表明舆论对优质作品创作手法的高度认可;"高质量""出圈""热血沸腾""此生无悔入华夏"等优秀主旋律作品点燃爱国情怀,激发当代青年奋斗精神。无论是兢兢业业的基层扶贫干部、普通战士,还是国家勋章获得者,均唤起大众情感共鸣。

(三)跨界融合加速文旅创新,助力"城设"出圈,助推区域经济增长

网络问卷调查结果显示,当城市文化和数字文化产品相结合时,六成以上用户认为将拉动城市文旅资源更新和提升城市影响力,56.5%的用户认为还会激发出城市新的增长点(见图1)。数字文化产品为城市文化提升提供了强大推动力,是促进区域产业升级与经济转型发展的重要支撑,跨业跨界创新、线上线下融合发展,成为数字文化产业的主要特征。一是传播层面,数字技术与传统文化跨界融合助力传统文化焕新。如通过数字化手段,将优秀文化遗产打造成全新的文化IP,提升传统文化在群众中的认知度和普及率,带动文旅迎来新发展。二是产业层面,各地政府大力发展游戏、电竞等新兴数字文化产业,为城市文化名片注入新内涵。以上海为例,积极出台电竞产业扶持政策,与游戏厂商、电竞企业、俱乐部、直播平台等产业链各方深度合作,围绕产业孵化、赛事落地、人才培养、消费融合等进行电竞城市开发建设,让"全球电竞之都"成为上海新的文化标签。三是消费层面,依托数字文化IP构建,促消费场景推陈出新。如数字文博、电竞酒店、动漫游戏展等新业态受到年轻人青睐,孕育出新的经济增长点。数字文化在传播、产业、消费等各环节发挥作用,推动"城设"出圈,提升城市知名度、吸引力、影响力,带来线上线下人流、消费、资金、人才,成为区域经济增长新动能。

(四)"央媒引领+地方开花+网络平台协同"促文创传播开新局

2021年,央视、河南卫视等中央与地方媒体不断借助文化创意、数字技术,推出中华优秀传统文化传播精品,继故宫文创、B站春晚等热点案例后,再为传统文化活化、创造性转化、创新性传播打开新思路。比如,央视推出

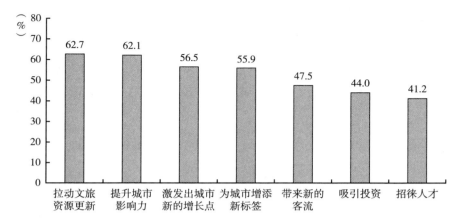

图1 2021年网民对数字文化产品为城市文化提升助力的认同情况

资料来源："企鹅有调"的网络问卷调查，问卷发放及完成时间均在2021年11月。

《典籍里的中国》，用沉浸式舞台和戏剧表现，通过古人今人对话形式，展现中国文化传承精神，创新舞台技术、创意内容表达，艺术家精彩演绎再为传统文化传播增添深度力作。河南卫视2021年可谓"异军突起"，被网民称为"杀疯了"。从春节、元宵、清明到端午、七夕，以主要传统文化节日为切入点推出吸睛创意。"唐宫夜宴""水下飞天""龙门金刚"等将实景拍摄、水下摄影、AR技术等新技术手段相结合，不断刷新裸眼视频视效，"还原"网民对传统文化场景的想象，"圆"网民"穿越"千年梦。河南卫视还趁势推出纪录片《隐秘的细节》，结合精密地理数据，重现商周地域地理地貌、经济民生，同时借助三维特效制作手段，制作了超过100场的商周时期生活场景。该片未再遵从传统历史叙事方式，重述耳熟能详的王朝故事，而是基于文物、古籍等一手史料，尝试重新梳理、还原、解读历史样貌，引发大众反思、论辩，并获得好评。河南卫视贯穿全年的创意传播，给大众留下了深刻印象。

此外，腾讯、B站、爱奇艺等互联网平台，在助力传统文化传播方面持续深耕，通过独立和参与制作相关优质产品，增强文化对青年群体的吸引力，在文化价值、社会价值、商业价值三方面寻找平衡。比如，腾讯《王者荣耀》六周年盛典晚会上，以"共创英雄梦""共书玩家情""共传文化美"三个篇章，展现中华文化之美，武术、围棋、古琴曲、敦煌舞蹈等节目设计让游戏的现代性与传统东方美学深度融合，同时延续历年周年庆推出一款表现中国传统文化皮肤的做法，推出与86版《西游记》联动的皮肤，让用户在娱乐中学习感受中华优秀传统文化魅力。B站已经成为年轻网民创作传统文化相关视频的主要网站。哔哩哔哩董事长兼CEO陈睿在出席2021年世界互联网大会乌镇峰会并发表演讲时透露，截至2021年6月底，B站UP主创作的国风类视频数量已超百万级。此外，爱奇艺也推出《登场了！敦煌》等文化综艺助力传统文化传播。

（五）海外市场辐射区域扩大，提升中华优秀传统文化传播影响力

近年来，海外市场拓展从企业的被动选择变为发展战略，挖掘历史文化资源已经成为我国数字文化的新表现，海外甚至成为数字文化产业的"第一增量市场"。数字文化出海的主要特征如下。一是地方积极响应中央精神启动扶持"文化走出去"工作。如上海市委启动2021年上海市"中华文化走出去"专项扶持资金项目申报及评审工作，共有58个项目入选，涵盖游戏、动漫、电影、电竞、网络文学等文化领域。① 二是数字文化产品海外市场辐射面持续扩大。虽然疫情影响下的全球线上文化消费激增效应减退，但以游戏、电影、电视剧等为代表的数字文化产品的海外市场辐射面持续扩大。以游戏为例，2021年我国游戏在出海规模、海外市场的渗透范围和产品销售规模方面依然保持增长态势，游戏出海的国家和地区数量直线攀升，智利、埃及等国家或地区也已成为游戏出海的重要区域。三是对海外用户的影响力增强。以游戏为例，以境外媒体和Twitter网民发表的与中国文化搭载游戏出海的信息为入口，聚类2021年1~8月的相关内容，对中国出海游戏的文化元素关注度最高的三个区域是北美、东南亚、西欧，主要关注点为中国的传统节日、绘画、建筑风格、历史等，且出海游戏激发了玩家对中国

---

① 《2021年上海市"中华文化走出去"专项扶持资金入选项目公布》，上海市人民政府新闻办公室网站，2022年2月23日。

的兴趣，不少玩家因玩中国游戏而对中国感兴趣，在 Twitter 上表示想更多学习中文、了解中国历史，甚至想来中国旅游、学习或生活。

（六）新技术赋能行业实践，NFT 等概念为数字文化发展打开新空间

近年来元宇宙、NFT 等概念火热，社会对新一轮技术革命方向高度关注。大数据分析显示，2021 年 1~10 月，国内涉元宇宙相关信息的传播总量约 929.9 万条。但从相关概念发展情况看，无论以 AR/VR 等为现阶段主要探索形式的元宇宙，还是在国外有广泛落地的 NFT 技术，部分舆论认为相关发展都存在"虚火"，国内更是概念炒作成分居多，概念推广强于实际落地，发展将面临一定风险。但在文化传播领域，舆论对此类新技术的接受度、认同度相对较高，认为新技术应用在数字文化领域的风险较低、实用性较强，使文化传播便利、生动、易吸收，有利于提升用户黏性。

比如，国内具有 NFT 属性的数字藏品平台，因不少交易藏品以历史文化元素为创作对象，正在成为中国优秀传统文化和 IP 传播力量之一。以阿里蚂蚁链粉丝粒、腾讯幻核两大境内主流数字藏品平台为例，其数字藏品预售、上线、交易过程，即相应数字艺术传递的文化，涵盖展陈、传播、用户感知、用户认同。敦煌、三星堆、神舟飞船、《一人之下》等传统和当代文化 IP 都在被数字艺术赋予新的展现形式。网络问卷调查结果显示，在推动数字文化产业进步的因素认同情况调研中，70.7%的网民认为技术发展对数字文化产业的推动至关重要，超出文化资源、人才储备等因素，网民对新技术促数字文化产业进步的信心强。

二 重点领域情况

（一）游戏防沉迷新规促产业规范化发展

2021 年，中国游戏市场实际销售收入 2965.13 亿元，比 2020 年增加了

178.26 亿元（见图 2），游戏用户规模也保持稳定增长，达 6.66 亿人。[①] 整体而言，2021 年游戏行业以未成年人保护和防沉迷为第一要务，积极响应国家和主管部门相关要求，压实未成年人保护和防沉迷相关措施，同时发挥资源和用户优势，推陈出新，通过技术驱动、产业融合和文化创新等方式加快行业发展步伐。同时，在政策引导、需求变化、人口结构调整、市场驱动等多重影响下，游戏产业布局调整变化加速，游戏企业更加重视高品质产品打造，具体表现为以下六个特点。

图 2　2014～2021 年中国游戏市场销售收入和增长率情况

资料来源：中国音数协游戏工委（GPC）、中国游戏产业研究院：《2021 年中国游戏产业报告》，2021 年 12 月 16 日。

一是游戏产业呈现城市、地区与游戏产业的有机结合，促进游戏企业集聚化、差异化和特色化的多维发展；二是产品形态共生发展趋势明显，精品游戏"多端并举"渐成趋势，游戏自创 IP 的重要性凸显，游戏企业更着眼于高品质的长线开发和运营；三是游戏出海已成为多数游戏企业的战略选择，出海规模持续增长；四是科学技术升级加速游戏业态变革，产业发展又助力科技创新，使游戏成为虚拟现实、人工智能等新技术应用的

---

① 中国音数协游戏工委（GPC）、中国游戏产业研究院：《2021 年中国游戏产业报告》，2021 年 12 月 16 日。

实验场；五是"游戏+"形成的多元融合，延伸了游戏的社会功能，为其多元赋能提供了更为宽广的实践平台；六是游戏企业更加注重内部思想文化建设和社会形象塑造，普遍加大"三史"学习教育力度，积极投身社会公益活动。

（二）电竞入亚进一步提升行业社会影响力

2021年，电竞成为杭州亚运会正式比赛项目、EDG在英雄联盟S11全球总决赛夺冠等事件，带动电子竞技产业的影响力和关注度进一步攀升。从2021年电子竞技产业发展态势来看，主要特征如下。

一是电竞观众规模与产业规模庞大，社会认可度提升。2021年，中国电子竞技游戏用户规模达4.89亿人；[①] 中国电子竞技游戏市场实际销售收入1401.81亿元，比2020年增加了36.24亿元，同比增长2.65%。[②] 在电竞入亚、EDG夺冠等事件影响下，电竞产业的社会正面评价占比呈上升趋势，电竞选手逐渐摆脱"不务正业"的刻板印象，朝着"新兴职业""为国争光"的积极方向演变。二是政府扶持力度加大，助力电竞产业创新发展。疫情期间，各地政府纷纷出台电竞产业促进政策，以电竞为抓手发展数字经济，助力区域经济转型，带动区域内科技、旅游、文创等产业创新融合发展。根据中国音像与数字出版协会在全球电竞大会上发布的《2020年度全国电竞城市发展指数评估报告》统计，2020年和2021年全国电竞产业政策数量共36项，相当于过去4年的总和。目前，全国共有23个城市通过对电竞俱乐部线上冠名或落地主场的形式实现了城市文化与电竞产业的强连接。通过赛事承办、企业引进、电竞+产业创新等方式，越来越多的城市致力于打造"全球电竞之都""网络游戏之都""全国电竞产业中心""电竞文化之都"，本地化、差异化、多元化的发展趋势显著。三是政府监管与行业规

---

① 中国音数协游戏工委（GPC）、中国游戏产业研究院：《2021年中国游戏产业报告》，2021年12月16日。

② 中国音数协游戏工委（GPC）、中国游戏产业研究院：《2021年中国游戏产业报告》，2021年12月16日。

范并行，保障电竞产业健康发展。2021年8月30日，未成年人游戏新规出台后，电子竞技行业迅速落实职业选手、青训选手年龄合规相关工作，有助于正确引导未成年人健康游戏，助力电竞产业摆脱"低龄选手军备竞赛"的阴影，但也引发业内对职业电竞选手"断代"担忧，呼吁建立更科学的电竞运动员选拔方式。四是观看电竞赛事及其衍生内容成为青年群体的兴趣爱好之一，同时也是面向全球传播中国青年文化面貌的重要载体。网络问卷调查结果显示，电竞用户最近一年观赏过的赛事中，王者荣耀和英雄联盟赛事列榜单前五名，对用户影响力较大，近四成电竞用户看过王者荣耀职业联赛（KPL）。从排名第五的赛事往后，处于腰部的赛事渗透差异开始缩小。在列举的主流电竞赛事之外，仍有一成左右的用户在观看其他电竞赛事，电竞用户观赛存在长尾效应。

（三）电影市场因疫受困谋求复苏和高质量发展

2021年，国家电影专资管委会办公室的数据显示，截至11月17日，中国电影市场总票房达433.4亿元，再度蝉联全球最大票房市场，《长津湖》《你好，李焕英》《唐人街探案3》位列全球榜单前五。灯塔专业版数据显示，截至10月10日，中国电影市场总观影人次达9.88亿人次，总场次为9854.41万场；截至9月底，中国电影市场共有影院14235家、银幕80743块，银幕数正式突破8万块，日均新增银幕约18块，相比2020年日增速度实现回升。中国电影市场整体向好，部分国产影片、上游片方表现出众。虽然存在疫情反复、资金链紧张、产能不足等问题，但行业转型破局势在必行，主要特点如下。

一是国产片承担"救市"重任，主旋律影片锁定市场头部地位，将是未来较长一段时期内的市场主力；二是行业呈现去资金化、数据化倾向，一方面受众对内容品质要求不减，另一方面受国家政策扶持，中国电影逐步回归内容为王的创作导向；三是市场表现冷热不均、头部分化严重、中腰部影片缺席等问题日益明显；四是引进片综合实力欠缺，影响力颓势明显，中外市场文化审美出现差异；五是疫情反复影响下游院线营业，"因疫关停"常

态化，复苏"反复"，一定程度上影响舆论对行业发展信心；六是网络电影面临新机遇期，成为提升产业抗风险能力的重要力量。

（四）电视剧领域全面"唱响"主旋律

2021年电视剧领域的主旋律题材实现收视和口碑双丰收，IP剧题材多元化，视频平台持续剧场化运营成为行业的主要特征，具体情况如下。

一是主旋律剧集贯穿全年引领市场口碑。网络问卷调查结果显示，从用户观看情况看，观看过《扫黑风暴》的用户最多，达到62.9%，其次为《觉醒年代》《跨过鸭绿江》，分别为37.8%、36.2%；从用户满意度看，《跨过鸭绿江》《觉醒年代》《功勋》为第一梯队，均分在8.5以上，第二梯队为《理想照耀中国》《扫黑风暴》《大浪淘沙》《山海情》。二是IP剧仍为市场宠儿，题材愈发多样丰富。IP剧主要指在一定粉丝数量的国产原创网络小说、游戏、动漫等基础上创作改编而成的影视剧。虽然2021年主旋律势头强劲，但IP改编剧基于丰富题材获得市场口碑，收获不同观众群，如玄幻奇幻题材的《斗罗大陆》《司藤》、古装题材的《赘婿》《上阳赋》《君九龄》《长歌行》《周生如故》、都市情感题材的《你是我的荣耀》《你是我的城池营垒》《舍我其谁》、谍战题材的《叛逆者》、都市年代剧的《乔家的儿女》等均获得不错收视。三是视频平台加速剧场化运营探索，剧场化排播成为常态。继2020年爱奇艺"迷雾剧场"、优酷"宠爱剧场""悬疑剧场"后，优酷、爱奇艺、芒果TV在2021年新增"恋恋剧场""季风剧场""献礼剧场"，按内容品类精准狙击圈层受众，提高受众黏性，强化剧场品牌认知。

（五）综艺领域"转型期"寻求创新突破

"饭圈"等文娱领域治理动作促进综艺节目健康有序发展，综艺领域主要呈现如下特征。

一是选秀类综艺进入转折和转型期。网络综艺节目专项排查整治工作促使偶像养成、投票打榜等选秀类综艺的传统思路和手段整改，此类综艺如何转型、如何寻找新抓手以增强黏性成为下阶段发展难点。二是文化类、生活情感类综艺口碑稳定。电视、视频平台均有相关类型热门节目收获好口碑，如央视的《典籍里的中国》《你好生活第三季》、腾讯视频的《脱口秀第四季》《五十公里桃花坞》、优酷的《念念青春》、芒果TV的《再见爱人》等，均以富含传统文化传承、人文关怀、情感精神抚慰等内蕴引发舆论热议。三是研发创新持续深化，多垂类呈现新探索。芒果TV的《时光音乐会》以音乐为桥分享不同年代的时光记忆，为音乐真人秀增添时代和文化气质；B站与河南卫视联手推出专注国风的舞蹈综艺《上下舞千年》；爱奇艺的《萌探探探案》与时新娱乐形式"剧本杀"结合，探索推理类综艺新形式；《一年一度喜剧人大赛》成为新的喜剧竞演类节目爆款，被舆论认为系"米未出品必属精品"又一佐证。四是"她"综艺继续发力，"他"综艺魅力吸睛。在"她"经济背景下，女性题材综艺延续2020年热度，卫视和视频平台持续推出突破既定套路，创新着眼于银发女性、职场妈妈、女性演技等方面的综艺节目，如《妈妈，你真好看》《上班啦！妈妈》《我是女演员》等。但2021年最抢眼综艺类型为"他"综艺，芒果TV的《披荆斩棘的哥哥》延续《乘风破浪的姐姐》"奇迹"，成为年内话题热度最高的明星音乐竞演类综艺，引发网民形成涉青春记忆、明星职业素养、港台内地文化互动及大湾区发展等广泛讨论。

（六）数字文博领域科技文化加速融合

基于文创产品、博物馆数字化等文化创新方向，对中华优秀传统文化价值传播日益发挥重要作用的态势，以及两者在线上线下场景连接的紧密性，现将两者关联表述，简称为"数字文博"。网络问卷调查结果显示，从数字文化产业产品渗透率、用户满意度调查结果来看，相较于游戏、电竞、影视剧、综艺等领域，网民对数字文博认同度居首。数字文博产业发展和品质提升主要呈现如下特征。

一是科技助力文物保护愈发专业深入。如腾讯与敦煌研究院续签战略合作协议，双方将成立联合工作小组，引入AI病害识别技术、沉浸式远程会诊技术等,助力敦煌壁画保护与修复。二是海外文物数字化"回归"取得新进展。"国宝全球数字博物馆"微信小程序上线,助力近300件海外文物数字化回归。该小程序采用"高清拼接"和"三维全景"的数字技术,首次实现文物珍品《康熙南巡图》第三、第四卷跨越地域的数字化"合体",创造了前所未有的沉浸式云游体验。三是红色旅游推动"红色文创"热。红色旅游热度升温,助力红色文化体验和深切感知,相关文化产业IP开发和产业化进一步推进。《觉醒年代》人物盲盒,以"新青年"为主题设计的帆布袋、笔记本、徽章等红色文创产品备受"95后""00后"青睐。四是数字藏品平台成为发挥文化创意、传承中华优秀传统文化的新渠道。以蚂蚁链粉丝粒、幻核为代表的主打数字艺术品在线交易的数字藏品平台受到行业关注,上线产品均迅速被抢购一空。五是文创同质化苗头促使创新竞争加剧。大数据分析网民对文创领域的发展建议发现,近年来各地的文化创意传播、文创产品打造在一定程度出现同质化倾向,令网民产生担忧(见图3)。尽管2021年以河南为代表的创新传播动作,为传统文化创造性转化提供新思路,但也令相关竞争更加激烈。如河南、陕西两省均受唐文化滋养,持续进行相关IP创意开发,唐宫夜宴等创意让舆论对河南文化符号和形象打造能力印象深刻,在其后于海口举办的首届中国国际消费品博览会上河南馆"唐宫小姐姐"、陕西馆"唐妞"线下相逢"斗艳"。

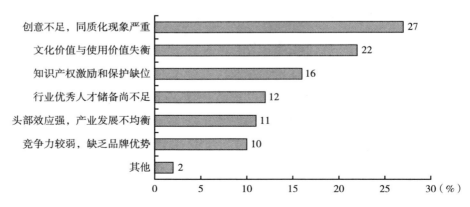

图3 2021年网民认为文创领域发展现存问题情况

三 发展建议

面对数字文化产业蓬勃发展态势，基于对政府、社会、企业作为推动产业发展的重要主体的观察，建议如下。

政府层面，作为产业发展重要推动方，一是继续加大产业扶持力度，通过政策设计、引导、规范、监管等举措，宏观层面护航行业健康有序发展。对于游戏、电竞等新兴领域，明确主管部门等管理配套，加强顶层设计支撑，对于电影等受疫情影响较大的领域，做好对院线、影视公司、视频平台等产业主体，以及产业链相关从业者的生存保障和政策扶持。二是持续加大行业各领域从业人员队伍和管理人才培养投入，因应数字文化产业各领域不断变化的形势。比如，对于游戏、电竞、数字文博等新兴领域，加强对从业人员职业和资格的规范，助力其提升职业技能，以及重视培养相应专业管理人才，让人才与产业发展相适配。三是对于数字文化产业的管理手段也应数据化、精细化，适度推动产业数字化管理，如为各产业主体提供具有一定集中性质的、可查阅的数据库、数据池。四是做好产业发展舆论引导，避免"神化""妖魔化"相关领域，降低行业发展异化、污名化风险，营造和谐舆论氛围和社会共识。

社会层面，作为承载数字文化产业发展的人文环境，一是充分发挥各行业组织的沟通桥梁作用，助力政企顺畅沟通，如国家新闻出版署发布《关于进一步严格管理切实防止未成年人沉迷网络游戏的通知》后，中国音像与数字出版协会发布了《网络游戏行业防沉迷自律公约》，进一步强化了游戏行业的自律意识。二是调动高校、智库等第三方研究机构的力量，加强对数字文化产业的实地调研与理论研究，全面掌握产业发展现状、问题、趋势，结合国内外产业实践和理论创新，为我国数字文化产业发展提出建设性意见的同时，通过学术研究和标准研发在数字文化领域抢占国际话语权。三是引导数字文化领域的新兴从业者，如电竞选手、文娱从业者等群体树立正确的价值观，在行业内塑造符合时代要求的榜样和正面典型，以此向广大消

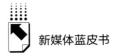

费者尤其是青少年群体传播主流文化价值。四是注重家庭和个人层面的数字素养提升。防范游戏、电竞等各类数字文化产品因使用、消费不当而被片面污名化或当成"洪水猛兽"，进而形成认知偏见和刻板印象，对我国数字文化产业发展带来观念阻力。

企业层面，作为数字文化产业发展的主力军，一是要以高质量发展、主流价值观为导向，注重在内核层面、技术层面、表达层面跨界融合发展。向市场供给更高质量的精品、佳品，将传统优质、主流价值内核进行创新表达，在数字浪潮中增强自身竞争力。二是充分挖掘中华优秀传统文化。当下蕴含中华元素的优质产品的发展前景，已受到市场与口碑双重印证，企业应深挖文化内核，获得更广阔的市场空间，更好地走向海外、走向世界。三是加大核心科技和硬件标准研发投入。数字内容产业拓展有赖于技术革新，为不错失"下一个风口"，应主动参与国际科技交流，加大核心科技和硬件标准投入，在数字经济浪潮中创造更大价值。

参考文献

文化部：《文化部关于推动数字文化产业创新发展的指导意见》，2017 年 4 月 11 日。
国务院发展研究中心·东方文化与城市发展研究所、中国社会科学院中国文化研究中心、腾讯社会研究中心等：《中国数字文化产业发展趋势研究报告》，2019 年 8 月 6 日。
国务院发展研究中心·东方文化与城市发展研究所、中国社会科学院中国文化研究中心、腾讯社会研究中心等：《国际数字创意产业前沿趋势研究报告》，2019 年 8 月 6 日。
张伟、吴晶琦：《数字文化产业新业态及其发展趋势》，《深圳大学学报》（人文社会科学版）2022 年第 1 期。

Abstract

Annual Report on Development of New Media in China No. 13 (2022) is the latest annual report on the development of new media compiled by Journalism and Communication Research Center of Chinese Academy of Social Sciences. The 2022 volume is divided into general report, hot issues, researches, communication and industries. These five parts comprehensively analyze the development of China's new media, interpret its trends, summarize the problems and study on the profound influence of new media.

The year of 2021 marks the 100th anniversary of the founding of the Communist Party of China and the beginning of the development of the 14th Five-Year Plan. In this year the policy planning of the media industry has been gradually improved; the application of media technology continues deepening towards digitization and intellectualization; the publicity of major themes promotes the quality and efficiency of content communication; the netcasting and media industry has been unceasingly innovating. With the adjusted system and mechanism of organization, innovated operating models and proliferated crossover cooperation, the media industry has been deeply integrated into the process of national governance and social development. In face of both the COVID-19 pandemic and the new situation rarely seen in a century, Chinese state media have a lot of problems and challenges on the international communication capacity, emergency communication system and network governance model. But new opportunities are also hidden under the new situation.

The general report of this book comprehensively summarizes the profound and broad changes of the times and its influence on the development of China's new media. The development of China's Internet industry has shown obvious cyclical

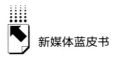
changes. The intensified ups and downs of industry development and the accelerated evolution of competing lanes certify that the development of new media has entered a critical period of change. At present, the development of Internet and new media in China presents the following features. The network supervision and governance has reached unprecedented intensity since 2021. China has continued promoting the construction of a new media strategic communication system and deepening the integration of international communication and micro communication. Metaverse empowers communication in the future, and the concept of Web 3.0 has become a buzzword in the media industry. Short video has become mainstream information dissemination, in which way the specialized and vertical accounts on live broadcasting platform have vigorously developed and a lot of government new media accounts have sprang up. With the expansion of new economic forms such as "ear economy" and "her economy" and the heating up of non-contact economy and experience economy, the digital economy has become an important guiding and supporting force to promote the construction of digital society. The competition of network music platforms has become fierce, and the problem of network security has become serious. The emotional communication tendency of social media has driven "emotion monetization", and the importance of network brand and trust construction of traditional media is prominent. New media has become a booster to improve the stereoscopic effect of the Beijing Winter Olympic Games. China has actively participated in global digital governance and achieved practical results.

This book contains reports from dozens of well-known experts and scholars in the field of new media research. These reports profoundly discussed essential topics of the characteristics and strategies of social media public opinion warfare in the conflict between Russia and Ukraine, metaverse, media convergence, Internet public opinion field, new media scientific communication model in public health action, Internet information products for elderly, application of audio-visual new media technology, social media user behaviors, rural short video content ecology, new media industry and the netcasting industry.

The book holds the view that with the continuous development of new media in 2021, some problems can not be ignored: the development of media convergence lack of breakthrough innovation and sustained force; the ecological problems of the interest chain of new consumption industry deserve more attention; the protection of digital copyright still needs to be strengthened; the construction of influential new media think tanks should be improved, and the independent international public opinion survey project in the field of new media needs to be carried out.

Keywords: New Media; Media Convergence; Intelligent Communication

Contents

I General Report

Abstract: The COVID-19 pandemic and the great changes rarely seen in a century have brought about profound and broad changes of the times and constant influence on the development of China's new media. The development of China's Internet industry has shown obvious cyclical changes. The intensified ups and downs of industry development and the accelerated evolution of competing lanes certify that the development of new media has entered a critical period of change. At present, the development of Internet and new media in China presents the following features. The network supervision and governance has reached unprecedented intensity since 2021. China has continued promoting the construction of a new media strategic communication system and deepening the integration of international communication and micro communication. Metaverse empowers communication in the future, and the concept of Web 3.0 has become a buzzword in the media industry. Short video has become mainstream information dissemination, in which way the specialized and vertical accounts on live broadcasting platform have vigorously developed and a lot of government new media accounts have sprang up. With the expansion of new economic forms such as "ear economy" and "her economy" and the heating up of non-contact economy and experience economy, the digital economy has become an important guiding and supporting force to promote the construction of digital society. The competition of network music platforms has become fierce, and the problem of network security has become serious. The emotional communication tendency of social media has driven "emotion monetization", and the importance of network brand and trust construction of traditional media is prominent. New media has become a booster to improve the stereoscopic effect of the Beijing Winter Olympic Games. China has actively participated in global digital governance and achieved practical results. with the continuous development of new media in 2021, some problems can not be ignored: the development of media convergence lack of breakthrough innovation and sustained force; the ecological problems of the interest chain of new consumption industry deserve more attention; the protection of digital copyright still needs to be strengthened; the construction of influential new media think tanks should be improved, and the independent international public opinion survey project in the field of new media needs to be carried out.

Keywords: Metaverse; Digital Economy; Internet Going-global Strategy; Media Convergence; Strategic Communication

Ⅱ   Hot Topics

B.2   Characteristics and Strategies of Social Media Opinion

Warfare in the Russia-Ukraine Conflict

Zhao Shuguang, Liu Yiming / 036

Abstract: The Russia-Ukraine conflict became the first social media conflict of human beings. With the help of crawler technology, this study crawls the relevant data of Twitter platform and examines the social media opinion dissemination situation in the Russia-Ukraine conflict. The study summaries six characteristics of social media opinion warfare and systematically analyses ten

399

strategies for the Russian-Ukrainian conflict. Taking the 10 most populous US cities such as New York, Los Angeles, Chicago and Houston as representatives of US users, this study collects information posted by users of the TOP 10 populous US cities on the Twitter platform to reflect social media US public opinion on the Russia-Ukraine conflict, so as to distinguish social media US public opinion from social media international public opinion for analysis.

Keywords: Russia-Ukraine Conflict; Social Media; Opinion Graphs

B.3　Research on New Media Science Communication Model in Public Health Action: A Case Study of COVID－19 Prevention and Control　　　　*Kuang Wenbo*, *Fang Yuan* / 052

Abstract: Combating the COVID－19 is a comprehensive governance practice involving major public crises. Science popularization can internalizes the scientific knowledge of epidemic prevention into social psychology, and avoid the public being misled by rumors, misinformation and pseudo science, so as to deepen the understanding of the epidemic prevention policy and enhance the implementation of public health policy. Based on this, the study examines the driving factors of the science topics related to COVID－19, the role and discourse orientation of the communication subjects, the use of new media technology, and the effect of scientific communication in the background of the Pandemic. Finally, based on the practical problems, the article proposes the possible paths to enhance the effectiveness of scientific communication in public health emergencies.

Keywords: Public Health Action; Science Communication; Science Popularization

B . 4　The Report of China Media Convergence in 2021

Huang Chuxin , Xu Ke ∕ 067

Abstract: In 2021, China's media convergence has gradually shifted from the stage of scale expansion and framework construction to the stage of connotation expansion and system construction. In this year's media convergence development, theme publicity has become the key content. With the basis of multi-technology integration, video format update and industrial capacity expansion, the media industry's resource integration and cross-border convergence capabilities have been continuously strengthened. The vertical connection and horizontal linkage of the media in the modern communication system promotes the innovation of the system and mechanism to advance in depth. However, new problems and new risks, such as the shutdown and operation of media, excessive application of technology, chaos in cyberspace, and ineffective emergency response, hinder the in-depth development of media convergence. In the future media industry, the all-media communication system will be more complete. Mainstream communication, content technology, cultural connotation, mobile priority, data mining and international communication will become important trends. The media convergence will turn to the social convergence the multiple logics of politics, media and technology.

Keywords: Media Convergence; All-media Communication; Social Convergence

B . 5　Report on the Development of China's Internet Public

Opinion Field in 2021

Liu Pengfei , Qu Xiaocheng and Xin Anyi ∕ 087

Abstract: 2021 was a turning point in macro policy. The epidemic added up to changes of the international situation, while the arrive of information technology revolution and intelligent era were accelerating. The emotional

新媒体蓝皮书

infection of online public opinion and video dimension were complicated combined. Regional, corporate and digital topics increased; online buzzwords became new symbols of the public opinion narrative. The frequent extreme weathers challenged the resilience of urban security management. The phenomenon of the "out of focus" and "heat recession" of public opinion provoked reflection. Long-term social problems tested grassroots governance capacity. The competition in international public opinion and ideology further exacerbated. The digital development and governance entered a new stage.

Keywords: Public Opinion; Urban Security; Digital Governance; Corporate Public Opinion; International Public Opinion

B.6 The Development of Metaverse and the Prospect Applied in

Media Industry   *Lei Xia* / 105

Abstract: Metaverse was brought into focus after a series of big movements in the related areas in 2021, which brought new opportunities and challenges for the development and innovation of XR, immersive social medias and AI technologies. The metaverse relies on the development of many new media technologies, which will bring users a new immersive experience, as well as the mediated experience. We should be on the alert that over-reliance on immersive perception may lead to the loss of rational exploration. Meanwhile, metaverse encourages users to create their own multicultural expressions that integrate the virtual and the real, which will also bring pressure on legislation and regulatory. Based on the development of the metaverse and its possible impact on the media industry, this report puts forward the prospect and countermeasures of the metaverse applied in the media industry.

Keywords: Metaverse; Media Industry; XR; AI; Mediated Experience

B.7 Report on User Behavior Trends of Chinese Social

Media (2020-2021)   *An Shanshan, Li Huiqin* / 119

Abstract: The study is based on Youth Project supported by the National Social Science Fund of China named "Research on Public Opinion Construction of National Identity in Social Media". In order to delineate the behavioral trends of social media users, this article analyzes the differentiation of media preference, use frequency, credibility cognition of information channels and attention to COVID-19 information based on two cross-section questionnaire of 4604 sample data in June 2020 and June 2021. The study illuminates that high-frequency exposure to TV and cell phones declined significantly in the past two years, while heavy exposure to cell phones is still deepening; heavy use of head social media has been alleviated, while the user behavior of mainstream social media become more moderate and short-term. The dominance of domestic central mainstream media in current political news dissemination and media credibility continue to be strengthened, while the influence of overseas media was more subdued. The public is no longer obsessed with repeated exposure to the COVID-19 information at home and abroad, but still maintains a reasonable and stable pace of information updates.

Keywords: Social Media; Media Preference; Media Credibility

B.8 Research on Elderly-oriented Adaptation of

Online Information Products in 2021

Yu Xinchun, Zou Xiaoting, Wang Dongdong and Huang Yinxuan / 139

Abstract: Facing the trend of population aging, the Central Committee of the Communist Party of China attaches great importance to the aging work. In 2020, the Fifth Plenary Session of the 19th Central Committee of the Communist Party of China (CPC) clearly put forward "the implementation of the national

新媒体蓝皮书

strategy to actively deal with population aging". In the digital age, helping the elderly better integrate into digital life is an important part of building an elderly-friendly society and actively responding to population aging. At present, the main bodies of the society are implementing the central spirit and promoting the transformation and upgrading of various fields and industries for the elders. This report intends to focus on "online information products", fully combine the characteristics of online information products and the deep needs of the elderly group for online information, and explore the application of Technology Acceptance Model in the elderly group's acceptance of "online information products", and try to put forward suggestions for elderly-oriented adaptation of online information products.

Keywords: Online Information Products; TAM; Elderly-oriented Adaptation; Silver Surfer

III Investigation Reports

B.9 2021 Rural Short Video Ecological Research Report

Li Mingde, Shi Nan / 157

Abstract: Rural short videos are of great significance for promoting rural culture and rural economic development. Starting from the strategic background of "rural revitalization", on the basis of in-depth analysis of the development status and reality representation of rural short videos in 2021, it is found that rural short videos are facing serious problems of homogenization and insufficient value guidance; excessive catering to the audience, the rural image will be damaged; individual brands are prominent, regional linkage is insufficient, transformation is eager for quick success and short-term benefits, and other dilemmas, and then put forward suggestions for improving the quality of content and strengthening value guidance; strengthening regulatory training, disseminating a healthy image; optimizing brand construction to form economies of scale; helping benign transformation, sticking to local awareness to promote the healthy development of rural short videos.

Keywords: Country Short Video; E-commerce Livestreaming; Rural Revitalization

B.10 Report on the Development of Digital Literacy of Chinese Citizens in 2021 *Ouyang Rihui, Du Wenbin* / 172

Abstract: Driven by the lifestyle of the digital economy and the normalization of the COVID-19, digital literacy has drawn the whole society's attention in 2021. The CCP and the government pay great attention to improving the national digital literacy and figure out that by 2025, the digital adaptability, competence and creativity of the people will be significantly improved, and the digital literacy and skills of the people will reach the level of developed countries. Meanwhile, the construction of "Information Accessibility" should be accelerated and strengthen digital ethics education in practice. The government should prevent the digital divide among the elderly from widening, and All industries are maintaining digital literacy requirements for employees. At the government level, the central government vigorously promotes digital literacy, and local governments notice the effect of digital literacy in the revitalization of digital cities and villages. Communities have become a frontier for the government to improve digital literacy. In Academics, the digital literacy of farmers and the elderly has become a research trend, and digital literacy research in libraries, higher education, and primary and secondary education has gradually paid more attention. In general, we should enhance digital literacy in developing areas, libraries, vulnerable groups, and education to enhance the education and training of digital skills for the whole population and optimize the environment for the development of digital literacy.

Keywords: Digital Literacy; Digital Economy; Media Literacy

B.11　Report on Western Social Media Platform

　　　　Development in 2021　　　*Qi Yalin*, *Wang Yuhan* / 188

　　Abstract: In 2021, western social platforms continue to explore more comprehensive development possibilities. In terms of content, western social platforms show an obvious shift to audio and video. Platforms such as Instagram and YouTube have launched short video functions, and platforms such as Spotify and Facebook have begun to explore the possibility of copying the Clubhouse audio social model. At the same time, each platform has also actively taken financial incentives, copyright protection, and other ways to attract content producers. In terms of revenue, western social media have tried to enrich the existing revenue model in 2021 and continue to explore shopping and live streaming services on the platforms. In terms of governance, in addition to misinformation and privacy issues, following Frances Haugen's revelations on Facebook, the protection to teenage users has also become the focus of attention on various platforms.

　　Keywords: Social Platform; Short Video; Content Payment; Platform Management

B.12　2021 Research Report on the Development of Media

　　　　Convergence at the Prefectural and Municipal

　　　　Levels in China　　　*Guo Haiwei* / 200

　　Abstract: In 2021, China's prefecture-level media will pay close attention to changes in policies and systems, technological development trends, and value-led mission, and initially build a prefecture-level city that integrates the characteristics of content diversity, channel richness, service accuracy, and technological leadership. The development pattern of media integration at the prefecture and city level continued to burst out. However, following the trend in order to achieve greatness and perfection, vague positioning of integrated development, lack of in-depth technical application, need to strengthen talent support, and incomplete evaluation system are still the key and difficult issues facing prefecture-level media integration and need to be resolved urgently. Based on this, in the future, we should start to build up strength in top-level design, position positioning, element coordination, discourse system, communication pattern, and people-oriented orientation, so as to promote local and municipal media to maintain integrity and innovation at a new height, and accelerate the realization of "integration, become one".

Keywords: Prefecture-level Media; Media Convergence; High-quality Development

B. 13 The Development Report of the Construction of Convergence Media Center at County-level of China in 2021

Li Yifan, Chen Yigao / 214

Abstract: Motivated by national policies and stepped-up pace of deployment of all provinces, the construction of convergence media center at county-level of China has maintained steady implementation in 2021. The "news-plus" model becomes a new growth point; the trend of technology empowerment and cross boundary convergence grows; and at the same time, convergence media center at county-level takes an active part in grass-roots social governance to boost rural revitalization. Nonetheless, issues in the construction of convergence media at county-level still remain, such as mixing not converging, difficulties in talents, regional gaps, coordination limitations. Going forward, concerned governmental organs should be stick to the fundamental key of "pursuing progress while ensuring stability", center on digital governance, innovate employee-using mechanism, cement regional coordination and overall planning, open up diversified business layout, and never cease to promote the the construction of convergence media at

county-level to make quality and efficiency improvement.

Keywords: Convergence Media Center at County-level; Media Convergence; Digital Governance; Rural Revitalization

Ⅳ   Communication Research

B.14   Report on the Revival and Development of China's Mobile

Podcast Market   *Liu Youzhi*, *Weng Li and Zeng Shudi* / 229

Abstract: China's podcast, born in the era of PC Internet, once had a vigorous market impact, and has since been on the edge of the Internet video graphic media market; it was not until 2014, the "first year" of 4G App lication of mobile Internet, driven by the international revival of audio podcasting industry, that domestic mobile audio podcasting has regained its unique vitality of "emerging media" and Appeared the first wave of revived growth market; Under the 2020 epidemic, mobile podcasts have become the "new trend" of China's new Internet media Applications following music, video, audio, short video and live broadcasting, attracting the common "entry" of new and old Internet platforms, content producers, MCN institutions and users, and the domestic mobile podcast Market has ushered in "the first year" featuring a new wave of explosive revival and growth. Generally speaking, China's mobile podcast market is still in the development stage of initial revival, the market development is immature, and the potential development space coexists with practical challenges. In the future, we need to seek further space for sustainable rejuvenation and development between standardized management and fine operation.

Keywords: Mobile Podcast; Emerging Media; Mobile Internet

Abstract: This paper studies China's short-video industry in the mobile Internet era in 2021 from four aspects, including overview, key points, problems and trends. With the development of digital economy in 2021, the degree of short-video user activity and engagement continued to improve; business scale continued to expand; Douyin was in the lead among the head platforms, and Matthew effect intensified among the short-video APPs; the content of subdivision types was magnifying and content of selling goods was taking off; the short-video industry regulation entered phase 2.0. Focusing on the inside of the industry, there were two distinct features. The head platforms supported brand enterprises, expanded commodity categories, accelerated the construction of live e-commerce ecosystem. The quality of micro drama improved and its commercialization accelerated in the exploration of monetizing. However, with the fast development of the industry, short video infringement disputes were becoming increasingly white-hot in 2021. Looking forward to 2022, in terms of the head plays, improving self-operated e-commerce and accelerating local service connection will be the common key businesses. The content production empowered by technology will drive the competition into a new stage.

Keywords: Short Video; Short-Video Platform; Short-Video Live E-commerce

Abstract: This research focuses on the development status of the Script Murder industry in 2021, sorts out the market share of Script Murder in relevant

urban areas this year, analyzes its industrial operation mode from work creation to offline operation, and comprehensively analyzes scripts through network data combined with offline questionnaire surveys. The game participation needs and content feedback of young players in the Script Murder. At present, Script Murder is facing problems such as copyright chaos and lack of professional skills of game hosts in the development of the industry; themes related to violence, murder and spirituality in content are easy to form wrong value orientation for young players; The vacancy of offline supervision can lead to excessive addiction of gamers. In the future, the development of the Script Murder industry will advance in depth in terms of technology, content and regional cooperation. The supervision of Script Murder can focus on both content access and industry norms, and explore more about Script Murder, cultural inheritance, output and mainstream value promotion. function, and guide the development of the Script Murder industry to be benefit.

Keywords: Script Murder; Realistic Game; Work Creation

B.17 Report on the Application and Innovation of China's New Audio-visual Media Technology in 2021

Gao Hongbo, Guo Jing / 274

Abstract: In 2021, the application and innovation ability of new audio-visual media technology in China has been significantly improved. The construction of 5G network has been steadily promoted, the national radio and television network has entered the stage of substantive integration, and high-definition and ultra-high-definition channels have been broadcast one after another, consolidating the "new infrastructure" for the innovative development of the application of audio-visual new media technology. Closely following the construction pace of "radio and television 5G", the radio and television network company develops new business and a new track for the transformation of radio and television enterprises. Besides, AI, XR and other technologies help the network audio-visual industry to open a "new scene" for content expression. Facing the future, the top-level design should clarify the technology application logic, the main body competition and cooperation. Not only expand the media business boundary, high-quality projects guide the successful experience implement, intelligent applications promote , but also upgrade the management mode. Furthermore, it will become the main trend of the application and innovation of new audio-visual media technology in China.

Keywords: New Audio-visual Media; Application of New Technology; 5G; AI; XR

B.18 2021 China "Media + Tourism" Business Model Innovation and Development Report

Cao Yuejuan, Zhao Yiling and Sha Zirui / 290

Abstract: In the process of in-depth media convergence and development, China "media + tourism" business model is an important development method for media cross-industry integration. The policy support of "Media +" and "+ Tourism", the growth of tourism domestic demand in the post-epidemic era, and the development trend of regionalized industrial ecology make the integrated development of mainstream media and tourism industry have strong development prospects. Chinese mainstream media have formed a four-level media layout in the process of media convergence, and in the innovation of the "media + tourism" business model, they have formed a relatively modelized business model, namely the "industrial structure" business model, the "channel through" business model, and the "content production" business model. However, Mainstream media also have some problems in the "media + tourism" operation process, which is reflected in weak market research, lack of tourism business incubation and neglect of regional platform construction. Therefore, Mainstream media should make

efforts from four aspects: establishing the "media + tourism" business philosophy, strengthening market research, innovating the tourism product system, and building a regional industrial ecology, continue to innovate the "media + tourism" business model, and improve the industrialization level of Chinese mainstream media.

Keywords: "Media + Tourism"; Media Convergence; Business Model; Industrial Integration

V   Sector Reports

B.19   2021 China New Media Industry Development Report

Guo Quanzhong, Fan Jie / 305

Abstract: Though faced with systematic and strict regulatory policies, thanks to the relatively high rapid of economic growth, Chinese new media industry has still achieved a high growth rate. However, the growth rate of the whole new media industry and all sub industries is slowing down. Due to the significant changes in the underlying logic, the gap between the operating revenue, net profit, especially the market value, of Chinese Internet enterprises and that of American Internet enterprises is rapidly widening, which may be further widened in the future. In order to cope with the new situation, Internet giants, on the one hand, actively layout the meta universe industry, and on the other hand, speed up the pace and intensity of going to sea.

Keywords: New Media Industry; Platform Economy; Metaverse

Abstract: In the construction process of digital China, the development of network audiovisual industry plays an important role. Under the guidance and promotion of policies, China's network audiovisual industry is showing new characteristics and new trends from network to digital, and constantly becoming one of the most active and eye-catching network industry formats. In 2021, segments of the online audio-visual industry such as short video, live streaming e-commerce, network audio and audio-visual education will gradually mature, deepen application scenarios and integrate technology development to bring high revenues and highlight advantages during the epidemic. With the rapid development of new online audiovisual media, the deficiencies of excessive entertainment, traffic first, marketing loopholes, youth protection and other aspects cannot be ignored and need to be solved urgently.

Keywords: Network Audio-Visual Industry; Digital Development; Media Convergence

Abstract: Advertising, printing and publishing have been the three traditional pillars of the business of Newspaper Group of the Communist Party of China (NGCPC). In recent years, however, business portal sites as well as mobile clients, by means of joint sponsor, have been massively expanding their business from provincial, to municipal, and to county level. Such media convergence is accelerating so rapidly that the emerging media have caused great impact on the traditional businesses of NGCPC. With its less complex business

structure and weaker ability to resisting risk, it is hard for NGCPC to sustain on their traditional businesses only. How to solve the challenges that the traditional newspaper industry, especially the local party newspaper group, faces? How can the provincial NGCPC prevail in the mainstream emerging media and innovate its operation as new media is on the rise? How can newspaper industry develop in a more diversified manner? In recent years, Jiangxi Daily, or its newspaper media group, has developed the "media plus" model and diversified the industry after deeply studying and segmenting the market of Jiangxi province through a series of reforms and innovations, creating a development model of high quality for the new media industry. By doing so, Jiangxi Daily not only provides more momentum for its own growth, but also offers experience and new ideas to the whole industry, presenting new opportunities for the diversified development, resource sharing and transition and upgrading of the provincial NGCPC.

Keywords: Provincial Newspaper of CPC; New Media; Advertising; Jiangxi Daily

B.22 Research on the Pattern of Advertising Industry

Innovation Driven by Artificial Intelligence

Niu Panqiang, Xia Xuejiao / 354

Abstract: The integration of artificial intelligence and advertising is driving the comprehensive innovation of advertising industry pattern, which will release greater potential in the future. Therefore, this issue has the important research value. The innovation pattern of AI driven advertising industry is mainly reflected in the external advertising scene innovation pattern, the internal advertising mode innovation pattern, and the overall level of advertising ecological innovation pattern. From the perspective of advertising scene innovation pattern, artificial intelligence plays an important role in all aspects of advertising operation. From the perspective of advertising mode innovation pattern, the intervention of artificial intelligence produces intelligent search engine advertising, intelligent video advertising and immersive interactive advertising. From the perspective of advertising ecological innovation pattern, artificial intelligence extends and refines the advertising industry chain, and forming a new advertising platform operation mode.

Keywords: Artificial Intelligence; Advertising Industry; Intelligent Advertising

B.23 The Report on The Development of China's

Internet Advertising in 2021   *Wang Fengxiang* / 367

Abstract: The year 2021 is the opening year of the 14th Five-Year Plan. The development of China's online advertising market scale has progressed steadily, the demand for advertising consumption has entered a customized society, the concept of interconnection and ecology has promoted the change of advertising, anti-monopoly and platform governance have caused platform advertising to enter a period of adjustment pain, and the advertising industry has gone abroad to form international communication influence. At the same time, Apple's system upgrade and major changes in IDFA's privacy policy have made China's advertising industry face multiple disturbances, and green consumption and advertising governance have a long way to go. In order to build a new pattern of online advertising development, it is advisable to deepen the market-oriented strategy, strengthen the rule of law, promote international layout and build digital depth.

Keywords: Internet Advertising; Advertising Industry; Advertising Custom Consumption; IDFA

B . 24　Research on the Development of China's Digital
　　　　Culture Industry in 2021

Wen Xin, Zhong Xingmei, Zhang Jing and Bao Yuchen / 380

Abstract：Technological developments have both facilitated the digital transformation of traditional cultural industries and inspired the emergence of new cultural industry forms. In 2021, the digital culture industry is becoming more mature and standardized with clear policy guidance and increasingly effective governance tools. Games, e-sports, films, TV series, culture innovation products and digital museums will play an active role in promoting the main themes and driving the development of the digital economy. Besides, new technologies and applications will open up space for exploration and imagination for the development of the digital cultural industry.

Keywords：Digital Culture Industry; Culture Industry; Digital Economy

社会科学文献出版社

皮 书

智库成果出版与传播平台

❖ 皮书定义 ❖

皮书是对中国与世界发展状况和热点问题进行年度监测，以专业的角度、专家的视野和实证研究方法，针对某一领域或区域现状与发展态势展开分析和预测，具备前沿性、原创性、实证性、连续性、时效性等特点的公开出版物，由一系列权威研究报告组成。

❖ 皮书作者 ❖

皮书系列报告作者以国内外一流研究机构、知名高校等重点智库的研究人员为主，多为相关领域一流专家学者，他们的观点代表了当下学界对中国与世界的现实和未来最高水平的解读与分析。截至2021年底，皮书研创机构逾千家，报告作者累计超过10万人。

❖ 皮书荣誉 ❖

皮书作为中国社会科学院基础理论研究与应用对策研究融合发展的代表性成果，不仅是哲学社会科学工作者服务中国特色社会主义现代化建设的重要成果，更是助力中国特色新型智库建设、构建中国特色哲学社会科学"三大体系"的重要平台。皮书系列先后被列入"十二五""十三五""十四五"时期国家重点出版物出版专项规划项目；2013~2022年，重点皮书列入中国社会科学院国家哲学社会科学创新工程项目。

皮书网

（网址：www.pishu.cn）

发布皮书研创资讯，传播皮书精彩内容
引领皮书出版潮流，打造皮书服务平台

栏目设置

◆关于皮书

何谓皮书、皮书分类、皮书大事记、
皮书荣誉、皮书出版第一人、皮书编辑部

◆最新资讯

通知公告、新闻动态、媒体聚焦、
网站专题、视频直播、下载专区

◆皮书研创

皮书规范、皮书选题、皮书出版、
皮书研究、研创团队

◆皮书评奖评价

指标体系、皮书评价、皮书评奖

◆皮书研究院理事会

理事会章程、理事单位、个人理事、高级
研究员、理事会秘书处、入会指南

所获荣誉

◆2008 年、2011 年、2014 年，皮书网均
在全国新闻出版业网站荣誉评选中获得
"最具商业价值网站"称号；

◆2012 年，获得"出版业网站百强"称号。

网库合一

2014 年，皮书网与皮书数据库端口合
一，实现资源共享，搭建智库成果融合创
新平台。

皮书网

"皮书说"
微信公众号

皮书微博

权威报告·连续出版·独家资源

皮书数据库
ANNUAL REPORT(YEARBOOK) DATABASE

分析解读当下中国发展变迁的高端智库平台

所获荣誉

- 2020年，入选全国新闻出版深度融合发展创新案例
- 2019年，入选国家新闻出版署数字出版精品遴选推荐计划
- 2016年，入选"十三五"国家重点电子出版物出版规划骨干工程
- 2013年，荣获"中国出版政府奖·网络出版物奖"提名奖
- 连续多年荣获中国数字出版博览会"数字出版·优秀品牌"奖

皮书数据库

"社科数托邦"
微信公众号

成为会员

登录网址www.pishu.com.cn访问皮书数据库网站或下载皮书数据库APP，通过手机号码验证或邮箱验证即可成为皮书数据库会员。

会员福利

- 已注册用户购书后可免费获赠100元皮书数据库充值卡。刮开充值卡涂层获取充值密码，登录并进入"会员中心"—"在线充值"—"充值卡充值"，充值成功即可购买和查看数据库内容。
- 会员福利最终解释权归社会科学文献出版社所有。

数据库服务热线：400-008-6695
数据库服务QQ：2475522410
数据库服务邮箱：database@ssap.cn
图书销售热线：010-59367070/7028
图书服务QQ：1265056568
图书服务邮箱：duzhe@ssap.cn

社会科学文献出版社 皮书系列
SOCIAL SCIENCES ACADEMIC PRESS (CHINA)
卡号：638481233969
密码：

中国社会发展数据库（下设 12 个专题子库）

紧扣人口、政治、外交、法律、教育、医疗卫生、资源环境等 12 个社会发展领域的前沿和热点，全面整合专业著作、智库报告、学术资讯、调研数据等类型资源，帮助用户追踪中国社会发展动态、研究社会发展战略与政策、了解社会热点问题、分析社会发展趋势。

中国经济发展数据库（下设 12 专题子库）

内容涵盖宏观经济、产业经济、工业经济、农业经济、财政金融、房地产经济、城市经济、商业贸易等 12 个重点经济领域，为把握经济运行态势、洞察经济发展规律、研判经济发展趋势、进行经济调控决策提供参考和依据。

中国行业发展数据库（下设 17 个专题子库）

以中国国民经济行业分类为依据，覆盖金融业、旅游业、交通运输业、能源矿产业、制造业等 100 多个行业，跟踪分析国民经济相关行业市场运行状况和政策导向，汇集行业发展前沿资讯，为投资、从业及各种经济决策提供理论支撑和实践指导。

中国区域发展数据库（下设 4 个专题子库）

对中国特定区域内的经济、社会、文化等领域现状与发展情况进行深度分析和预测，涉及省级行政区、城市群、城市、农村等不同维度，研究层级至县及县以下行政区，为学者研究地方经济社会宏观态势、经验模式、发展案例提供支撑，为地方政府决策提供参考。

中国文化传媒数据库（下设 18 个专题子库）

内容覆盖文化产业、新闻传播、电影娱乐、文学艺术、群众文化、图书情报等 18 个重点研究领域，聚焦文化传媒领域发展前沿、热点话题、行业实践，服务用户的教学科研、文化投资、企业规划等需要。

世界经济与国际关系数据库（下设 6 个专题子库）

整合世界经济、国际政治、世界文化与科技、全球性问题、国际组织与国际法、区域研究 6 大领域研究成果，对世界经济形势、国际形势进行连续性深度分析，对年度热点问题进行专题解读，为研判全球发展趋势提供事实和数据支持。

法律声明

"皮书系列"（含蓝皮书、绿皮书、黄皮书）之品牌由社会科学文献出版社最早使用并持续至今，现已被中国图书行业所熟知。"皮书系列"的相关商标已在国家商标管理部门商标局注册，包括但不限于LOGO（ 🖐 ）、皮书、Pishu、经济蓝皮书、社会蓝皮书等。"皮书系列"图书的注册商标专用权及封面设计、版式设计的著作权均为社会科学文献出版社所有。未经社会科学文献出版社书面授权许可，任何使用与"皮书系列"图书注册商标、封面设计、版式设计相同或者近似的文字、图形或其组合的行为均系侵权行为。

经作者授权，本书的专有出版权及信息网络传播权等为社会科学文献出版社享有。未经社会科学文献出版社书面授权许可，任何就本书内容的复制、发行或以数字形式进行网络传播的行为均系侵权行为。

社会科学文献出版社将通过法律途径追究上述侵权行为的法律责任，维护自身合法权益。

欢迎社会各界人士对侵犯社会科学文献出版社上述权利的侵权行为进行举报。电话：010-59367121，电子邮箱：fawubu@ssap.cn。

社会科学文献出版社